재생에너지의 정치경제학

에너지정책의 녹색개혁

오오시마 켄이치 지음
박명섭, 한낙현, 김은주, 우정욱, 조성우 옮김

아카데미프레스

再生可能エネルギーの政治経済学

역자 서문

세계적으로 경제발전에 따른 급격한 에너지 사용으로 인해 화석에너지의 고갈은 물론 환경오염에 대한 관심에 따라 세계 각 국가뿐만 아니라 기업에서는 화석에너지의 한계를 극복할 수 있는 신재생에너지에 대한 관심이 높아지고 있다.

특히 체르노빌 원전사고, 일본 후쿠시마 원전사고를 계기로 원자력 발전에 대한 부정적인 시각을 강화시켜 향후 원자력 산업은 미래가 불확실한 상황에 직면하게 되었고 신재생에너지원을 이용한 전원개발, 즉 태양광, 태양열, 풍력 그리고 조력 등을 이용한 개발이 급속도로 진행되고 있다.

이 책은 이상의 과제에 부응하기 위해 현행 일본의 에너지정책을 비판적으로 분석한 후에 선진 각국의 재생에너지 정책의 현실을 논하고 있다. 이 책은 오오시마 켄이치(大島堅一) 교수의 저서로 2010년에 초판이 나온 이래 전문서임에도 불구하고 2012년에 4쇄로 발행된 일서(「再生可能エネルギーの政治経済学」)를 번역한 책이다.

이 책은 모두 10장으로 구성되어 있다. 제1장에서는 새로운 환경・에너지정책의 개척에 대해 설명하고 있으며, 제2장부터 4장에서는 에너지정책의 중심에 근거를 두고 온난화대책 중에서도 원전정책에 관해 정치경제학적 분석을 하고 있다. 즉, 제2장에서는 일본에서 원전이 확대된 이유를 정치경제학적으로 분석하고 있으며, 제3장에서는 원전에 대한 경제적 우위성을 검토하고 있으며, 제4장에서는 원자력에 불가피하게 발생하는 방사성폐기물의 관리, 처리, 처분비용과 그 정책적인 취급에 관해 비판적 검토를 하고 있다.

제5장부터 9장에서는 재생에너지 정책에 대한 분석으로서, 우선 제5장에서는 미래를 개척하는 재생에너지 정책을 분석하고 있다. 제6장에서는 미국 텍사스주에서 풍력이 발전하고 있는 이유에 대해 설명하고 있으며, 제7장에서는 영국 경쟁입찰제도의 빛과 그림자에 대해 설명하고 있다. 제8장에서는 독일의 재생에너지의 폭발적 확대를 중심으로 분석하고 있으며, 제9장에서는 유럽연합(EU)에서 강화되고 있는 재생에너지 정책의 형성과정과 과제에 대해 상세하게 분석하고 있다.

마지막으로 제10장에서는 2050년의 에너지정책의 녹색개혁에 대해 분석한 후 본 장을 통해 언급한 내용에 대해 정리하고 있다.

우리나라도 고리, 월성, 영광, 울진에 원자력발전소를 설치하고 있다. 현재 국내 원전은 21기로, 세계 5위 원전 대국인 우리나라도 일본 후쿠시마 원전사고로 인해 그 안전성에 대한 문제점이 끊임없이 지적되고 있다. 따라서 우리나라에서도 원전이 설치되어 있는 이상 이 책은 그 시사하는 바가 크다고 볼 수 있으며, 또한 이 분야를 연구하는 기관이나 학교 등에서도 충분히 활용할 수 있는 지침서의 역할을 할 수 있다고 본다.

마지막으로 작금의 출판사정의 어려움에도 불구하고 이 책의 출판 기회를 준 아카데미프레스 출판사에 감사의 뜻을 표하며, 또한 이 책은 "2010년 정부의 재원(교육과학기술부 인문사회연구역량 강화 사업비)으로 한국연구재단의 지원을 받아 수행하고 있는 〈SSK 저탄소 녹색무역 기반구축〉의 연구과제의 결과로서 출판된 것(NRF-2010-330-B00123)" 임을 부기해 둔다.

2013년 5월 15일

역자 씀

한국어판 서문

이 책은 2010년에 일본에서 출판된 서적의 한국어 번역판이다. 2011년 3월11일 동일본대지진과 동경전력후쿠시마 제1원전 사고가 발생하기 정확하게 1년 전인 2010년 3월 11일에 이 책이 출판되었다.

이 책의 제목은 「재생에너지의 정치경제학」인데, 전반부(제1장~제4장)에서는 일본 원전의 경제성에 대해 상세하게 검토하고 있다. 일본에서는 원전이 저렴한 전력으로 인식되어, 이것이 장기간 원전 추진론 근거의 하나가 되었다. 이것을 공표자료에 기초하여 검토하려고 한 것이 이 책의 목적이다.

대지진 재해 후 일본의 에너지정책은 커다란 전환점을 맞이하였다. 2011년 7월에는 칸 나오토(菅直人) 수상이 시즈오카현에 있는 하마오카원전의 정지를 요청한 후 점차적으로 원전 운전을 정지하였다. 2011년 10월에는 일본 정부조직 내에 원전비용을 검토하는 검증조직이 설치되어 원전비용의 철저한 검증이 이루어졌는데, 저자도 위원의 한 명으로 검증에 참가하였다. 그 결과 2011년 12월에 원전은 상당한 정도의 사회적 비용이 소요되며 다른 전력원에 비교하여 저렴하지 않다는 것이 명백해졌다. 지금은 일본 국민이 원전은 결코 저렴하지 않은 전력원이라는 것을 잘 알고 있다.

그러나 일본이 이 상태로 재생에너지에 의거한 원전이 전혀 존재하지 않는 사회로 될 수 있을지의 여부는 불투명하다. 2012년 말 일본의 총선을 통해 탄생한 자민당 정권은 정지된 원전을 재가동할 것을 명확히 하였다.

한편으로 일본 국민의 대부분은 원전의 재가동에 반대하고 있어 정치적으로 쉽게 진전되지 않을 상황에 처해 있다.

이 책은 이와 같이 일본의 살아있는 정책과제에 도전한 것이다. 한국도 일본과 마찬가지로 경제발전이 진전된 국가인 반면에 에너지자원이 부족하여 원자력 발전에 노력해 온 국가이다. 이 책이 한국 에너지정책 검토 자료의 하나가 될 수 있다면 저자로서는 무한한 영광이라고 생각한다.

마지막으로 이 책의 번역기획에 공헌한 경남대학교 한낙현 교수와 성균관대학교 박명섭 교수에게 진심으로 감사의 말을 전하며, 이번에 한국어판 출판의 기회를 얻게 된 것은 두 교수의 적극적인 노력의 덕분이라 생각한다.

초여름, 일본 교토에서

오오시마 켄이치(大島堅一)

韓国語版 序文

本書は、2010年に日本で出版された書籍の韓国語翻訳である。2011年3月11日の東日本大震災と東京電力福島第一原発事故のちょうど1年前の2010年3月11日にこの本は出版された。

本書のタイトルは『再生可能エネルギ-の政治経済学』であるが、前半（序章〜第3章）は、日本の原子力発電の経済性について詳しく検討している。日本では、原子力発電が安い電力であるとされ、これが長らく原発推進論の根拠の一つとなってきた。これを、公表データを基礎に検討しようとしたのが本書の試みである。

震災後日本のエネルギー政策は大きな転換点を迎えた。2011年7月には、菅直人首相（当時）が、静岡県にある浜岡原発の停止を要請、その後、次々と原発が運転停止していった。2011年10月には政府にコスト等検証委員会が設置され、原発のコストの徹底検証が行われ、筆者も委員の一人として検討に参加した。その結果、2011年12月には、原発は、相当程度の社会的費用がかかり、他電源に比べて安いとは言えないことが明らかになった。今や、原発が決して安くない電源であることは日本国民の間に浸透している。

しかし、日本が、このまま再生可能エネルギーに依拠した原発ゼロ社会になりうるかどうかは不透明である。2012年暮れの総選挙を経て誕生した自民党政権は、停止した原発の再稼働することを明確にしている。その一方で、国民の大半は原発の再稼働に反対しており、政治的に簡単には進まない状況にある。

本書は、このように、日本の生きた政策課題に挑戦したものである。韓国も、日本と同様、経済発展が進んだ国である反面、エネルギー資源に乏しく、原子力開発に力を入れてきた国である。本書が、韓国のエネルギー政策の検討材料の一つになれば、著者としてこれほど光栄なことはない。

最後になるが、本書の翻訳企画を立ち上げられた慶南大学韓洛鉉教授並びに成均館大学朴明燮教授には厚く御礼申し上げる。このたび韓国語版出版の機会を得ることができたのは、両教授のご尽力のお陰である。

初夏の京都にて

大島堅一

차 례

01 새로운 환경 · 에너지정책을 개척한다

– 원자력에 의존할 것인지 아니면 재생 에너지의 폭발적인 보급을 할 것인지 –

1. 환경위기의 시대–기후변화문제의 충격

1) IPCC 보고서가 제시한 지구환경의 미래와 대책

현대는 종래에 존재하지 않았던 환경위기의 시대이다. 종래의 환경문제는 사람에게 심각한 피해를 초래했지만, 인류 전체의 생존기반 자체에 대한 파괴에까지 이르지는 않았다. 그런데 오늘날에는 즉시 행동하지 않으면 인류뿐만 아니라 지구 전체의 생태계에까지 영향을 미치는 문제가 증가하고 있다. 현대는 인류역사상 몇 가지의 파국적인 환경위기를 맞이하고 있는 매우 이례적인 시대이다.

그 중에서도 기후변화 문제는 심각하며, 궁극적인 지구환경 파괴이다.[1] 기후변화에 관한 정부간 패널(Intergovernmental Panel on Climate Change: IPCC)은 지금까지 세계의 과학적 식견을 집약해 왔다. 2007년에

1) 寺西, 1992.

발표한 IPCC 제4차 평가보고서(the Fourth Assessment Report, 이하 AR4라 한다) 제1차 작업반(Working Group, 이하 WG1이라 한다)의 보고서에 의하면 파국적인 기후변화가 발생할지 여부의 초점은 장래의 지구표면의 평균 기온상승폭을 2도 이내로 수습할 수 있는지 여부이다. 이것은 소재면에서의 기온상승폭의 역치(閾値)[2]라고 볼 수 있다. 그러나 이 역치로 수습이 된다 하더라도 지구생태계에 대한 영향은 처참하며 평균기온이 1.5~2.5도 이상일 경우 20~30%의 동식물종이 절멸할 위험이 증대한다.[3]

인류는 파국적인 기후변화를 회피할 수 있을까. AR4 제3작업반(이하 WG3라 한다) 보고서는 온실가스배출 추세를 정리한 후에 온실가스농도의 안정화를 위해 2030년까지의 중단기적 전망[4]과 2050년의 장기적 전망을 설정하고 안정화 농도와 기온상승의 대응, 2030년, 2050년의 배출감축량, 경제적 영향, 각 부분에서 필요한 대책을 정리하고 있다.

WG3 보고서에 따르면 세계 전체의 온실가스배출은 산업혁명 이래 증

〈표 1-1〉 2030년의 감축가능성

	감축비용 (달러/톤)	감축가능성 (억 톤/년)	SRESA1B시나리오 (680억 톤과 비교한 감축률[%])	SRESB2시나리오 (490억 톤과 비교한 감축률[%])
Bottom-up 모델	0	50~70	7~10	10~14
	20	90~170	14~25	19~35
	50	130~260	20~38	27~52
	100	260~310	23~46	32~63
Top-down 모델	20	90~180	13~27	18~37
	50	140~230	21~34	29~47
	100	170~260	25~38	35~53

자료: IPCC(2007a), p.9, 표 SPM.1, 표 SPM.2.

2) 방사선의 피폭량에서 그 이하이라면 장애가 일어날 염려가 없는 수치를 말한다.

3) IPCC, 2007a.

4) 국제협상과 일본 국내에서의 온난화방지정책을 검토하는 경우에는 2020년이 중단기적인 목표연차로 되는 경우가 많다. 즉, 대개 2020~2030년이 기후변화와 관련된 국제 및 국내 정책에서 중단기적으로 파악되고 있다.

대하고 있으며 1970~2004년에는 1970년의 287억 톤(CO_2 환산, 이하 온실가스량에 대해서는 CO_2 환산을 생략한다)에서 2004년의 490억 톤으로 70% 증대하였다. 1970~2004년의 온실가스배출 증대의 가장 커다란 부분은 에너지공급부문으로 145% 증대하였다. 이 시기의 각 부분의 배출증대는 운수부문은 120%, 산업부문은 65%, 토지이용 · 토지이용변화 · 임업은 40%이다.

이 상태로 추이하면 지구규모의 온실가스배출은 향후 20~30년 동안 계속 증대할 것으로 예상되고 있다. IPCC SRES 시나리오(대책 없는 시나리오)에서 온실가스배출은 2000~2030년에 더욱이 97~367억 톤 증대한다. 이것은 현행수준(2004년)에서의 20~75% 증가를 의미한다. 이대로 방치하게 되면 기후의 대변동은 피할 수 없다.

2030년까지의 중단기적인 대책의 전망에 대해 말하면 Bottom-up 모델, Top-down 모델 양쪽의 연구(〈표 1-1〉참조)에서, 지구규모의 온실가스배출 감축가능성이 충분히 있다는 것을 알 수 있다. AR4의 특징은 이것을 감축비용과 관련해서 제시하고 있는 점이다. 예컨대 〈표 1-1〉에서는 CO_2 1톤당 20달러 이하의 대책이 취해진 경우 Bottom-up 모델에서는 90~170억톤/연간의 감축가능성이 있다.[5] 이것으로 보면 예상되는 지구규모의 배출증대를 상계하여 배출량을 현행수준보다 대폭적으로 감소시키는 것도 가능하다는 것을 알 수 있다.

WG3 보고서는 대개의 안정화시나리오를 저농도에서 고농도의 여섯 가지 범주로 나누어 안정화된 온실가스농도와 기온상승폭, CO_2 배출량의 절정을 대응시켜 정리하고 있다(〈표 1-2〉참조).

위의 역치가 〈표 1-2〉에서는 대개 범주 I 에 해당한다. 이것에 따르면 적어도 2000~2015년에 전 세계의 배출량을 절대적 감축으로 전환해야 하며 2050년에는 2000년 수준과 비교하여 50~85%를 감축해야 한다. 이것은

5) IPCC, 2007a.

〈표 1-2〉 IPCC 제4차 평가보고서에서 검토된 시나리오

범주	CO_2농도 (ppm)	온실가스 농도(CO_2 환산)(ppm)	산업혁명 전부터의 전지구평균기온상승 (최선의 추계치의 기후 감응도를 이용한 경우)	CO_2 배출량이 절정이 되는 연도	2000년에 비교한 2050년의 CO_2 배출의 변화율(%)	시나리오 개수
I	350~400	445~490	2.0~2.4	2000~2015	−85~−50	6
II	400~440	490~535	2.4~2.8	2000~2020	−60~−30	18
III	440~485	535~590	2.8~3.2	2010~2030	−30~+5	21
IV	485~570	590~710	3.2~4.0	2020~2060	+10~+60	118
V	570~660	710~885	4.0~4.9	2050~2080	+25~+85	9
VI	660~790	885~1100	4.9~6.1	2060~2090	+90~+140	5

자료: IPCC(2007a), p.15, 표 SPM.5.

세계의 배출량이므로 선진국은 당연히 이 이상으로 감축해야 한다. 각 국가별 배출감축 필요량은 정리되어 있지 않지만 선진국은 1990년 수준에서 80~95%의 감축을 달성해야 한다는 것을 의미한다.[6] 사태는 매우 중대하다고 해야 할 것이다.

이것은 장기적으로 기후의 안정화를 위한 하나의 통과점에 불과하다. 평균기온상승과 온실가스농도의 증가 간에는 일정한 대응관계가 있다. 온실가스농도가 상승하면 기온도 상승하므로 기온상승을 중지하기 위해서는 온실가스농도를 안정화해야 한다. 온실가스농도를 일정하게 유지하기 위해서는 인위적인 배출량과 흡수량의 차이를 0로 하는 것, 즉 인위적 순배출량을 0로 하는 것이 필요하다.

범주 I 이라면 [그림 1-1]에서 보는 바와 같이 2060년대 후반부터 2100년경에 0 내지 −(총흡수량이 총배출량을 초과한 상태)가 될 필요가 있다. 그렇게 되지 않으면 항상 농도가 안정되지 않고 기온상승은 지속된다. 이것은 범주 I 에 한정되지 않고 예컨대 범주VI에 대해서도 마찬가지이며 어느 순배출량을 0 또는 −로 해야 한다.

그러나 단시간에 0가 되는 것은 아니므로 우선은 지구규모의 배출 증

6) Ibid., p.776.

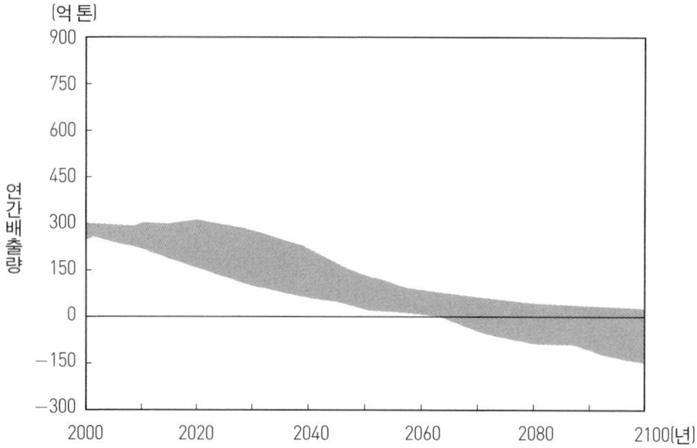

자료: IPCC(2007a), p.16.

[그림 1-1] 범주 I 의 배출경로

대를 억제하고 어느 시기에 절정을 맞이하게 되어 나중에 감소해 나가야 한다. 400ppm, 550ppm 또는 1000ppm이든 온실가스농도의 안정화를 위해서는 어느 절정을 맞이해야 한다. 절정이 다가오는 시기가 빠르면 빠를수록 안정화 농도는 낮게 된다. 즉, 정책적으로 기온상승을 억제하기 위해서는 안정화 농도를 낮게 억제할 필요가 있으며 이것을 실현하기 위해서는 가능한 한 조기에 온실가스배출의 절정을 맞이해야 한다.

대폭감축을 실현하여 배출량을 0로 하였다고 해도 기후의 변화는 배출량의 변화보다도 완만하게 되므로 기후변화는 초장기적으로 계속된다. 예컨대 AR4의 WG1 보고서에서는 2100년의 CO_2 배출량을 0로 상정한 시범사례에 대한 기술이 있다. 이것에 따르면 일단 700ppm에 도달한 CO_2 농도가 육상과 바다에 CO_2가 흡수되어 560ppm으로 평균되기까지 100~400년이 걸린다. 또한 21세기의 배출 영향은 3000년이 되어도 남게 되며 지구표면기온의 상승과 해수의 팽창에 의한 해면상승폭은 산업혁명 이전보다도 현저하게 높다.[7] 21세기의 온실가스배출은 다음 세대에 문명

7) IPCC, 2007b, pp.825-826.

사적 영향을 미치게 된다.

2) 기후변화에서 경제체제의 변혁으로

온실가스배출을 감소로 전환하고 장기적으로는 0로 해야 한다면 오늘날의 사회가 에너지의 대량소비에 의존하고 있는 이상 지금까지의 환경대책을 초월한 근본적인 대응이 필요하게 된다. 직시해야 할 것은 지금까지와 마찬가지로 배출원에서 개별의 대책을 강구하는 것만으로는 달성이 곤란하게 된다. 유효한 대책을 강구하기 위해서는 최종적으로 경제와 사회의 위상을 환경의 관점에서 근본적으로 변혁할 필요가 있게 된다. 오늘날의 경제는 화석자원을 대량으로 사용하는 것을 전제로 그것을 가능하게 하는 화력발전소와 자동차도로 등, 여러 물적 기반(인프라)이 구축되어 왔다. 그러나 기후변화를 염두에 두면 이와 같은 인프라는 시대에 뒤처진 것에 불과하게 된다. 온실가스를 배출하지 않는 경제에는 그것에 대응하는 인프라가 필요하다. 그 정비를 위해서는 개별의 배출원 대책을 기초로 해 왔던 종래의 환경정책을 초월한 새로운 정책을 필요로 한다.

WG3 보고서에 의하면 보고서 중에서 평가된 안정화 수준은 현재 이용가능한 기술, 또는 향후 상업화될 기술을 조합시킴으로써 달성가능하다.[8] 또한 GDP에의 영향도 그다지 크지 않으며 기후변화를 회피하는 것의 편익 쪽이 더 크다. 다만 이와 같은 감축을 실현하기 위해서는 인프라의 위상 자체를 변화시킬 필요가 있다. 인프라의 정비는 리드타임(계획, 착공에서 완성, 운용개시까지의 기간)이 길어 쉽게 변경할 수 없다. 배출감축대책을 본격적으로 강구하는 것이 지연되면 될수록 화력발전소 등 배출량이 많은 인프라가 정비되게 되어 그와 같은 상태에 고착되게 된다. 특

8) 다만, WG3 보고서도 많은 문제를 포함하고 있다. 특히 원자력발전에 대해서는 현실화될 것으로는 볼 수 없는 기술에 관해 낙관적인 견해가 나오고 있다.

히 에너지공급시스템을 변경하기에는 시간이 소요된다. 예컨대 발전소를 건설하기에는 10년 정도의 기간이 소요되며 일단 건설되면 몇 십 년간 계속 이용된다.

전체적으로 보면 설비는 매년 조금씩밖에 갱신되지 않으므로 가능한 한 조기의 대책이 필요하다. 이와 같은 것을 할 수 없다면 저농도에서의 온실가스농도의 안정화의 가능성은 더욱더 줄어든다. 이들을 근거로 파국적인 기후변화를 회피하기 위해서는 세금과 배출권 거래 등의 도입에 추가하여 투자, 생활방식, 교통수단의 변경, 조세 · 재정계획을 포함한 경제체제 자체의 위상을 전환하기 위한 종합적 대책이 필요하다.

2. 현재까지의 일본의 온난화방지정책

온난화방지를 위해 본격적 대책이 급선무로 되고 있는 일본은 지속가능한 사회를 위한 전환을 도모하고 있는 것인지에 대해 교토의정서 책정 이후의 온난화방지대책을 중심으로 살펴본다.[9)]

온난화방지정책으로서 일본에서 처음으로 책정된 것은 1990년의 지구온난화방지행동계획이다. 그 내용은 1인당 CO_2 배출량을 2000년 이후에 대개 1990년 수준에서 안정화시키고 더욱이 혁신적 기술개발 등이 예상이상으로 진전된 경우 2000년 이후 배출총량을 1990년 수준으로 안정화시킨다는 것이다. 그러나 이것은 구체적 시책이 강구되지 않아 실패로 끝났다.

9) 일본의 온난화방지대책의 평가에 대해서는 歌川(2003), 上園(2005a; 2005b), 大島(2008), 吉岡(2008a; 2008b; 2008c), 松本 · 横山(2008), 一方井(2008) 등을 참조.

온난화방지정책이 본격화한 것은 교토의정서의 책정 전후부터이다. 1997년에 지구온난화대책추진본부(본부장: 수상)가 설치되고 1998년 6월에 지구온난화대책추진개요(이하 1998년 개요)가 책정되었다. 1998년 6월에 지구온난화대책의 추진에 관한 법률(2002, 2005, 2006, 2008년에 개정, 이하 온난화대책법)이 규정되었다. 이것은 국가, 지자체, 국민의 의무와 역할 등 온난화방지대책의 대개의 개요를 규정한 것이며 보다 구체적인 정책의 내용은 수치목표를 규정한 개요에서 결정되었다. 또한 1998년에는 에너지 사용의 합리화에 관한 법률(이하 에너지절약법)의 개정, 종합에너지조사회[10] 수급부회에 의해 장기적 에너지 수급전망의 개정이 이루어졌다. 이와 같이 1998년은 온난화정책의 본격적 개시의 연도이기도 하다.

1998년의 대강(大綱)은 2010년을 목표 연차로 하여 교토의정서의 약속(기준연도와 비교하여 6% 감축)의 내역을 제시하고 있다. 이 때에는 〈표 1-3〉에서 보는 바와 같이 가장 많은 온실가스인 에너지에 기인한 CO_2의 목표치를 ±0%로 하고 비에너지에 기인한 CO_2, 메탄가스, 일산화이질소(N_2O)를 포함하여 기준연도의 온실가스 총배출량과 비교하여 0.5% 정도 감축하고 대체프론3가스 2.0% 증가와 국내에서의 배출감축에 대해서는 완만한 목표를 설정하였다. 한편 그 이외는 흡수원(源)에서 3.7% 정도 감축, 교토메커니즘에서 1.8% 정도 감축으로 하고 더욱이 정책적 배경이 없는 혁신적 기술개발, 국민 각계각층의 노력으로 2.0% 정도 감

10) 종합에너지조사회는 통상산업장관의 자문기관으로서 1965년에 설치된 심의회로서 에너지의 안정적이고 합리적인 공급의 확보에 관한 종합적이며 장기적인 시책에 관한 중요사항을 조사 · 심의한다(종합에너지조사회 설치법 제2조)고 되어 있다. 이것은 2001년에 이루어진 성 · 청 재편을 할 때에 경제산업성 설치법(제18조, 제19조) 중에 위치되게 되어 각 명칭도 종합자원에너지조사회로 개칭되고 심의내용도 구체적으로 규정되었다. 이 심의회에서 규정된 여러 정책문서는 일본의 에너지정책의 기본적인 개요를 만든 것이다. 그 중에서도 장기적 에너지수급전망은 장기적인 에너지정책의 방향성을 부여해 왔던 것으로서 중요하다.

축하는 것으로서 사실상 숫자를 맞추었다.

2002년 대강은 온실가스가 계속 증대하고 있는 상황(책정시점에서 기준연도 비교 6.9% 증가)과 교토의정서와 관련한 국제협상의 진전에 따라 2002년 3월에 지구온난화대책추진본부에 의해 1998년 대강의 개정이라는 형태를 취하여 결정되었다. 그러나 내용은 1998년 대강을 거의 답습한 것으로 1998년 대강과 같은 문제가 제기되었다. 차이점은 마라케시합의의 책정에 따라 일본이 확보할 수 있는 흡수량이 3.9% 정도(기준연도의 온실가스 총배출량비)[11)]로 확대된 정도이다.

2002년에 새롭게 기본정책으로서 채택한 것은 2002~2004년, 2005~2007년, 2008~2012년을 각각 제1단계, 제2단계, 제3단계로 구분하고 제3단계에서 정책을 강화한다는 단계별 접근(step by step approach)이다. 이것에 기초하여 2004년에 2002년 개요를 평가 · 재고하고 2005년 2월의 교토의정서 발효에 따라 2005년 4월에 교토의정서 목표달성계획이 지구온난화대책추진본부에 의해 책정되었다.

목표달성계획은 지금까지의 개요를 대신하여 2002년에 개정된 온난화방지대책법에 기초하여 일본의 현행 온난화방지정책의 구체적 내용을 제시하고 있다. 또한 온실가스의 배출상황을 검토한 후에 보다 상세한 목표가 설정되어 있는 것에 특징이 있다. 구체적인 온실가스별의 내역을 보면 에너지에 기인한 CO_2에 대해서는 기준연도의 온실가스 총배출량비 0.6%의 증대, 비에너지에 기인한 CO_2 0.3%의 감축, 메탄 0.4%의 감축, N_2O 0.5%의 감축, 대체프론3가스 0.1%의 증가, 흡수원 3.9%의 감축이다.

2002년 개요에 기술된 정책적으로 무의미한 국민 각계각층의 온난화대책의 추진이라는 항목은 삭제되어 있다. 한편 에너지에 기인한 CO_2에 대해서는 기준연도비에서 증대를 인정하고 개요보다 목표치를 완화하고 있다. 여기서 완화된 만큼의 수치를 CO_2 이외의 가스감축으로 보충한 것

11) 이 수치는 나중에 기준연도의 배출량재고에 의해 3.8%로 되었다.

〈표 1-3〉 현재까지의 온난화방지대책

	기준연도배출량(100만 CO_2 톤)	2005년 실적배출량 (100만 CO_2 톤)	대강 (1998년)	대강 (2002년)	목표 달성계획 (2005년)	목표달성계획(2008년)					
						대책상위 사안			대책하위 사안		
						2010년도 추계배출량 (100만톤)	기준연도 대비 증가율	2005년 실적배출량 대비 증가율	2010년도 추계배출량 (100만톤)	기준연도 대비 증가율	2005년 실적배출량 대비 증가율
에너지에 기인한 CO_2	1,059	1,201	±0%	±0%	+0.6%	1,076	+1.6%	−10.4%	1,089	+2.8%	−9.3%
산업부문	482	452		−7.0%	−8.6%	424	−12.1%	−6.2%	428	−11.3%	−5.3%
업무 그 밖의 부문	164	239		−2.0%	+15.0%	208	+26.5%	−13.0%	210	+27.9%	−12.1%
가정부문	127	174		−2.0%	+6.0%	138	+8.5%	−20.7%	141	+10.9%	−19.0%
운수부문	217	257		+17.0%	+15.1%	240	+10.3%	−6.6%	243	+11.9%	−5.4%
에너지전환부문	68	79		−	−16.1%	66	−2.3%	−16.5%	66	−2.3%	−16.5%
비에너지에 기인한 CO_2	85	91			−0.3%	84	−0.7%	−7.7%	84	−0.7%	−7.7%
메탄	33	24	−0.5%[1]	−0.5%[1]	−0.4%	23	−31.8%	−4.2%	23	−31.8%	−4.2%
N_2O	33	25			−0.5%	25	−24.1%	0.0%	25	−24.1%	0.0%
대체프론3가스	51	18	+2.0%[1]	+2.0%[1]	+0.1%	31	−39.5%	72.2%	31	−39.5%	72.2%
합계	1,261	1,359				1,239	−1.8%	−8.8%	1,252	−0.8%	
혁신적 기술개발과 국민 각계각층의 지구 온난화 방지활동			−2.0%[1]	−2.0%[1]							
흡수원			−3.7%[1]	−3.9%[1]	−3.9%[1]		−3.9%[1]			−3.9%[1]	
교토메커니즘			−1.8%[1]	−1.6%[1]	−1.6%[1] (목표와 실제의 배출량의 차분)		−1.6%[1] (목표와 실제의 배출량의 차분)			−1.6%[1] (목표와 실제의 배출량의 차분)	

주: 1. 기준연도 총배출량비의 감축률
2. 목표달성계획(2005년), 목표달성계획(2008년)의 비율은 부문별 기준연도 또는 2005년의 실적배출량비
3. 배출량은 전열(電熱)배분 후의 수치

자료: 지구온난화대책 추진본부(1998, 2002, 2005, 2008)에 의해 작성.

이 목표달성계획의 목표치이다. 그러나 이 때에도 수치를 목표치인 6% 감축에 맞추었다고밖에 볼 수 없다.

목표달성계획은 2007년에 평가 · 재검토가 이루어져 중앙환경심의회, 산업구조심의회의 합동회의에 의한 심의를 거쳐, 2008년 3월에 새로운 목표달성계획(이하 2008년 목표달성계획)이 책정되었다. 2008년 목표달성계획에서는 2010년 시점에서 부족분이 발생하게 된다고 하여 다시 수치목표의 재검토가 이루어지고 있다.

목표달성계획에서는 대책상위사안과 대책하위사안의 두 가지 사안이 제시되어 있다. 이것을 보면 에너지에 기인한 CO_2의 목표치가 더욱이 완화되고 대책하위사안에서 기준연도비 2.8%로 증대하고 대책상위사안에서도 1.6%의 증대를 전망하고 있다. 대책상위에서 제시된 수치목표조차도 이제는 기준연도비에서의 감축이 곤란하다는 것을 인정하고 있다. 이것은 업무 그 밖의 부문, 가정부문이 2005년의 목표달성계획보다도 증대한 것으로 보이기 때문이다. 이들 에너지에 기인한 CO_2의 증대분은 메탄, N_2O, 대체프론3가스의 감축으로 보완되고 있다. 목표달성계획에서는 전력부문의 CO_2 배출량을 소비부문에 배분한 목표치가 열거되어 있으므로 최대의 배출부문인 전력부문의 역할에 대해 수치상으로는 파악할 수 없다. 뒤에 설명하는 바와 같이 이 부문에서의 실패가 크게 영향을 미치고 있다.

2008년 목표달성계획은 에너지에 기인한 CO_2에 대해 목표치를 완화하는 것이며 지금까지 CO_2 배출감축대책이 실패한 것을 인정한 것이 되고 있다. 목표를 달성하기 위해서는 2005년 실적에서 보면 2010년까지 전체로 10.4% 감축을 달성해야 한다. 2008년부터 교토의정서의 약속기간에 접어 든 것을 감안하면 매우 단기간 중 대폭적인 감축을 해야 한다. 지금으로서는 해외에서의 배출 크레디트의 구입 없이 이 달성은 거의 불가능하다. 일본정부가 지금까지 충분한 대책을 강구하지 않은 대가가 지금에 나타나고 있어 일본국내에서의 목표달성이 절망적이 되고 있다고 할 수 있다. 지금까지 강구한 정책은 온실가스배출의 대폭 감축은 물론 교토의정서의 목표달성조차도 실패하였다. 종래의 정책을 근본적으로 개선하는 조치, 환경 · 에너지 정책의 변혁이 필요하다고 할 수 있다.

3. 원전에 의존한 에너지정책과 그 실패

온실가스배출은 대부분이 에너지 이용과 관련되는 것이며 에너지정책은 온난화방지정책과 깊게 관련되어 있다. 온난화방지정책의 실패는 그 대부분이 에너지정책의 실패에 원인이 있다. 그러면 어디에 잘못이 있는 것일까. 아래에서는 일본의 에너지정책의 역사를 회고해 본다.

교토의정서 책정 후인 1998년 이후의 시기는 에너지정책이 급속하게 전개된 시기이기도 하며 매우 많은 에너지정책 관련 문서가 정리되었다. 이것은 직후에는 기후변화문제에의 대응이 긴박하게 된 것이 원인으로 되고 있지만 2001년에 실시된 성 · 청재편과도 깊은 관련이 있다. 이 점은 2001년 이후 에너지정책 기본법 책정과 그것에 기초한 에너지 기본계획, 새로운 국가 에너지전략, 구체적 수치목표와 목표연차가 포함된 원자력발전 추진정책(원자력정책대강, 원자력입국계획)이 점차로 형성되고 있는 것에서도 알 수 있다. 에너지정책 중에는 특히 원자력발전의 추진에 대해 '원자력입국계획' 이라는 거의 불가능한 입국비전을 심의회보고서명에 열거하는 등, 냉정하다고는 볼 수 없는 강조의 형식이었다. 반대로 재생에너지입국계획과 에너지절약입국 등의 정책은 없었다고 하더라도 종래와 같이 에너지정책은 원자력정책 중심으로 이루어지고 있었으며 오히려 온난화방지정책을 명목적으로 강화하려고 하였다.

에너지정책의 전체적인 개요와 역점을 알고 난 후 종합에너지조사회수급부회가 책정하는 장기에너지 수급전망은 중요하다. 이것은 종합자원에너지조사회의 전신, 즉 종합에너지조사회가 설치된 1965년 이래 1967년, 1970년, 1975년, 1977년, 1979년, 1982년, 1983년, 1987년, 1990년, 1994년, 1998년, 2001년, 2005년, 2008년에 몇 년 간격으로 개정되고 있다. 장기에너지 수급전망은 국가 에너지정책의 기본 방향을 형성하였다. 교토의정서 책정 후에 공통인 특징은 대개 다음과 같이 정리된다.

첫째, 장기에너지 수급전망은 산업부문을 포함한 소비부문에 대해 강한 규제가 이루어지는 것은 일부를 제외하고 상정되어 있지 않다. 포함되어 있는 구체적 수법은 에너지절약법 개정에 따른 관청의 지도와 감독에 기초한 온건한 정책뿐이며 대량에너지 소비자 등에 대한 감축의무 등의 강한 조치는 포함되어 있지 않다. 탄소세, 배출권거래 등의 횡단적 정책이 도입된 경우의 효과에 대해서는 개요와 목표달성계획의 재검토 중에서 그 필요성이 지적되고 있음에도 불구하고 검토가 연기되었다.

둘째, 책정에 있어 방법론에도 문제가 있다. 장기에너지 수급전망의 책정방법은 대개 다음과 같다. 인구증가와 GDP 증가 등 요인을 외생적으로 부여하고 그것에 기초하여 에너지의 수요증대를 예상한다. 또한 에너지절약정책의 효과를 에너지수요와는 별도로 계산하고 에너지수요에서 공제하여 에너지절약대책 후의 에너지 수요량을 결정한다. 기준이 되는 에너지수요와 에너지절약대책의 효과에 대한 산정방법의 정합성은 없다.[12] 이렇게 하여 얻어진 수요량을 충족하기 위해 에너지 공급구조가 결정된다. 에너지 수급전망은 일정한 모델에 기초하여 계산되고 있다. 그러나 그 상세한 내용에 대해서는 제3자에 의한 검증이 가능할 정도로는 공표되어 있지 않다. 또한 에너지절약량의 근거도 명확하지 않은 부분이 많다. 뿐만 아니라 모델인 이상 유일무이한 절대적인 것이 없음에도 불구하

12) 장기에너지 수급전망의 방법론의 문제점은 水谷編著(2000, pp.218-219)에 있는 바와 같이 이전부터 지적되고 있다.

고 다른 모델 간에 비교검토가 이루어짐 없이 국가계획으로서 권위가 부여되고 있다.

셋째, 원전에 대해서는 목표치가 미리 전제로 되어 부여된다. 대개 원전의 목표치, 목표연차 모두 야심적이다.[13)] 장기에너지 수급전망은 에너지공급부문, 특히 원전을 중심으로 한 전력부문의 최상위 국가계획으로서의 사정이 강하며[14)] 그와 같이 계속 작용하였다.

지금까지 원전개발의 상정을 정리한 것이 〈표 1-4〉이다. 이것을 보면 명기된 바와 같이 1998년의 전망에서는 2010년까지 새롭게 21기의 운전

〈표 1-4〉 장기에너지 수급전망상의 원자력개발의 상정

책정 연도		2010년 상정			2030년 상정			
	신설 수	발전량	설비 용량	설비 이용률	신설 수	발전량	설비 용량	설비 이용률
1998년	21기	4,800억kWh	6,600~ 7,000만kW	78~83%				
2001년	13기	4,186억kWh	5,755 ~6,185만kW	77~83%				
2005년	3기	3,753억kWh (현행대책)	5,014만kW	85%	16기(높은 케이스)	5,360억 kWh	6,795만 kW	90%
	3기	3,872억kWh (추가대책)	5,014만kW	88%	9기(레퍼런스 케이스)	4,317억 kWh	5,798만 kW	85%
					7기(낮은 케이스)	4,167억 kWh	5,597만 kW	85%
2008년	1기	3,664억kWh	5,014만kW	83%	9기	4,374억 kWh	6,150만 kW	80%

자료: 종합에너지조사회수급부회(1998), 종합자원에너지조사회수급부회(2005, 2008), 종합자원에너지조사회종합부회/수급부회(2001)에 의해 작성.

13) 상세한 것은 여기서는 언급하지 않지만 성 · 청재편을 경계로 원자력정책 책정에서 경제산업성의 역할이 강화되어 그것에 따라 2001년 이후의 원자력정책도 야심적인 수치목표를 포함한 매우 구체적인 것으로 변화하고 있다. 이 점에 대해서는 吉岡(2004) 참조.

14) 吉岡(2007a, p.197).

을 개시한다고 한다. 당초부터 실현불가능하게 보이는 수치가 목표로서 포함되어 있었다. 그것이 목표연차에 근접하게 됨에 따라 개정할 때마다 현실에 맞추어 하향수정되고 있다. 또한 2005년의 장기에너지 수급전망에서는 2010년에 추가하여 2030년의 전망도 이루어지고 있다. 2030년 전망은 2010년의 전망과 정합성은 없지만 2030년의 전망에 대해서도 여기에 제시된 계획과 같이 진행될 것이라고는 보기 어렵다.

특히 장기에너지 수급전망에서 2010년, 2030년 모두 설비이용률을 80% 정도로 설정하고 있는 점은 현실에 맞지 않는 과잉한 것이다. 역사적으로 보면 1990년도의 설비이용율은 72.7%이며 1995년에 80.2%가 되어 처음으로 80%를 초과하고 1998년도에는 84.2%를 기록하였지만 그 이후는 정체하여 2003년에는 59.7%까지 저하하고 있다. 카시와자키 · 카리와(柏崎刈羽)원전이 정지한 2007년도에는 60.7%가 되고 있다. 원자로의 노후화도 진전되고 있으므로 설비이용률이 80%를 초과하는 것은 곤란할 것이다.

이와 같이 장기에너지 수급전망의 경우 원자력에 대해서는 과도하게 낙관적인 상정을 하고 있다. 뿐만 아니라 원자력발전을 포함한 장기적인 에너지공급상태를 부정확하고 불충분한 검토하에 졸속으로 결정한 점도 매우 문제이다. 이 점은 중기적인 온난화방지정책의 구체적 내용의 대부분이 결정되지 않은 가운데 원자력개발만은 미리 기정 노선으로서 결정한다는 원자력 일변도의 에너지정책, 온난화방지정책의 상징적인 요점으로서 지적할 수 있다. 반대로 신에너지의 공급량[15)]도 부여되어 있지만, 이 쪽은

15) 신에너지는 일본 특유의 정책용어로 석유와 석탄, 원자력 등 기존 에너지를 대체하는 에너지를 포함한 잡다한 개념이다. 법적으로는 신에너지이용 등의 촉진에 관한 특별조치법(1997년 시행) 제2조에서 "신에너지이용 등이란 석유대체에너지의 개발과 도입의 촉진에 관한 법률에서 규정하는 석유대체에너지를 제조하고 발생하게 하고 또는 이용하는 것과 전기를 변환하여 얻을 수 있는 동력을 이용하는 것 중에서 경제성 면에서의 제약으로 인해 보급이 충분하지 않아 그 촉진을 도모하는 것이 석유대체에너지의 도입을 도모하기 위해 특히 필요한 것으로서 정령으로 규정한 것" 으

대개 목표수준이 소극적이어서 원자력과는 현저한 대비를 이루고 있다.

넷째, 장기에너지 수급전망은 목표달성계획 등의 온난화방지정책 책정에 있어 전제로서 취급되고 있다. 또한 장기에너지 수급전망의 결정 과정과 관련한 주체의 대부분은 기존의 에너지정책에 대해 비판적인 의견을 갖지 않은 자와 이해관계자이다. 장기에너지 수급전망의 개정에 있어 환경성은 관여할 수 없으며 기존의 에너지정책에 비판적인 입장을 취하는 자도 거의 참가하지 않고 있다. 온난화방지정책을 진행하는 관점에서 보면 장기적인 에너지수급의 위상은 온난화방지정책을 검토하는 가운데 결정할 필요가 있지만 그러한 것은 거의 이루어지지 않고 있다.

이상을 정리하면 일본의 에너지정책은 비현실적 상정을 근거로 원전의 확대를 우선하여 결정하는 등 매우 문제가 많다. 더욱이 이러한 문제가 많은 장기에너지 수급전망의 개별의 에너지정책뿐만 아니라 온난화방지정책의 방향성을 규정하고 있다. 이것이 원자력 의존의 온난화방지정책을 유발하고 있다.

4. 원자력 의존으로 저탄소사회의 미래를 개척할 수 있을까

1) 전력업계에 의한 온난화방지대책

그러면 종래의 원자력 의존형 에너지정책에서 저탄소사회의 미래는 개척할 수 있는 것일까.

일본의 온난화방지정책의 산업부문에 대한 대책은 일본경제단체연합

로 되어 있으며 구체적으로는 정령으로 규정되어 있다. 이 내용은 정책상 자주 변경되고 있다. 재생에너지의 대부분이 이 중에 포함되어 있다.

회의 환경자주행동계획이다. 전력부문의 대책은 이 중에 포함되어 있는 전기사업연합회의 자주행동계획이다. 전기사업연합회는 업계단체로서는 CO_2 배출량이 최대이며 특히 에너지공급의 위상을 방대하게 규정하고 있다. 뿐만 아니라 전력은 다른 부문에도 널리 공급되고 있으므로 그 영향은 다른 부문에도 파급된다. 이 부문은 일본 전체의 배출감축을 달성하기 위한 요지이다.

그런데 이러한 최대배출부문의 감축정책이 하나의 업계단체인 전기사업연합회의 자주행동계획에 위임되어 있다. 자주행동계획은 그 중에서 열거되어 있는 목표가 달성되지 않아도 벌금이 부과되는 것은 아니며 법적 구속력은 없다. 자주행동계획에 위임한다는 국가의 자세는 크게 문제시해야 할 점이다.

경제단체연합회의 환경자주행동계획의 이상의 문제점을 기초로 한 후에 전기사업연합회의 자주행동계획에 대한 내용을 검토한다. 1997년에 규정된 자주행동계획에 따르면 온난화방지정책의 목표는 2010년에 전력업계 전체의 CO_2 배출원 단위를 1990년 수준에서 20% 감축하도록 노력한다는 것이다. 이것은 10년 이상 지난 오늘날에도 그대로 유지되고 있다.

이 때의 목표에 대해 보다 상세하게 보면 총발전량은 2010년까지 1.5배로 되는 것이 전망되었다. 이것을 전제로 온난화방지정책이 편성되어 있지만 총발전량이 증대하는 가운데 CO_2 배출량을 감축하는 것은 곤란하다. 그래서 목표로 된 것이 총배출량을 1990년의 2억 7,500만 톤에서 2010년의 3억 3,733만 톤으로 1.23배의 증가로 억제한다는 것이다. 즉, 발전량이 1.5배 증가하고 있어 CO_2 배출을 1.23배의 증가로 억제하고 이것에 따라 CO_2 배출원 단위를 20% 감축한다는 것이 전기사업연합회의 목표이다.

목표를 달성하기 위한 구체적 대책은 ① 원자력을 중심으로 한 전원(電源)의 추진, ② 에너지 이용효율의 향상, ③ 신에너지의 도입과 보급 확대, ④ CO_2 회수, 처리, 고정에 관한 기술개발, ⑤ 전기이용면의 에너지절약지원이다. 이 중에서 자주행동계획의 서두에 위치되어 있는 것은 원자력개발이며 이것을 가장 중시하고 있는 것은 그 이후의 자주행동계획의 개정과 현재 각 전력회사의 움직임에서도 분명하다.

이러한 온난화방지정책을 열거하는 한편 각 전력회사는 사실은 1990년대를 통해 석탄화력발전소를 증설하였다. 이것은 석탄이 저렴하다는 오로지 경제적 이유에 의해 추진된 것이지만 에너지의 'best mix'를 구성한다는 정책적 명목도 부여되었다. 그러나 석탄은 에너지원 중에서도 탄소배출계수가 가장 높으며 고위 발열량기준으로 본 경우 예컨대 액화천연가스가 13.47tC/TJ(1테라줄당 탄소배출량[톤])인 것에 대해 발전용 수입 일반탄은 24.51tC/TJ로서 80% 이상 높다.[16] 따라서 석탄의 이용을 늘리면 전력 전체의 CO_2 배출원 단위가 증가하는 방향으로 움직이는 것은 명백하다.

지금까지 석탄화력과 원자력의 증강은 에너지안전보장을 충족한다는 명목을 가지고 추진되어 온난화방지대책으로서의 관점은 거의 없었다. 이 석탄화력발전소의 증설에 의한 영향을 부정할 정도의 원전의 증설과 설비이용률의 향상, CO_2 배출원 단위를 감축한다는 것이 전기사업연합회의 계획이었다. 즉, 석탄이용을 증가하게 하는 한편 온난화방지대책에 대해서는 오로지 원자력발전에 의거한다는 구조가 된 것이다.

2) 전력부문에서 급증하는 CO_2 배출량

그 결과는 어떠한가. 현실로는 전력부문의 CO_2 배출량, 에너지사용량은 모두 크게 증대하여 2007년도의 단계에서 각각 1990년과 비교하여 51.6%, 43.5%가 증대하고 있다. 즉, 석탄화력발전소의 증설에 의한 영향에서 에너지사용량의 증가 이상으로 CO_2 배출량은 증대하게 되었다. 배출원 단위에서 보면 목표인 20% 감축의 달성은 거의 불가능하며 반대로 9%

---

16) 온실가스인벤터리오피스, 2008.

나 악화된 것이다.[17)]

이제는 전력부문의 목표달성은 절망적이다. 그 원인은 원전이 전기사업연합회의 계획대로 진행되지 않아 기존의 원전에 대해서도 설비이용률이 계속 낮아지고 있으며 더욱이 석탄화력발전소의 증설을 온난화 대책이 필요한 이 시기에 억지로 행하였기 때문이다. 이러한 전력부문의 목표미달성의 영향은 전력부문 이외의 부문에도 미친다. 전력은 모든 소비부문에서 이용되고 있기 때문에 전력부문의 CO_2 배출량을 소비부문으로 배분한 경우 다른 부문의 배출량이 원(原)단위 증대만큼 증가한다.

3) 교착상태인 원자력

원전의 설비이용률이 낮아지고 있는 직접적 원인은 두 가지이다. 첫째, 각 전력회사가 원전의 점검기록을 고의적으로 수정하고 사고를 은폐하고 있는 것이다. 2002년에 동경전력이 오랫동안 자주 점검기록을 고의적으로 수정해 온 것이 분명해졌다. 이것을 계기로 다른 회사에서도 마찬가지의 일이 발생하고 있다는 것을 알게 되어 안전성 확인을 위해 대개의 원전을 정지하였다. 은폐된 것에는 매우 심각한 것도 포함되어 있었다. 예컨대 북륙전력(北陸電力) 시가(志賀)원자력발전소 1호기의 정기운전 중에 제어봉이 빠져 원자로가 임계상태로 되었던 중대한 사고가 1999년 6월에 발생하였는데도 불구하고 1999년 8월부터 영업운전을 개시한 것이 2007년 3월에 발각되어 경제산업성으로부터 운전정지와 안전점검을 명령받았다.

즉, 각 전력회사의 안전무시 행위가 대규모로 이루어진 영향으로 원전을 운전할 수 없게 되어 설비이용률이 낮아지고 있다. 기록의 수정은 대규모였기 때문에 총발전량에서 차지하는 원자력발전의 비율이 2002년도의

---

17) 日本經濟團體聯合會, 2008.

31.2%에서 2003년도의 25.7%로 감소하게 되는 커다란 영향을 초래하였다. 설비이용률은 이 시기에 59.7%로 저하하고 있다.

둘째, 2007년의 추에츠(中越)외해지진의 영향이다. 지진의 영향을 직접적으로 크게 받은 동경전력 카시와자키 · 카리와(柏崎刈羽)원전은 운전을 긴급하게 정지하였다. 추에츠외해지진에 의한 흔들림은 설계 시의 예상을 크게 초월하여 원자력발전 설비에 커다란 손상을 초래한 것으로 보인다. 이것과 관련하여 '카시와자키 · 카리와(柏崎刈羽)원전의 폐쇄를 호소하는 과학자 · 기술자의 모임'은 재개를 전제로 하지 않고 폐로도를 시야에 둔 객관적인 조사 · 검토를 해야 한다고 주장하고 있다.[18] 예상 외의 지진이 발생한 이상 발전시설에는 중대한 영향이 미칠 가능성이 높으며 본격적인 운전재개는 위험을 수반한다고 본다.

2009년부터 이 원전의 운전재개가 점차로 이루어지고 있지만 정지를 계속한 경우 그 영향은 크다. 이 원전의 발전량을 화력발전으로 보완하려고 하여 2006년도 화력의 평균배출계수(발전단(發電端))(톤/kWh: 1kWh당 CO_2 배출량)[19]를 발전량에 함께 곱하면 3,593만 톤이 된다. 배출감축크레디트가격을 CO_2 톤당 3,000엔으로 한 경우 이것은 연간 1,078억 엔, 5년간에 5,389억 엔에 상당한다.

더욱이 추에츠 외해지진의 영향으로 전국 원전의 내진공사의 검토가 진행되고 있었던바 하마오카(浜岡)원전 1, 2호기가 필요한 내진유도(裕度) 향상공사를 하게 되면 막대한 비용과 기간을 소요하므로 경제적으로 채산이 맞지 않다고 하여 2009년 1월 30일에 폐지할 것이 2008년 12월 22일에 추부전력에 의해 발표되었다.[20] 대체시설로서 이 발전시설 내에 6호기를 건설하려고 하고 있지만 이것은 2020년대 전반이 되므로 교토의정서 제1약속기간에는 시간적으로 맞지 않는다. 이것도 원자력발전에 의한 전

18) 카시와자키 · 카리와원전의 폐쇄를 주장하는 과학자 · 가술자의 모임, 2007.
19) 종합에너지통계를 기초로 산출함.
20) 中部電力, 2008.

력량을 억제하게 되어 전력 전체의 CO_2 배출원단위는 그만큼 상승한다.

뿐만 아니라 석탄화력의 확대의 영향은 매우 컸다. 전기사업연합회의 배출원단위 목표는 각 전력회사의 사용전력을 기초로 하고 있다. 이것에는 도매전기사업자에게 포함되는 공동화력 등에서의 전력도 포함되어 그것을 포함한 에너지원별 구성은 공표된 통계에서는 찾을 수 없다. 여기서 「종합에너지통계」상의 사업용 발전에서의 CO_2 배출량의 추이를 보면 [그림 1-2]와 같이 된다.

1990년도의 배출량은 석탄에 기인한 것이 7,848만 톤, 석유 1억 3,482만 톤, 천연가스 7,5698만 톤, 합계 2억 8,898만 톤이었다. 그런데 2006년도에는 각각 2억 405만 톤, 4,652만 톤, 1억 711만 톤이 되어 합계 3억 5,769만 톤으로 6,870만 톤이나 증대하고 있다. 석탄에 기인한 배출만으로 1억 2,557만 톤이 증대한 것이다. 이 양은 1990~2006년 기간의 일본의 온실가스 총배출량의 증대분 1억 2,990만 톤[21]에 필적한다. 석탄화력발전

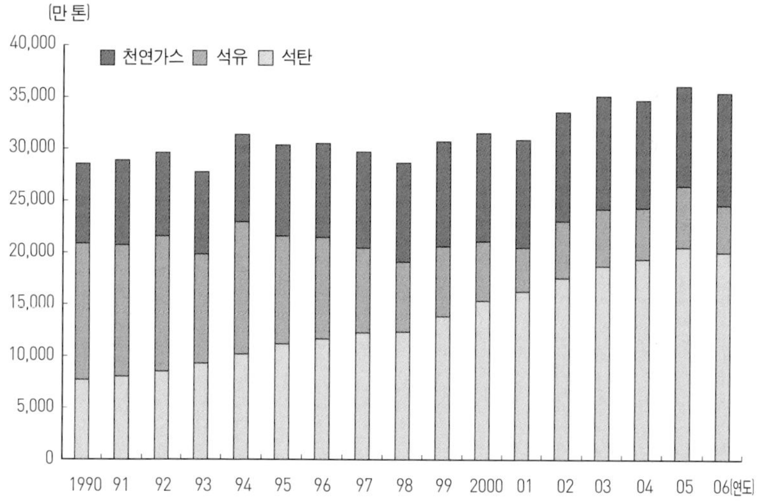

자료: 経済業省 資源エネルギー庁 (각 연도판)에서 작성.

[그림 1-2] 전력(사업용 발전)에서의 CO_2 배출량의 추이

21) 온실가스인벤터리오피스, 2008.

소의 증설과 그것에 따른 배출증대가 사용전력 기준으로 본 전력의 배출 원단위를 인상하고 더욱이 일본의 온실가스 배출총량을 증대시키는 원인이 되고 있다.

이상과 같이 원자력발전에 의존하는 온난화방지정책은 결국은 원자력발전이 당초의 계획대로 진행되지 않는다는 현실에 의해 파탄하고 더욱이 석탄화력발전소의 증대에 의해 심각함을 증폭하고 있다. 그래서 전기사업연합회의 목표달성은 거의 불가능하게 되어 일본 전체의 배출증대를 초래하고 있다.

4) 곤란한 전력부문에서의 배출감축

전기사업연합회는 1990년도의 사용단(使用端)배출원 단위의 0.417kg-CO_2/kWh를 2010년에는 20%를 감축, 즉 0.33kg-CO_2/kWh로 하는 것을 목표로 하여 설정하였다. 전기사업연합회에 의하면 2008~2012년의 평균 사용 전력량은 9,310억kWh로 예상되고 있다. 2007년도 실적인 0.453kg-CO_2/kWh의 상태로 추이했다고 가정하고 원(原)단위의 차분(0.119kg-CO_2/kWh)에 9,310억kWh를 곱하면 전기사업연합회의 목표미달성에 의한 배출증가분은 1억 1,200만 톤에 이른다(〈표 1-5〉참조). 이것은 기준연도의 온실가스배출량의 12억 6,100만 톤의 8.8%이다. 즉, 일본의 배출량 증대의 대부분이 전기사업연합회의 목표미달성에 의해 발생한다고 추측된다. 석탄화력증대와 원자력개발을 중심으로 하는 에너지정책과 각 전력회사의 자세가 일본의 온난화방지정책을 실로 절망적인 상황에 빠뜨리고 있다.

각 전력회사는 미달성부분에 대해 배출크레디트를 해외에서 구입하여 이것으로 보완하는 방침을 가지고 있다. 미달성부분의 어느 정도를 구입할지는 불투명하다. 실제로 이와 같은 것을 무제한으로 행하면 국내에서의 배출감축대책의 실시를 연기하는 것이 되므로 그와 같은 것을 행하여

〈표 1-5〉 전기사업자의 배출감축목표와 미달성의 영향

	1990년	2010년	
	실적치	목표	배출원단위가 2007 년도 실적과 같은 경우
사용전력량(A)(억kWh)	6,590	9,310	9,310
배출원단위(B)(kg-CO_2/kWh)	0.417	0.334	0.453*
배출량(A×B)(억 톤)	2.748	3.106	4.217

주: * 2007년도 실적과 같은 수치.

자료: 電氣事業聯合會(2008), p.3.

서는 안 된다. 원래대로라면 해외에서의 배출크레디트의 구입에 의한 달성을 금지하거나 일정한 제한을 두어야 한다. 그런데 일본 국내에는 그와 같은 규정이 전혀 없어 방치되고 있다.

이 점은 신속하게 개선되어야 하지만, 여기서 이 1억 1,120만 톤의 미달성분을 국제시장에서 배출크레디트를 구입하는 것으로 달성한다고 볼 경우 경제적 부담이 어느 정도인지를 시산한다. 배출크레디트의 가격이 장래에 어느 정도가 될지는 불투명하지만 3,000엔/톤으로 하면 연간 3,335억 엔, 제1약속기간 합계하여 1조 6,674억 엔이 된다.

이것은 단(單)연도에서 본 경우 예컨대 2006년도의 10개 전력회사의 순이익총액 7,785억 엔의 42.8%에 상당하는 금액이다. 이 상태로는 각 전력회사의 경영을 크게 압박하는 것이 명백하다. 이러한 사정을 고려하면 향후 이러한 매입이 이루어지게 된 경우 전력요금을 산정할 때 원가에 산입되어 국민에게 전가될 가능성이 높다. 원자력의존의 정책이기 때문에 무제한의 배출크레디트의 구입이 추가되면 전력에 기인하는 국민부담은 더욱 증대한다.

5) 원자력의존 온난화방지정책으로부터의 전환 필요성

이상과 같이 설비이용률이 저하하고 원자력에 의한 발전량이 감소하였기 때문에 이제 전기사업자의 자주행동계획의 달성은 불가능하다. 이것은 동시에 원자력발전의존의 에너지정책과 온난화방지정책의 달성을 불가능하게 하고 있다. 한편 전력업계는 석탄화력의 확대를 점차로 진행하고 있다. CO_2 감축과 석탄화력의 확대는 커다란 모순이 있다. CO_2 배출감축의 목적을 위해서는 석탄화력발전소의 신설금지와 운전제한 등 조치도 필요하다. 이러한 현실을 고려하면 원자력발전이나 석탄화력에도 의거하지 않는 에너지정책과 그것에 기초한 온난화방지정책을 신속하게 채택해야 한다.

중장기적으로 온실가스를 대폭 감축하기 위해서는 에너지소비의 감축은 전제로 하더라도 에너지공급의 탈탄소화를 진행할 수밖에 없다. 원자력발전의존의 정책에 희망이 없는 이상 석탄화력발전소의 증설과 이용을 제한, 금지하는 것에 추가하여 재생에너지를 차세대의 중추적 에너지로서 개발, 이용·촉진해 갈 수밖에 남은 길은 없다. 본격적으로 이와 같은 대책을 강구하면 향후 10년 중에 에너지공급뿐만 아니라 경제의 위상, 사람들의 생활방식은 변화하게 될 것이다. 그와 같은 대담한 개혁이 요구되고 있다.

5. 불충분한 일본의 재생에너지 정책

재생에너지를 중추 에너지로 하는 것이 요구된다고 하지만 현재 일본에는 재생에너지가 거의 보급되어 있지 않다. 이것은 제8장에서 소개하는 독일과는 대조적이다. 물론 재생에너지에는 극복해야 할 점이 몇 가지 있지만 기술적 측면에 문제가 있다기보다는 일본의 경우 오히려 제도적인 측면에 커다란 결함이 있다. 근본적으로는 원자력발전중심의 에너지정책이 채택되고 있으므로 정책자원이 재생에너지에 사용되지 않은 것에 문제가 있다. 그러한 근본문제를 차치하더라도 종래의 제도가 보급을 효과적으로 지원하지 않은 것이 재생에너지 보급의 장애로 되고 있다.

일본에서 재생에너지에 의해 창출된 전력(이하 재생가능 전력)의 보급 촉진정책의 중핵이 되고 있는 것은 2002년에 제정된 전기사업에 의한 신에너지 등의 이용에 관한 특별조치법(이하 RPS)에 의해 2003년 4월부터 시행된 고정범위제[22]이다. 이것에 의해 전력의 소매를 행하는 사업자(일반 전기사업자, 특정 전기사업자, 특정 규모 전기사업자. 이하 전기사업자라 한다)들은 그 판매전력량에 따라 신에너지 등 전기를 일정 비율 이용하는 것이 의무화되어 있다. 각 전기사업자의 매년 이용의무량은 경제산업장관이 4년마다 8년 이후까지 정하는 전기사업자에 의한 신에너지 등 전기의 이용목표를 기준으로 결정된다. 이용의무량의 합계치는 2005년도 38.6억kWh, 2010년도 122억kWh, 2014년도 160억kWh이다.

대상이 되는 에너지원은 풍력, 태양광, 지열, 중소수력(中小水力), 바이오매스이다. 전기사업자는 자신이 신에너지 등 전기를 발전하거나 기타의 발전사업자로부터 신에너지 등 전기를 구입하거나, 또는 다른 발전사업자 등으로부터 신에너지 등 전기 상당량을 구입하는 선택지에서 선택할 수 있다.

따라서 재생전력의 보급을 위해 만들어진 정책이었지만 일본의 고정범위제는 충분한 보급을 창출하지 못했다. 그것에는 다음에 설명하는 문제가 있었기 때문이다.

첫째, 근본적인 문제로서 목표치가 너무 낮은 것이다. 〈표 1-6〉의 의무

22) 일본의 고정범위제의 문제점에 대한 상세한 것은 飯田(2004a, 2004b, 2004c, 2005c), 木村(2005) 등을 참조.

량이 기존수력을 제외한 재생전력의 목표량인데 목표량은 2006년의 전력 수요에 비교해 1.2%에 불과하며 매우 낮다. 원래 이것이 목표량이라고 할 수 있는지에 대해서는 크게 의문이 된다. 또한 2010년도까지는 의무량이 조정되어 목표량이 인하됨으로써 더욱 의무량이 적어지고 있다. 조정이 이루어진 것은 전기사업자가 재생에너지 설비를 도입한 후에 유예기간을 설정하기 위한 것이라고 볼 수 있지만, 목표치가 낮고 더욱이 목표치가 인하되면 재생전력의 보급효과는 크게 감쇄되는 것이 당연한 것이다. 그로 인해 실제로 신에너지 등 전기공급량은 조정 후의 의무량을 대폭으로 초과하고 그 결과 축적된 신에너지 전기상당량은 해마다 증대하고 있었다. 종래의 목표는 부적절하여 대폭으로 인상할 필요가 있다.

둘째, 폐기물이 바이오매스로서 재생에너지에 포함되어 있었던 것이다. 폐기물은 바이오매스에 기인한 것에 한정된다고 하지만 폐기물 발전 비용이 다른 재생에너지에 비교하여 저렴하므로 폐기물 발전의 도입이 보다 촉진되는 경향이 있다. 2006년도 말의 폐기물 발전에서의 공급량은

〈표 1-6〉 RPS법의 실시상황

(단위: 억kWh)

연도	업무량	조정 후	공급량	축적량
2003	73.2	32.8	40.2	
2004	76.6	35.7	49.1	7.9
2005	80	38.6	55.8	20.6
2006	83.4	41.5	65.1	37.8
2007	86.7	44.4	74.3	67.6
2008	92.7	64.2		
2009	103.3	88.9		
2010	122			
2011	132			
2012	141			
2013	151			
2014	160			

자료: 經濟産業省(2003; 2007), 經濟産業省資源エネルギー庁(2003, 2004, 2005, 2006a, 2007, 2008)에 의해 작성.

286만 4,000kWh이며 전체의 44%를 차지한 것에서도 태양광과 풍력 등의 새로운 재생에너지의 보급을 창출하지 못했음을 알 수 있다.

셋째, RPS법에 의해 인정된 설비는 2003년도 말의 400만kW에서 2005년도 말의 800만kW로 증대하였지만 대부분이 RPS법 시행 이전에 건설된 기존 설비였다. 즉, 일본의 고정범위제는 기존 설비에 대해서는 필요 없는 보조 수단이 되었을 가능성이 있다. 이것은 재생에너지의 보급효과를 감소시키는 것과 연결된다. 기존 설비에의 추가적 보조는 피해야 한다.

그래서 일본의 재생에너지는 타국과 비교하여 보급 속도가 매우 지연되었다. 적어도 종래의 고정범위제에는 많은 문제가 있으며 근본적 변경이 필요하게 되었다.

바람직한 제도는 이미 많은 사람들에 의해 지적되고 있는 바와 같이 고정가격제이다. 2009년 11월부터 일본에서도 고정가격제는 시행되었다. 다만 이것은 발전사업 목적 이외의 태양광발전설비만을 대상으로 하고 잉여전력에 한정하여 매입한다는 부분적인 것에 그치고 있다. 재생에너지를 폭발적으로 보급하게 하려면 전량을 대상으로 한 제도로 발전해야 할 것이다. 향후 목표수준의 대폭적인 인상과 제도개혁이 필요하다. 그를 위해서는 기존 에너지정책의 위상을 개선하고 에너지정책에서의 재생에너지의 위상을 근본적으로 개선할 필요가 있을 것이다.

6. 새로운 환경 · 에너지정책의 실현
– 원자력 의존을 지속할 것인지, 재생에너지의 미래를 개척할 것인지

1) 원자력 대 재생에너지

지금까지 설명한 것을 근거로 하면 기존의 에너지정책을 개정하는 것이 아니라 오히려 강화하여 원자력발전에 의존하면서 온난화방지정책을 채택하려고 하였다. 그 결과 원자력발전개발에 실패하게 되어 온난화방지 정책도 추진하지 않았다는 것이 교토의정서 책정 이후의 일본의 온난화 방지정책의 역사이다. 지금 문제시되고 있는 것은 원자력의존 정책을 계속 채택하여 실패를 반복하거나 반대로 역사적 교훈을 근거로 재생에너지를 중핵으로 하는 새로운 지속가능한 에너지공급체제로 이행하느냐의 여부이다.

원자력발전은 일본의 에너지정책에서는 안전하다는 것이 전제되어 있지만 원자력발전에는 대규모 사고에 이를 가능성을 부정할 수 없다는 위험성 외에도 방사성폐기물이 발생한다는 고유의 문제가 있다. 에너지의 환경상의 효과는 이러한 측면에서도 판단되어야 한다. 에너지공급을 탄소배출 0의 것으로 전환해 가는 것은 어디까지나 기후변화대책을 목적으로 하는 것이지만 기후변화정책은 지속가능한 사회를 실현하기 위한 하나의 요소에 불과하다. 따라서 기후변화대책상의 목표를 달성함에 따라 문제가 다른 환경문제로 전이되지 않도록 주의할 필요가 있다.[23] 바꾸어 말하면 직접적인 CO_2의 배출이 없다고 하여 온난화방지정책에 있어 명목적으로 원자력발전을 대폭 확대하면 방사성폐기물이 증대하며 중대사고가 발생할 가능성도 높아진다. 동시에 이것에 따른 비용도 발생한다. 현실적으로 원자력에 고유의 문제가 해결되지 않는 한 문제의 전이를 수반하는 수단을 선택하는 것은 정책적으로 바람직하지 않다. 따라서 원자력발전은 환경보전상의 종합적 관점에서 고려하면 폐지, 축소하는 방향으로 정책적으로 유도하고 재생에너지를 확대하는 쪽이 현명하다.

적어도 중장기적 관점에서 보면 지속가능한 사회를 개척해 가기 위해서는 원자력발전 일변도의 에너지정책을 근본적으로 개혁하는 것이 필요하다. 기후변화에 관한 과학적 지견과 일본의 에너지정책, 온난화방지정

23) 여기서 문제의 전이란 별도의 공간, 시간, 영역으로 문제가 전이하는 것이다(寺西, 2003). 그러므로 어느 정책이 야기한 환경상의 효과는 다면적으로 평가될 필요가 있다. 이것은 이에니케 · 바이토너(1998, p.29)도 지적하고 있다.

책의 실패를 근거로 이 책에서는 다음의 점을 현대의 환경 · 에너지정책의 과제로서 파악한다.

첫째, 환경 · 에너지문제가 현행 정책에서 초래된 것인 이상 현행 정책상의 과오와 왜곡을 제거해야 한다. 이것이 이루어지지 않으면 새로운 사회적 기반을 위한 새로운 정책이 채택되더라도 기존의 구조는 남겨진 상태이다. 그 결과 새로운 정책과 그것에 의해 초래된 인프라의 효과는 감소되며 자금상, 정책상의 자원배분에서 모순이 발생한다. 그러므로 환경보전의 관점에서 현행 정책을 철저히 재검토하여 우선적으로 문제를 제거하는 것이 필요하다.

정책의 재평가에 있어서는 특히 재정적 측면에서의 분석이 불가결하다. 그 이유는 에너지정책은 국가에 의해 담당되고 국가의 정책은 재정에 의해 뒷받침되기 때문이다. 국가재정을 분석함으로써 정책의 본질과 왜곡이 명확해질 것이다. 뒤에 설명하는 바와 같이 원자력발전에는 숨겨진 보조금으로서의 재정자금이 대량으로 이용되고 있다. 재정자금에 관한 경비와 관련된 분석을 통해 정책을 철저하게 재고하고 필요하다면 종래의 재정시스템을 제거할 필요가 있다. 지속가능한 사회를 향한 정책개혁은 그 기반 위에 이루어져야 한다.

둘째, 탄소배출 0 사회를 실현하기 위해 재생에너지를 중심으로 한 사회적 기반, 인프라를 계획적으로 정비하는 것이다. 특히 인프라의 경우는 일단 설치되면 장기간에 계속 이용된다는 '록인(lock-in)효과'가 작동한다. 특히 발전(發電)부문의 경우 발전소를 수십 년 동안 이용한다. 더욱이 인프라의 정비에는 장기간을 요구한다. 특히 대규모 발전소는 계획단계에서 운전개시까지의 기간(리드 타임)이 길어져 대개 10년을 소요한다. 기온상승폭을 두 번 이내로 억제하기 위해서는 향후 10~20년 중 세계의 배출량을 감소로 전환해야 한다. 21세기 말까지 장기적인 정책과제이더라도 정책을 현실에 적용할 때 그것은 현 시점에서 실시되어야 하는 과제가 된다.

이와 같이 리드 타임의 길이와 록인효과라는 관점에서 에너지관련 인프라 정비에는 장기적 시야에서의 신속한 정책의 실시가 필요하다. 그러나 일정한 기술과 자금이 있다고 하더라도 적절한 정책과 제도가 정비되지 않으면 인프라 정비는 불가능하다. 지속가능한 사회를 향한 인프라 정비를 위한 효과적 제도는 어떤 것인지가 분명해질 필요가 있다.

2) 이 책의 목적과 구성

이 책은 이상의 과제에 부응하기 위해 현행의 에너지정책의 비판적 분석을 행함과 동시에 각국에서 진행되고 있는 재생에너지 정책의 동향과 현실에서 교훈을 도출하는 것을 과제로 한다.

제2장부터 4장에서는 에너지정책의 중심에 근거를 두고 온난화대책 중에서도 각별한 취급을 받고 있는 원자력발전정책에 관해 정치경제학적 분석을 추가한다. 제2장에서는 원자력정책을 지원해 왔던 재정시스템에 초점을 둔다. 제3장에서는 원자력발전개발을 추진하는 근거의 하나로 원자력의 경제성에 대해 음미한다. 여기서는 실제로 원자력이 어느 정도의 성과를 제시하였는지를 화력, 수력과 비교하여 고찰한다. 또한 제2장에서 행한 재정분석을 근거로 재정비용도 추가한 사회적 의미에서의 발전단가를 계산하여 원자력발전의 경제성에 대해 새로운 시점을 제시한다. 제4장에서는 원자력에 불가피하게 발생하는 방사성폐기물의 관리, 처리, 처분비용과 그 정책적인 취급에 관해 비판적 검토를 한다. 일본은 경수로에서 발생하는 사용완료연료에 대해 전량을 재처분한다는 정책방침을 가지고 있다. 이러한 정책을 가진 국가는 달리 없지만 그것이 야기하고 있는 경제적 의미에 대해서도 언급하기로 한다. 다음으로 제5장부터 9장에서는 재생에너지 정책에 대해서도 다룬다. 제5장에서는 재생에너지 정책의 역사적 전개를 근거로 재생에너지 정책의 종류와 역할에 대해 고찰한다.

제6장부터 8장에서는 1990년대 이후에 세계에서 채택된 재생에너지

지원정책에 대해 그 기본적 견해와 현실에 대해 설명한다. 거론하는 지원정책과 사례는 제6장에서는 고정범위제(미국 텍사스주), 제7장에서는 경쟁입찰제(영국), 제8장에서는 고정가격제(독일)이다. 제9장에서는 유럽연합(EU)에서 강화되고 있는 재생에너지 정책의 형성과정과 과제에 대해 상세하게 분석한다. EU가 행하고 있는 재생에너지 정책의 강화는 환경정책, 에너지정책의 통합 중에 전개해 왔다. 이러한 움직임은 기후변화문제의 현재 추세를 보면 향후 세계의 추세가 될 가능성이 높다. EU의 현상을 살펴봄으로써 향후의 환경 · 에너지정책의 방향성을 발견하고자 한다.

마지막으로 제10장에서는 본 장을 통해 언급한 내용에 대해 정리한다. 또한 제9장까지에서 언급하지 않은 원자력과 재생에너지인 CO_2 배출감축효과와 자원량에 대해 설명함과 동시에, 2009년 11월에 시행된 일본형 고정가격제에 대해 논평한다. 더욱이 향후 일본에 요구되는 환경 · 에너지정책에 관한 정치경제학적 과제에 대해 정리한다.

이상을 통해 새로운 환경 · 에너지정책의 미래를 개척하는 과정을 분명히 하는 것이 이 책의 목적이다.

많은 곤란과 모순이 있으면서도 세계는 이미 크게 전환하고 있다. EU는 2020년까지 에너지소비에서 차지하는 재생에너지의 비율을 20%로 한다는 의무적 목표를 설정하였다. 이것은 원자력(14.3%, 2005년 시점, 이하 동일), 석탄(17.3%), 천연가스(24.4%)와 걸맞은 중핵적 에너지원과 재생에너지를 단기간에 인상하는 것을 의미한다. 또한 2009년 1월에 탄생한 오바마정권도 2050년까지 온실가스를 80% 감축하는 것을 전제로 재생에너지의 기반형성을 기본 경제정책의 하나로 파악하고 있다. 재생에너지 정책은 환경정책의 협소한 범위를 초월하고 에너지정책의 기본조차 초월한 오바마정권의 경제정책(Green New Deal)의 중핵으로 파악되고 있다.

이러한 유럽 · 미국의 움직임은 일회성의 유행이 아니라 기후변화에 대응한 경제체제를 형성하기 위한 본격적 대응의 단서이다. 일본은 이 움직임에 완전하게 편승하지 못해 크게 지연되었다. 하루라도 빨리 시대지연의 정책을 근본적으로 개선하여 재생에너지에 의거한 청정한 새로운 세계를 개척해 가야 한다.

02 왜 일본에서는 원자력발전이 확대되었는가

– 원자력정책의 정치경제학적 분석 –

1970년대 석유위기까지의 일본의 에너지정책은 경제성장을 위해 저렴한 가격으로 대량의 에너지를 확보하는 것에 주안점이 두어졌다. 일본에서는 제2차 세계대전 후 명확한 정치적 의사하에 수력에서 석탄으로(이른바 수주화종(水主火從)에서 화주수종(火主水從)으로 불린다), 석탄에서 석유로(탄주유종(炭主油從)에서 유주탄종(油主炭從)으로 불린다)의 에너지 전환이 이루어졌다. 이 시기의 에너지정책에는 오늘날과 같은 대체에너지개발과 에너지절약정책 등을 포함한 종합적인 에너지정책은 존재하지 않았다.[24)]

이것이 변화하는 계기가 된 것은 1970년대에 발생한 두 번의 석유위기이다. 석유위기를 계기로 일본의 에너지정책에서는 석유위기에 대응하기 위한 석유비축정책과 석유를 대신하는 에너지(석유대체에너지라고 불리는)의 개발이 요구되게 되었다. 특히 후자는 새로운 에너지를 개발하고 이용하는 것을 목적으로 하고 있으므로 연구개발과 이용촉진에 관한 정책체계가

24) 通商産業省資源エネルギー庁, 1993, p.203.

마련되었다. 석유대체에너지 중에서 가장 중요시되는 것이 원자력이다. 그래서 이후 일본의 에너지정책의 기축에는 원자력개발이 있게 되었다.

현대의 환경 · 에너지정책을 근본부터 변혁하기 위해서는 지금까지의 에너지정책이 어떤 특징을 가지며 어떤 문제를 포함하고 있는지를 구체적으로 명확하게 할 필요가 있다. 그러므로 여기에서는 원자력정책을 중심으로 한 일본 에너지정책의 정치경제학적 분석을 진행하여 이 과제에 부응하고자 한다.

원자력은 결코 자립한 에너지원이 아니다. 원자력에 대해서는 국가의 관여가 매우 크며 국가의 개입 없이 이용과 개발은 있을 수 없었다. 국가의 강력한 개입은 오늘날도 지속적으로 이루어지고 있으며 원자력에는 다른 에너지원과는 비교가 되지 않을 정도로 정책적인 특별우대조치가 제공되고 있다. 물론 이러한 국가의 관여는 재정적 뒷받침을 가지고 실시된다.

그래서 아래에서는 우선 원자력정책에 관련한 국가재정의 위상을 중심으로 검토하면서 분석을 진행한다. 이것을 통해 에너지정책이 원자력에 이례적으로 편중되고 있다는 것을 재정적 측면에서 분명히 밝힌다. 다음으로 에너지안전보장상의 원자력의 역할에 대해 검토한다. 원자력이 에너지안전보장을 충족하기 위해서는 고속증식로(高速增殖爐)와 재처리를 중심으로 하는 핵연료사이클의 확립이 불가결하지만 이것이 이제는 거의 실현불능한 상황이 되고 있다.

1. 일본의 원자력개발정책과 국가재정

1) 급속하게 진행된 원자력개발

원자력의 상업이용이 세계적으로 개시된 것은 1953년 12월 8일에 미국 대통령 아이젠하워가 유엔총회에서 행한 연설 'Atom for Peace'[25] 이후이다. 이 이전에는 원자력은 오로지 군사적으로 이용되었다. 일본은 이 연설 후 1955년에 원자력기본법 3법(원자력기본법, 원자력위원회설치법, 총리부설치법 일부개정=원자력국의 설치)을 제정하고 1956년에 원자력위원회를 설치하여 원자력개발 방침을 확고히 하였다. 즉, 일본은 원자력의 상업이용에 있어서 첫 단계에서부터 국책으로 자리매김되었다. 그런데 1950년대는 일본의 기술력 미숙과 당시의 국제정세의 제약도 있어서 외국제품의 원자로의 수입이 어우러져 연구가 행해진 것에 불과하였다. 이 시기에 원자력은 어디까지나 과학적 연구의 대상에 불과하고 에너지원으로는 볼 수 없었다.

일본에서 최초의 상업용 원전의 운전이 개시된 것은 1966년(일본원자력발전동해발전소)이다. 그 이후 1970년에는 일본 원자력 츠루가(敦賀)발전소 1호기와 칸사이(関西)전력 미하마(美浜)발전소 1호기가 상업운전을 개시하였다.

[그림 2-1]은 일본 원전의 설비용량에 대한 추이를 나타내고 있다. 1970년의 설비용량은 86.3만kW에 불과하였지만 그 후 급속하게 진행되어 1980년에는 1,495.2만kW(23기), 1990년에는 3,148만kW(40기), 2007년에는 4,946.77만kW(55기)[26]로 증대하였다. 1986년 체르노빌 원자력발전소의 사고와 국내에서의 사고의 영향도 있어 1990년대 중반 원전의 입지가 둔화되기까지 일본에서는 1970년 이후 평균하여 연간 약 1.5기의 기준으로 지속적으로 개발되어 왔다.

세계적으로 보아 이와 같은 일본의 원전개발속도는 이례적인 것이었다. 다른 원자력개발국인 미국, 프랑스, 독일, 영국의 어느 국가에서도 원자력발전이 확대되는 속도는 일률적이 아니다. 과거의 소련, 동유럽 이상

---

25) http://www.iaea.org/About/history_speech.html

26) 1998년에 폐지한 일본 원자력발전의 동해원자력발전소, 2003년에 폐지한 구핵연료사이클개발기구를 제외한다.

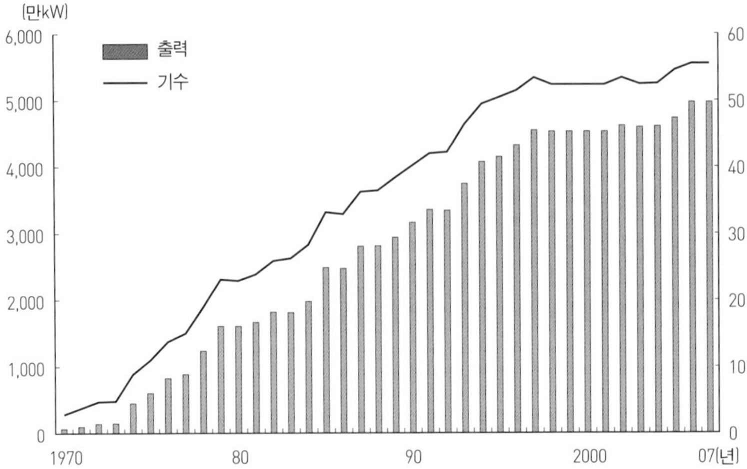

자료: 일본전기협회 신문부편(2009), pp.124-125.

[그림 2-1] 일본의 원자력발전소의 설비용량의 추이

으로 매우 계획적으로 확대가 진행되었다고 할 수 있을 것이다. 그 반면 원자력발전의 확대는 여러 곤란을 초래하게 되었다.[27]

2) 전원3법에 의한 원자력발전개발의 추진

그러면 일본에서 이와 같은 원자력개발이 급속도로 진행된 것은 왜일까? 커다란 요인이 된 것이 일본 특유의 원자력개발 재정시스템이다. 그 중심이 된 것은 1974년에 제정되어 그 이후 강화된 전원발전촉진세법, 전원개발촉진대책특별회계법, 발전용시설 주변지역정비법이다. 이들은 「전원3법」이라 불리며 통합되어 추진체제가 제정되었다.[28]

이 전원3법에 기초한 재정시스템은 특히 중요하다. 이것은 전기사업자의 판매 전기에 전원개발촉진세가 부과되어 징수되는 재원을 기반으로 하

27) 吉岡, 1999, pp.136-142.

28) 淸水, 1991a; 1991b; 2000; 淸水 외편, 1998.

고 있다. 전원개발촉진세의 세율은 제정 당초의 1974년에는 1kWh당 85전/kWh였던 것이 에너지정책상의 원자력발전의 위상이 제고되어 사용용도가 확대되자 점차 인상되었다.[29] 그래서 일반회계와는 분리된 목적세에 기초한 자금조달시스템이 제도화됨에 따라 원자력발전은 재정적 지원을 계승하게 되었다.

전원3법 시스템의 구조를 [그림 2-2]에 나타낸다. 전원개발촉진세는 전력요금에 부과되며 2006년도까지는 세수가 전원개발촉진대책 특별회계(이하 전원특회)에 직접 산입되었다. 전원입지계정, 전원다양화계정에의 구분 비율도 미리 결정되어 있으며 2002년도까지는 입지대책비로서 1kWh당 19전 상당이며, 석유대체에너지 대책비로서 전원다양화계정(2003년도에 전원이용계정으로 개칭)에 1kWh당 25.5전 상당이 되었다. 이러한 재원을 획득하여 원자력발전개발은 강력하게 추진되었다.

2007년도에 석유와 에너지 수급구조 고도화대책 특별회계(이하 석유특회)와 전원특혜가 통합되어 에너지대책 특별회계(이하 에너지특회)가 창설되었다. 동시에 지금까지 전원특혜에 직접 산입되었던 전원개발촉진계정에 세수가 일단 일반회계에 산입된 후에 이입되는 것으로 변경되었다. 그래서 전원개발촉진세가 전원개발의 재원이 된다는 종래의 전원3법 시스템은 유지되고 있다.

3) 전원특회전원입지계정의 문제점

전원3법 시스템에 따라 재원이 확보되어 원자력발전 개발은 진전되었다. 그러나 이 시스템은 점차로 문제를 제기하게 된다. 이 점은 특히 전원특

29) 전원개발촉진세의 사용용도의 확대와 동시에 인상되게 되었다. 1974년도:8.5전/kWh, 1985년도:30전/kWh(그 중에서 전원다양화계정에 21.5전/kWh, 전원입지계정에 8.5전/kWh), 1985년도 이후:44.5전/kWh(그 중에서 전원다양화계정에 25.5전/kWh, 전원입지계정에 19전/kWh)(清水, 1991a; 1991b).

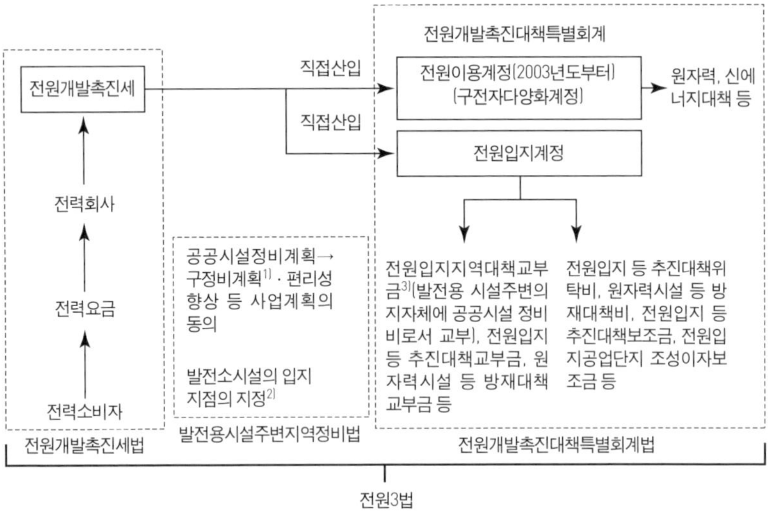

주 1) 2003년에 발전용시설주변지역정비법이 개정되고, 종래 '정비계획'이라 불리고 있던 것은 '공공설비정비계획'으로 개정되었다.

2) 2003년에 발전용시설주변지역정비법이 개정되어 오키나와현을 제외하고 화력발전시설은 대상 외로 되었다.

3) 전원입지 등 초기대책교부금, 전원입지촉진대책교부금, 전원입지특별교부금, 원자력발전시설 등 입지지역 장기 발전대책교부금, 수력발전시설 주변지역교부금이 통합되어 2003년도부터 전원입지지역대책교부금이 창설되었다.

자료: 일본전기협회 신문부편(2006), p.108; 경제산업성자원에너지청전력 · 가스사업부편(2007), pp.15-20.

[그림 2-2] 전원3법 시스템의 구조(2006년도까지)

회의 전원입지계정에서 현저하게 되었다. 스리마일섬사고, 체르노빌사고 등 세계와 일본 국내에서의 거대 사고를 배경으로 원전의 입지가 정부의 계획과 같이 진행되지 않게 되자 입지대책비가 예산으로 편성되어도 소화할 수 없게 되어 거액의 잉여금이 발생하게 된 것이다. 원전의 입지가 순조롭게 진행되는 것을 전제로 작성된 제도였으므로 잉여금이 대량으로 발생한다는 것은 당초 예상되지 않았던 것이다.

잉여금의 발생은 전원입지계정의 결산에서 파악할 수 있다(〈표 2-1〉, [그림 2-3] 참조). 여기서 결산에서의 차년도이월액과 불용액(不用額)의 합을 잉여금으로 정의하면 1980~1990년대 기간의 세출예산현재액에서 차지하는 잉여금의 비율은 매우 높으며 절정시의 1988년도에는 64%에 이르

〈표 2-1〉 전원입지계정의 결산

	1974년도	1975년도	1976년도	1977년도	1978년도	1979년도	1980년도	1981년도	1982년도
세출예산현재액	101	382	551	594	707	787	823	915	950
잉여금	87	264	351	367	403	453	407	397	330
차년도 이월금	77	218	219	191	212	224	221	231	194
불용액	11	46	133	176	191	229	186	165	135
잉여금 비율	87%	69%	64%	62%	57%	58%	49%	43%	35%

	1983년도	1984년도	1985년도	1986년도	1987년도	1988년도	1989년도	1990년도	1991년도
세출예산현재액	899	1,035	1,225	1,451	1,586	1,781	2,057	2,275	2,356
잉여금	310	442	578	832	972	1,141	1,252	1,251	1,288
차년도 이월금	255	333	434	519	568	636	644	569	593
불용액	56	109	144	313	404	505	608	682	695
잉여금 비율	35%	43%	47%	57%	61%	64%	61%	55%	55%

	1992년도	1993년도	1994년도	1995년도	1996년도	1997년도	1998년도	1999년도	2000년도
세출예산현재액	2,511	2,472	2,129	2,334	2,346	2,325	2,357	2,344	2,372
잉여금	1,278	1,119	577	754	859	907	944	1,003	882
차년도 이월금	537	158	112	113	89	121	82	90	70
불용액	741	962	465	641	770	786	862	913	812
잉여금 비율	51%	45%	27%	32%	37%	39%	40%	43%	37%

	2001년도	2002년도	2003년도	2004년도	2005년도	2006년도
세출예산현재액	2,507	2,508	2,541	2,640	2,213	1,725
잉여금	1,001	999	631	491	395	208
차년도 이월금	62	34	63	134	134	82
불용액	940	965	568	261	261	126
잉여금 비율	40%	40%	25%	19%	18%	12%

자료: 大藏省(現, 財務省), 「特別會計決算參照書」, 각 연도판에서 작성.

렸다. 예산의 2/3를 소화할 수 없다는 사태는 전원3법 시스템과 원전의 입지정책의 존재의의 자체를 묻는 것이었다. 그러나 정부에 의한 개정은 교부금을 폐지하는 것이 아니라 오히려 각종 교부금의 대상사업을 확대함에 따라 예산소화를 도모하는 것이었다. 이후 지출완료세출액은 많아졌지만

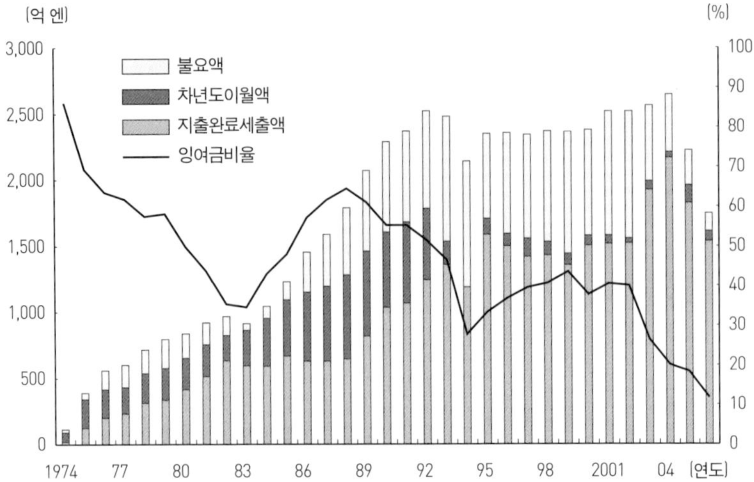

자료: 大藏省(現, 財務省), 「特別會計決算參照書」, 각 연도판에서 작성.

[그림 2-3] 전원입지계정 결산의 추이

한편으로 원전의 신규입지가 현저하게 증대한 것은 아니므로 이것은 교부금의 대상사업의 확대에 따른 것으로 보아야 한다.

이와 같이 하여 예컨대 스쿨버스정비, 초등학교정비, 체육관정비, 장례식장정비 등의 공공시설 정비는 하지 않고 외국인 강사채용 등의 외국어교육과 마을버스사업 등 대개 전원개발과는 관련이 없는 본래 각 지자체가 자체의 재원으로 정비·운영되어야 하는 것이 대상사업으로 되었다.

교부금의 대상사업이 점차로 확충되게 된 배경에는 발전소 주변 지자체가 과소지역에 있으며 재원부족에 빠졌다는 사정이 있다. 원래 지방재정의 과제는 극복될 필요가 있다. 그러나 이러한 지방재정상의 문제에 근본적인 해결책이 채택되지 않아 재원부족의 지자체가 원전을 도입하는 대가로 거액의 교부금을 제공받고 자주적 재원에 기초하지 않는 재정운영을 수행하는 체질로 지자체가 변모하게 되었다.[30] 실제로 전원3법 시스템은

30) 예컨대 아사히신문 아오모리총국(2005)은 아오모리현에 들어온 전원3법 교부금이 지자체 재정의 의존체질을 제고하고 있는 것을 상세하게 고발하고 있다.

원전의 입지를 진행하기 위한 회유책으로서 주변 지자체에 교부금, 보조금을 제공할 것을 중핵으로 하였다.[31)]

이와 같이 점차로 추가・확충된 교부금제도는 매우 복잡하게 되었다. 그래서 정부는 2003년도에 지금까지 전원입지 등 초기대책교부금, 전원입지촉진대책교부금, 전원입지특별교부금, 원자력발전시설 등 입지지역장기발전대책교부금, 수력발전시설주변지역교부금의 다섯 가지 교부금을 통합하여 '전원입지지역대책교부금'으로 통합하였다. 동시에 이 통합화에 있어 지금까지의 교부금 대상사업의 확대를 더욱 진행함과 동시에 원자력, 수력과 지열을 중점적으로 지원하고 원자력발전과의 공생을 지원하는 관점에서 운전단계에서의 교부금을 확충하는 것으로 하였다.[32)]

이들의 신규교부금은 명목상은 수력, 화력, 지열을 포함한 전원입지대책 일반을 위한 교부금으로 되어 있지만 실질적으로는 원전의 입지대책용으로 대부분이 이용되었다. 「자원개발의 개요」(각 연도판)에 게재되어 있는 정비계획의 개요에는 발전시설주변지역정비법에 기초하여 승인된 정비계획별로 게재되어 있다. 이것을 전원별로 재집계하면 〈표 2-2〉와 같다.

〈표 2-2〉 교부금 교부액(전원별, 1975~2007년)

전원	교부액(억 엔)	비율
원자력	6,251.17	68.4%
화력	2,498.99	27.3%
수력	352.65	3.9%
그 중에서 순양수	131.16	1.4%
지열	13.63	0.1%
기타	21.15	0.2%
합계	9,137.59	

주: 수력에는 양수관련시설도 포함되어 있다.

자료: 経済産業省資源エネルギー庁電力・ガス事業部編「電源開発の概要」, 각 연도판에서 작성.

31) 宮本, 2007, pp.248-253.

32) 経済産業省資源エネルギー庁電力・ガス事業部編, 2007, pp.17-18.

이것에서 알 수 있는 바와 같이 과거 30년 이상 전원3법 교부금의 약 70%가 원자력발전을 위해 이용되고 있었다. 앞에 설명한 바와 같이 2003년도에 교부금이 통합된 때에 원자력, 수력과 지열을 중점적으로 지원한다고 되어 있지만 지금까지의 교부실적을 보면 수력, 지열은 원자력에 비교하여 매우 적은 금액에 그치고 있다. 역사적 경위를 근거로 하면 이 정책결정은 원자력발전소 입지를 위해 교부금을 이용하는 의사를 시사하는 것으로 해석할 수 있다.

4) 전원개발촉진세의 감세와 에너지특회(特會)의 창설

전원3법 시스템에는 2003년도에 커다란 변화가 있었다. 모두 원자력발전의 정책상의 위상이 변화하고 있다는 것을 시사하는 것이었다.

첫째, 2003년도부터 전원개발촉진세의 세율이 저감하였다. 이 배경에는 지구온난화대책의 재원확보를 위해 석유세가 석유석탄세로 대체되어 석탄에의 과세가 이루어지게 되었다는 사정이 있다. 석유석탄세의 증세와 대체로 세수중립의 관점에서의 정책이 필요해져 이로 인해 2003년도부터 전원개발촉진세의 세율 인하가 이루어지게 된 것이다.[33]

둘째, 위의 것과 더불어 전원특회가 폐지되었다. 지금까지 석유특회와 전원특회의 두 가지 형태로 에너지대책을 행하면서 사용용도가 점차로 추가되어 에너지에 관한 특별회계의 구조가 매우 복잡하게 되었다. 이들의 사정을 근거로 2007년도에 에너지관련의 특별회계가 재편되어 전원특회는 석유특회와 맞추어 에너지특회로 통합되었다. 이것에 따라 전원특회는 에너지특회에서의 전원개발촉진개정으로 개정되어 구전원입지계정은 전원입지대책비, 구전원이용계정은 전원이용대책비로서 정리되게 되었다.

33) 세율은 2003년 9월까지는 44.5전/kWh이며, 2003년 10월~2005년 3월: 42.5전/kWh, 2005년 4월~2007년 3월: 40.0전/kWh, 2007년 3월 이후 37.5전/kWh가 되었다.

또한 2006년도까지 전원개발촉진세는 전원특회에 직접 산입되지만 2007년도 이후는 일반회계에 일단 산입되고 그곳에서 재정수요에 맞추어 특별회계로 편입되게 되었다. 이것은 2006년도까지 석유석탄세가 일단 일반회계에 산입된 후에 석유특회에 이월된 것과 같은 방식이다.

이상과 같이 온난화대책이라는 새로운 재정수요가 발생함으로써 에너지 관련재정의 재편이 이루어졌다. 동시에 전원개발과 관련해서도 특히 전원입지계정에서 지금까지 잉여금이 대량으로 발생한 현상을 개선하기 위해 재정수요에 맞춘 예산관리가 어느 정도 실시되게 되었다. 이 조치는 새로운 대책을 위해 원자력 관련재정을 정리한 것으로 간주해도 된다. 원자력발전개발 중심이었던 에너지정책에 변화의 징조가 보이게 되었다고 할 수 있다.

그러나 전원개발발전촉진세는 종전과 마찬가지로 전원입지대책비와 전원이용대책비를 위한 재원으로서 존속하고 있다. 더욱이 전원개발촉진계정의 사용용도에도 커다란 변화가 보이지 않는다. 그러므로 여전히 원자력개발 재정시스템은 남아 있다.

원자력발전 중심에 에너지정책이 편성되어 있는 것은 세출의 사용용도를 파악하여 객관적으로 판단할 수 있다.

여기서 지금까지의 전원개발 관련경비의 성격을 파악하기 위해 전원특회의 사용용도를 전원별, 즉 원자력, 석탄, 수력, 신에너지[34], 에너지절약, 입지, 기타로 구분하여 집계하고 있다. 여기서 주의해야 할 것은 재정자료에서는 에너지원별로 집계되어 있는 것이 아니라 비목(費目)도 빈번하게 변경된다는 것이다. 더욱이 입지계정에서도 입지대책이라고는 할 수 없는 기술개발 관련경비가 포함되어 있는 경우가 있어, 그대로는 입지대책비로 분류할 수 없다. 그러므로 에너지원별로 어느 정도의 재정자금이

34) 여기서는 신에너지라는 용어를 편의적으로 사용하고 있지만 정부의 신에너지에서 석탄, 천연가스, 석유, 에너지절약을 제외한 에너지에 대해 집계하고 있다.

투입되고 있는지를 파악하기 위해서는 처음부터 재집계할 필요가 있다. 그래서 여기서는 전원특회가 창설된 1974년도에서 2007년도까지 34개 연도의 예산을 「국가의 예산」을 기초로 가능한 에너지원별로 구분하여 재집계하였다.[35)]

〈표 2-3〉과 [그림 2-4]에 집계결과를 나타낸다. 우선 전체에 대해 설명하면 사용용도의 확대와 그것을 보장하기 위한 세율의 인상에 따라 2002년도까지는 재정규모가 계속 확대되었다. 설치시에 비교하면 절정시의 2002년도는 49배나 되어 있다. 2003년도 이후에는 재원의 축소에 따라 2007년도에는 절정시의 1,200억 엔이 감소된 3,751억 엔이 되고 있다. 다음으로 에너지원별, 용도별 구성에 대해 보면 이 34년간에 전원특회의 44%가 원자력, 33%가 입지대책에 할당되고 있다.

원자력은 2001~2004년도 예산의 40%가 되지 않고 있지만 예산규모의 대폭적인 축소에 따라 다른 에너지원(석탄, 신재생에너지)이 대폭 축소하게 되는 가운데 2001년도 이후는 보합상태를 추이하였다. 그로 인해 전원특회(2007년도는 전원이용계정)에서의 원자력의 비중은 오히려 증대하고 2007년도에는 49%가 되고 있다. 더욱이 전술한 바와 같이 입지대책비도 약 70%가 원자력이므로 이것을 합하면 전원특회의 약 2/3가 원자력 관련 경비에 소요된 것을 알 수 있다. 실로 전원개발촉진세를 재원으로 하는 전원3법 시스템은 원자력발전의 확대에 커다란 역할을 담당한 것이다.

---

35) 다음의 여러 점에 대해서는 주의가 필요하다.

1. 입지대책비라도 수력, 원자력의 구별을 할 수 있는 경우에는 입지라고 하지 않고 각각 수력, 원자력으로 분류하고 있다.
2. 「국가의 예산」, p.692에는 2004년도의 전원개발촉진대책특별회계전원이용계정에서 전원이용대책비는 1,929억 7,766만 9,000엔이라고 기술되어 있지만, 각 항목을 합계해도 같은 금액이 되지 않는다. 독립행정법인 신에너지 · 산업기술종합개발기구운영비, 독립행정법인 원자력안전기반기구운영비가 포함되도록 p.693에는 표기되어 있지만 이 두 가지의 항목을 전원이용대책비에 포함하지 않게 된다면 기재되어 있는 금액이 되므로 이 두 항목은 포함하지 않는다고 보아도 되므로 오기(誤記)라고 볼 수 있다.

〈표 2-3〉 전원개발촉진대책특별회계(에너지원, 용도별)

(단위: 억 엔)

	1974년도	1975년도	1976년도	1977년도	1978년도	1979년도	1980년도	1981년도	1982년도
원자력	9	65	89	126	132	142	607	747	843
석탄	0	0	0	0	4	0	103	131	92
수력	0	0	0	0	1	1	22	78	90
신재생에너지	0	0	0	1	13	14	204	210	232
절약에너지	0	0	0	0	0	0	38	50	52
입지	82	229	234	237	355	393	421	461	489
기타	10	10	11	11	11	22	30	41	43
합계	101	305	333	375	515	573	1,425	1,718	1,842

	1983년도	1984년도	1985년도	1986년도	1987년도	1988년도	1989년도	1990년도	1991년도
원자력	901	1,031	1,179	1,270	1,323	1,336	1,482	1,644	1,714
석탄	152	157	171	160	152	129	142	147	155
수력	96	102	97	102	93	96	97	119	131
신재생에너지	234	272	310	304	320	348	331	351	367
절약에너지	39	24	16	41	45	56	87	104	122
입지	483	544	642	749	775	889	1,047	1,167	1,275
기타	46	53	64	81	83	84	98	119	122
합계	1,949	2,182	2,497	2,707	2,791	2,939	3,284	3,650	3,885

	1992년도	1993년도	1994년도	1995년도	1996년도	1997년도	1998년도	1999년도	2000년도
원자력	1,824	1,955	1,975	2,127	2,214	2,184	2,039	2,137	2,118
석탄	175	191	147	83	45	40	44	27	11
수력	132	141	145	149	159	154	135	125	148
신재생에너지	398	389	395	436	437	454	512	600	622
절약에너지	147	148	138	169	202	208	191	132	62
입지	1,308	1,218	1,203	1,387	1,421	1,428	1,463	1,432	1,443
기타	138	150	158	173	197	216	231	264	277
합계	4,123	4,193	4,162	4,525	4,675	4,683	4,616	4,716	4,680

	2001년도	2002년도	2003년도	2004년도	2005년도	2006년도	2007년도	합계	
원자력	1,844	1,827	1,808	1,889	1,981	1,855	1,838	46,253	44%
석탄	3	24	41	74	107	70	0	2,777	3%
수력	126	106	85	38	27	13	0	2,809	3%
신재생에너지	724	818	799	821	570	391	174	12,051	11%
절약에너지	96	81	56	0	0	0	0	2,303	2%
입지	1,882	1,908	1,932	2,079	1,665	1,446	1,519	35,207	33%
기타	187	162	134	132	142	258	220	3,979	4%
합계	4,862	4,927	4,855	5,033	4,492	4,034	3,751	105,380	100%

주: 1. 2007년도에 대해서는 구전원개발촉진대책특별회계에 포함된 전원입지계정, 전원이용계정에 상당하는 에너지대책특별회계에서의 전원개발촉진계정에 대해 집계하였다.
2. 일반회계, 각종특별회계에의 이월은 제외한다.

자료: 재정조사회편(각 연도판)에서 작성함.

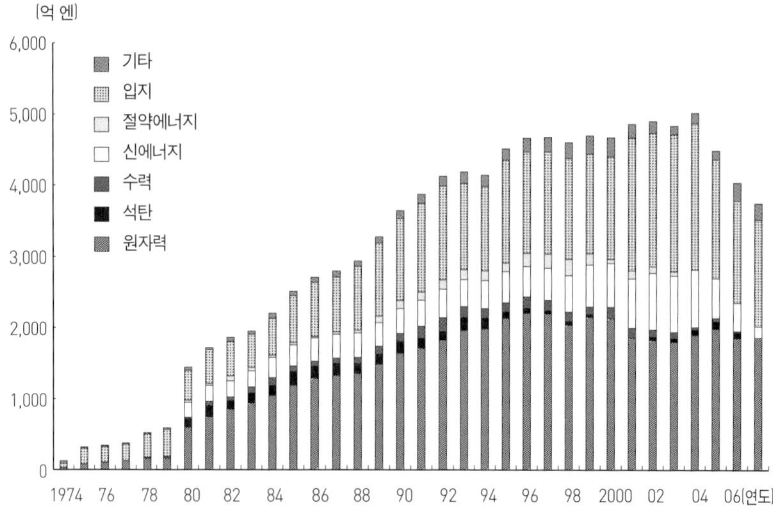

주: 1. 2007년도에 대해서는 구전원개발촉진대책특별회계에 포함된 전원입지계정, 전원이용계정에 상당하는 에너지특회에서의 전원개발촉진계정에 대해 집계하였다.
2. 일반회계, 각종 특별회계에의 이월은 제외한다.

자료: 재정조사회편(각 연도판)에서 작성함.

[그림 2-4] 전원개발촉진대책특별회계(에너지원, 용도별)

5) 일반회계에서의 에너지대책비

원자력발전 관련경비는 전원특회 외에 일반회계에서도 지출되고 있다. 원자력개발상 일반회계와 특별회계의 차이는 재원을 목적세 내지 목적세적인 세수로 할지 일반재원으로 할지의 차이밖에 없다. 일반회계에서도 매년 일정액이 원자력개발을 위해 계상되고 있다. 일반회계에 대해서도 전원특회와 마찬가지로 전원별로 구분하여 파악하게 된다. 여기서는 원자력발전이 상업운전을 개시한 1970~2007년도를 대상으로 한다. 「국가의 예산」에서는 1970~1977년도는 과학기술진흥비의 항목에 원자력관계경비와 신재생에너지기술관계경비가 정리되어 있으며 1978년도 이후는 에너지대책비로서 게재되어 있다. 여기서는 이들을 대상으로 에너지원별로 구분하여 재집계하기로 한다. 또한 에너지대책비에는 석유특회에의 석유세

(2003년도 이후는 석유석탄세)의 이월이 계상되어 있지만 이 부분은 제외하고 일반재원에 대해서만 파악한다.

집계결과를 〈표 2-4〉에 나타낸다. 일반회계의 에너지관련경비는 1970년도는 387억 엔에 불과하였지만 에너지대책비로서 계상되게 된 1978년도에는 1,435억 엔이 되고 절정시의 1986년도에는 1,747억 엔에 이르렀다. 그 후 재정규모는 축소하여 2007년도는 930억 엔이 되고 있다. 한편 에너지원별로 보면 대개가 원자력관련경비가 되고 있는 것이 일목요연하며 지금까지 97%가 원자력에 이용되어 왔다. 일반회계의 에너지대책비는 대개 전액이 원자력관련경비이다. 즉, 일반회계에서도 사용용도는 사실상 고정화되어 있다.

이상을 정리하면 전원특회와 일반회계에너지대책비는 명목상 목적세인지 일반재원인지의 구별을 불문하고 원자력개발을 지원한 재정자금이었다.

마지막으로 이상의 원자력관련예산에 추가하여 석유특회도 합친 에너지관련의 국가예산의 에너지원별 구성을 보아 재차 에너지정책의 위상을 국가재정의 면에서 파악해 둔다. 여기서도 전원특회, 일반회계에서 행한 것과 마찬가지로 「국가의 예산」의 예산항목의 설명을 기초로 가능한 한 세분화하여 에너지원별로 재집계를 하기로 한다.

집계결과를 〈표 2-4〉에 나타낸다. 우선 전체의 예산규모에서 보면 1990년도 이후 1조 엔을 초과하는 예산규모가 되고 있으며 절정시에는 1조 3,000억 엔을 초과하였다. 그 후 석유회계에서의 석유계정의 폐지와 전원특회에서의 개혁, 일반회계의 에너지대책비의 감소에 따라 예산은 축소경향에 있지만 여전히 1조 1,000억 엔을 초과하는 규모에 있다.

에너지원별, 용도별로 보면 가장 커다란 비율을 차지하는 것은 석유이다. 이 석유대책은 석유비축과 석유자원개발로 구성되며 전자가 대부분을 차지하고 있다. 다음으로 커다란 비율을 차지하는 것은 원자력이며 38개 연도 동안에 27.8%를 원자력대책비가 차지하였다. 전술한 바와 같이 입지대책

〈표 2-4〉 일반회계에너지대책비의 추이

(단위: 억 엔)

	1970년도	1971년도	1972년도	1973년도	1974년도	1975년도	1976년도	1977년도	1978년도
원자력	376	460	545	608	653	839	967	1,151	1,338
석탄	0	0	0	0	3	6	6	7	10
수력	0	0	0	0	0	0	0	0	0
신재생에너지	0	0	0	0	20	31	40	41	48
절약에너지	0	0	0	0	0	0	0	0	18
기타	11	15	17	22	21	24	27	30	19
합계	387	475	562	630	697	900	1,040	1,229	1,435

	1979년도	1980년도	1981년도	1982년도	1983년도	1984년도	1985년도	1986년도	1987년도
원자력	1,583	1,597	1,668	1,670	1,638	1,586	1,683	1,703	1,665
석탄	4	8	9	7	7	6	6	5	4
수력	0	0	0	0	0	0	0	0	0
신재생에너지	71	63	62	57	49	33	27	20	17
절약에너지	24	31	28	27	20	13	10	9	6
기타	24	21	27	19	12	12	12	10	10
합계	1,706	1,720	1,794	1,781	1,726	1,631	1,738	1,747	1,702

	1988년도	1989년도	1990년도	1991년도	1992년도	1993년도	1994년도	1995년도	1996년도
원자력	1,624	1,588	1,573	1,579	1,572	1,593	1,632	1,651	1,665
석탄	3	3	3	2	2	2	2	2	2
수력	0	0	0	0	0	0	1	0	1
신재생에너지	14	10	7	6	5	3	3	3	2
절약에너지	6	5	4	3	3	3	3	2	2
기타	9	10	10	11	11	10	10	11	12
합계	1,656	1,615	1,596	1,601	1,593	1,611	1,650	1,669	1,684

	1997년도	1998년도	1999년도	2000년도	2001년도	2002년도	2003년도	2004년도	2005년도
원자력	1,704	1,667	1,637	1,567	1,480	1,220	1,147	1,094	1,005
석탄	0	0	0	0	0	0	0	0	0
수력	1	1	1	0	0	0	0	0	0
신재생에너지	2	2	2	17	17	17	0	0	0
절약에너지	2	2	2	0	0	0	0	0	0
기타	12	12	11	17	22	17	10	6	5
합계	1,721	1,683	1,652	1,602	1,519	1,255	1,157	1,100	1,011

〈표 2-4〉 일반회계에너지대책비의 추이 (계속)

2006년도	2007년도	합계
939	926	50,576
0	0	110
0	0	6
0	0	687
0	0	222
5	5	547
944	930	52,148

주: 1. 각종 특별회계에의 이월은 제외한다.

자료: 재정조사회편(각 연도판)에서 작성함.

(전체예산의 10.1%)의 70%가 원자력관련 경비이므로 이 부분을 감안하면 원자력에는 석유와 거의 동 금액의 재정자금이 투입되었다고 볼 수 있다.

이 두 가지의 에너지에서 에너지예산의 70%가 소요되고 있다. 나머지 30% 중 석탄이 10.1%이지만 이것은 국내탄 대책이다. 신재생에너지, 절약에너지대책 관련예산은 모두 합쳐도 전체의 10%에 불과하다. 그 외에는 최근 증액된 온난화대책예산이 포함되어 있지만 아직 소액에 그치고 있다.

따라서 1990년대가 되기까지 원자력, 석유(주로 석유비축), 석탄, 입지대책이 에너지관련 지출의 대부분을 차지하고 있었다. 1990년대 후반 이후 그 밖의 (절약에너지, 신재생에너지 관련지출) 항목이 증가하고 있지만 여전히 거액의 자금이 종래형의 대규모 에너지에 집중되고 있다는 체제가 유지되고 있다. 이들 체제의 존속은 기존 에너지에 의거한 공급구조를 유지할 뿐만 아니라 재정자금이 한정되어 있으며 새로운 정책과제에 유연하게 대응하는 데 장애가 된다. 에너지정책을 환경의 관점에서 변경하려면 이 재정구조의 개혁이 필요하다.

2. 에너지안전보장과 원자력개발정책

1) 원자력은 왜 중요시되는가?

이와 같이 원자력발전이 에너지정책에서 중시되는 근거의 하나로 에너지 안전보장을 확보한 후에 원자력발전이 최적의 수단이라는 견해가 있다. 일본 경제는 에너지원을 외부의 석유에 의존하고 있으며 더욱이 취약하므로 가능한 한 석유의존도를 낮추고 에너지공급을 안정하게 확보할 필요가 있다는 것이다.

〈표 2-5〉 전 에너지관련예산의 에너지원별 구성

(단위: 억 엔)

	1970년도	1971년도	1972년도	1973년도	1974년도	1975년도	1976년도	1977년도	1978년도
원자력	376	460	545	608	662	904	1,056	1,277	1,470
석탄	964	1,044	951	1,000	1,037	1,102	1,128	1,205	1,296
석유	0	0	248	253	326	463	395	670	1,640
수력	0	0	0	0	0	0	0	0	1
신재생에너지	0	0	0	0	20	31	40	42	61
절약에너지	0	0	0	0	0	0	0	0	18
입지	0	0	0	0	82	229	234	237	355
기타	11	15	20	25	35	41	44	44	37
합계	1,351	1.518	1.764	1,887	2,162	2,771	2,897	3,475	4,878

	1979년도	1980년도	1981년도	1982년도	1983년도	1984년도	1985년도	1986년도	1987년도
원자력	1,725	2,204	2,415	2,513	2,539	2,599	2,862	2,973	2,988
석탄	1,310	1,632	1,888	1,770	1,812	1,730	1,750	1,721	1,739
석유	1,911	2,435	3,001	3,477	3,853	3,893	4,084	4,195	3,219
수력	1	22	78	90	96	102	97	102	93
신재생에너지	86	333	354	388	383	388	411	412	407
절약에너지	24	69	77	94	90	80	86	110	80
입지	393	421	461	489	483	544	642	749	775
기타	78	152	214	210	207	217	220	221	208
합계	5,528	7,269	8,488	9,032	9,462	9,552	10,153	10,483	9,508

〈표 2-5〉 전 에너지관련예산의 에너지원별 구성 (계속)

[단위: 억 엔]

1988년도	1989년도	1990년도	1991년도	1992년도	1993년도	1994년도	1995년도	1996년도
2,960	3,070	3,216	3,293	3,396	3,548	3,607	3,778	3,879
1,593	1,576	1,449	1,319	1,420	1,522	1,494	1,458	1,437
3,221	4,019	4,254	4,468	4,816	4,780	4,829	4,914	5,059
96	97	119	131	132	141	145	149	159
411	390	402	430	457	462	477	530	540
62	92	132	173	196	395	433	492	572
889	1,047	1,167	1,275	1,308	1,218	1,203	1,387	1,421
172	194	264	277	304	372	375	404	435
9,404	10,485	11,003	11,365	12,030	12,439	12,565	13,112	13,502

1997년도	1998년도	1999년도	2000년도	2001년도	2002년도	2003년도	2004년도	2005년도
3,888	3,706	3,774	3,685	3,323	3,047	2,955	2,982	2,986
1,333	1,227	846	1,322	1,193	154	124	144	179
5,073	4,883	4,713	4,505	4,516	4,011	4,190	3,531	4,377
154	135	125	148	126	106	85	38	27
579	661	798	830	1,021	1,241	1,215	1,139	829
689	855	1,047	853	1,029	1,266	1,060	893	945
1,428	1,463	1,432	1,443	1,882	1,908	1,932	2,079	1,665
460	600	549	625	544	547	956	1,417	1,594
13,604	13,529	13,283	13,412	13,635	12,280	12,517	12,223	12,604

2006년도	2007년도	합계
2,794	2,764	96,829
435	84	45,390
3,933	4,326	122,481
13	4	2,813
633	573	16,973
742	688	13,342
1,446	1,519	35,207
1,838	1,704	15,632
11,835	11,662	348,667

자료: 재정조사회편(각 연도판)에서 작성함.

석유의존도는 원유와 석유제품 공급/국내 에너지공급에 의해 부여된다. 국내 에너지수요를 낮추면 필요한 석유는 적어도 되지만 경제성장 지상주의에 입각하여 국내 에너지수요의 억제를 도모하지 않게 된다면 수요에 맞추어 원유 · 석유제품 이외의 에너지공급을 증대시켜야 한다. 이 경우 원자력발전을 증대시키면 에너지안전보장을 확보할 수 있다.

그러나 단지 원자력발전의 비율을 증대시키는 것만으로 안전보장이 확보되는 것은 아니다. 각 에너지자원의 확인가능채굴매장량, 연생산량, 채굴가능연수를 〈표 2-6〉에 나타낸다. 확인가능채굴매장량, 연생산량 모두 경제상황과 정치상황에 따라 수치가 변화하므로 그것에서 요구되는 채굴가능연수는 추정에 불과하지만 어쨌든 자원량은 크다. 그러나 채굴가능연수는 연생산량과 관련해서 평가할 필요가 있다. 여기서는 생산량에 벙크유, 재고변동을 추가한 1차에너지와 관련해서 보면 세계 전체의 1차에너지공급에 차지하는 원자력의 비율은 2006년에 6.2%에 불과하며 석유 26.0%, 석탄 35.0%, 천연가스 20.5%와 비교하여 압도적으로 낮다. 화석연료 정도로 원자력이 이용되게 된다고 하여 석유연료와 우라늄을 비교하면 우라늄의 채굴가능연수는 몇 분의 1 정도밖에 되지 않게 된다. 따라서 우라늄은 화석연료에 비교하여 많다고는 할 수 없으며 양적으로 커다란 제한이 있는 자원이다.

그러므로 우라늄연료를 이용하여 발전하고 폐기물로서 발생하는 사용

〈표 2-6〉 세계의 에너지자원 매장량

	석유	천연가스	석탄	우라늄
확인채굴가능매장량	1조379억배럴	177조㎥	8,475억톤	881만톤
연생산량	297.6억배럴	2.9조㎥	64.0억톤	4.0만톤
채굴가능연수	41.6년	60.3년	132.5년	132.4년[2]

주: 1. 석유, 천연가스, 석탄에 대해 생산량은 2007년, 매장량은 2007년 말의 수치, 우라늄에 대해 생산량은 2006년, 확인채굴가능매장량은 2007년 1월 1일 현재의 수치.
2. 우라늄에 대해서는 확인채굴가능매장량을 연수요량(6.7만톤)에서 제외한 수치.

자료: 일본전기협회신문부편(2009), p.3.

완료연료를 그대로 버리게 되는 1회통과방식(once-through)형(핵연료를 재처리하지 않고 1회에 폐기 또는 보관하는 방식)의 경수로 이용시 에너지자원을 다양화한다는 것에는 다소 공헌하지만 에너지 자급률을 높이고 향후 에너지공급의 안정성을 확보하는 것에는 도움이 되지 않는다. 에너지자원의 대부분을 해외에 의존한다는 일본의 에너지 공급구조의 약점을 경수로 이용에서는 극복할 수 없다.

2) 핵연료사이클의 꿈과 현실

그래서 이 장벽을 깨뜨리는 것으로서 원자력정책의 중심에 자리 잡은 것이 핵연료사이클개발이다. 핵연료사이클이란 경수로에서 발생한 사용완료연료를 재처리하여 플루토늄을 추출하고 핵연료로 재이용한다는 것이다. 플루토늄 연료를 사용하는 고속증식로는 이론적으로는 이용한 플루토늄 연료 이상의 연료를 파생시킨다고 말해지고 있다.[36] 고속증식로에서 발생하는 사용완료연료를 재처리하여 증식한 플루토늄을 추출하여 이것을 다시 고속증식로에서 이용한다는 사이클이 완성되면 플루토늄을 추출할 수 없을 때까지 순환할 수 있다. 그렇게 되면 에너지자원을 보유하지 않더라도 국내에서 핵연료사이클을 확립할 경우 국내에서 에너지를 얻을 수 있게 된다. 이것을 충족하는 에너지를 정책상 '준국산에너지' 라고 정

---

36) 원자로 내에서의 핵연료의 증가량이 1대의 원자로를 가동하는 것에 필요한 연료의 양보다도 많게 되면 연소된 연료 이상의 연료를 획득하는 것이 된다. 이것에 필요한 기간을 배증시간(doubling time)이라 한다. 그러나 실제로는 저장, 재처리, 수송의 과정을 거치므로 배증시간보다도 더 많은 시간이 소요된다. 이것을 재고배증시간이라 한다. 고속증식로가 다수 존재하면 배증시간은 짧게 할 수 있다. 이 복수효과를 도입하여 얻어지는 배증시간을 복리배증시간이라 한다(安, 1982, pp.39-40, 62-65). 원자력위원회신계획책정회의(2005)에 따르면 이 복리배증시간은 가장 가동이 양호한 나토륨로(1,500MWe)라도 46년이다. 원자로의 수명은 경수로의 경우라도 40년 정도이므로 복리배증기간을 46년, 원자로수명을 40년으로 보면 고속증식로는 연료를 두 배로 할 수 없다.

부는 파악하였다.

실제로는 핵연료사이클을 실현하였다고 하더라도 원자력은 전력밖에 생산할 수 없으며 또한 핵연료사이클은 전력 이외의 에너지자원의 투입도 필요하게 되므로 도저히 준국산에너지라고는 할 수 없는 것이다. 그러나 이 준국산에너지로서 석유위기 이후 원자력발전에 특별한 위상이 부여되었다.[37)]

당연히 에너지정책상의 준국산에너지라는 개념은 핵연료사이클을 전제로 한 것이다. 우라늄농축, 사용완료연료의 재처리, 고속증식로의 개발 등을 중심으로 하는 핵연료사이클의 확립은 준국산에너지를 창출하는 것으로서 초미의 관심사라고 회자되고 있다.[38)] 석유위기 후에 최초로 만들어진 원자력연구개발이용장기계획(1978년)[39)]에서도 자주적인 핵연료사이클을 확립하는 것이 그 기본으로 되어 왔지만 최근 내외정세의 변화가 있더라도 이 기정노선은 어떤 것도 변경할 필요가 인정되지 않으며, 오히려 준국산에너지로서의 플루토늄 이용의 필요성 등에서 향후 더욱 강하게 추진되어야 한다고 보고 있다.[40)]

여기서 원자력위원회가 설명하는 준국산에너지 개념을 인정하였다고 하더라도 핵연료사이클이 완성되지 않는 한 원자력은 준국산에너지라고는 부를 수 없다. 핵연료사이클은 재처리시설과 고속증식로를 중핵으로 한 시스템이다. 따라서 국내에 이들의 시설을 건설하는 것이 핵연료사이클의 완성에는 필수적이다.

---

37) 일본의 원자력개발정책의 초기부터 1990년대까지에 관한 비판적 검토는 吉岡(1999)이 분석하고 있다.

38) 원자력위원회, 1978a.

39) 일본의 원자력정책의 기본적 틀은 원자력위원회에 의해 몇 년 간격으로 개정되는 원자력개발이용장기계획에서 규정되어 왔다. 이 계획은 법적으로는 원자력정책의 최상위에 자리 잡고 있다. 2005년부터 장기계획의 명칭이 바뀌어 「원자력정책대강」이 되었다.

40) 원자력위원회, 1978b.

실제로는 재처리시설, 고속증식로 모두 계획대로 개발이 진행되지 않았다. 원형로로서 자리 잡은 고속증식로인 몬쥬(文殊)는 1994년의 운전개시 1년 후인 1995년에 나트륨유출사고를 내게 되어 개발계획은 좌절되었다. 그 이후 몬쥬에 대해 설치허가무효를 요구하는 재판이 제기되었다. 이 재판은 2005년 5월 30일에 주민승소의 고등법원판결을 파기하고 몬쥬의 설치허가가 유효하다는 판결이 대법원에서 내려졌지만 사고를 계기로 안전성의 재고가 이루어지고 있으며 운전재개의 가능성은 없다. 고속증식로 개발계획은 부득이하게 연장되었다.

그러면 몬쥬의 운전이 재개된다면 고속증식로는 실용화될 수 있을까? 이것도 매우 곤란하다고 할 수 있다. 원래 정부는 원자로의 개발단계를 세 가지로 나누고 있다. 즉, 실험로, 원형로, 실증로이다. 실험로는 동력로 개발의 제1단계로서 원자로 노심(爐心)의 공학적 지견을 얻기 위해 실험을 행하는 소형의 원자로이다. 일본원자력연구개발기구의 고속실험로 죠요우(常陽)(1977년 임계, 열출력 100MW, 발전시설은 없음)가 이것에 해당된다.[41] 제2단계의 원형로는 상용로와 동형로이며 실용규모에 가까운 것으로 되어 있다. 이것은 상용로에 필요한 모든 시설을 갖추고 있으며 경제성, 안전성의 검토, 운전조정 등에 사용된다. 몬쥬는 이 원형로이다. 제3의 실증로는 상용로의 시작품으로서의 의미를 가지며 경제성의 확증을 얻는 것이 목적이 된다. 즉, 몬쥬는 원형로에 불과하며 몬쥬에서의 운전이 성공하였다고 하더라도 더욱이 실증로의 개발이 필요하게 된다.

개발은 지체 없이 진행될 것인가? 역사적으로 보면 고속증식로 개발은 실패와 지연을 반복해 왔다. 고속증식로 개발이 구체적인 국가 프로젝트로 등장한 것은 1966년 5월의 원자력위원회보고서인 동력로 개발의 기본방침에서였다. 여기서는 1972년에 실험로를 완성하고 1976년에 원형로를 완성한다고 하였다.[42] 1967년의 원자력개발이용장기계획(1967년 장기계

41) 일본원자력개발기구, 2006.

42) 원자력위원회, 1966.

획)은 1965년대 중반까지 열출력 10만kW 정도의 실험로를 건설하고 1965년대 후반에 열출력 20만kW 내지 30만kW 규모의 실험로를 건설하고 더욱이 필요에 따라 대형 실증로의 단계를 거쳐 1985년 초기에 실용화 도모를 촉진한다고 구체적 일정을 제시하고 있었다.[43)]

그러나 현실적으로는 실험로인 죠요우가 임계실험에 성공한 것이 1977년 4월이었기 때문에 1967년 장기계획에서 5년이 지연된 셈이다. 몬쥬는 1968년부터 개념설계가 개시되었지만 개념설계, 조정설계, 제작준비설계에 10년 이상의 세월을 소요하고 원자로 설치허가신청이 나오게 된 것은 1980년 12월, 설치허가가 난 것은 1985년 9월, 최종적으로 임계에 도달한 것은 1994년이었다. 설계개시부터 26년 경과한 후 드디어 운전이 개시된 것이며 이것은, 1967년 장기계획에서 제시된 일정에서 보면 약 20년이 지연된 것이다. 그 이후도 고속증식로 개발은 순조롭게 진행되지 않고 임계 후 거의 1년인 1995년에 나트륨누수사고가 발생하여 운전정지, 원인규명, 안전성점검, 재발방지대책, 안전심사에 10년을 소요하고 2005년 3월에 드디어 개조공사에 들어갔다.

향후 운전재개를 수행하였다고 하더라도 전술한 바와 같이 몬쥬는 원형로에 불과하다. 상용로로서 발전의 중핵을 담당하기까지는 더욱이 실증로를 거쳐야 한다. 경수로이더라도 원전의 리드 타임은 길며 계획(지점)공표, 전원개발조정심의회결정, 착공, 운전개시에 10년 가까운 세월을 소요한다.

이와 같이 검토하면 고속증식로를 중핵으로 하는 핵연료사이클 개발계획은 파탄되었다고 평가하는 것이 타당하다. 적어도 향후 몇 십 년간은 완성할 수 없다고 보는 것이 지금까지의 역사적 경위에서 판단하면 당연한 것이라고 할 수 있다.

지금까지 50년간의 원자력개발, 적어도 핵연료사이클개발이 정책으로

---

43) 원자력위원회, 1967.

서 확정되어 이후의 원자력개발정책은 실패하였다고 할 수 있다. 고속증식로개발 외에도 핵연료사이클을 확립하는 것에는 사용완료연료 중간저장시설, 재처리시설, 플루토늄연료의 재처리시설, 고수준 방사성폐기물 처분시설이 필요하다. 이들은 계획이 대폭으로 지연되고 있으며 계획 자체가 형성될 것이라는 전망이 서 있지 않아 실현될 수 있을지 여부는 매우 의문이다(〈표 2-7〉). 더욱이 지금까지 핵연료사이클개발에 주입해 왔던 재정자금은 막대하다. 이 정도의 재정자금을 투입했어도 실용화의 목표를 세울 수 없다는 것은 기술 자체가 현실적으로 실현될 수 없는 것이라고 판단해도 될 것이다.

3) 핵연료사이클파탄에 따른 새로운 문제

핵연료사이클개발이 계획대로 진행되지 않으므로 별도의 문제도 발생하고 있다. 그것은 해외에 위탁처리된 플루토늄이 점차로 국내에 반입되어 더욱이 6개소 재처리공장의 조업을 앞두고 대량의 잉여 플루토늄이 발생하고 있다는 것이다. 플루토늄은 핵무기에도 전용할 수 있는 전략물질이며 핵불확산 협약체제하에서 저장이 엄격하게 제한되어 있다. 그러므로 원자력위원회에 의해 이용목적이 없는 잉여 플루토늄은 보유하지 않는다는 방침이 1994년에 결정된 바 있다.[44]

플루토늄이 해마다 증가하고 있는 가운데 잉여 플루토늄은 보유하지 않는다는 방침을 유지하기 위해서는 고속증식로를 대신하는 새로운 이용방법이 필요하게 된다. 그래서 기존의 경수로에서 우라늄 · 플루토늄 혼합연료(MOX연료)를 이용하는 플루서멀(Plutonium and Thermal Neutron Reactor, 플루토늄 열중성자로)이 플루토늄 이용의 주축이 되게 되었다. MOX연료의 경수로이용에 대해서는 1972년 장기계획에서도 볼 수 있지만

44) 원자력위원회, 1994.

〈표 2-7〉 핵연료사이클의 현상과 문제점

	현상	문제점
사용완료연료의 중간저장	원전의 사이트내에 저장. 2010년부터 동경전력, 일본원자력발전용의 중간 저장시설이 가동 예정	기타 전력회사의 중간저장 시설은 미정
사용완료연료의 재처리	반량은 여섯 개소 재처리공장에서 처리예정(800톤/연)	100%의 가동률을 상정하여 경제성을 계산하고 있지만 현실로 100% 가동은 불가능
고속증식로 개발		
원형의 몬쥬(文殊)에 의한 시험	1995년의 나트륨유출사고 이후 정지 중	운전재개가 곤란
실증로 개발	미정	원형로 몬쥬(文殊) 정지 중으로 인해 전망이 불투명
영업로	2030년경을 예정	현재로는 입지지점 미정. 구체적 계획 없음. 실증로 개발의 전망이 없다는 점. 리드타임의 길이를 고려하여 현실로는 불가능
플루토늄 연료의 재처리	미정	-
TRU 폐기물처분	미정	-
고수준 방사성폐기물 처분	2030년대 후반을 예정	처분지 미정

자료: 원자력백서 등에 의해 필자 작성.

몬쥬사고를 거쳐 고속증식로 개발에 전망이 없게 된 이후는 사실상 플루서멀이 플루토늄 이용계획의 중심이 되었다.[45] 이제는 당초 예상한 고속증식로를 중심으로 하는 핵연료사이클은 실현의 가능성이 매우 낮다.

플루서멀 이용에도 여러 문제가 있다. 자원효율성과 경제성의 문제가

45) 이 계획으로 된 것은 1997년 1월의 원자력위원회결정인 핵연료사이클의 구체적인 시책에 대해서이다. 이것을 근거로 1997년 2월에는 핵연료사이클개발추진에 관한 각료회의 결정이 이루어져 재처리추진과 경수로의 플루서멀 이용이 국가의 방침이 되었다. 이 결정과정은 전례에서 보아도 무리한 것이었다고 할 수 있다(吉岡, 1999, pp.261-262).

있는 외에 중대한 점으로는 종래의 경수로는 플루서멀을 전제로 건설되어 있는 것이 아니므로 위험성이 증대된다. 플루서멀 이용은 우라늄자원의 절약적 이용 중에서 가장 불합리한 방법이다.[46] 2009년 11월부터 큐슈전력 겐카이(玄海) 3호기에서 플루서멀 발전이 개시되었지만 1999년의 MOX연료의 자료에 대한 불법적인 수정사건도 있어 전국적으로 보면 원자력발전소 주변의 지자체의 도입이 반드시 쉬운 것만은 아니다.

이와 같이 에너지정책상 핵연료사이클의 중핵으로서 개발된 고속증식로의 위상은 크게 동요하고 있다. 제9차 원자력의 연구, 개발과 이용에 관한 장기계획(2000년)에서는 향후 고속증식로 등에 의해 우라늄을 보다 높은 효율로 이용할 수 있는 기술이 실용에 제공된다면 원자력발전은 보다 장기간 안정적으로 에너지를 공급할 수 있게 될 가능성이 있으며 향후 인류에 있어 필요한 에너지를 공급함에 있어 유력한 기술적 선택지의 하나로 되었다.[47] 더욱이 구체적 일정도 제시되지 않아 실증로 이후의 계획도 없었다. 이 시기 원자력정책은 전환한 것으로 보였다.[48]

그러나 이와 같은 움직임도 2005년에 장기계획을 대신하여 새롭게 책정된 원자력정책대강에서는 개정되어 2050년경부터 사업기준에서의 도입이라는 일정이 다시 제시되어 적극적 개발노선으로서 회귀라고 볼 수 있는 기술도 있다.[49] 한편으로 원자력정책대강에서는 사용완료연료의 취급에 대해 네 가지의 시나리오가 검토되어 여기서 처음으로 직접처분 시나리오도 검토의 대상으로 되었다.[50] 고속증식로, 재처리를 중핵으로 하는 핵연료사이클은 이전과 같이 강고한 것이 아니라 오히려 변화, 동요하고 있다. 이것은 원자력정책이 전환점에 있다는 표시이다.

46) 高木ほか, 1998, pp.534-535; 吉岡, 2000.
47) 원자력위원회, 2000.
48) 吉岡, 2007b, pp.1169-1170.
49) 상게서, p.1170.
50) 원자력위원회, 2005.

이상과 같이 국내자원이 부족한 일본의 특성은 원자력에 의존하였다고 하여 해소되는 것이 아니다. 원래의 목표였던 준국산에너지로 하기 위한 고속증식로 개발정책은 실패하고 핵연료사이클의 목적 자체도 변화해야 하였다. 국가의 정책도 동요하고 있다. 원자력개발정책이 여전히 에너지정책 중에 존속하면서 새로운 곤란이 점차로 발생하고 있다.

3. 요약 및 정리–에너지세 재정개혁의 필요성

이상 검토한 바와 같이 원자력발전은 1970년 이래 급속한 확대를 지속해왔지만 이것은 국가재정이라는 방패가 있었기 때문이다. 이 재정시스템은 전원개발촉진세를 재원으로 하는 전원특회와 일반회계에너지대책비로 구성되어 있었다. 입지대책비를 포함하면 전원특회의 70%, 일반회계에너지대책비의 97%가 원자력발전계발에 충당되었다. 이러한 국가의 지원이 없으면 민간의 전력회사만으로는 도저히 원자력발전의 개발을 할 수 없었다.

이 방대한 재정지출의 근거가 된 것은 에너지안전보장의 확보였다. 그러나 에너지 자급률을 향상할 것으로 보였던 고속증식로와 재처리를 중심으로 하는 핵연료사이클은 막대한 재정자금을 투입하였음에도 불구하고 아직도 해결이 곤란한 많은 과제에 직면하고 있다. 현재로서는 핵연료사이클의 실현에 실패한 것이라고 할 수 있다.

그렇게 되면 원자력개발을 계속하는 의미 자체가 문제시된다. 따라서 원자력을 중심으로 하는 에너지개발정책은 개선되어야 한다. 원자력을 지원한 에너지재정도 또한 환경의 관점에서 근본적으로 개정되고 전환되어야 한다. 그 의미에서는 조세와 세입의 사용용도를 환경의 관점에서 근본적으로 개혁하는 환경세재정개혁이 필요하다고 할 수 있다. 이것이 없이

에너지이용을 지속가능한 것으로 전환할 수 없다.

에너지안전보장이라는 견해는 이제 원자력이 다른 에너지원과 비교하여 현저한 우위성을 가졌다고 할 수 없게 되었다. 원자력발전의 추진론에 있어 남겨진 다음의 유력한 근거는 경제적 우위성이다. 그러나 원자력발전은 실제로 저렴한 것일까? 이에 대한 검토를 다음 장에서 하도록 한다.

03 원자력발전은 실제로 저렴한가

– 경제적 우위성에 관한 검토 –

제2장에서 설명한 바와 같이 원자력발전은 국책으로 자리 잡고 그로 인한 재정자금도 준비되어 강력하게 추진되어 왔다. 이러한 재정적 뒷받침이 있었기에 원자력발전은 오늘날과 같이 주요 전원으로서의 역할을 할 수 있었다. 그러나 재정적 지원의 대의명분이 된 에너지안전보장론에 의한 근거는 핵연료사이클 개발노선이 이제 실현될 것으로 보이지 않음에 따라 현실로는 파탄하고 있다.

원자력발전개발의 추진론에 남게 된 또 하나의 근거는 원자력발전의 경제적 우위성이다. 지금까지 일본에서는 원자력발전이 경제적 측면에서 가장 유리한 전원으로 되어 그것이 개발추진의 커다란 이유가 되어 왔다. 그 근거로 되고 있는 것이 1999년, 2004년에 발표된 발전단가이다. 지금까지도 정부에 의해 몇 번인가 발전단가에 관한 보고가 이루어져 왔다(〈표 3-1〉 참조). 그러나 발표되는 발전단가의 타당성에 대해서는 자주 의문시되어 왔다. 더욱이 반복하여 경제적 우위가 주장되고 있음에도 불구하고 영업운전개시 이후 약 40년을 경과하고 있는 일본의 원자력발전사업의 실적에 대해 상세한 자료가 공표된 적은 없었다.

원자력은 가장 경제적인 전원이 될 수 있을까? 본 장에서는 현실의 발전비용의 시산을 시도해 보고자 한다. 제2장에서도 설명한 바와 같이 원자력발전에는 재정비용도 소요된다. 경제성을 평가하는 경우에는 이 부분도 평가할 필요가 있다. 재정비용이 어느 정도 소요되는가가 정확하게 파악되지 않았기 때문에 이 부분의 시산은 지금까지 이루어지지 않았다. 본 장에서는 제2장을 근거로 재정비용도 포함한 검토를 한다.

이 이후에서는 발전비용의 계산방법에 관한 검토, 본 장에서의 발전총비용의 정의, 유가증권보고서에 기초한 발전단가의 계산방법의 설명과 계산결과, 재정자금을 포함한 경우의 단가의 계산결과와 그 의미에 대해서

〈표 3-1〉 자원에너지청/종합에너지조사회에 의한 발전비용의 시산치

(단위: 엔/kWh)

	설비 규모	설비 이용률	내용 연수	1985년	1986년	1987년	1988년	1989년	1992년
일부화력	1~4만kW	45%	40년	13	13	13	13	13	13
석유화력	60만kW급×4기	70%	15년	17~19	12	11~12	10~11	11	10
석탄화력	60만kW급×4기	70%	15년	12~13	11	10~11	10	10	10
LNG화력	60만kW급×4기	70%	15년	16~18	12	11~12	10~11	10	9
원자력	110만kW급×4기	70%	16년	10~11	12	9	9	9	9

1999년				2004년			
	설비규모	설비이용률	운전연수		설비규모	설비이용률	운전연수
13.6	1.5만kW	45%	40년	11.9	1~2만kW	45%	40년
10.2	40만kW	80%	40년	10.7	35~50만kW	80%	40년
6.5	90만kW	80%	40년	6.2	60~105만kW	80%	40년
6.4	140만kW	80%	40년	5.7	144~152만kW	80%	40년
5.9	130만kW	80%	40년	5.3	118~136만kW	80%	40년

주: 1. 1989년 시산까지의 원자력에는 방사성폐기물·폐로처분비용은 포함되지 않는다.
2. 1999년 시산, 2004년 시산에는 재처리, 중간저장, 폐기물처리처분(고수준방사성 폐기물처분·저장), 그 밖의 폐기물처분·비용을 포함하고 있다.
3. 1999년, 2004년의 시산은 할인율 3%의 경우에만 표시하였다.

자료: 원자력자료정보실편(2004), 종합자원에너지조사회 전기사업분과회비용 등 검토소위원회(2004), 일본원자력산업회의편(2003)에서 작성.

순서대로 설명한다. 또한 여기서 취급하는 시기는 원자력발전이 영업운전을 개시한 1970년도부터 2007년도까지로 한다.

1. 원자력발전의 총경비에 관한 견해

본 장에서는 발전의 총비용에 대해 정의한다. 원자력발전에 관해서는 [그림 3-1]에 제시한 비용이 사회적으로 부담되고 있다고 볼 수 있다.

이 중 ①은 발전하는 데 직접 필요한 비용이므로 인식하는 것이 용이하다. 이것에 대해 ②는 장래의 비용을 포함하므로 불확실한 부분이 많다. ③에 대해서는 국가의 예산에 정리되지 않고 포함되어 있기 때문에 인식하기 어렵다. 또한 ④에 대해서는 언제 어떤 형태로 비용이 발생할지 모른다는 불확실성을 포함하는 것이다. 그러나 ①만이 부담되는 것은 아니라 ②~④의 비용은 사회적으로 어떤 형태로든 부담되고 있다.

따라서 발전의 비용에 대해 고찰하는 경우는 본래 ①뿐만 아니라 ②~④의 비용도 포함할 필요가 있다.

①은 발전에 직접 필요하게 되는 비용이다. 본 장에서는 이 부분을 발전비용으로 하고 kWh당 발전비용을 발전단가로 한다. 발전비용은 통상 전력회사가 전력요금이라는 형태로 소비자로부터 징수하고 있다. 앞에서 제시한 정부발표의 발전단가는 일정한 가정하에 계산연도에 도입되는 모델발전소에 대해 계산된 것이므로 과거의 원자력개발의 경제성을 평가함에 있어서 반드시 적절하다고는 할 수 없다.

그래서 본 장에서는 현실의 발전단가를 반영시키기 위해 각 전력회사의 재무제표에 기초하여 계산한다. 구체적으로는 각 전력회사(북해도전력, 동북전력, 동경전력, 중부전력, 호쿠리쿠전력, 칸사이전력, 츄코구

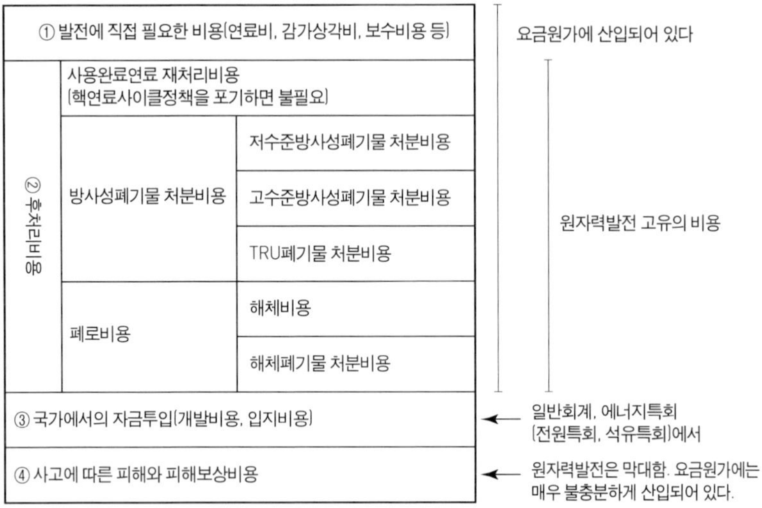

자료: 저자 작성.

[그림 3-1] 원자력발전의 총비용

(中国)전력, 시코쿠(四国)전력, 큐슈(九州)전력)가 공표하고 있는 「유가증권보고서총람」의 자료를 경제산업성이 규정한 요금산정규칙에 기초하여 계산한다. 이 방법은 무로타(室田)에 의해 개발된 것이므로 이하 이것을 '무로타방법' 이라 부른다.

무로타방법은 전력회사별의 비용을 산입할 수 있으며 또한 화력발전, 수력발전에 대해서도 같은 산정을 할 수 있으므로 원자력발전의 비용을 같은 방법과 자료에 기초하여 다른 전원과 비교하면서 평가하는 것에 유효하다. 본 장에서는 이 무로타방법을 답습한다. 이것에 의해 전력회사가 전기요금을 산정할 때에 전원별로 비용으로서 산입하고 있는 항목의 금액을 추계할 수 있다.

②는 원자력발전에 고유의 비용으로 발전을 행한 후에 소요된다. 본 장에서는 이 비용(방사성폐기물의 처리처분, 재처리, 폐로 등에 관한 비용)을 '후처리비용(back end cost)' 이라 부른다. 후처리비용은 원자력발전의 이용확대와 동시에 막대하게 되어 회수할 필요가 발생하였다. 그로

인해 전력요금의 원가에 점차로 산입되게 되어 ①에 포함되었다. 간단하게 그 내용과 경위를 설명한다.

사용완료연료의 재처리비용에 대해 일본은 사용완료연료를 기본적으로 전량 재처리하는 정책을 취해 왔다. 이 정책이 포기되면 ②는 필요 없게 되지만 현행에서는 재처리비용이 어떤 형태로든 원가에 산입되지 않으면 이 정책을 실시할 수 없다. 그로 인해 충당금제도가 1981년도부터 도입되어 1986년도부터는 사용완료연료 재처리비로서 전기요금의 원가에 산입되고 있다. 그래서 재처리비용 중 일본 원연(原燃)의 6개소 재처리공장(아오모리현 카미키타군)에서 재처리될 예정의 사용완료연료분에 대해서는 불충분하지만 요금원가에 산입되게 되어 있다.

그러나 6개소 재처리공장 이외에 재처리되는 것에 대해서는 2006년도부터 사용완료연료처리 등 충당금으로서 비용에 계상되고 있지만 전기요금의 원가에는 포함되지 않는다. 이 금액은 2010년대 후반부터 2020년대 전반에는 원자력발전사업자 10개사의 경영이익을 초과할 정도의 규모가 될 것으로 보고 있다.[51] 본 장에서는 현행 원가에 포함되는 6개소 재처리공장에서 재처리되는 부분의 비용만을 계산에 포함시키고 있다.

다음으로 고수준방사성폐기물에 대해서는 이것도 사용완료연료를 재처리하는 정책을 강구하지 않는다면 해외에서의 반환폐기물 처분비용을 제외하고 대부분은 필요 없다. 그러나 앞에 설명한 바와 같이 핵연료사이클정책을 취하고 있으므로 사용완료연료 재처리에서 발생하는 고수준방사성폐기물(특정방사성폐기물이라 불린다)의 처분비용이 필요하게 된다. 이 비용에 대해서는 2000년도부터 원자력발전환경정비기구에의 거출금으로서 지급하는 것이 원자력발전소 설치자에 대해 의무화되어 있다.

더욱이 2005년에는 원자력발전에서의 사용완료연료의 재처리 등을 위한 적립금의 적립 및 관리에 관한 법률(재처리 등 적립금법)이 규정되어

---

51) 경제산업성 자원에너지청, 2006b.

종래 포함되지 않았던 비용(유리 고화체(固化体) 저장, 반환폐기물관리, 장반감기(長半減期) 저발열방사성(TRU) 폐기물처분, 재처리시설의 폐지 등에 관한 비용)도 적립금으로서 전력회사 외부에 적립해야 하였다. 이것에 의해 이 비용도 전력요금의 원가에 사용완료재처리 등 충당금으로서 산입되게 되어 있다. 이것에 필요한 추가적 적립금은 5.1조 엔이 된다.[52] 이 부분도 본 장에서는 계산에 포함되어 있다.

마지막으로 원자로해체에 관한 비용은 1988년도부터 회계에 계상되게 되어 1989년 4월부터 요금원가에 산입되었다. 또한 해체 후에 발생하는 방사성폐기물 처분비용은 2000년부터 요금원가에 산입되게 되었다. 이 비용은 어느 수준의 방사성폐기물을 어떻게 처분할지에 따라 크게 달라진다. 실제로 제도 · 설계된 2000년 이후의 상황 변화에서 모든 플랜트 합계로 3,290억 엔이 추가적으로 필요하게 되며 당초 이루어진 비용계산이 과소평가되었다는 것이 판명되었다.[53]

이상을 정리해 보면 후처리비용은 사용완료연료를 재처리하는 방침을 취할지 여부, 방사성폐기물을 어떻게 관리할지에 따라 크게 변화한다. 또한 장기간 방사성폐기물을 관리해야 하기 때문에 막대한 것이 된다. 본 장에서는 요금원가에 포함되어 있는 부분에 대해서는 ①에 포함시켜 계산한다.

③은 원자력개발에 수반하는 국가재정에서의 지출이다. 국가재정에서의 지출에는 기술개발과 관련단체의 운영비 등에의 지출 외에 입지대책비로서 지출되는 경우도 있다. 본 장에서는 전자를 '개발비용'으로 하고 kWh당 단가를 '개발단가'라고 한다. 또한 후자를 '입지비용'이라 하고 이 kWh당 단가를 '입지단가'라고 한다.

52) 기존의 제도도 포함하여 회수되는 후처리비용 총액은 18.8조 엔이 되고 있다(종합자원에너지조사회전기사업분과회, 2005). 그러나 이 금액은 핵연료사이클기술이 확립되어 있지 않은 것에서 본다면 불확실하다고 할 수 있다.

53) 전기사업연합회, 2007a; 2007b.

국가재정에서의 원자력에의 자금투입은 제2장에서 상세하게 설명한 바와 같이 일반회계, 전원특회의 쌍방에서 이루어지고 있다. 이것은 숨겨진 보조금으로서 작용하고 전력회사의 회계에는 나타나지 않지만 일반재원과 전원개발촉진세를 통하여 사회적 부담이 되고 있다. 이와 같은 종류의 에너지 보조금은 막대하며 이것이 에너지시장에서의 왜곡을 초래함과 동시에[54] 환경에 악영향을 미치는 전원을 조장하는 환경에 유해한 보조금이 되고 있다.[55]

이들의 보조금 총액을 계산한 선행연구로는 European Environment Agency(2004)를 들 수 있다. 그러나 이 연구는 유럽의 2001년도에 관한 것에만 그치고 있다. 본 장에서는 제1장에서 계산한 에너지원별의 재정자금액을 기초로 개발단가와 입지단가를 전원별로 재집계한다.

④는 발전에 따라 발생하는 비일상적인 사고에 의한 비용이다. 여기서는 이것을 발전에 따른 환경비용[56]이라 부른다. 원자력발전은 다른 전원에 없는 고유의 환경오염을 야기할 가능성이 있으며 이것이 크다고 할 수 있다. 특히 체르노빌원자력발전소의 사고와 같은 대규모사고가 발생한 경우 환경비용은 천문학적이 된다. 후처리비용과 환경비용이 막대한 것이 원자력발전 문제의 핵심이다.

박승준(朴勝俊)은 칸사이전력 오오이(大飯)발전소 3호기(후쿠이현)를 모델로 하여 원자력발전소 사고의 피해액을 시산한다는 중요한 연구를 하고 있다. 이 연구에 따르면 대규모사고가 발생한 경우의 경제적 피해액은

---

54) Quashning, 2005.

55) OECD, 1996, 1998; van Beers and van den Bergh, 2001; UNEP and IEA, 2002; OECD, 2003; van Beers et al., 2004.

56) 원자력발전의 환경비용은 환경경제학에서의 비용론의 발전을 근거로 검토될 필요가 있다. 또한 환경비용과 관련하여서는 많은 연구가 이루어지고 있다(寺西(1978; 1981; 1997; 2002), 吉田(1998), 植田(1991; 1995a; 1995b; 1996), 水谷(1997; 2003), 永井(1975), 除本(2005; 2007), 阪木(2002), 外川(1993), 諸富(2002), 市原(1991)).

평균 약 62조 엔, 최대 279조 엔이 된다.[57] 이 결과에서 보면 원전에 일단 사고가 발생한 경우 피해는 천문학적인 수치가 되어 현행의 원자력배상제도가 불충분한 것은 명백하다. 적절한 보상제도가 정비되지 않은 상태에서 원자력개발을 지속하는 것에 근본적 문제가 있다.

그러나 이 비용을 kWh당의 단가로 하는 경우 모든 원전에서 어느 정도의 사고를 상정하는지, 또한 어느 정도의 빈도로 발생한다고 상정하는지를 고려해야 한다. 더욱이 이것에 대응하는 보상제도는 어떤 것으로 해야 할지에 대해서도 논의의 여지가 있을 뿐만 아니라 원래 원자력 피해의 성질에서 보아도 kWh당의 수치를 계산하는 것에 어느 정도 의미가 있는지 의문이다. 그래서 여기서는 원자력발전의 사고에 관한 환경비용은 검토의 대상으로 하지 않는다.[58]

이상을 정리하면 본 장에서는 ①~③의 비용의 합계를 총비용, 그 kWh당 단가를 총단가라고 정의하여 아래에서는 그것의 계산에 대해 설명한다.

57) 朴, 2003; 2005.

58) 과거 일본 정부에 의해서도 사고피해의 계산이 이루어졌다. 이것은 일본원자력산업회의가 과학기술청의 위탁을 받아 이루어진 것이며 1959년에 보고서로서 정리되어 있다. 보고서는 장기간 비공개이었지만 1979년에는 이미 「前衛」(1979년 6월호)지에 전문 게재되었다. 그러나 이 보고서가 일본 정부에 의해 정식으로 공개된 것은 1998년 가을이었다(참의원, 1999a). 이 보고서에 따르면 열출력 50만kW(최근 설치된 원자로의 열출력은 400만~500만kW의 것이다)의 원자로의 사고가 있게 된 경우 물적 손해(인적 손해를 제외한다)로서 3조 7,000억 엔(당시)의 피해가 발생할 수 있다고 되어 있다(일본원자력산업회의, 1960). 여기서 이용되고 있는 수법과 건강피해지표는 현재 사고평가의 것과 거의 일치하는 것이다(참의원, 1999b).

2.「유가증권보고서총람」에 기초한 원자력발전단가의 계산

여기서는 원자력발전을 종합적으로 재평가함에 있어 중요한 위치를 차지하고 있는 발전단가의 계산을 설명한다. 아래에서는 첫째, 발전단가의 계산방법을 간단하게 비교한 후에, 둘째, 전력 9개사의「유가증권보고서총람」에 기재되어 있는 자료에 기초하여 각 회사의 전원(수력, 원자력)별 발전단가(송전단(送電端))를 계산한다.

1) 발전단가 계산방법의 비교

발전단가의 평가에서는 모델플랜트를 상정한 후에 계산하는 방법과 실적치를 추계하는 방법이 있다.

전자는 OECD 등 국제적으로도 널리 이용되고 있는 방법이며 발전에 필요한 비용을 자본비, 운전유지비, 제세 기타 경비, 연료비로 나누어 각각의 비용을 어느 일정한 상정에 기초하여 계산한 후에 적산하여 그 수치를 일정기간내의 발전량에서 제외한다는 방식이다.[59] 여기서 일정기간의 발전량이라는 경우 실제의 내용연(耐用年)이었거나 회계법상의 내용연이기도 하다. 또한 장래의 발전비용을 예상하는 경우는 경제 · 에너지모델이 예상하는 에너지비용을 고려하여 계산하는 변화도 있다.

이 방법을 채택하고 있는 시산으로서는 자원에너지청, 일본에너지연구소에 의한 것이 있다. 특히 1999년에 종합자원에너지조사회 · 원자력부회가 행한 발전비용의 산정에서 이용된 방법은 자주 이용되며 2004년에 전기사업연합회가 제시한 시산에서도 이 방법이 답습되고 있다. 이것은 전원별로 어느 모델플랜트를 상정하여 운전연수, 설비이용률, 환율, 연료가격

59) 松井, 2000, pp.79-87.

의 상승률, 할인율에 관해 일정한 가정을 두어 계산한다는 방법이다.[60)]

이 방법의 특징은 계산에 있어 어떤 상정을 했는지에 따라 발전단가가 크게 다르게 된다. 발전사업은 연료비보다는 발전시설부분 등의 고정자본 부분을 많이 필요로 하게 된다. 그로 인해 설비이용률과 내용(耐用) 연수의 상정에 의해 발전단가에 커다란 차이가 발생한다.[61)] 또한 현실로 발생하는 비용을 포함하는 것이 어렵다. 예컨대 앞의 전기사업연합회의 시산에서도 이 시산모델은 대규모 개조공사의 실시와 고경년화(高經年化) 등에 의한 수리비의 상승 등 일반화가 곤란한 것에서 반영되지 않는 사항이 있다[62)]고 설명하고 있는 바와 같이 현실로 발생할 수 있는 것이 사상될 수 있다. 즉, 이 방법은 전원별 현실의 업적을 비교하거나 또한 각 전력회사의 실제의 비용구조를 검토하는 것에는 반드시 적합한 방법이라 할 수 없다.

한편 실적치에 기초한 분석은 이러한 문제점을 가지지 않고 전원의 현실의 성과를 알 수 있다. 플랜트별의 상세한 비용구조를 알 수 있다면 보다 구체적으로 검토가 가능하게 된다.

예컨대 미국에서는 원자력발전의 비용이 공개되는 접속가능한 D/B로 되어 있으며 그것을 근거로 일본에서도 상세한 검토가 이루어지고 있다.[63)] 일본 국내에서도 전력회사에는 원자료가 존재할 것이지만 실제로는 플랜트별로 실제의 비용을 알 수 없다. 플랜트별의 발전단가는 각 플랜트의 건설에 있어 전력회사가 경제산업성에 제출하는 설치허가신청서에 기재된 발전단가밖에 알 수 없다. 그로 인해 전원별 실제의 비용을 비교검토하기 위해서는 차선의 방법으로서 「유가증권보고서총람」에 기재되어 있는 전원별 재무자료에 기초하여 추계하는 것 외에 방법이 없다. 각 전력회

---

60) 전기사업연합회, 2004.

61) 이 방법을 취하면서 각 전원의 발전단가를 비판적으로 검토한 것으로는 熊本(1985)이 있다.

62) 전기사업연합회, 2004, p.9.

63) 小野ほか, 1999.

사의 전원별 재무자료는 물론이고 모든 발전소 자료를 집계한 수치이다. 따라서 발전단가를 구할 때에 이 자료를 이용한다는 것은 이른바 모든 발전소를 하나의 발전소로 간주하여 계산하는 것과 같게 된다.

「유가증권보고서총람」을 이용한 발전비용의 산정 예로 주요한 것은 室田(1991; 1993), 四国(1998), 전기사업연합회(2004)가 있다.

四国(1998)는 지급이자를 독자적으로 산입하고 있지만 거의 영업비용만의 발전비용을 계산하고 있으며 또한 각 전력회사의 구체적 비용구조가 기재되어 있지 않은 등의 문제점이 있다. 전기사업연합회(2004)는 모델플랜트에 의한 시산에 추가하여「유가증권보고서총람」에 기초한 계산도 하고 있다. 여기서는 그 방법론에 대해 손익계산서의 전원별 비용을 포함하여 각각의 전원별 발전전력량에서 공제한 것이며 일반관리비에 대해서는 각 전원별 손익계산서상의 발전비용(직접비용)의 비중, 재무비용에 대해서는 각 전원별 대차대조표상의 자산 부가의 비중에 대해 각 전원에 배분함에 따라 산정한 것이라고 설명되어 있다.[64] 그러나 연도가 한정되어 있으며(2000~2002년도의 3년간의 평균치만을 제시하고 있다) 수력의 실적단가의 기재가 없으며 전력회사별 시산치가 나와 있지 않으므로 여기에서 역사적인 평가를 하는 것은 불가능하다.

이 점에 대해 室田(1991)는 정부에 의해 제시된 당사의 공급약관요금 산정요령에 따라「유가증권보고서총람」에서 얻어지는 자료에서 전원별 발전단가의 근사치를 추계하고 있는 점이 우수하다고 할 수 있다. 사업보수를 포함하여 계산한다는 것은 수요자 측에서 본 전원별 부담액을 계산하고 있는 것도 의미한다. 더욱이 室田(1993)에서는 수력을 일반 수력과 양수(揚水)로 분리하여 원자력+양수의 발전단가를 추계하고 있다. 본 장에서는 기본적으로 이 방법을 이용한다.

본 장의 방법과 室田(1993)의 상위에 대해서 여기서 간단하게 설명하

64) 전기사업연합회, 2004, p.9.

면 다음의 세 가지이다. 우선 분석기간이 1970~2007년도로 연장되고 있다. 둘째, 장기투자에 관해서는 기재되어 있는 항목을 가능한 전원별로 구분하여 취급하였다. 셋째, 일반수력과 양수의 분리에 있어 양수식 발전의 자류(自流)분과 양수분을 분리하였다. 이것에 의해 원자력+양수에 관해 보다 상세한 평가가 얻어진다.

2) 본 장에서의 발전단가 계산방법

본 장에서는 경제산업성의 요금원가 산정방법에 기초하여 산출되는 수치를 발전량으로 나눈 수치를 발전단가라고 정의한다.

각 전원의 발전량은「유가증권보고서총람」에서의 자사 전력량에서 자사발전소 내 전력량을 공제하고 발전단(端)의 발전량으로 한다. 또한 자사 발전량의 화력은 기력(汽力)과 내연력(內燃力)의 합으로 한다. 다만 다른 통계(전력조사통계월보)와 비교하면「유가증권보고서총람」상의 기력에는 지열에 의한 발전량이 약간이지만 포함되어 있는 것을 알 수 있다(북해도전력, 동북전력, 동경전력, 큐슈전력). 지열발전의 비용은「유가증권보고서총람」에서는 분리할 수 없으므로 화력에 지열을 포함하여 계산한다.

다음으로 실제의 요금원가 산정방법에 대해 설명한다. 일반전기사업자는 전기의 요금, 그 밖의 공급조건에 대해 공급약관을 규정하여 경제산업장관의 허가를 받아야 한다. 이 때 전력회사는 미리 규정된 요금산정규칙에 따라 공급약관의 요금을 산정한다. 구체적인 내용은 공급약관요금산정규칙에 규정되어 있다. 이 공급약관요금산정규칙은 요금산정방법의 규칙화의 요청에 기초하여 1999년 12월에 통상산업성령으로 규정(그 이후 몇 차에 걸쳐 개정)된 것이다. 그 이전의 것으로서는 구전력사업법하에서의 내규로서 규정된 공급규정요금산정요령이 있다.[65] 그러나 이것은 경제

65) 전기사업연구회편, 1999, p.29.

산업성 자원에너지청의 담당부국에는 이 요령이 행정문서로서 남아 있지 않으므로[66] 1999년 이전에 대해서도 모두 공급약관요금산정규칙에 준하여 계산한다.

전력요금설정에 대해서는 1999년도의 전기사업법 개정과 그 이후의 제도개정에 따라 전력의 부분적 자유화가 진전됨에 따라 변화가 보인다. 전력자유화의 결과 2000년부터 전기요금은 당사자간의 협상에 기초하여 결정되는 자유화 부문(자유화 부문은 점차로 확대하고 있다)의 요금과 정부의 인가가 필요한 규제부문 요금의 두 종류가 있으며, 공급약관요금산정규칙에 따른 요금원가에의 비용산입은 규제부문에서만 실시되고 있다. 그러나 한편으로 규제부문에서 자유화 부문의 적자를 보전하는 등의 방안이 강구되지 않도록 자유화 부문과 규제부문의 수지가 사후적으로 점검되고 있는 것에서 규제부문의 요금이 자유화 부문과 현저하게 다르다고는 볼 수 없다. 따라서 본 장에서 규제부문에서 취해지고 있는 요금산정규칙을 이용하는 것은 타당하다고 볼 수 있다.

공급약관요금산정규칙은 전기의 인가요금을 산정함에 있어 해당 기간에서 전기사업을 운영함에 있어 필요하다고 전망되는 원가에 이윤을 더하여 얻은 금액(제2조)을 산정하기 위한 것이다. 이 금액을 공급약관요금산정규칙에서는 '원가 등'이라 부르고 있다. 원가 등은 사업연도별로 산정되는 영업비와 사업보수의 합계액에서 일정한 금액을 공제한 금액이 된다. 본 장에서는 전원별로 산정되는 영업비에 전원별 사업보수를 추가한 것을 발전비용으로 한다. 아래에 구체적인 계산방법을 설명한다.

공급약관요금산정규칙에 따르면 발전원가의 구성항목에는 영업비와 사업보수부분이 있다.

영업비에 대해서는 〈표 3-2〉에서 알 수 있는 비용항목의 금액을 실적치와 공급계획 등을 근거로 산정하는 것으로 되어 있다. 본 장에서는 「유

66) 자원에너지청의 담당자에 따른다.

가증권보고서총람」 중에 기재되어 있는 영업비용 항목의 전원별 수치를 영업비로서 산입한다.

한편 사업보수는 비율기준에 보수율을 곱하여 산출된다. 여기서 보수율은 전기사업이 합리적인 발전을 이루기 위해 필요한 자금을 조달할 수 있는 정도의 율이라는 것을 필요로 하며 더욱이 전반적인 금리수준 등을 고려한 후에 경험적으로 타당한 것에 규정된다는 것으로 되어 있다.[67] 사업보수를 각 전원에서 필요한 자금조달가능한 수준으로 규정하여 전반적 금리수준 등을 고려하여 규정한다. 이 보수율은 1960년에 비율기준이 도입된 때에 8%라고 규정된 이후 장기간 거치되었다. 그러나 산업계로부터의 전력요금 인하요구도 있어 1988년도에 7.2%, 더욱이 1996년도에 5.25%, 1998년도에 4.4%로 단계적으로 인하되어 2005년도 이후는 3.2%가 되고 있다. 본 장에서도 보수율의 변화를 반영시켜 계산한다.

다음으로 비율기준인데 이것은 특정고정자산, 건설 중의 자산, 핵연료자산, 특정투자, 운전자본, 이월상각자산으로 구성된다.

특정고정자산은 공급약관요금산정규칙에 의하면 전기사업고정자산의 사업연도에서의 평균장부가격 등을 기초로 산정한 금액(제3조 제1항)으로 되어 있다. 그래서 전원별로 계상되어 있는 전기사업고정자산의 각 연도의 기말가액으로 충당한다. 또한 건설 중의 자산에 대해서는 건설가계정의 사업연도에서의 평균장부가액에서 건설 중 이자상당액과 공사비부담금 상당액을 공제한 장부가액에 대해 50/100을 곱한 금액(제3조 제2항)으로 되어 있다. 여기서는 각 사업연도의 기말의 전원별 건설가계정의 금액에 50/100을 곱하여 이것을 건설 중의 자산으로 한다. 그러나 동북전력에 대해서는 2006년도, 2007년도, 칸사이(關西)전력에 대해서는 2006년도, 시코쿠(四國)전력에 대해서는 2000~2007년도의 건설가계정의 발전종류별 금액이 「유가증권보고서총람」에 보이지 않기 때문에 포함되어 있지

67) 전기요금연구회편, 1999, p.93.

〈표 3-2〉 영업비용항목

급료수당	임대료
급료수당이체액	위탁비
후생비	손해보험료
잡급(雜給)	제비용
연료비	제세
사용완료 핵연료재처리비용	고정자산세
특정방사성폐기물처리비	잡세
폐기물처리비	감가상각비
소모품비	고정자산제거비
수리비	원자력발전시설해체비
수리(水利) 사용료	공유설비비 등 분담액
보상비	

주: 전기사업비용명세표에 기재되어 있는 항목 중 전원별로 계상되어 있는 항목만을 가리킨다.

자료: 전력회사의 「유가증권보고서총람」에 의해 필자 작성.

않다. 그만큼 이들의 전력회사와 연도에 대해서는 계산할 수 없으며 과소 평가된다.

핵연료자산은 핵연료의 사업연도에서의 평균장부가액 등을 기초로 산정한 금액(제3조 제3항)으로 되어 있으므로 본 장에서는 전기사업고정자산과 마찬가지로 각 사업연도의 기말의 금액으로 산정하기로 한다.[68]

68) 현재의 전기요금산정체계에서는 핵연료에 대해서는 영업비용항목에서 핵연료감손액으로서 계상됨과 동시에 자산에서도 계상되고 있다. 자산으로서 계상되고 있는 핵연료에는 장하중(裝荷重) 핵연료와 가공중 등 핵연료가 포함된다. 전자인 장하중 핵연료가 자산으로서 계상된다는 것은 핵연료는 일단 원자로 내에 장하되면 약 3년간 정지되기 때문에 고정자산과 동등한 것으로 간주하게 된다. 또한 가공중 등 핵연료에는 가공중 등 연료, 반제품핵연료, 완성핵연료, 재처리핵연료, 기타가 포함된다. 이들은 원자로에 장하되지 않는 단계에서도 자산이 되며 연소가 종료하여 노심에서 벗어나 사용완료연료로 되어도 재처리하면 새로운 연료로 된다는 것에서 자산으로 취급되게 된다. 즉, 핵연료에 대해서는 영업비용으로서뿐만 아니라 비율기준으로 계산되며 그리고 사업보수율을 곱한 것이 총괄원가의 일부를 구성하며 최종적으로 수요자에 의해 전기요금으로서 부담된다는 구조로 되어 있다. 室田(1991)은 이와 같은 요금산정체계는 비율기준을 비대화시키는 기본적 요인이 된다고 비판하고 있다.

특정자산은 원래 전기사업자가 행하는 투자활동이며 수익이 전망되는 것이다. 따라서 요금원가 비율기준에 산입되지 않고 투자에 의한 수익과 비용을 요금원가 외로 하여 취급했다는 경위가 있다. 그러나 천연우라늄 등의 자원개발, 고속증식로 등의 연구개발 등은 수익성이 없으며 배당도 얻을 수 없는 경우도 있어 특정자산으로서 비율기준에 산입하는 것이 1979년 3월의 전기사업심의회 요금제도분회 중간보고에서 결정되게 되었다. 중간보고에서는 ① 에너지의 안정적 공급확보를 도모하기 위한 연구개발, 자원개발 등을 목적으로 한 투자이며, ② 전기사업의 적절한 운영을 위해 필요하며 유효하다고 인정되고, ③ 투자 후 상당한 기간을 지나도 수익이 기대되지 않는 것으로 되어 있다.[69]

이 경위에서 판단하면 특정투자에 대해서는 거의 원자력관련의 장기투자를 염두에 두고 결정된 것으로 추측된다. 사실 「유가증권보고서총람」에 기재된 장기투자의 대부분이 원자력관련에의 주식투자, 유가증권투자로 구성되어 있다. 다만 소액이지만 화석연료와 관련된 경우에도 수익성이 결여된 것으로 보이는 자원개발관련장기투자도 있으므로 본 장에서는 이들에 대해서도 적절하게 화석연료의 장기투자로서 계상하는 것으로 하였다. 또한 산정기간은 상술의 전기사업심의회 요금제도부회 중간보고 이후인 1979년도 이후로 한다.

다음으로 운전자본은 영업비용항목에서 〈표 3-3〉의 항목을 공제한 것으로 1.5/12를 곱하는 것으로 되어 있다(제4조 제3항 제5호). 이 중 표의 1, 4, 10, 11은 전원별의 영업비용에는 계상되지 않으며 별도의 항목으로 계상되고 있다.[70] 또한 12~14에 대해서는 「유가증권보고서총람」의 영업비용 명세표에 항목이 없으므로 본 장에서는 제외하고 있다. 15는 지수(遲收)가산요금, 지대간(地帶間)판매전력료, 타사판매전력료, 탁송수익, 전

---

69) 전기요금연구회편, 1999, pp.92-93.

70) 1은 일반관리비, 4는 판매비, 10, 11은 기타에 산입된다.

〈표 3-3〉 운전자본산정상 공제하는 항목

1. 퇴직급여금 중 충당금 순수증액	9*. 원자력해체발전시설해체비 중 충당금 순수증액
2*. 연료비 중 핵연료비	10. 전원개발촉진세
3*. 사용완료핵연료재처리비 중 충당금 순수증액	11. 사업세
4. 전기요금 대손(貸損) 중 충당금 순수증액	12. 시험연구비와 개발비의 상각
5*. 고정자산세	13. 주식발행비 상각
6*. 잡세	14. 사체발행비 상각과 법인세 등
7*. 감가상각비	15. 산정규칙 제5조의 공제수익항목 금액의 합계액
8*. 고정자산제거비 중 제각손(除却損)	

주: 여기서는 *표시의 항목을 영업비용항목에서 공제한 것을 운전자본으로 한다.

자료: 저자 작성.

기사업 잡수익과 예금이자의 합계이다. 이들은 전원별로 분할할 수 없으므로 계산에 포함되지 않는 것으로 한다. 그래서 영업비용에서 2, 3, 5, 6, 7, 8, 9를 공제한 것을 본 장에서의 각 전원의 운전자본으로 한다. 또한 9에 대해서는 2005년 5월에 성립한 원자력발전에서의 사용완료연료의 재처리 등을 위한 적립금의 적립과 관리에 관한 법률에 의해 사용완료연료재처리비를 내부 적립방식에서 외부 적립방식으로 변경한 것에 따른다. 여기서도 2005년도부터 9를 공제항목에서 제외한다.

다음으로 저장품에 대해서는 화력연료저장품, 그 밖의 저장품의 연간 지급액에 원칙으로서 1.5/12를 곱하여 얻은 금액으로 되어 있으므로 본 장에서는 「유가증권보고서총람」 중에 기재되어 있는 사업연도별 기말의 저장품액에 1.5/12를 곱한 것으로 한다. 「유가증권보고서총람」에서 저장품은 석탄, 연료유, LNG, 일반저장품으로 구성된다. 일반 저장품은 전주, 전선케이블, 변압기, 적산(積算) 전력계, 기계기구부속품 등이며 전원별 분류가 불가능하다. 또한 송전단 원가의 계산에는 필요 없으므로 제외한다. 본 장에서는 일반저장품 이외의 합계액을 화력용 저장품으로 포함한다.

비율기준을 구성하는 최후의 항목인 이월상각자산(이월자산)은 시험연구비와 개발비, 주식발행비와 사채발행비로 구성된다. 이 중에서 시험

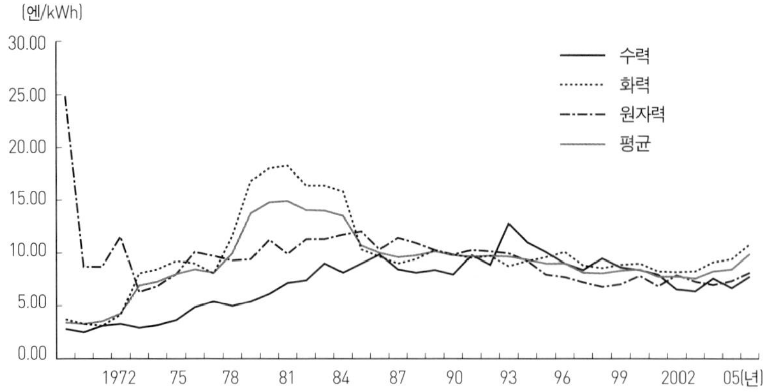

자료: 필자 작성.

[그림 3-2] 발전단가의 추이(전력 9개사 평균)

연구비와 개발비는 「유가증권보고서총람」에서는 전원별로 분리하여 계산할 수 없다. 또한 주식발행비, 사채발행비도 마찬가지로 분리할 수 없는 것에 추가하여 원래 본 장에서 전원별 비용의 시산은 송전단의 수치를 계산하려고 하는 것이므로 분류하여 계산할 필요도 없다. 따라서 본 장에서는 이월상각자산에 대해서는 사상하여 계산하는 것으로 한다.

이상을 정리하면 室田(1991)을 답습하여 구체적으로는 아래의 식에 기초하여 계산을 하였다.[71] 더욱이 전력 9개사 평균에 대해서는 [그림 3-2]와 〈표 3-4〉에 표시된 바와 같다. 아래에서는 이 계산에서 얻어진 발전단가의 역사적 추이의 특징을 정리한다.

$$P_h = \frac{B_h + (C_h + D_h + G_h) \times r}{A_h}$$

$$P_t = \frac{B_t + (C_t + D_t + F_t + G_t + H_t + I_t) \times r}{A_t}$$

71) 계산결과의 모든 자료에 대해서는 이 책의 웹사이트(http://www.toyokeizai.net/shop/books/download/800836)에서 다운로드할 수 있다.

〈표 3-4〉 발전단가의 추계(전력 9개사)

		1970년	1980년	1990년	2000년	2007년
인가최대출력(kW)	수력	13,494,855	20,298,197	26,679,474	33,820,924	34,734,633
	화력	33,557,143	72,629,270	92,140,134	119,226,904	118,483,550
	원자력	800,000	13,888,000	28,697,000	42,300,000	46,850,000
자사발전량(100만kWh)	수력	57,502	63,872	65,434	66,471	58,788
	화력	164,335	277,437	390,133	423,964	542,402
	원자력	1,294	71,949	181,061	302,474	249,539
설비이용률(%)	수력	48.6%	35.9%	28.0%	22.4%	19.3%
	화력	55.9%	43.6%	48.3%	40.6%	52.3%
	원자력	18.5%	59.1%	72.0%	81.6%	60.8%
자사발전소 소내용전력(MWh)[2]	수력	224,914	249,665	310,210	350,631	321,176
	화력	9,351,212	13,295,803	18,048,018	19,138,783	19,146,566
	원자력	112,944	3,495,703	8,400,314	13,391,645	12,139,378
양수발전	출력(1000kW)[1]	2,282	7,756	13,426	19,326	19,911
자류분	발전량(1000kWh)[2]	1,136,102	1,573,045	1,865,601	2,783,088	2,436,221
양수분	발전량(1000k조)[2]	2,278,561	1,064,473	4,671,244	6,813,439	5,602,250
양수용전력(1000kWh)	자사용[2][3]	3,306,960	1,527,195	6,725,123	9,861,683	8,130,481
	타사용[2][3]	1,193,099	903,673	3,276,916	4,856,722	3,894,545
송전단 발전량(100만kWh)	수력	57,277	63,622	65,124	66,120	58,467
	화력	154,984	264,142	372,085	404,825	523,255
	원자력	1,181	68,454	172,661	289,082	237,400
	일반수력	54,998	62,557	60,452	59,307	52,865
	양수	2,279	1,064	4,671	6,813	5,602
	원자력+양수	703	68,193	171,264	287,276	235,694
영업비용(100만 엔)	수력	91,929	219,732	369,287	440,837	361,327
	화력	440,075	4,169,712	3,487,364	3,333,704	5,459,904
	원자력	18,528	376,966	1,275,654	1,779,958	1,728,669
	일반수력	76,381	135,768	183,445	188,929	154,199
	양수	15,548	83,964	185,842	251,908	207,128
	원자력+양수	34,076	460,930	1,461,494	2,031,866	1,935,797
전기사업고정자산(100만 엔)	수력	759,491	1,280,178	2,206,029	2,792,933	2,450,491
	화력	1,223,329	1,955,664	3,579,228	5,101,809	3,543,395
	원자력	52,636	1,010,081	2,954,732	3,203,725	2,586,004
건설 중의 자산(100만 엔)	수력	14,975	235,018	169,575	199,027	82,024
	화력	101,089	280,787	460,411	638,898	177,528
	원자력	46,663	549,831	979,244	397,054	240,898

〈표 3-4〉 발전단가의 추계(전력회사 9개사) (계속)

		1970년	1980년	1990년	2000년	2007년
핵연료자산 (100만 엔)		32,294	1,676,222	1,992,851	2,015,579	2,445,592
영업자본 (100만 엔)	수력	5,629	16,999	24,932	27,489	21,993
	화력	40,188	480,786	370,645	316,973	617,973
	원자력	1,009	20,580	58,336	99,162	120,306
저장품 (100만 엔)		24,404	516,805	271,616	190,686	401,379
장기투자 (100만 엔)	화력	19,794	12,644	9,733	6,121	12,904
	원자력	4,409	70,937	483,759	522,291	326,722
발전단가 (엔/kWh)	수력	2.69	5.38	8.32	8.40	7.58
	화력	3.57	16.77	10.28	8.82	10.73
	원자력	24.98	9.40	10.09	6.98	8.05
	일반수력	2.33	3.38	4.45	4.01	3.58
	양수	11.46	122.88	58.40	46.60	45.34
	원자력+양수	79.07	11.35	11.76	8.13	9.19
	평균	3.45	13.67	10.02	8.08	9.73

주: 1. 「전원개발의 개요」(각 연도판).
2. 「전력조사통계월보」.
3. 1996년도 이후는 필자에 의한 추계치.
4. 기타의 수치는 「유가증권보고서총람」에 의해 필자 작성.
5. 전년도의 자료, 각 회사별 자료에 대해서는 이 책의 웹사이트(http://www.toyokeizai.net/shop/books/download/800836)에서 다운로드할 수 있다.

$$P_n = \frac{B_n + (C_n + D_n + E_n + F_n + G_n + I_n) \times r}{A_n}$$

P: 발전단가(엔/kWh)

A: 총전단발전량

B: 영업비용

C: 전기사업고정자산

D: 건설 중의 자산=건설가계정×1/2

E: 핵연료자산

F: 특정투자

G: 영업자본=(영업비용−공제항목)×1.5/12

H: 저장품=저장품×1.5/12

I: 장기투자

r: 보수율

(첨자의 h는 수력, t는 화력, n은 원자력을 표시한다)

3) 발전단가의 특징

아래에서는 발전단가의 역사적 추이의 특징을 간결하게 설명하기로 한다.

첫째, 전력 9개사 평균에 대해 설명하면 1970년대부터 1990년대 중반까지 세 가지의 전원 중 수력의 발전단가가 가장 낮아지고 있는 것이 특징적이다. 이 점은 정부에 의해 발표된 발전단가와는 다른 경향이 보인다. 1990년대 중반에 화력, 원자력의 발전단가가 저하하고 수력 자신의 단가가 상승함에 따라 일시적으로 가장 높은 전원이 되고 있다. 한편 원자력은 비교적 안정되어 있지만 석유위기의 여파를 받은 시기를 제외하면 다른 전원과 비교하여 비용업적이 항상 뛰어나다고는 볼 수 없다.

1986년도부터 1993년도의 기간은 원자력은 화력·수력보다도 발전단가가 높으며 세 가지의 전원 중 가장 높은 전원이었다. 2000년대에 전력회사가 자주점검기록을 고의로 수정한 것이 발각되어 그것을 계기로 많은 원전이 장기적으로 정지한 일도 있어 2003년도, 2004년도, 2006년도, 2007년도에는 수력보다도 발전단가가 높았다.

수력의 발전단가가 상승한 기본적 요인은 1970년대에는 40~50%였던 설비이용률이 1980년대, 1990년대와 시간이 지남에 따라서 저하하고 1990년대 후반 이후는 20%대 전반으로 감소한 것에 있다고 추측된다. 이것은 일반수력의 설비이용률이 저하했기 때문이 아니라 설비이용률이 극단적으로 낮은 양수발전소가 원자력발전소의 증설과 함께 설치된 것이라고 보인다. 한편 동 시기의 원자력 설비이용률은 1970년대의 50%대에서 1980년대에는 70%대, 1990년대 후반이 되면 80%대로 극단적으로 높아지고 있다. 2000년 이후는 원자력발전에 관한 분쟁으로 설비이용률이 저하하고 70% 전후로 떨어지고 있지만 여전히 세 가지의 전원 중 가장 설비이용률이 높다.

화력은 1990년대 후반에는 40%대 전반으로 추이하고 있다. 원자력의 단가가 최근 급격하게 줄어 저렴하게 된 것은 원전에서 감가상각이 진행된 것에 더불어 출력조정할 수 없다는 원자력의 특성으로 인해 항상 완전가동해야 한다는 사정도 있어 원자력을 우선적으로 기준전원으로서 이용하고 있기 때문이라고 볼 수 있다.

둘째, 전력회사 중에는 거의 일관하여 원자력이 가장 높고 수력이 가장 저렴한 전력회사가 있다. 이것에 해당하는 것은 동북전력, 호쿠리쿠전력이다. 동북전력에서의 원자력은 1983년도의 92.45엔/kWh는 예외로 하더라도 1985년도부터 1995년도에 10엔대 후반(1995년도의 18.42엔/kWh)~27엔대(1985년도의 27.13엔)로 수력의 3배 이상, 화력의 약 2배 정도이다. 그 이후에도 원자력은 화력에 비교하여 높으며 2007년도에 드디어 같은 정도가 되었다. 마찬가지로 호쿠리쿠전력도 전 기간을 통해 거의 10~20엔/kWh로 추이하고 있다. 동북전력, 호쿠리쿠전력에서 수력발전의 비용이 세 가지의 전원 중에 가장 낮은 것은 동북전력, 호쿠리쿠전력에서 설비이용률이 40% 전후에 그치고 있는 것에 원인이 있다고 보아진다.

셋째, 츄부(中部)전력, 추고큐(中國)전력은 원자력과 화력이 서로 팽팽하다. 1990년대 후반 이후를 보면 츄부전력은 1996~2000, 2005, 2007년도는 원자력이 화력보다도 저렴하지만 2001~2004, 2006년도는 화력 쪽이 원자력보다도 저렴하며 또한 추고쿠전력은 1995, 1996, 2000, 2003, 2004, 2006, 2007년도에 화력이 원자력보다도 저렴하다.

넷째, 원자력이 화력보다 저렴하고 수력과 거의 같은 그룹이 있다. 그것은 북해도전력, 칸사이전력이다. 북해도전력은 1997년도까지는 원자력이 가장 높은 전원이었지만 1998년도 이후는 화력보다도 저렴하게 되어 있다. 또한 수력과는 거의 같거나 약간 저렴하게 되는 경향이 있다. 칸사이 전력은 1970년대 전반부터 일관하여 화력보다는 저렴하다. 한편 수력에 대해서는 1992년도까지는 수력보다는 높았지만 그 이후는 거의 같다. 이들의 전력회사에 공통적인 것은 기본적으로 수력과 화력의 설비이용률이 낮게 억제되는 한편 원자력의 설비이용률이 높게 유지되고 있다는 것이다.

다섯째, 동경전력에서는 1990년대 후반 이후 거의 일관하여 원자력이 가장 저렴하다. 그러나 원자력에 관한 부정, 지진의 영향으로 원전의 장기 정지가 부득이하게 된 2003년도는 원자력이 가장 고가였다. 2007년도는 츄에츠(中越)외해 지진에 의한 영향으로 카시와자키 · 카리와(刈羽) 원전이 정지하였으므로 발전단가가 인상되고 있다. 2008년도 이후는 더욱 인상될 가능성이 있다.

이상의 결과를 정리하면 원자력은 반드시 가장 저렴한 전원이 아니라 설비이용률과 사회적, 자연적 조건에 의해 크게 변화하고 있다. 이미 설명한 바와 같이 동북전력, 호쿠리쿠전력과 같이 경제적으로 유리한 점이 전혀 없었다고 판단할 수 있는 전력회사도 있다. 특징적인 것은 원자력의 발전단가가 인하하고 있거나 원래 저렴한 전력회사는 수력과 화력의 설비이용률이 낮은 수준에 그치고 있다는 것이다. 이것은, 즉 발전소를 순조롭게 가동시키는 것이 가능한 시기에 대해서는 가동단가가 저렴하지만 그와 같은 조건이 없게 되면 발전단가가 상승하는 것을 의미한다. 향후 원전의 노후화에 따라 어떤 영향이 나오면 설비이용률이 현재 양호한 업적을 제시하고 있는 전력회사에서도 발전단가가 낮게 억제되는 것인지 여부는 분명하지 않다.

4) 양수발전을 고려하는 방법

앞에서 수력의 설비이용률이 저하하고 있다는 것을 설명하였다. 이것은 양수발전의 설치가 진행되고 있기 때문이다. 그로 인해 원전의 증설이 진행되면 수요가 적은 야간에 전기가 남게 된다. 실제로 1965년대부터 대용량 원자력이 투입되었다. 이로 인해 수요가 적은 심야의 전력을 사용해 펌프를 이용하여 물을 저장하고 수요가 많은 야간에 발전하기 위하여[72] 양수식 발전소의 중요성이 증대하였다. 그 의미에서 양수발전에 소요되는 비용은 원자력과 일체의 것으로 평가할 필요가 있다. 室田(1993)은 이 관점에서 원자력+양수의 발전단가를 시산하고 있다. 본 장에서는 수력을 일반수력과 양수로 분리하여 양수발전에 필요한 비용은 원자력에 추가하여 원자력+양수의 발전단가를 시산한다.

우선 원자력+양수의 발전량에 대한 견해에 대해 설명한다. 양수발전에는 물을 끌어 올리기 위해 양수용 동력이 사용된다. 이 양수용동력이 어느 전원에서의 것인지는 통계상 명확하지 않지만 원자력발전의 증설과 함께 양수의 역할이 높았다는 이유에서 양수용전력은 모두 원자력에서 충당하고 있는 것으로 여기서는 가장한다. 통계적으로 1995년도까지는 양수용전력은 자사용, 타사용의 수치가 얻어진다.

본 장에서는 각 전력회사의 발전단가를 구하는 것을 목적으로 하고 있으므로 자사용만을 고려한다. 즉, 1995년도까지는 원자력+양수의 발전량=원자력의 발전량+양수발전량−양수용전력(자사용)으로 정의한다. 이 원자력+양수의 발전량으로 원자력과 양수의 총비용을 제외한 수치를 원자력+양수의 발전단가로 정의한다.

다음으로 양수발전량에 대해 내용을 고려할 필요가 있다. 양수발전에는 두 종류가 있으며 상부지(上部地)에 자연유량(이것에 의한 발전을 자류분이라 한다)이 있으며 양수분과 병용하여 발전하는 경우를 혼합양수식, 양수분만으로 발전하는 경우를 순양수식이라 한다.

자류분, 양수분이 어느 정도인가? 이것은 전력회사에 따라 비율이 크

---

72) 전기사업강좌편집위원회편, 2007, p.38.

게 다르다. 예컨대 북해도전력(전(全) 연도), 시코쿠(四国)전력(2005년도를 제외한 전 연도)은 「전력조사통계월보」에서 양수식 발전에 의한 발전량이 양수용동력보다 큰 수치를 나타내고 있다. 양수발전에 의한 손실은 30% 정도이며[73] 따라서 양수용전력에 비교하여 양수발전량은 거의 70%이므로 통상 전자가 후자를 상회하는 경우는 없다. 즉, 이들의 전력회사에서는 자류분에 의한 발전량이 크다는 것을 의미하고 있다. 양수분으로 발전된 전력은 출력조정만을 위해 작성된 것이므로 자류분을 제외하고 양수분을 양수발전량으로 하는 것이 바람직하다.

室田(1993)은 자류분, 양수분을 구분하지 않고 양자를 합친 발전량을 양수발전량으로 하고 있지만, 본 장에서는 분리하여 고려한다. 「전력조사통계월보」를 보면 1995년도까지는 양수식에 대해 가능발전전력량의 항목에서 자류분과 양수분을 구분하고 있다. 여기서 가능발전전력량이란 실제유량에서 허가사용수량의 범위 내에서 발전한다고 가정한 경우의 발전전력량을 말하는데 통계상 그 합계는 양수식 발전에 의한 발전량과 같거나 거의 다름이 없다. 그래서 1995년도까지는 가능발전전력량의 자류분, 양수분을 각각 양수식 발전의 자류분 발전량, 양수분 발전량으로 한다.

다음으로 1996년도 이후에 대해서는 양수발전의 자류분, 양수분의 구분, 더욱이 양수용발전의 자사용, 타사용의 구분이 없어지고 일괄하여 기재되게 되었다. 그래서 1996년도 이후에 대해서는 다음과 같이 정의한다.

우선 호쿠리쿠전력은 원래 양수발전소가 없기 때문에 1996년도 이후도 양수용동력(자사용), 양수발전량은 0로 판단할 수 있다.

북해도전력, 츄고쿠전력, 시코쿠전력, 큐슈전력의 각사는 1995년 이전에 타사용으로 양수용전력을 이용한 적이 없으므로 이들의 각 전력회사에 대해서는 1996년도 이후도 타사용은 0로 하고 양수용전력을 모두 자사용으로 한다. 다음으로 이들 전력회사의 양수발전의 발전량의 양수분에 대

73) 상게서.

해서인데 이것은 양수용전력에 대해 거의 60~70%로 추이하고 있다. 이것은 기술적인 수치이므로 연도에 따라 크게 변화한다고는 할 수 없다. 그래서 자사용의 양수용전력에 원전의 운전이 개시된 해의 차년도(북해도전력 1983년도, 츄고쿠전력 1974년도, 시코쿠전력 1978년도, 큐슈전력 1976년도)부터 1995년도까지의 자사용의 양수용전력에 대한 양수분의 비율(양수분/자사용의 양수용전력)을 곱하여 얻어지는 수치를 양수발전의 양수분발전으로 정의한다.

동북전력, 동경전력, 츄부전력, 칸사이전력은 1995년도 이전에 타사용의 양수용전력이 있으며 특히 동북전력, 동경전력, 츄부전력에 대해서는 그 비율도 크기 때문에 무시할 수 없다.

우선 칸사이전력에 대해서는 양수발전소는 모두 순(純)양수이므로 1996년도 이후도 양수분으로 고려된다. 다른 3개사는 원전의 운전개시의 차년도부터 1995년도까지의 양수발전량에 대한 양수분의 비율(양수분/양수발전량)을 각 연도의 양수발전량에 곱한 수치로 각 연도의 양수분의 발전량을 정의한다. 이 비율은 연도에 따라 변화하고 있지만 여기서는 편의적으로 이와 같은 조치를 취한다.

양수용전력의 자사용에 대해서는 위에서 구한 양수발전량에 각 전력회사에서 원전이 운전을 개시한 연도의 차년도(동북전력 1982년도 이후, 동경전력 1971년도, 츄부전력 1976년도, 칸사이전력 1971년도)에서 1995년도까지의 양수용 발전량에 대한 자사용의 양수용전력의 비율(자사용의 양수용전력/양수발전량)을 곱하여 얻어진 수치를 근거로 정의한다. 이 비율은 앞에도 설명한 바와 같이 기술적인 수치이므로 비교적 안정되어 있다.[74)]

74) 「전력조사통계월보」에서는 1971년도 동경전력에서의 양수식 발전소의 양수용전력은 자사용 26만 919MWh, 타사용 58만 5,989MWh로 되어 있지만 전후의 수치에서 판단하여 이것은 각각 타사용, 자사용의 오기일 것이다. 큐슈전력의 1974년도에 대해서도 마찬가지이다. 1971년도의 호쿠리쿠(北陸)전력의 자사용이 기재되어 있지만 이 연도 외에 자사용으로 양수용전력을 이용하고 있는 연도는 없으며 호쿠리쿠

다음으로 양수의 비용을 고려한다. 앞에 설명한 바와 같이 「유가증권보고서총람」에서는 일반수력, 양수식 수력을 일괄하여 수력으로서 비용이 계상되고 있다. 이 비용을 어떻게 분리할지에 대해 여기서는 室田(1993)이 분석한 바와 같이 일반수력, 양수식 수력의 출력의 비율로 배분하여 비용을 분할하기로 하였다. 양수는 상지(上池)와 하지(下池)를 건설할 필요가 있으므로 건설비는 양수 쪽이 비싸다고 생각되지만 구체적인 수치를 얻을 수 없으므로 편의적으로 이와 같은 조치를 취한다. 室田이 설명하고 있는 바와 같이 이 조치에 의해 양수의 비용은 과소평가되게 된다. 더욱이 양수식 수력 중 양수용전력을 이용하여 발전을 하고 있는 것은 양수분뿐이므로 이 부분도 분리하여 고려하는 쪽이 바람직할 것이다. 그래서 여기서는 저수지에 고인 물의 양에 따라 비용이 소요된다고 보아 위에서 얻어진 양수용비용을 자류분과 양수분의 발전량으로 배분하여 양수분의 비용만을 양수발전량을 얻기 위한 비용으로서 정의한다.

5) 양수발전을 고려한 경우의 발전단가의 특징

양수발전을 고려한 경우의 발전단가의 특징은 다음과 같이 설명할 수 있다.[75)]

첫째, 모든 전력회사에서 거의 모든 연도에 일반수력이 가장 저렴한 전원이다. 수력은 갈수기를 제외하고 발전단가는 안정적으로 추이하고 있다. 또한 전력 9개사의 발전단가에서 보면 일반수력의 발전단가가 5엔/kWh를 초과하는 것은 거의 없다. 실적에서 보는 한 일반수력은 가장 저렴한 전원이다.

전력에는 원래 양수용 발전소가 없기 때문에 이것은 타사용의 오기일 것이다. 이상은 계산할 때에 수정하였다.

75) 계산결과의 상세한 내용은 http://www.toyokeizai.net/ shop/books/download/800836 참조.

둘째, 양수를 고려한 원자력+양수는 원자력 단독으로 비교하여 대개 1엔 이하의 발전단가가 높아지고 있다. 이 부분이 출력조정할 수 없는 원자력발전을 도입함에 있어 필요한 비용이라 할 수 있다. 이 비용을 고려하면 원자력은 화력에 비교하여 거의 같지만 높아지는 경우가 있다. 이에 해당하는 전력회사는 북해도전력, 동경전력, 츄부(中部)전력, 츄고쿠(中國)전력, 시코쿠(四國)전력이다. 이들의 전력회사에서는 화력과 비교하여 원자력+양수는 비용에 대한 성과가 양호하지 않다.

셋째, 전력회사에 따라서는 원자력+양수가 화력보다 저렴한 것이 있다. 그것은 칸사이전력, 큐슈전력이다. 다만 이들 전력회사의 경우도 수력에 비교하면 원자력+양수는 저렴하지 않다.

이상에서 보면 원자력발전의 실태에 따라 원자력+양수라는 분류를 도입함에 따라 보다 현실적인 비용분석이 가능하게 되었다고 할 수 있다. 이것에서 보아 명확하게 알 수 있는 것은 원자력발전이 사회적으로 보면 반드시 비용에 대한 성과에 뛰어난 전력이 아니라는 것이다. 다만 여기서의 발전단가의 추계에 있어서는 양수에 대해 많은 가정을 설정하고 있는 것에 유의해야 한다.

3. 개발단가, 입지단가의 계산

1) 계산방법

여기서는 개발단가와 입지단가에 대해 검토한다. 에너지원별 재정자금의 투입액은 이미 제2장에서 대개 얻어지고 있다. 여기서는 이 결과를 기초로 개발단가와 입지단가를 계산하지만 다음의 다섯 가지에서 수정이 필요하다.

첫째, 재정자금은 전체로서 투입된 금액이므로 각 전력회사에 분담할 수 없다. 그래서 전원별 재정자금투입액을 전력 9개사의 송전단발전량의 합계에서 뺀 수치로 전원별 개발단가, 입지단가로 한다.

둘째, 석탄, 석유, 천연가스에 대해서는 이용형태에 따라 또한 용도에 따라 발전과는 반드시 직접의 관계가 없는 것도 포함되어 있다. 그래서 발전과 무관한 항목에 대해서는 제외하여 집계한다.[76] 한편 원자력, 수력에 대해서는 전력이라는 형태로서만 이용할 수 있는 에너지이므로 이들에 대한 재정자금은 전액 이들의 전원에 대한 것으로서 집계한다.

셋째, 전원개발에는 거액의 입지대책비(교부금과 보조금)가 지급되고 있다. 이미 설명한 바와 같이 전원특회 입지계정에는 교부금을 중심으로 거액의 잉여금이 발생하고 있으며 무시할 수 없는 비율이 되고 있다. 그래서 다음과 같은 취급을 한다.

우선 입지대책으로서 계상된 예산액에서 제2장에서 구한 잉여금을 공제한다(이 금액을 Sa로 한다). 다음으로 Sa를 마찬가지로 제2장에서 계산한 전원3법 교부금의 전원별 교부비율로 배분한다. 여기서 주의할 것은 전원입지대책비에는 전원3법 교부금 외에 여러 지출항목이 있으며 이들은 「국가의 예산」에서는 전원별로 구분할 수 없는 것이다. 이들의 비용항목의 용도를 보면 원자력발전만을 대상으로 한 것도 포함되지만 여기서는 편의적으로 전원3법 교부금의 전원별 교부비율로 배분한다는 방법을 취하는

76) 화력으로서 집계한 것은 다음의 항목이다. 전원특회에서의 아래의 항목…석탄화력발전소 배연처리기술실증시험위탁비, 신형석탄연소고효율발전환경영향평가기술조사위탁비, 저품위탄연소발전환경조사평가기술평가, 석탄화력발전실증시험 등 위탁비, 석탄화력발전기술개발비보조금, 석탄화력발전소건설에 대한 보조금, 고성능석탄화력기술개발실증시험비, 고유황탄배연처리기술에 관한 프로젝트(미국)참가, 고유황탄배연처리기술개발경비, 분류상석탄가스화발전플랜트개발비보조금, 대형유동상 보일러개발실증시험비, 유동상 보일러최적제어시스템의 개발비, 석탄화력발전천연가스화 전환보조금, 고효율가스터빈 NOx 등 처리기술신뢰성실증시험 등 조사위탁비에너지대책특별회계에서의 아래의 항목…석탄가스화 복합기술발전(IGCC)개발에 대한 보조, 석탄화력발전의 천연가스화 전환에 대한 보조.

것으로 한다. 또한 「전원개발의 개요」에서는 전원3법 교부금의 교부에 필요한 정비계획의 승인의 연도는 알 수 있지만 교부금이 어느 연도에 교부되는지를 알 수 없다. 그래서 입지대책비를 배분할 때의 비율은 제1~67회 정비계획의 평균치를 적용한다.

수력발전소에 관해서는 전력 9개사뿐만 아니라 지자체가 설치하는 발전소도 있으며 이들에 대해서도 전원3법 교부금이 지출되고 있다. 그러나 「국가의 예산」에서의 재정자료에서는 이들 공영전력에의 지출과 전력 9개사에의 지출은 구별되지 않으므로 구분하여 집계할 수 없다. 그래서 공영전력에의 전원3법 교부금도 포함하여 계산한다. 또한 「전원개발의 개요」에서의 교부금의 총액을 보면 공영전력에의 지출은 미미한 것이므로 거의 영향은 없다고 보아진다.

넷째, 수력의 취급이다. 본 장에서는 원자력+양수의 범주도 평가하고 있으므로 재정자금에 대해서도 가능한 한 양수를 나누어 분석하는 것이 바람직하다. 그래서 다음과 같은 조치를 취한다. 재정자료를 보면 분명히 양수만을 대상으로 한 항목도 있지만 일반수력, 양수의 구분은 할 수 없다. 최근의 수력발전소의 개발상황을 보면 양수발전이 주체로 되고 있으며 수력이라 해도 대부분이 양수발전용은 아니라고 추측된다. 그래서 여기서는 일반수력, 양수의 연도말의 설비용량 비율에 따라 재정자금을 배분하기로 한다. 다음으로 입지대책비에 대해서는 전원3법 교부금에 관해 「전원개발의 개요」에서 교부금 대상으로 되어 있는 사업에서 순(純)양수에 관한 교부금액을 추출하여 집계하는 것으로 얻을 수 있다. 그러나 앞에도 설명한 바와 같이 전원입법대책비에는 전원3법 교부금 외에도 지출항목이 있어 「국가의 예산」에서는 전원별로 구분할 수 없다. 그래서 양수에 대해서도 편의적으로 전원3법 교부금 총액에 대한 순양수발전소에의 전원3법 교부금의 비율에 Sa를 곱하여 이것을 양수에 대한 입지대책비로 한다.

다섯째, 재정자금은 단(單)연도별로 투입되고 있지만 그 단연도별로의 효과가 해당연도에 발생한다고는 생각하기 어렵다. 오히려 장기적으로 각 전력사업자가 부담할 수 없는 비용을 재정자금으로 충당하고 있다고 생각된다. 그래서 여기서는 1970년대, 1980년대, 1990년대, 2000년대, 전 연도(1970~2007년도)에 대해서 평가한다. 또한 입지대책비에 대해서는 1974년도부터 계상되게 된 것이므로 1970년대는 1974~1979년도의 평균을 취한다.

2) 계산결과의 평가

이상에 기초하여 계산을 한 결과 얻어졌다. 전원별 재정자금의 총액과 개발단가를 〈표 3-5〉, 전원별 입지비용총액과 입지단가를 〈표 3-6〉에 각각 표시한다. 이들에서 알 수 있는 바와 같이 총액, 단위당 모두 원자력에의 재정자금투입액, 입지대책비는 매우 많다. 1970~2007년도에서 본 경우 전 재정자금의 95%가 원자력발전을 위해 지급되고 있다. 이 경향은 1970년대, 1980년대, 1990년대, 2000년대의 어느 연대에 대해서도 변화가 없다.

개발단가에서 보아도 원자력발전은 다른 전원보다도 압도적으로 높다. 구체적인 수치를 설명하면 1970~2007년도의 기간에 화력의 106배, 수력의 14배, 일반수력의 27배로 되고 있다.

〈표 3-5〉 전원별 개발비용총액과 개발단가

개발비용총액 (단위: 억 엔)

	1970년대	1980년대	1990년대	2000~2007년도	1970~2007년도
원자력	9,083	27,123	36,085	24,537	96,829
화력	6	703	933	290	1,931
수력	1	873	1,392	547	2,813
일반수력	1	471	640	234	1,347
양수	0	401	751	313	1,466
원자력+양수	9,084	27,524	36,837	24,850	98,295
합계	9,091	28,699	38,410	25,374	101,573

〈표 3-5〉 전원별 개발비용총액과 개발단가 (계속)

개발단가

(단위: 엔/kWh)

	1970년대	1980년대	1990년대	2000~2007년도	1970~2007년도
원자력	4.19	2.26	1.49	1.18	1.64
화력	0.00	0.02	0.02	0.01	0.02
수력	0.00	0.14	0.22	0.10	0.12
일반수력	0.00	0.08	0.11	0.05	0.06
양수	0.00	1.52	1.16	0.60	0.94
원자력＋양수	4.31	2.31	1.54	1.21	1.68
평균	0.29	0.61	0.56	0.42	0.49

자료: 저자 작성.

〈표 3-6〉 전원별 입지비용총액과 입지단가

입지비용총액

(단위: 억 엔)

	1970년대	1980년대	1990년대	2000~2007년도	1974~2007년도
원자력	1,046	4,447	9,100	9,492	24,085
화력	418	1,778	3,638	3,794	9,628
수력	59	251	513	535	1,359
일반수력	37	158	322	336	853
양수	22	93	191	199	505
원자력＋양수	1,068	4,541	9,291	9,691	24,591
합계	1,524	6,476	13,251	13,822	35,073

입지단가

(단위: 엔/kWh)

	1970년대	1980년대	1990년대	2000~2007년도	1974~2007년도
원자력	0.53	0.37	0.38	0.46	0.41
화력	0.03	0.06	0.10	0.11	0.08
수력	0.02	0.04	0.08	0.10	0.06
일반수력	0.01	0.03	0.06	0.07	0.04
양수	0.36	0.35	0.29	0.38	0.34
원자력＋양수	0.54	0.38	0.39	0.47	0.42
평균	0.07	0.14	0.19	0.23	0.18

자료: 저자 작성.

이러한 비용은 본래라면 민간기업인 전력회사가 스스로 부담해야 할 것이다. 이러한 직접으로는 보이지 않는 막대한 재정적 지원이 있었다는 것이 원자력발전을 표면상은 저렴하게 한 것이다. 이러한 이례적이기까지 한 재정지원을 하나의 전원에 대해 행하는 것에서 합리성은 발견할 수 없다.

4. 요약 및 정리–원자력발전의 총단가와 그 평가

앞의 2에서 정의한 총단가를 3, 4의 결과를 기초로 전원별로 정리한 것이 〈표 3-7〉이다. 우선 1970~2007년도의 전 기간을 통해 본 경우 양수는 단독으로는 성립되지 않으며 원자력과 조합하여 고려하여야 비로소 의미를 가지므로 양수를 예외로 고려하면 총단가가 가장 높은 전원은 원자력+양수, 이어서 원자력이다. 가장 저렴한 것이 일반수력으로 원자력의 1/3 정도이다. 즉, 총단가에서 본 경우 원자력은 1970년대부터 점차로 하락하고 있지만 이것은 발전단가의 감소에 따른 것이다. 하지만 감소하고 있지만 여전히 원자력+양수는 화력보다도 높다. 원자력 단독에서 보면 2000년대에 들어 드디어 화력의 총단가보다도 인하되었다. 그러나 여전히 수력, 일반수력과의 괴리는 크다. 한편 화력의 총단가는 1980년대에 높았지만 현재는 9~10엔 사이에 추이하고 있다. 수력의 총단가는 1970년대를 제외하고 양수를 포함한 경우는 높지만 양수와 구분하여 생각하면 3~4엔대라는 저렴한 단가로 안정되어 있다.

〈표 3-7〉 전원별 총단위

(단위: 엔/kWh)

		원자력	화력	수력	일반수력	양수	원자력+양수
1970년대	발전단가	8.85	7.11	3.56	2.72	40.83	11.55
	개발단가	4.19	0.00	0.00	0.00	0.00	4.31
	입지단가	0.53	0.03	0.02	0.01	0.36	0.54
	총단가	13.57	7.14	3.58	2.74	41.20	16.40
1980년대	발전단가	10.98	13.67	7.80	4.42	81.57	12.90
	개발단가	2.26	0.02	0.14	0.08	1.52	2.31
	입지단가	0.37	0.06	0.04	0.03	0.35	0.38
	총단가	13.61	13.76	7.99	4.53	83.44	15.60
1990년대	발전단가	8.61	9.39	9.32	4.77	50.02	10.07
	개발단가	1.49	0.02	0.22	0.11	1.16	1.54
	입지단가	0.38	0.10	0.08	0.06	0.29	0.39
	총단가	10.48	9.51	9.61	4.93	51.47	12.01
2000년대	발전단가	7.29	8.90	7.31	3.47	41.81	8.44
	개발단가	1.18	0.01	0.10	0.05	0.60	1.21
	입지단가	0.46	0.11	0.10	0.07	0.38	0.47
	총단가	8.93	9.02	7.52	3.59	42.79	10.11
1970~2007년대	발전단가	8.64	9.80	7.08	3.88	51.87	10.13
	개발단가	1.64	0.02	0.12	0.06	0.94	1.68
	입지단가	0.41	0.08	0.06	0.04	0.34	0.42
	총단가	10.68	9.90	7.26	3.98	53.14	12.23

자료: 저자 작성.

이상의 점에서 총단가에서 본 경우 원자력발전이 가장 저렴한 전원이라고는 도저히 말할 수 없으며 오히려 사회적으로 보면 가장 비싼 전원이라고 결론을 내릴 수 있다. 따라서 원자력이 경제적으로 유리한 전원이라고 하는 주장은 현실과는 착오가 있다. 적어도 경제적 관점에서는 원자력발전을 중심으로 전원을 구성하는 것에 명확한 근거는 없다.

여기서 주의할 것은 원자력발전의 비용을 여기서는 과소평가한다는 점이다. 원자력발전에는 후처리비용이라는 고유의 추가적 비용이 필요하다는 것은 이미 설명하였다. 본 장에서 평가한 총비용에도 정부의 방법에 의한 후처리대책비용이 포함되어 있다. 그러나 정부에 의한 후처리비용은 향후 상승할 것으로 보인다. 이 점은 다음 장에서 설명한다. 더욱이 원자력발전에는 발전소 운전 중 및 방사성폐기물처리 · 처분과정에서 사고의 위험이 있다. 그 때의 환경비용은 본 장에서는 고려되지 않는다. 이상의 여러 비용을 포함하면 원자력발전의 비용은 보다 더욱 증대할 것으로 예상된다.

04 장래에 막대한 재처리정책

- 원자력정책의 부(-)의 유산 -

원자력발전은 방사성폐기물의 처리 · 처분을 포함한 발전 후의 방사성물질의 취급이 최대의 과제이다. 중대사고의 위험도 항시 존재하며 방사성폐기물을 확실하게 관리할 수 없으면 원자력발전에 미래는 없다.

원자력과 관련해 발전 후에 행하는 사업을 '후처리(back end)사업'[77]이라 한다. 구체적으로는 재처리(사용완료연료를 재처리하는 경우)를 포함한 핵연료사이클사업, 방사성폐기물의 처리 · 수송 · 처분, 폐로 · 폐지조치가 포함되어 있다. 이른바 원자력발전의 사후관리사업이다. 원자력발전에 대한 입장이 어떤 것인지와는 상관없이 후처리사업을 적절히 진행해야 한다는 점에서는 일치한다.

후처리사업에는 거액의 비용이 소요된다. 2004년에 출간된 정부의 심의회보고서에 따르면 후처리사업에 소요되는 비용의 총액은 18.82조 엔으로 추정되었다. 제2장에서 제시한 재정자금뿐만 아니라 발전 후 막대한

77) 원자력발전의 후처리비용이란 원자력발전을 수행한 후 발생하는 사용완료연료의 재처리와 MOX 연료가공, 나아가 공장의 해체와 폐기물처분에 관련된 비용을 말한다.

추가비용이 소요되는 것이 원자력발전의 특징 중 하나이다.

이 비용의 대부분에 대해서는 국민에게 부담시키는 제도가 마련되어 있으며 전기요금의 일부로 징수되고 있다. 제2장에서 실시한 원자력발전의 경제성 검토에는 전기요금에 전가되는 이들의 비용이 포함되어 있다. 여기서 다시 검토의 대상으로 삼은 것은 제3장에서 전제로 한 후처리사업의 비용과 비용부담제도이다. 즉, 후처리사업의 비용이 향후에는 정부가 제시한 범위 내에서 가능한지, 비용부담제도에 문제는 없는지 등이다.

이 질문에 답하기 위해 본 장에서는 후처리사업과 관련해 비용 측면에서 분석하고자 한다. 또한 후처리사업의 비용부담제도의 현황에 대해서도 분석하여 어떠한 문제가 발생하고 있는지를 검토한다. 원래 후처리사업에는 고도의 기술적 문제가 포함되어 있으며, 또한 계획된 사업이 순조롭게 수행되는 경우가 없고, 실적에 관한 정보도 적다. 그러므로 여기서는 정부의 관련 심의회에 제출된 자료를 검토 대상으로 한다.[78)]

1. 핵연료사이클과 방사성폐기물 처분의 관계

후처리사업을 검토함에 있어 우선 알아 두어야 할 점은 핵연료사이클과 방사성폐기물 처분의 관계이다. 원자력발전은 방사성폐기물이라는 방사성 물질이 함유된 갖가지 특수한 폐기물을 생성하며, 각각의 폐기물 처리 방법이 다른 것이 특징이다. 현재 원자력발전에 의해 생성되는 방사성폐기물은 방사능 수준에 따라 저수준 방사성폐기물, 고수준 방사성폐기물로

78) 정부심의회자료는 업계단체가 제출한 것이 많으며 공개되어 있는 내용도 한정된다는 문제가 있다. 그렇지만 정보가 한정되어 있는 현재로서는 심의회 자료에 의존할 수밖에 없다.

구분된다. 방사성폐기물의 구분과 발생원, 처분방법은 〈표 4-1〉과 같다.

여기서 중요한 것은 재처리시설, MOX 연료(나트륨과 플루토늄의 혼합연료) 가공시설에서 발생하는 폐기물이다. 이들은 사용완료연료를 재처리하지 않으면 발생하지 않는다. 즉, 원자력발전에 피할 수 없는 폐기물이 아니라 재처리하지 않으면 발생하지 않는 것이다. 방사성폐기물 처분·처리 대책 마련에 있어 재처리할지 여부는 매우 중요하다.

한번 사용한 핵연료를 재처리하지 않고 처분하는 once through 방식

〈표 4-1〉 원자력시설에서 발생하는 방사성폐기물의 종류와 처분방법

폐기물의 종류			발생원	처분방법
고수준 방사성폐기물			재처리 시설	고화 후 30~50년 냉각저장. 이후 300m보다 깊은 지층처분되어 인간 사회에서 격리
저수준 방사성폐기물	TRU 폐기물	핵종 농도 구분 기준값(1GBq/t)을 초과하는 것	재처리시설, MOX 연료가공 시설	지하이용심도에 여유를 가진 심도(50~100m)에 인공구조물을 설치하여 매설하고 수백 년간 관리
		핵종 농도 구분 기준값(1GBq/t)을 초과하지 않는 것		농도별 발전소폐기물의 처분방안에 따라 처분
	발전소 폐기물	방사성 핵종 농도가 비교적 높은 것	원자력발전소의 운전과 해체	지하이용심도에 여유를 가진 심도(50-100m)에 인공구조물을 설치하여 매설하고 수백 년간 관리
		방사성 핵종 농도가 비교적 낮은 것		얕은 땅 속에 처분: 일본원전 6개소 저수준 방사성폐기물 매설센터에서 매설처분을 실시 중 및 계획 중
		방사성 농도가 매우 낮은 것		고형 연료 상태인 것은 간단한 방법에 의해 얕은 땅 속에 처분
	우라늄폐기물		우라늄 전환, 성형가공, 농축 등	장기간 관리지속, 관리방법에 대해 검토가 필요하지만 관리방법은 미정

자료: 원자력환경정비촉진·자금관리센터(2006), p.28; 원자력환경정비촉진·자금관리센터 HP(http://www.rwmc.or.jp/library/pocket/radioactive_waste/1-1.html, 2009년 11월 27일 접속): 원자력위원회(2008)에 의해 작성.

의 경우 고수준 방사성폐기물에 속하는 것은 사용완료연료이다. 이 방식에 대해 사용완료연료를 재처리하는 방침을 취하면 재처리와 그 밖의 공정에서 각종 방사성폐기물이 발생한다. 일본은 후자를 선택하고 있다. 재처리 과정에서 고수준 방사성폐기물, TRU 폐기물(초우라늄 방사성폐기물)이 발생한다. 그런 까닭에 방사성폐기물 처리 · 처분시스템이 매우 복잡해지는 것이다.

정부가 제시한 후처리비용 18.8조 엔은 사용완료연료를 재처리하는 것을 전제로 하여 계산된 것이다. 재처리하지 않으면 시스템은 단순해지므로 소요비용도 훨씬 적어진다.

방사성폐기물에 관해 또 하나 언급해 둘 것은 현행의 후처리사업에서는 대상에 포함되지 않는 방사성물질이 있다는 것이다. 여기에는 현행의 원자력정책이 변경되면 방사성폐기물로 취급될 가능성이 높은 것도 포함되어 있다.

우선 우라늄 농축의 과정에서는 열화우라늄이 발생한다. 이는 기존의 경수로에서는 이용할 수 없지만 고속증식로에서 이용가능할 것으로 여겨져 폐기물로 분류되지 않고 저장한다는 방침이 계속 취해지고 있다.[79] 이에 반해 미국, 유럽 국가에서는 경제성과 기술적 이유로 고속증식로 개발에서 철수하고 있다. 일본에서는 아직까지 고속증식로 개발을 계속하고 있지만 실제로는 고속증식로 개발이 진전되지 않고 있어 구체적인 이용계획은 없다. 고속증식로 개발이 포기되면 이 열화우라늄도 방사성폐기물로 처분될 가능성이 있다.

또한 재처리과정에서 감손(減損)우라늄이 회수된다. 감손우라늄도 재농축 혹은 플루토늄과 혼합하여 경수로와 고속증식로에서 이용가능한 것으로 되어 있다.[80] 그러나 이것 또한 구체적인 이용계획은 없다.

---

79) 원자력위원회, 2005.

80) 원자력위원회, 2005.

덧붙여서 현행 제도하에서 통과수준 이하로 분류되어 방사성폐기물로 취급되고 있지 않은 폐기물이 있다. 이들은 비록 미량이라 할지라도 방사능을 방출하고 있기 때문에 기준이 강화되어 방사성폐기물의 범위가 확대되면 방사성폐기물의 양도 증가한다.

이상에서 살펴본 바와 같이 방사성폐기물의 내용과 양은 고정적인 것이 아니라 재처리정책과 고속증식로 개발정책 등 원자력정책의 위상 그 자체에 따라 크게 변화한다. 비용도 마찬가지이다. 따라서 후처리비용과 그 비용부담제도를 검토할 경우 재처리정책을 전제로 하여서는 안 된다. 오히려 반대로 비용의 측면에서 재처리정책의 여부를 검토해야 한다. 단적으로 말하면 비용이 많이 소요되는 것이라면 정책을 변경해야 한다.

2. 후처리비용의 검토가 지금 왜 중요한가

1) 후처리비용의 독자적인 성격

후처리사업은 필연적으로 비용부담제도의 구축을 전제로 하고 있다. 왜냐하면 후처리사업은 발전을 끝낸 후에 수행되는 사업이기 때문이다. 폐기물의 처리가 사후에 이루어진다는 점은 통상의 폐기물도 마찬가지이지만 후처리사업은 장기간 실시된다.

그러므로 첫째, 후처리비용은 발전기간 중에 회수될 필요가 있다. 그렇지 않으면 전기사업 외의 사업에서 이익을 회수해야만 한다. 후처리비용은 막대한 금액이 소요되기 때문에 발전기간 중에 회수하지 않으면 전기사업의 경영이 유지되기 어렵다.

둘째, 독자적인 비용부담제도가 필요한데 이를 구축하기 위해서는 비용액이 확정되어야 한다. 정확한 근거에 기초하여 비용이 확정되지 않으면 전기요금에서 회수할 때의 요율이 설정되지 않기 때문이다.

그러나 셋째, 본격적인 후처리사업의 실적은 구체적 계획이 존재하지 않거나 존재한다고 해도 사업이 정체됨이 없이 진행된 적이 없다. 이 점은 첫째, 둘째와 모순된다. 즉, 발전 중에 회수해야 하며 이를 위해서는 구체적 사업계획과 실적에 기초한 비용계산이 이루어져야 하는데 그것이 현실적으로 매우 어렵기 때문이다.

2) 후처리비용 검토의 경위

일본 정부는 사용완료연료를 재처리한다는 정책방침을 지속하고 있으며[81] 원자력정책의 근간을 이루고 있다. 이 방침이 있으므로 후처리(back-end) 사업이 복잡하게 되며 비용이 더욱 증대되는 구조가 되어 있다. 그러므로 후처리비용의 회수를 가능하게 하는 제도를 조속히 구축하지 않으면 전기사업자가 원자력발전에 투자를 보류할 가능성도 있다.

이러한 경향은 전력자유화의 흐름 속에서 더욱 강화된다. 실제 이와 같은 경향은 정부의 자문위원회에서도 후처리비용의 부담제도를 구축하지 않으면 전력자유화 속에서 원자력발전에 대한 투자가 필요 이상으로 위축되어 버릴 우려가 있다고 언급하고 있다.[82]

81) 원자력위원회(2005, p.37)에서는 전량재처리, 부분적 재처리, 사용완료연료의 직접처분, 사용완료연료를 당분간 저장하여 향후 재처리할지의 선택에 대한 네 가지의 시나리오에 기초하여 검토한 후에 일본에서는 핵연료자원을 합리적으로 달성할 수 있는 한 유효하게 이용하는 것을 목적으로 안전성, 핵불확산성, 환경적합성을 확보함과 동시에 경제성에도 유의하면서 사용완료연료를 재처리하여 회수되는 플루토늄, 우라늄 등을 유효하게 이용하는 것을 기본적 방침으로 한다고 되어 있다. 문구상으로는 사용완료연료의 직접처분이 아니라는 것이 분명하게 언급되어 있지만 전량재처리할지 여부는 명확하지 않다. 그러나 실제로는 예컨대 종합자원에너지조사회전기사업분과회 원자력발전투자환경정비소위원회(2007)에서 볼 수 있는 바와 같이 원자력정책대강에서 전량재처리하는 것이 확인되었다는 인식에 입각하여 후처리정책의 구체화가 도모되고 있다.

82) 종합에너지조사회전기사업분과회, 2004, p.1.

후처리사업과 관련된 비용부담제도에 대해서는 2000년까지 재처리준비금제도, 원자로폐지조치준비금제도, 특정방사성폐기물의 최종처분에 관한 법률에 기초한 거출금조치가 취해지고 있었다. 그러나 이들 조치만으로는 모든 비용을 충당할 수 없었기 때문에 후처리사업 전반에 걸쳐 비용부담제도의 정비가 필요해졌다. 이를 위한 검토가 2002년 이후에 정부자문위원회에서 이루어졌다. 이것은 우선 비용액과 비용부담제도로 나누어 검토되었다.

정부의 비용액 검토과정은 대개 다음과 같다.

먼저, 우선 2003년 2월에 출간된 종합자원에너지조사회전기사업분과회보고서에서 투자환경을 정비할 관점에서도 적절한 제도 · 조치의 검토 · 정비를 해 나갈 필요가 있으며 이를 위해 후처리사업 전반에 걸친 비용구조, 원자력발전 전체의 수익성 등을 분석 · 평가하는 자리를 만들어 평가 결과를 바탕으로 2004년 말을 목표로 경제적 조치 등 구체적인 제도 · 조치의 위상에 대해 필요성을 포함하여 검토해야 한다고 언급하였다.[83] 또한 2003년 10월에 책정된 「에너지기본계획」에서도 같은 방침이 제시되었다.[84]

여기서 2004년도 말이 목표로 되어 있었던 것은 2005년 4월에는 전력의 소매자유화의 범위가 전력수요량의 50% 이상이 될 것으로 예상되었기 때문이다. 또한 이와 같은 시기에 원자력발전소의 폐로처분과 방사성폐기물 처분문제가 구체적인 스케줄에 포함되었다는 것도 있었다.

이리하여 2003년 9월에 종합자원에너지조사회전기사업분과회 산하에 비용 등 검토소위원회가 설치되어 후처리사업의 비용구조, 원자력발전 전체의 수익성이 집중적으로 분석, 평가되었다. 이 소위원회보고서는 2004년 1월 23일에 정리되었다. 여기서 제시된 계산결과가 후처리비용의 부담

83) 종합자원에너지조사회전기사업분과회, 2003, p.6.
84) 내각, 2003.

제도의 검토에서 기초가 되었다.

3. 후처리비용은 어느 정도 되는가

비용 등 검토소위원회보고서에서는 재처리를 포함한 후처리비용의 내용이 제시되었지만 여기에는 문제가 다수 포함되어 있었다. 필자 나름대로 문제점을 정리해 보면 다음 세 가지를 들 수 있다. 즉, 첫째, 검토된 후처리사업의 범위, 둘째, 비용계산의 정확성, 셋째, 비용총액의 타당성이다.

1) 후처리사업의 범위

비용 등 검토소위원회가 후처리사업으로서 검토한 항목은 재처리(조업[본체, 유리고화체(固化体)처리, 유리고화체저장, 저수준 폐기물처리 · 저장], 조업폐기물수송 · 처분, 폐지조치), 반환 고수준 방사성폐기물 관리, 반환 저수준 방사성폐기물 관리, 고수준 방사성폐기물 수송, 고수준 방사성폐기물 처분, TRU폐기물지층처분, 사용완료연료수송, 사용완료연료 중간저장, MOX 연료가공(조업, 조업폐기물수송 · 처분, 폐지조치), 우라늄농축공장 후처리(조업폐기물처리, 조업폐기물수송 · 처분, 폐지조치)이다.

비용 등 검토소위원회보고서는 이들 검토항목에 대해 다음과 같이 설명하고 있다. 즉, 전기사업자로부터 제시된 원자력 연료사이클 후처리사업으로 총칭되는 각 사업의 비용견적 전체를 대상으로 하여 검토하였다.[85] 이 내용에서 보면 마치 후처리비용 전체를 검토한 것처럼 보인다.

85) 종합자원에너지조사회전기사업분과회 비용 등 검토소위원회, 2004, p.2.

그러나 이것은 사실이 아니다. 적어도 이하에서 제시하는 네 가지의 항목이 검토되어 있지 않다. 첫째, 앞서 언급한 바와 같이 현실에서는 열화우라늄과 감손우라늄이 발생하고 있지만 이들에 대해서는 비용계산의 대상으로 삼고 있지 않다.

둘째, MOX 사용완료연료의 재처리 내지 처분 비용이 검토되지 않았다. MOX 사용완료연료를 재처리하는 것이라면 MOX 사용완료연료의 재처리시설을 필요로 하게 되고, 이에 따른 비용이 당연히 필요해진다. 또한 재처리하지 않는 것으로 정했다고 할지라도 MOX 사용완료연료의 처리 · 처분의 비용은 추가적으로 필요로 하게 된다. 정부의 방침으로는 MOX 연료이용을 본격적으로 추진해 나가고자 하기 때문에 이 점도 고려해야 한다.

셋째, 재처리와 관련해 구체적인 비용계산을 실시한 것은 6개소 재처리공장의 사업에 한정되어 있다. 6개소 재처리공장만으로는 사용완료연료의 50%밖에 재처리를 못한다. 사용완료연료를 전량 재처리한다는 방침을 고수할 경우 여기서의 재처리비용은 어디까지나 50%에 대한 것에 지나지 않는다.

또한 2006~2007년에 종합자원에너지조사회전기사업분과회 원자력발전투자환경정비소위원회(이하 투자환경정비소위원회)에서는 6개소 재처리공장의 비용견적을 근거로 완전히 같은 단가로 재처리한다는 전제하에 견적이 산출되고 있지만 구체적 계획이 없는 가운데 6개소 재처리공장과 비용이 같다는 확실한 근거는 없다.

넷째, 고속증식로사이클에 관한 사업이 포함되어 있지 않다. 재처리하여 얻어진 플루토늄은 전량 MOX 연료로 이용하는 것으로 이해되는 부분도 있지만 고속증식로개발과의 관계에 대해서는 명확히 기술되어 있지 않다. 다른 한편으로는 정부의 방침에서 고속증식로 개발을 계속한다고 되어 있다. 이와 같이 고속증식로에 관한 비용에 대해서는 검토하고 있지 않다.

덧붙여서 우라늄연료의 제조과정(제련, 전환, 농축, 재전환, 성형, 가공)을 수행하는 시설의 운전, 해체에 수반하여 발생하는 우라늄폐기물에 대해서는 처리가 필요하다는 인식에도 불구하고[86] 아직 대책 마련을 위한 구체적 계획 없이 그대로 저장된 상태로 있다. 이 또한 검토의 대상에서 제외되어 있다.

이상에서 살펴본 바와 같이 비용 등 검토소위원회의 검토항목에는 여러 가지 고려해야 할 부분이 누락되어 있으며 후처리비용 전체가 검토된 것은 아니다. MOX 연료의 이용과 6개소 재처리공장에서의 재처리를 전제로 하고 있으며, 이 전제에 대한 재검토는 이루어지지 않은 채 MOX 사용완료연료의 취급과 고속증식로 개발과의 관계는 애매한 상태인 채로 최근 수십 년 동안의 MOX 연료이용과 관련해 발생할 것으로 보이는 비용의 극히 일부에 대한 검토가 이루어졌을 뿐이다. 정부가 핵연료사이클정책을 지속하는 한 후처리사업의 비용항목이 확대되는 것은 틀림없다.

2) 비용계산의 확실성

후처리사업이 정부의 설명을 빌리더라도 몇 십 년~몇 백 년의 간격을 가진 장기적인 사업인 이상 견적비용이 확실한 것인지 여부는 비용부담제도를 설계함에 있어 피해갈 수 없는 판단항목이다. 비용 등 검토소위원회보고서도 이 점을 언급하고 있지만 본질적 문제는 피하고 있다. 필자는 특히 고수준 방사성폐기물 처분사업, TRU 폐기물처분사업, 재처리공장 등의 핵연료관련시설폐지사업의 세 가지에 대해서는 확실성이 낮다고 본다.

이유는 다음의 세 가지이다. 첫째, 어느 사업도 세계적으로 보아도 대규모의 실시사례가 없기 때문이다. 둘째, 특히 고수준 방사성폐기물, TRU 폐기물에 대해서는 처분지가 결정되어 있지 않으며 따라서 구체적 계획이

86) 원자력위원회 원자력후처리대책전문부회, 2000.

없기 때문이다. 셋째, 이들 폐기물의 최종처분은 인류사회의 지속가능기간 중 인간에게 영향을 미치지 않도록 해야 한다는 지극히 고도의 요구를 충족시킬 필요가 있기 때문이다.

그러므로 비용 등 검토소위원회가 제시한 비용은 확실한 것이라고는 할 수 없다. 고수준 방사성폐기물 처분사업과 TRU 폐기물처분사업이 현실에서 실시되기까지는 기술적, 사회적으로 해결해야 할 과제가 산적해 있어 비용계산에 있어 커다란 불확실성이 있다.

3) 비용총액

앞서 지적한 바와 같이 비용 등 검토소위원회에서 검토된 비용총액은 범위도 한정되어 있으며 불확실성도 높다. 따라서 과소평가이면서 향후에는 변화하겠지만 여기서는 이러한 문제를 일단 보류한 채 비용총액의 내용에 대해 검토하고자 한다.

비용 등 검토소위원회가 산출한 후처리비용의 총액은 18조 8000억 엔

〈표 4-2〉 정부에 의한 후처리사업의 비용추계

재처리	11조 엔
반환 고수준 방사성폐기물 관리	3,000억 엔
반환 저수준 방사성폐기물 관리	5,700억 엔
고수준 방사성폐기물 수송	1,900억 엔
고수준 방사성폐기물 처분	2조 5,500억 엔
TRU폐기물 지층처분	8,100억 엔
사용완료연료 수송	9,200억 엔
사용완료연료 중간저장	1조 100억 엔
MOX 연료가공	1조 1,900억 엔
우라늄농축공장 후처리	2,400억 엔
합계	18조 8,000억 엔

주: 표 안의 수치와 합계액은 일치하지 않는다.

자료: 종합자원에너지조사회전기사업분과회 비용 등 검토소위원회(2004).

이다(〈표 4-2〉 참조). 내역을 살펴보면 재처리비용이 가장 높은 11조 엔이다. 이어서 고수준 방사성폐기물 처분 2조 5,500억 엔, MOX 연료가공 1조 1,900억 엔, 사용완료연료 중간저장 1조 100억 엔으로 되어 있다. 이 시산액도 거액이라 할 수 있다. 더욱이 계산에 있어서 다음과 같은 문제가 있어 비용총액은 시산액의 몇 배가 될 것으로 보인다.

첫째, 재처리공장의 가동률이 과대평가되어 있다. 재처리비용의 계산은 6개소 재처리공장에서의 재처리를 대상으로 이루어지고 있다. 여기서 커다란 문제는 재처리공장의 2009~2046년의 가동률을 100%로 상정하고 있는 점이다.[87] 6개소 재처리공장은 시험 중에 문제를 반복적으로 일으킴으로써 반복하여 계획을 지연시켜 왔다는 실적이 있다. 이 점을 보더라도 100%의 가동률은 있을 수 없다.

지금까지의 경험으로 비추어 보더라도 너무 낙관적이다. 6개소 재처리공장의 기술제공처인 프랑스 아레바 NC(2006년 3월부터. 구 코자마사)와 영국의 BNFL사의 가동률은 100%의 가동률을 나타내지 못하고 있다. 예컨대 1,700톤/연간의 처리능력을 가진 아레바의 라아그재처리공장의 2007년도 재처리실적은 946톤, 가동률 56% 정도, 120톤/연간의 처리능력을 가진 BNFL의 세라필드재처리공장의 2007년도 실적은 5톤, 가동률 4% 정도에 그치고 있다.[88] 사용완료연료를 3.2만 톤 정도 재처리하기 위한 비용은 가동률에 반비례하여 증대한다. 즉, 11조 엔이라는 재처리비용은 과소평가된 측면이 있다.

둘째, 방사성폐기물 처리비용의 타당성의 문제이다. 우선 고수준 방사성폐기물에 대해 설명한다. 고수준 방사성폐기물 처분비용의 계산방법은 비용 등 검토소위원회에 전기사업연합회로부터 제출된 자료에 설명되어 있다. 이 방법은 기본적으로 고수준 방사성폐기물 처분용의 거출금을 근

87) 전기사업연합회, 2003a.

88) AREVA, 2008..

거로 계산된다는 것이다. 여기서 근거로 되는 거출금은 고수준 방사성폐기물의 처분비용을 계산하고, 이를 할인율 2%를 적용하여 유리고화체 1개당 환산한 것이다. 시산에 이용된 것은 2002년도 거출금단가 3,530만 6,000엔/개였다.[89)]

이와 같이 시산된 거출금단가는 타당한 것인가. 이를 판단함에 있어 해외에서 반환된 고수준 방사성폐기물 저장과 비교하는 것은 유익하다. 왜냐하면 이 비용은 지금까지 이루어지고 있는 반환폐기물의 저장의 경험에 기초하여 전기회사연합들이 계산한 것이므로 비교적 확실성이 높기 때문이다.

그러면, 여기서 반환 고수준 방사성폐기물의 관리비용과 관련해 전기사업연합회가 제시한 자료를 검토하고자 한다. 관리비용의 계산에 있어 전기사업연합회는 계산의 범위를 반환수송비, 저장비, 폐지조치비로 하고 각각에 비용적상(積上)을 하고 있다. 이 중에서 반환수송비, 폐지조치비는 저장 자체가 아니므로 이를 생략하면 2045년까지의 저장비는 2,700억 엔이 된다. 이는 유리고화체 2,200개에 해당한다. 따라서 앞의 거출금단가에 따라 저장단가를 계산하면 반환 고수준 방사성폐기물의 관리비용의 단가는 2,700억 엔/2,200개, 즉 약 1억 2,300만 엔이다.

이 금액은 앞의 고수준 방사성폐기물 처분의 거출금단가(3,530만 6,000엔)의 약 3.5배에 해당된다. 관리방법이 다른 점을 고려하더라도 고수준 방사성폐기물 처분이 반영구적으로 인류로부터 격리하는 것임을 고려할 때, 반환 고수준 방사성폐기물의 관리비용보다도 저렴하다고는 볼 수 없다. 즉, 거출금단가가 너무 낮게 견적되어 있는 것은 아닌지 하는 의문이 생긴다. 더욱이 고수준 방사성폐기물 처분비용에는 방사성폐기물을 격리할 수 없는 경우에 소요되는 대처비용 등은 포함되어 있지 않다. 따라서 고수준 방사성폐기물 처분비용은 과소평가된 것으로 판단할 수 있다.

89) 전기사업연합회, 2003b.

4) 경제성의 문제

위에 설명한 바와 같이 정부가 발표한 후처리비용은 검토된 범위가 한정적이며 또한 한정된 부분에 대해 보아도 과소평가이다. 여기서 비용이 정부가 발표한 것과 같다고 하여 그 경제성에 대해 검토한다.

비용 등 검토소위원회보고서와 자료에 따르면 사용완료연료 3.2만 톤을 재처리하여 얻어진 MOX 연료는 MOX 연료가공시설의 조업기간을 42년으로 하면 4,800tHM(중금속톤)이 되며,[90] 이것에 따라 대체되는 우라늄연료는 4,300tU에 이른다. 그 취득가격은 9,000억 엔 정도가 되고 있다.[91]

즉, 재처리에 따른 방사성폐기물 처리비용을 제외하였다고 하더라도 MOX 연료가공에 이르기까지 재처리 11조 엔, MOX 연료가공 1조 1,900억 엔이 소요되는 것이지만 재생하여 얻어지는 자원의 가치는 그 1/14 정도밖에 없다. 이것은 자원재활용의 관점에서 보아 매우 비경제적이다. 이 점에서 보아도 재처리정책은 재고할 필요가 있다.

후처리비용 18조 8,000억 엔 중 MOX 연료가공에 관련한 비용, 우라늄 농축공장의 후처리비용에 대해서는 장래 해당 MOX 연료와 농축우라늄에 의한 발전의 공급을 받는 자가 부담해야 한다고 명시되어 있다. 그러나 이들의 비용을 제외한 부분을 모두 현재의 소비자가 부담하는 것도 문제이다. 왜냐하면 재처리를 하는 것은 MOX 연료로서 이용하기 위한 자원재활용이라고 설명하고 있기 때문이다. 재처리가 합리적인 자원재활용이라면 재활용에 소요되는 비용은 모두 재활용자원가격에 전가되어야 한다. 재처리에 소요되는 대부분의 비용을 현 세대에 모두 부담하게 하는 합리적 근거는 없다. 현 세대가 부담해야 할 비용은 사용완료연료의 직접처분비용 상당분일 것이다.

90) 전기사업연합회, 2003c.

91) 종합자원에너지조사회전기사업분과회 비용 등 검토소위원회, 2004.

이상으로 여기서 검토한 바와 같이 후처리비용의 총액은 과소평가되었으며 자원재활용의 측면에서도 크게 의문이 남는다. 향후 6개소 재처리공장 이외의 공장에서 재처리를 하면 비용은 증대된다. 더욱이 재처리와 처분이 현실적으로 실시되면 예컨대 재처리공장의 가동률 등에서 상정과는 다른 사태가 발생하며 이것도 비용증대와 연결된다. 6개소 재처리공장 이외의 공장에서의 재처리를 포함하게 된다면 후처리비용 총액은 적어도 현재 견적의 두 배가 된다. 두 배로 견적하였다고 하더라도 가동률을 고려하면 과소평가된 측면이 있다.

이와 같은 사태에서 보면 재처리노선을 지속하는 한 증대하는 후처리비용을 어떻게 부담할지가 핵심적인 정책사항이 되어야 한다. 오히려 이와 같이 막대한 비용이 소요되는 것이라면 재처리정책을 포기해야 할 것이다.

4. 후처리비용의 부담제도는 어디가 문제인가

1) 비용부담제도의 독자적인 역할

후처리비용을 회수하기에는 독자적인 제도가 필요하다. 이 점에 대해서는 전기사업분과회하에 제도 · 조치소위원회가 2004년 3월에 설치되어 2004년 6월까지 검토가 이루어졌다. 검토함에 있어 소위원회에서 정리된 후처리사업의 특징은 다음의 네 가지이다. 즉, 첫째, 매우 장기의 사업이며, 둘째, 비용이 매우 거액이며, 셋째, 사업의 불확실성이 크며, 넷째, 발전과 비용발생의 시기가 크게 다르다는 점이다.

이러한 특징을 가지므로 발전시점에서의 세대의 비용부담을 행할 것, 장기적으로 지속할 수 있도록 해 두는 것이 필요하다고 하는 것이다. 그 중에서 첫째, 둘째의 특징이 중요한 요소이다. 장기적으로 막대한 비용을 소요한다는 특징을 가진 사업을 민간기업에 행하게 하기 위해서는 그것을 뒷받침하는 비용을 확보하기 위한 제도가 필요하다.

후처리사업의 다음의 특징은 제도설계를 곤란하게 한다. 장해의 구체적인 계획이 불확실한 경우는 비용부담제도에 포함시키기 위한 비용을 구체적으로 계산할 수 없으며 그로 인해 비용부담제도를 구축할 수 없게 된다. 즉, 장기적으로 막대하다고 볼 수 있는 비용을 부담하는 제도가 필요함에도 불구하고 사업계획이 없기 때문에 비용부담제도가 구축되지 않으며 그것이 사업의 실현성을 떨어지게 하는 것이다. 이것은 특히 재처리에 대해 볼 수 있다. 앞에 설명한 바와 같이 재처리는 가장 비용이 소요되는 사업으로 보이므로 일찍부터 대책이 필요하기 때문이다.

2) 비용부담제도의 형성경위

비용부담을 위해서는 세 가지의 제도가 필요하다. 첫째, 기업회계상의 처리, 둘째, 전기요금원가에의 산입의 처리, 셋째, 세제상의 조치(손금산입)이다. 특히 첫째와 둘째가 중요하며 양쪽이 모여야 비로소 전기요금에서의 비용징수가 가능하게 된다. 구체적으로는 충당금으로서 전력회사 내부의 적립이며 적립금으로서의 전력회사 외부에의 적립, 거출금의 거출이라는 세 가지의 방식이 채택되었다.

아래에 폐로 · 폐지조치, 고수준방사성폐기물 · TRU폐기물처리, 재처리 순으로 비용항목별로 경위와 현상에 대해 설명하면서 후처리사업의 비용부담제도가 어떤 문제에 직면하고 있는지에 대해 보고자 한다.

(1) 폐로 · 폐지조치

폐로 · 폐지조치라는 것은 원자력발전 관련시설의 운전정지 후에 나중에 영향이 없도록 이 시설을 해체하고 해체에서 나오는 폐기물을 처리하는 조치를 말한다. 원자력발전소의 폐로 · 폐지조치 관련비용에 대해서는 1989년기 결산에서는 원자로폐지비용의 충당금으로서 전력회사의 합계에 계상되게 되었다. 전기요금의 원가에는 1989년 4월의 요금개정에 따라 원자력발전시설해체비로서 산입되게 되었다.

그러나 이 충당금에는 해체폐기물의 처리 · 처분비용은 포함되지 않았다. 그로 인해 1999년 5월의 종합에너지조사회원자력부회 중간보고에서의 폐지조치에 따라 발생하는 방사성폐기물의 처리처분비용의 견적, 1999년 8월의 전기사업심의회요금제도부회의 제언을 받아 2000년 3월에 해체방사성폐기물의 처리처분에 관한 비용을 편성하는 제도가 도입되었다.

그 후 2005년에 핵연료물질, 핵연료물질과 원자로의 규제에 관한 법률의 개정으로 통과제도(방사성폐기물로서 처분할 필요가 있는 것과 그러하지 않은 것을 구분하는 제도)와 폐지조치에 관한 안전규제가 정비되어 폐지조치에 포함되는 비용이 증대하였다. 이것으로 2006년 8월에 종합자원에너지조사회전기사업분과회원자력협회에 따라 정리된 원자력입국계획에서 원자력발전시설해체충당금에 대해 적립 과부족의 검증이 필요하다는 것이 지적되었다. 이것을 구체화하기 위해 투자환경정비소위원회가 설치되어 2007년 2월에 검토결과가 보고서로 정리되었지만 그 결과는 3,290억 엔의 부족이 발생하고 있다는 것이었다. 2008년 3월에는 검토를 근거로 대상비용항목을 확대하는 개정이 이루어졌다.

이상 폐로 · 폐지조치의 범위는 원자로의 폐지비용에서 원자로폐지에 수반한 방사성폐기물 처분을 포함하는 것으로 확대하고 더욱이 처리방법과 방사성물질에 관한 기준이 강화됨에 따라 수시비용부담의 대상도 확대되었다.

(2) 고수준 방사성폐기물 · TRU폐기물 처리

고수준 방사성폐기물에 대해서는 2000년에 성립한 특정방사성폐기물의 최종처분에 관한 법률에서 사용완료연료 재처리에 의해 탄생된 것에 대해 특정방사성폐기물이라는 범주가 형성되어 동법에 기초하여 전력회사는 이 처분에 관한 비용을 거출금으로 하여 거출하게 되었다. 회계상은 특정방사성폐기물 처분비로서 영업비용에 계상되고 있다.[92)]

초우라늄핵종을 포함한 TRU폐기물은 2007년 6월에 특정방사성폐기물의 최종처분에 관한 법률이 개정되어 고수준 방사성폐기물에 대해서는 제1종 특정방사성폐기물로서, TRU폐기물에 대해서는 제2종 특정방사성폐기물로서 처분되게 되어 동법에 기초하여 특정방사성폐기물 처분비에 제2종 특정방사성폐기물 관련비용도 포함되게 되었다. 그래서 특정방사성폐기물에 대해서는 회계상, 요금상의 조치는 강구되어 향후 비용이 상승해도 전기요금에 전가할 수 있도록 되어 있다.

(3) 재처리

재처리에 대해서는 사용완료 핵연료처리 충당금이 1981년도부터 도입되어 회계에 계상되게 되었다. 전기요금의 원가에는 1986년부터 사용완료 핵연료 재처리비로서 산입되게 되었다. 그러나 이것에는 재처리비용과 고수준방사성폐기물의 고화비용이 포함되어 있지만 재처리시설의 폐지비용, 유리고화체저장, 반환폐기물관리, TRU처리처분비용 등 후처리사업 전체를 포함하는 것으로 되지 않았다. 그래서 이것을 포함한 제도의 검토가 2004년에 집중적으로 이루어졌다.

그 결과 2005년에 성립한 원자력발전에서의 사용완료연료의 재처리 등을 위한 적립금의 적립과 관리에 관한 법률(재처리적립금법)에 따라 충당금의 대상이 확대되고 재처리 관련시설의 폐지조치비용이 추가되어 더욱이 재처리비용의 적립금이 전력회사의 외부에 적립되는 구조가 되었다. 외부에 설립된 자금관리법인으로는 재단법인 원자력환경정비촉진 · 자금

92) 전기사업강좌편집위원회편, 2008, p.139.

관리센터가 2005년에 지정되었다. 적립금은 일본 원연(原燃) 6개소 재처리공장에서 처리하는 사용완료연료의 발생량에 따라 계산되며 사용완료연료재처리 충당금으로서 계상되고 있다. 이것이 전기요금의 원가에 포함되게 된 것은 2006년부터이다. 이 시점에서 6개소 재처리공장에서의 재처리비용에 대해서는 전기요금에 전가할 수 있는 제도가 정비되었다.

한편, 6개소 재처리공장 외에 재처리되는 사용완료연료의 재처리비용에 대해서는 전기요금의 원가에는 포함되지 않는다. 이 비용이 전기요금의 원가에 산입되지 않는 주요한 이유는 사용완료연료를 전량 재처리한다는 정부의 기본방침에도 불구하고 6개소 재처리공장 이외에 구체적 건설계획이 마련되지 않기 때문에 재처리비용이 얼마가 되는지를 확정할 수 없다는 것에 있다. 그러한 현실이 있으므로 종합자원에너지조사회전기사업분과회보고서에서는 향후 재처리의 구체적인 계획을 검토하게 되는 원자력발전의 사용완료연료에 대해서는 전기사업자가 구체적 계획을 완성하기까지의 기간에는 규제요금분야를 포함하여 후처리비용의 요금회수 · 적립을 하는 것이 곤란하다고 보아[93] 6개소 재처리공장 이외에서 재처리하는 비용은 전기요금의 원가에 포함시키지 않기로 하였다.

그러나 제2 재처리공장의 목표도 계획되지 않은 사태는 새로운 문제를 야기하였다. 즉, 재처리비용의 부담문제를 보류한다면 발전을 수행하고 있을 때의 비용부담을 할 수 없게 되거나 재처리비용의 계상이 특정 연도에 집중할 가능성이 발생한 것이다.

이것을 타개하는 것으로 만들어진 것이 사용완료연료재처리 등 준비충당금제도이다. 이것은 내부유보로서 매년 충당금을 적립한다는 구성이다.

구체적으로는 사용완료연료단위당 재처리비용(충당단가)을 설정하여 이것에 해당 연도의 사용완료연료 발생수량을 곱하여 얻어지는 금액을 적립하는 것이다. 투자환경정비소위원회보고서의 자료를 보는 한 2044년까

93) 종합자원에너지조사회전기사업분과회, 2004, p.21.

지 발생하는 사용완료연료를 2048년도부터 2089년도 동안에 재처리하기 위해 필요한 비용(재처리후에도 적어도 2120년도까지는 비용이 필요하다고 보고 있다)을 적립하기 위한 제도이다.[94)]

그래서 계획조차 없는 재처리시설을 위한 적립이 2006년도부터 개시된 것이다.

3) 전력요금을 통한 비용부담의 현상

전기요금을 통해 특히 문제가 많은 재처리 관련사업에 현 단계에서 어느 정도의 비용부담이 이루어지고 있는지를 보기로 한다. 여기서는 전력 9개사의 「유가증권보고서총람」에 기재되어 있는 사용완료연료 재처리비, 특정방사성폐기물 처분비를 연도별로 합계하여 이것을 수요단의 kWh당 단가로 표시하였다. 1세대당 부담액도 합쳐 결과를 〈표 4-3〉에 제시한다.

보는 바와 같이 2006년도 실적, 2007년도 실적에서 각각 0.60엔/kWh, 0.51엔/kWh가 소요된다. 이것을 월별 1세대당 평균부담액으로 환산하면

〈표 4-3〉 후처리비용의 단가(수요)

	2006년도	2007년도
사용완료연료 재처리비(엔/kWh) 특정방사성폐기물 처분비(엔/kWh)	0.51 0.09	0.43 0.09
합계	0.60	0.51
1세대당 1개월당 부담액(엔)	275	240

주: 1. 일본에너지경제연구소계량분석 유니트편(2009)에 기초하여 세대당 1개월당 평균 전력소비량을 2006년도는 455kWh, 2007년도는 467kWh로 하였다.
2. 전기사업연합회통계위원회편(2008)에 따라 송배전 손실은 2006년도 5.0%, 2007년도 4.9%로 하였다.

자료: 각 전력회사의 유가증권보고서총람, 일본에너지경제연구소계량분석 유니트편(2009), 전기사업연합회통계위원회편(2008)에 의해 작성.

94) 종합자원에너지조사회전기사업분과회 원자력발전투자환경정비소위원회, 2007.

275엔, 240엔이 된다. 이미 설명한 바와 같이 이것에는 6개소 재처리공장 이외의 공장에서 재처리되는 비용이 포함되지 않는 등 향후 증대할 가능성이 높은 비용이다. 그것에 따라 전력요금을 통한 국민부담은 대폭 증가할 것이다.

4) 비용부담제도의 특징과 문제점

지금까지의 검토를 근거로 후처리사업의 비용부담제도는 다음과 같은 특징을 가지고 있다.

첫째, 비용의 범위는 역사적으로 확대되어 그것에 따라 비용부담제도도 확장되어 요금원가에 포함되게 되었다. 그래서 후처리비용은 전기요금의 일부로서 징수되게 되었다.

둘째, 그 한편으로 후처리사업의 확대에 따르지 못하는 사태가 발생하고 있다. 필요로 하는 비용은 향후에도 증가할 가능성이 매우 높다. 그러나 비용회수의 전망이 서 있지 않으면 사업을 행할 수 없기 때문에 점차로 전기요금의 원가에 산입되는 비용항목이 확대되고 있다.

셋째, 후처리사업만 보더라도 소비자의 부담수준은 높아지고 있다. 부담액은 후처리비용이 증대함에 따라 증가할 것이다.

이상과 같이 사용완료연료 재처리의 모순은 최종적으로 비용부담제도의 문제에 나타난다. 원자력발전은 발전 후에 후처리비용이라는 추가적 비용이 발생한다. 이들이 향후 어느 정도 발생할지는 불확실하다. 일본과 같이 사용완료연료의 전량 재처리를 기본방침으로 한다면 더욱더 막대한 비용이 소요될 것이다.

5. 요약 및 정리–부의 유산을 확대시키는 재처리정책의 철회

본 장의 검토를 정리하면 아래의 세 가지 점으로 요약할 수 있다.

첫째, 후처리사업의 비용은 향후에도 확대할 가능성이 충분히 있다. 18조 8,000억 엔이라고 한 정부의 비용추계는 과소평가이다. 사용완료연료의 전량 재처리노선을 유지하는 한 향후 재처리에 필요한 비용은 적어도 2배가 된다고 보아도 된다. 해외의 재처리공장 운영 실태를 보면 가동률 100%의 운전은 불가능하므로 몇 배로 증가될 가능성도 있다.

둘째, 후처리비용이 전력요금으로 전가되는 구조는 역사적으로 점차로 완성되어 소비자의 비용부담 수준이 높다. 재처리정책은 이와 같은 비용부담제도에 따라 지지되고 있다.

셋째, 전량재처리의 방침에 기존의 비용부담제도를 대응할 수 없는 사태가 발생하고 있다. 구체적으로는 여섯 곳의 재처리공장 이외의 재처리공장이 가능하게 전망되지 않으므로 전기요금으로 회수할 수 없는 상태에 있다. 비용부담제도가 없으면 사용완료연료의 전량재처리 비용을 발전 중에 회수할 수 없다. 그렇게 되면 여섯 곳의 재처리공장 이외의 재처리공장 건설의 구체화가 곤란하게 된다. 비용계산을 하기 위해서는 구체적인 계획이 필요하지만 그 구체적 계획이 없으므로 사업을 진행하기 위한 비용을 회수할 수 없다는 모순에 빠지게 된다.

여기서 다시 기본적인 문제를 지적해 두면 이상과 같은 무리한 비용부담제도가 필요한 것은 사용완료연료를 전량 재처리한다는 정책을 계속 유지하고 있기 때문이다. 재처리정책이 없으면 원래 이것에 따른 비용은 발생하지 않으며 그것에 대응하는 비용부담제도도 불필요하다. 재처리를 중심으로 하는 핵연료사이클의 완성은 거의 불가능하며 비용이 너무 많이 소요된다. 핵연료사이클을 실현한다는 목표는 현실의 에너지정책 중에 편성되어서는 안 된다.

05 미래를 개척하는 재생에너지 정책

— 재생에너지 정책의 역할과 과제 —

지구온난화 방지 정책을 본격적으로 실시함에 있어 에너지 정책의 전략적 목표로 삼고 있는 것이 재생에너지의 대폭적인 보급이다. 독일을 선두로 유럽에서는 재생에너지를 핵심 에너지로 끌어올리기 위해 고도의 전략과 정책이 추진되고 있으며 이미 큰 성과를 거두고 있다. 재생에너지 분야에서 유럽은 세계의 선두를 달리고 있다.

한편, 미국은 부시 정권 시대에 교토의정서 기준을 거부하는 등 지구온난화 방지 정책의 발목을 잡아 왔다. 이러한 부시의 정책은 미국 국내외에서 비판을 받아 왔고, 새롭게 탄생한 오바마 정권에서는 경제정책의 핵심부분에 재생에너지의 확대가 포착되고 있다. 물론 온난화 방지에 대해서도 매우 적극적인 자세를 보이고 있다. 오바마 대통령은 경제발전과 환경보전이라는 두 가지 과제를 동시에 실현하는 요소로 재생에너지를 삼은 것이다. 바야흐로 재생에너지 확대를 축으로 미국 경제가 바뀌려 하고 있다.

선진국 중 유일하게 뒤처져 온 것이 일본이다. 일본의 에너지 정책의 중심은 오랫동안 원자력 개발에 치우쳐 있었고 이에 부응하는 형태로 정치경제적 구조가 형성되어 왔기 때문에 정책당국자를 비롯한 에너지 정책 전문가, 관련 주체의 대다수가 아직도 원자력에 미래가 달려 있다고 생각하고 있다. 일본은 점점 세계로부터 고립되어 가고 있으면서도 원자력 개발 추진만을 사명으로 믿고 다른 세계와는 무관한 것처럼 여전히 핵연료 사이클 정책에 대한 환상을 좇고 있는 것이다. 중단해야 하는 정책을 중단하지 못하고 펼쳐야 하는 정책을 펼칠 수 없는 교착 상태에 빠져 있다고 할 수 있다.

그러나 현실적으로는 기후변동 문제에 대한 본격적인 대응이 요구되고 있는 가운데 원자력 발전의 역할은 더 이상 확대될 수 없다. 역사적으로 볼 때 방대한 재정자금을 투입했음에도 불구하고 핵연료 사이클 개발은 성공하지 못하고 있다. 또한 경제적 우위성에 대해서도 원자력 발전이 다른 전원에 비해 높다고는 도저히 말할 수 없는 현실로 인해 부정되고 있다. 향후 원자력 발전은 점차 후퇴, 사양화되어 원자력 정책의 중심이 방사성폐기물 처리 등의 부의 유산 처리로 바뀌어 갈 것으로 전망된다.

이와는 대조적으로 재생에너지의 역할은 나날이 커져가고 있다. 이에 이 장 이후부터는 핵심 에너지로서의 역할이 기대되고 있는 재생에너지에 관한 제반 정책에 대해서 자세히 살펴보고자 한다. 먼저 이 장에서는 재생에너지의 특징과 정책의 역할에 대해서 정리한다. 이를 통해서 현재 세계 각국에서 추진되어 효과를 거두고 있는 제반 정책의 위치정립을 명확히 한다. 이어 제6장부터 8장에서는 재생에너지 정책 중 널리 채택되어 온 '지원정책(support policy)' 의 내용을 각국의 사례에 비추어 가며 논한다. 여기서 지원정책이라 함은 재생에너지의 이용에 인센티브를 부여하고 운전을 확실히 하면서 보급을 촉진하는 정책을 가리킨다. 이 정책은 이제까지의 재생에너지 정책과는 다른 특색을 지니고 있다. 이러한 지원정책의 효과를 중심으로 현실에서 실시되고 있는 정책을 예로 들어가면서 자세히 살펴본다. 제9장에서는 유럽 규모에서의 전략 형성 과정을 상세히 검토하고 유럽이 나아가고자 하는 방향에 대해 살펴본다.

1. 재생에너지의 역할은 무엇인가

일본에서 재생에너지는 특히 환경보호파로부터 '자연에너지' 라고도 불리고 있으며 일반적으로도 이 호칭이 사용되고 있다. 에너지 자원은 모두가 자연을 기원으로 한 것으로서 '자연에너지' 이지만 여기서 말하는 '자연에너지' 는 환경에 미치는 영향이 매우 작은 에너지임이 강조된 용어이다. 또한 해외에서는 대규모 수력을 제외하고 최근 이용이 확대되고 있는 태양에너지, 풍력, 지열, 중소수력 등 규모가 작고 환경에 미치는 영향이 작은 에너지를 '신재생에너지 자원(new renewables)' 이라고도 부른다. 이 장에서는 특별히 언급하지 않는 한 '자연에너지' 및 '신재생에너지 자원' 과 같은 의미의 에너지 내지는 에너지 자원을 '재생에너지' 로 부르기로 한다. 또한 재생에너지를 이용하여 획득한 전력을 재생가능 전력이라 한다.

그러면 먼저 재생에너지에 대해서 화석연료나 원자력과는 상대적으로 구별되는 특징과 역할에 대해서 확인해 보자. 재생에너지의 공통되는 특징으로는 다음의 여섯 가지를 들 수 있다.

첫째, 재생에너지는 날마다 갱신되는 에너지로서 고갈되지 않는다. 화석연료나 핵연료 자원(우라늄)과 같이 산업혁명 이후 대규모로 이용되어 온 자원은 유한자원으로서 언젠가는 고갈된다. 이러한 자원을 고갈성 자원이라 하는데 이에 반해 재생에너지는 항상 갱신되기 때문에 인류사적으로 볼 때 고갈될 염려가 없다. 이 점이 재생에너지의 가장 큰 특징이자 공통점이다.

둘째, 지역성이다. 재생에너지는 지역에 고착되어 있다. 즉, 존재하는 지역의 기후와 지형에 따라 에너지의 이용형태가 달라진다. 또한 지역성을 가지고 있으므로 동시에 국산 에너지이다. 따라서 재생에너지를 보급시키면 에너지 자급률이 높아지게 되는 것이다.

셋째, 이용에 있어서 광물자원의 연료를 필요로 하지 않아 연료비가 제로이거나 거의 들지 않는다. 따라서 한번 투자가 이루어지면 운전비용, 보수비용이 저렴하다.

넷째, 에너지 자원의 채취 시 환경부하가 작다. 화석연료는 석탄, 석유, 천연가스 등 연료의 종류에 상관없이 채굴이 필요하다. 또한 핵연료도 마찬가지로 우라늄 광산으로부터의 채굴이 필요하다. 따라서 채굴 시 환경 파괴가 일어나기 쉽다. 이에 반해 재생에너지는 기본적으로 채굴할 필요가 없다. 바이오매스는 어느 정도의 가공은 필요하지만 화석연료, 핵연료와 같은 대규모 설비를 필요로 하지 않아 상대적으로 환경부하가 작다.

다섯째, 이용 시 폐기물을 거의 발생시키지 않아 환경부하가 작다. 물론 화석연료의 이용에 있어서는 오염물질이나 CO_2 배출이 불가피하다. 핵연료도 그 자체가 방사성을 지니고 있어 위험한데다 발전하면서 방사성 폐기물을 생성한다. 따라서 원자력 발전은 다중 방호를 필요로 하며 고수준 방사성 폐기물을 포함한 방사성 폐기물의 처리 · 처분이 필요해진다. 반면, 재생에너지의 경우는 태양에너지, 풍력, 조력, 파도에너지 등은 폐기물과 오염물질을 직접적으로 발생시키지 않는다. 바이오매스 이용 시 일부, 지열 이용에 있어서는 오염물질의 적정한 처리를 필요로 하지만 화석연료나 원자력 발전에 비해 소규모이면서 간편하고 취급도 압도적으로 용이하다.

여섯째, 기본적으로 발전설비가 소규모 분산형이다. 특히 태양에너지, 풍력의 경우가 이에 해당한다. 이는 재생에너지가 넓고 얇게 존재하고 있는 데서 비롯된다. 따라서 대규모 집중형 발전설비로는 가지 않는다. 이에 반해 화석연료는 소규모 설비로도 이용 가능하지만 대규모 설비 이용을 통해서 효율적 이용이 가능케 된다. 원자력의 경우에도 마찬가지다.

이상과 같은 특징을 가지고 있기 때문에 재생에너지에 대해서는 다음과 같은 역할이 기대되고 있다.

첫째, 고갈되지 않고 국산이며 연료비가 거의 들지 않는다는 점에서

에너지 안보(공급 안정성)에 기여할 것으로 보이고 있다. 제9장에서 살펴보는 바와 같이 EU의 재생에너지 정책에서도 에너지 안보상의 역할이 강조되고 있다. 에너지 안보는 에너지 자원의 대부분을 해외에 의존하고 있는 일본에게 있어 중요한 문제다.

둘째, 재생에너지는 환경보전형 사회의 기반이 된다. 1장에서 언급한 바와 같이 가까운 미래에 인류는 사회로부터의 온실가스 순 배출량을 제로로 만들어야 하고, 이를 영원히 계속해 나가지 않으면 안 된다. 재생에너지는 에너지를 이용하는 시점에서는 CO_2를 발생하지 않아 이러한 제약조건을 충족하고 있다. 한편, 원자력 발전의 경우에는 발전과정에서는 확실히 온실가스를 배출하지 않지만 우라늄자원이 언젠가는 고갈될 것이므로 이 점에서는 화석연료와 마찬가지다. 즉, 원자력 발전을 추진하더라도 결국에는 우라늄 자원이 고갈될 것이므로 언젠가는 재생에너지를 보급시키지 않으면 안 된다는 것이다. 나아가 현 세대에서 핵연료를 이용하면 결과적으로 방사성 폐기물이 미래 세대의 부의 유산으로 남겨진다. 현재 상황에서 방사성 폐기물은 결국 땅 속에 매설하여 초장기간 관리하는 것 이외에는 유효한 처분방법이 없다. 그렇다고 한다면 원자력 발전의 확대라는 우회로를 거칠 필요는 없다. 오히려 재생에너지를 기반으로 하는 사회로 곧바로 이행하는 것이 바람직하다.

이러한 점에서 재생에너지는 에너지 안보와 환경보전에 공헌하는 뛰어난 에너지라 할 수 있으며 환경보전형 사회의 기반 구축을 위해서 보급을 서둘러야 한다. 그러나 재생에너지는 보급에 장해가 되는 제약도 지니고 있어서 이를 정책적으로 극복하고자 하는 노력이 요구되고 있다.

2. 무엇이 재생에너지 보급을 저해하고 있는가

앞 절에서 살펴본 바와 같이 재생에너지는 다른 에너지원과는 대조적인 이점을 가지고 있다. 그러나 반면에 보급에 장해가 되는 제약요소도 지니고 있다. 여기서는 그 제약요소와 이를 극복해 나가는 데 필요한 기본적인 개념에 대해 살펴보고자 한다. 재생에너지 보급의 장해가 되는 제약에는 소재적 제약과 사회적 제약이 있는데 그 어떤 제약의 경우에도 적절한 정책을 취하면 완화 · 극복할 수 있다.

먼저, 소재적 제약은 재생에너지의 특징으로도 들었던 지역성과 관련된 것으로서 지역의 자연조건에 따라 이용이 제한된다는 점이다. 예를 들어, 풍력은 일정 양 이상의 바람이 불지 않는 곳에서는 이용이 불가능하다. 또한, 풍황이 아무리 좋다고 하더라도 자연환경의 보호상 허락받지 못한 지점에서는 설치가 불가능하다. 태양에너지는 일조시간이 적은 지역에서는 이용이 곤란하다. 지열은 지열에너지가 없는 곳에서는 이용할 수 없다. 이러한 제약은 기본적으로 바꿀 수는 없는 것이지만 그 각각의 제약하에서 지역에 맞는 분산형의 에너지 이용을 추진함으로써 극복할 수 있다. 그런 의미에서 재생에너지는 지역성에 맞춰 이용형태가 세밀하게 정해질 필요가 있다.[95]

둘째, 이 또한 지역성과 관련된 것으로서 자원이 편중되어 있다는 점이다. 특히 비교적 대규모 이용이 가능한 풍력의 경우, 바람이 강한 지역과 약한 지역 간 발전 가능량에 큰 차이가 있다. 바람이 강한 지역에 반드시 전력수요가 많은 것은 아니기 때문에 전력수급상의 불균형 해소가 필

95) 재생에너지에 한정하지 않고 지구온난화 방지 정책을 효과적으로 실시하기 위해서는 지역에서의 세밀한 대응이 필요하다. 구체적인 전략적 정책형성 과정의 세부사항에 대해서는 미즈타니 외(2007)를 참조하기 바란다. 또한, 이들 사례에 대해서는 와다 · 타우라 편저(2007)가 참고가 된다.

요하게 된다. 이를 위해서는 전력계통의 정비, 강화와 같은 대책을 마련할 필요가 있다.

다음은 사회적 제약에 대해 살펴본다.

첫 번째 사회적 제약은 현 단계에서 재생에너지는 시장 경쟁력을 가지고 있지 않다는 점이다. 이는 재생에너지 보급에 있어서 최대의 장해요소이다. 즉, 단위당 가격(예를 들면, 발전단가)이 기존의 화석연료에 비해 높기 때문에 상업적으로 대규모로는 이용되지 못하고 있다. 화석연료나 우라늄 가격이 상승한다든지 재생에너지 기술 자체의 발전이 진전된다든지 하게 하면 이 문제는 언젠가는 해결될 수도 있다. 그러나 다른 한편으로는 환경상의 목적에서 비교적 단기간 내에 재생에너지 설비를 보급할 필요가 있다. 즉, 시장화와 환경보전의 기한이 시간적으로 어긋나 있는 것이다. 따라서 경쟁력을 단기간에 확보하기 위한 정책 개입이 필요해진다.

둘째, 보급에 있어서 각종 규제와 제한이 있어 재생에너지 보급에 방해가 되고 있다. 예를 들어 일본의 재생가능 전력 설비 보급의 장해가 되고 있는 계통 연계와 관련한 장해는 보급을 방해하는 큰 요인이 되고 있다. 계통에 연결되지 않으면 재생가능 전력을 소비자에게 공급할 수 없기 때문이다. 이는 재생에너지 설비에 대한 우선 접속 원칙을 확보함으로써 극복할 수 있다. 이처럼 재생에너지 보급을 위해 각종 제도를 정비할 필요가 있다.

이상과 같이 소재적 제약, 사회적 제약을 정책적으로 극복한다면 재생에너지 보급이 원활하게 진행될 것이다. 이에 성공한 국가에서는 재생에너지 보급이 비약적으로 진전되고 있다.

3. 보급이 진전되고 있는 재생에너지

이 절에서는 재생에너지의 이용현황에 대해서 살펴본다. 2006년 시점에서 세계 최종에너지 소비에서 차지하는 재생에너지의 비중은 1차 에너지[96) 공급을 기준으로 삼고 있는 국제에너지기구(International Energy Agency: IEA) 방식으로 환산하면 12.7%, 최종에너지 소비에서 차지하는 비중으로 보면 18%이다. 1차 에너지 중 화석연료의 비중은 80.8%로 최종에너지 소비의 79%를 차지하고 있다. 1차 에너지 중 원자력의 비중은 6.2%이지만 최종에너지 소비에서 보면 3%에 불과하다.[97)]

원자력보다 재생에너지의 이용 비중이 큰 이유는 개발도상국에서 전통적인 방법으로 널리 이용되고 있기 때문이기도 하지만 재생에너지의 이용이 급속히 확대되고 있기 때문이기도 하다. 예를 들어 미국에서는 2008년 상반기 에너지의 10.6%가 재생에너지(대규모 수력 포함)로부터 공급되고 있으며 원자력의 공급비중인 12.0%에 근접하고 있다.[98)] 이미 재생에

96) 1차 에너지란 석유, 석탄, 천연가스 등 자연으로부터 직접 얻어지는 에너지를 말한다. 에너지 전환부문에서 가공해서 얻은 2차 에너지를 소비부문에서 이용한다. 단, 석유제품, 전력은 1차 에너지로 보는 것이 관행이 되어 있다.

97) Renewable Energy Policy Network for the 21st Century, 2008; International Energy Agency, 2008; 에너지원에서 차지하는 재생에너지의 비중은 환산방법에 따라 값이 달라지므로 주의가 필요하다. IEA 통계에서는 원자력은 1차 에너지로 환산, 계산된다. 따라서 에너지의 손실까지 포함해서 원자력 값이 부여되어 원자력의 비중은 그만큼 더 크게 나타난다. 한편, 태양력, 풍력, 수력은 이러한 처리를 하지 않고 전력 출력량으로 계산되고 있다. IEA 방식과는 별도로 최종에너지 소비 기준으로 계산하면 원자력은 손실분이 계산되지 않기 때문에 전체에서 차지하는 원자력의 비중은 낮아진다. 또한, BP(British Petroleum)통계에서는 재생가능 전력에 관해서는 재생가능 전력과 같은 양의 전력을 얻는 데 필요한 화석연료에 상당하는 1차 에너지의 점유율이 이용되고 있다(Renewable Energy Policy Network for the 21st Century, 2008, p.21).

98) Energy Information Administration, 2008.

너지는 비화석 자원으로서 큰 역할을 담당하고 있음을 알 수 있다.

다음은 발전량에 관해서 살펴보면([그림 5-1] 참조), 2006년 시점에서 재생에너지에 의한 발전량 비중은 18.4%로 이 또한 원자력의 14%를 상회하고 있다. 단, 이는 대부분이 대규모 수력발전에 의한 것으로서 이를 제외하면 재생에너지의 비중은 3.4%에 그치고 있다. 대규모 수력발전은 선진국에서는 이미 개발이 완료되어 있는데다가 환경파괴를 초래하는 일이 많아 재생에너지 중에서도 문제가 지적되고 있는 에너지원이다. 현재는 대규모 수력을 제외한 재생에너지의 보급에 기대가 모아지고 있다.

최근의 설비용량 증가율에 대해서 살펴보면([그림 5-2] 참조), 2002년부터 2006년 사이에 증가율이 가장 높았던 것은 태양광 발전으로 연간 증가율이 60%에 달하고 있다. 이어서 바이오연료, 풍력의 순으로 되어 있는데 모두 증가율이 높다. 이와 같이 대규모 수력을 제외한 재생에너지는 매년 높은 성장률을 기록하고 있음을 알 수 있다.

그러면 재생에너지는 어느 정도 이용이 가능한지 재생에너지 자원량에 대해서 살펴보면, 추정치에 따라 차이가 있지만 각각에 공통되어 있는 것은 재생에너지 자원량은 방대하고 적절히 이용만 한다면 현재의 전력수요를

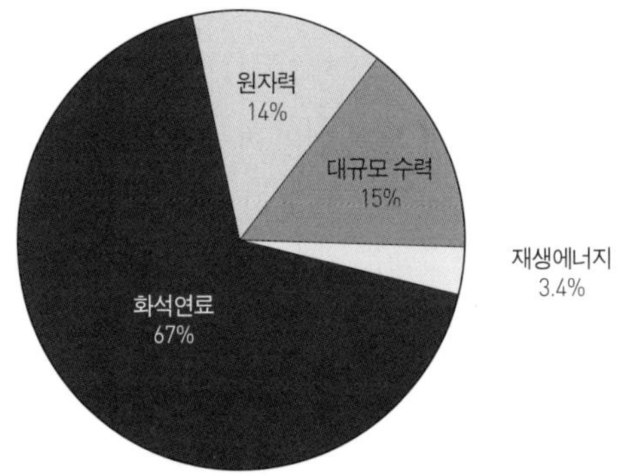

자료: Renewable Energy Policy Network for the 21st Century(2008) p.9.

[그림 5-1] 세계 발전량에서 차지하는 비중(2006년)

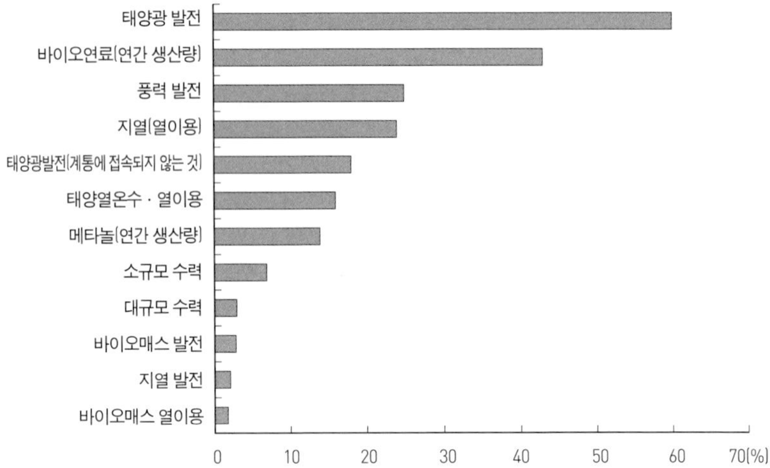

자료: Renewable Energy Policy Network for the 21st Century(2008) p.10.

[그림 5-2] 재생에너지 관련시설 설비용량의 연평균 증가율(2002~2006년)

초과하는 에너지 공급이 가능하다는 점이다.[99] 즉, 재생에너지로 적어도 전력수요 전체를 충당할 수 있다. 그러므로 에너지 수요를 충족시킴과 동시에 환경상의 목적 달성도 가능한 재생에너지는 CO_2 배출삭감 대책으로서 매우 효과적이며, 그 역할이 기대되고 있다.

이상을 정리하면 재생에너지는 현재로서도 화석연료에 다음가는 에너지원이 되고 있다. 풍력, 태양 등의 비중은 아직 작지만 성장률이 매우 높다. 자원량도 풍부하여 향후의 개발이 요구된다. 그러나 앞서 설명한 바와 같이 재생에너지는 각종 장해요소도 지니고 있다. 특히 높은 시장가격은 문제라 할 수 있어,[100] 정부의 개입 없이는 폭발적인 보급을 기대할 수 없

99) Neuhoff, 2004; UNDP, 2004.

100) International Energy Agency, 2004, p.61; 재생에너지 가격에 대한 평가는 여러 가지가 있으나 세부적으로는 일치하지 않지만 일부 에너지를 제외하고는 당분간 가격 경쟁력이 없다는 점에서는 공통점을 가지고 있다. 예를 들어 Stern(2006, p.422)은 재생에너지를 포함한 CO_2 삭감기술 옵션이 기존의 기술에 대해 경쟁력을 가지는 것을 2075년경으로 보고 있다. 또한 PIU(2001)는 학습곡선 등을 이용하여

다. 이용 확대를 진행시키기 위해서는 시장가격 결정에 정부의 직접적인 개입을 포함한 적절한 정책개입이 필요하다. 즉, 시장에서 도약하지 않은 기술을 환경적 요청에 따라 조속히 보급시킬 수 있는 정책이 필요하다.[101]

4. 재생에너지 정책의 종류와 역할

재생에너지와 관련해서는 수많은 종류의 정책이 있다. 이를 정책개입 유무와 3단계 보급과정(기술개발, 설비설치, 이용량 확대)으로 나누어 정리한 것이 〈표 5-1〉이다.

〈표 5-1〉 재생에너지 정책의 종류

	기술개발	설비설치	이용량 확대
정책개입	직접적인 기술개발 기술개발 보조	설치보조금 저이자 융자 정책감세	고정범위제* 고정가격제* 경쟁입찰제* → 지원정책 거래가능한 재생에너지 인증서(TGC) 생산세 공제
자주적 노력	직접적인 기술개발	그린전력기금 시민공동발전	그린전력구입 넷(Net) 미터링 그린요금 그린전력증서

자료: 필자 작성.

분석하였는데 풍력은 2020년까지 평균적으로 기존 기술과 경합할 수 있게 될 것으로 보고 있으나 태양광에 대해서는 2020~2025년이 되어도 가격 경쟁력을 갖지 못할 것으로 보고 있다.

101) Lauber, 2005a.

재생에너지는 현 단계에서는 자발적으로 보급되기 어렵기 때문에 재생에너지 보급을 위해서는 특히, 정책개입을 수반한 기술개발 정책, 설비설치 정책, 이용량 확대 정책이 필요하다.

재생에너지 정책은 1970년대 오일쇼크 이후 재생에너지 보급을 목표로 발달해 왔다. 이들 정책은 기술개발 정책, 설비설치 정책, 이용량 확대 정책으로 크게 세 가지로 구분할 수 있으며 역사적으로도 대체적으로 이 순서대로 발달해 왔다. 이하에서는 정책에 초점을 맞추어 살펴보고자 한다([그림 5-3] 참조).

재생에너지 정책이 실시되기 시작한 것은 세계적으로 볼 때 1970년대 오일쇼크 이후이다. 일본에서 처음 본격적으로 시작된 정책은 1974년의 '선샤인계획' 이다. 이는 통산산업성 주도의 재생에너지 기술개발 정책이다. 자원에너지청이 정리한 「에너지 정책의 행보와 전망」에서는 선샤인계획의 목표가 "2000년까지 수십 년 동안의 일본의 에너지 수요의 상당부분

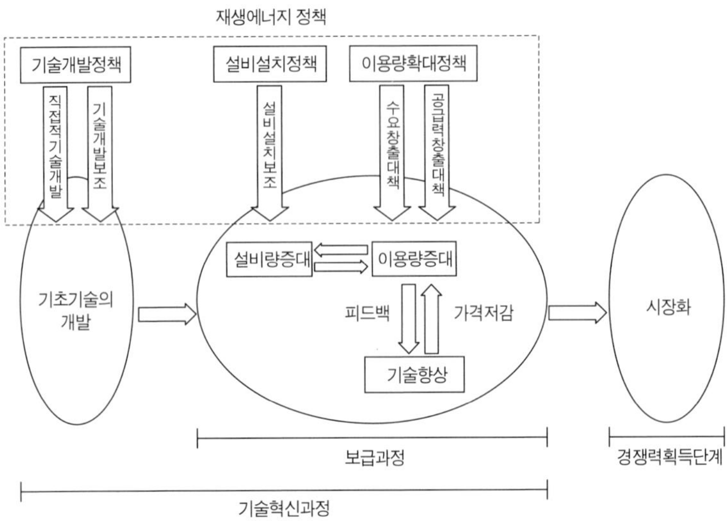

자료: 필자 작성.

[그림 5-3] 재생에너지 정책의 역할

을 충당할 새로운 청정에너지 공급을 가능케 하는 기술을 개발하는 것"[102]에 있다고 기술되어 있다. 동 계획은 제2차 오일쇼크를 계기로 1982년에 강화되었는데 여기서도 "1990년까지 상당량의 에너지 공급을 수행하는 것을 가장 중요한 과제로 삼아 조기 실용화 및 대량공급이 가능한 기술에 대해 중점적, 선택적으로 연구개발 능력 및 자금 투입을 하고 연구개발을 가속화해야 한다"[103]라고 되어 있다.

이러한 기술개발 정책은 정부가 특정 기술을 선택하고 그 기술개발을 위해 집중적, 선택적으로 재정자금을 투입하는 것을 말한다. 구체적으로는 정부 내지는 공공기관에서 직접 기술개발을 수행하거나 기술개발을 도모하는 민간 기업에 대해 기술개발 보조금을 지급하는 것을 가리킨다. 기술개발 정책은 기초적인 기술이 개발되면 자동적으로 보급을 위한 기반이 다져진다는 사고방식하에서 만들어진 정책이었다.

그러나 정책 대상이 된 특정 기술의 개발이 당초에 계획한 대로만 진행되는 것은 아니다. 또한 일정한 성과를 거두었다고 하더라도 그것이 설비량 증대와 이용량 확대로 이어진다고도 할 수 없다. 실제 역사적으로도 기술개발 정책에서는 많은 사업에서 기술의 행방이 불확실한 단계에서 보조금이 투입됨으로써 충분한 성과를 거두지 못하였고, 본격적인 보급에 이르지 못한 경우도 많았다. 이는 기초기술의 개발과 시장화 사이에 보급단계가 있음을 인식하지 못한 데 따른 실패였다. 이는 일본뿐만 아니라 다른 나라에도 적용되는 것이라 할 수 있다.

한편, 1980년대에 일본에서 도입한 정책 중에서 비교적 성공했다고 평가할 수 있는 것이 설비설치 정책이었다. 이 정책은 일반적으로 설비를 설치하는 사업자에 대해 보조금을 지급하고 저리 융자를 실시하거나 각종 세제 혜택을 제공하는 것을 말한다. 재생에너지 설비는 연료비를 포함

102) 통상산업성 자원에너지청 편, 1993, pp.180-181.
103) 상게서, 1993, p.181.

한 운영비용이 낮고 고정자본의 비중이 높다. 따라서 초기 설비투자를 촉진시키는 이런 종류의 보조금 정책이 도입된 것이다. 또한 보조금의 관리도 용이하다는 이점도 있었다. 따라서 현재에도 미국의 각 주(州), 일본의 지자체, 한국, 스웨덴, 프랑스, 영국 등 많은 국가와 지방자치단체에서 보조금 정책이 실시되고 있다. 이러한 보조금 정책의 전형적인 성공사례로는 일본의 태양광발전시스템 보급촉진사업을 들 수 있다. 이 사업은 1980년부터 시작되었는데 지자체 등 공공시설의 태양광발전시스템 설치 경비의 2분의 1 보조, 주택 및 사업시설의 태양광발전시스템 설치에 대한 저리 융자 등을 내용으로 하고 있었다. [그림 5-4]는 보조제도와 설치 건수를 나타낸 것이다. 1980년부터 1984년까지 5년간 설치된 22만 5,353건 중 설치에 대한 저리 융자제도의 이용률은 56.9%였다. 1986년에는 2만 9,888건이 설치되었는데 이 중 2만 6,584건(89.0%)이 동 제도를 이용하고 있었다.

그러나 1996년을 끝으로 동 제도가 폐지되자 신규 설치건수가 감소해

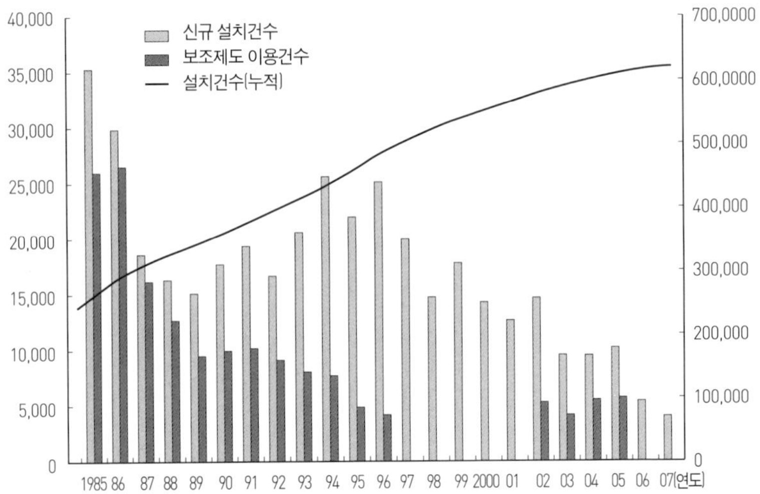

자료: 솔라시스템진흥협회(2008)를 참조로 작성.

[그림 5-4] 저리융자제도 이용설계건수

갔다. 2002년부터 2005년에 신에너지재단의 '주택용 태양열 고도이용시스템 도입 촉진 대책비 보조금 보조사업' 이 발족되어 이 시기에는 신규 설치건수의 감소추세가 일시 중단되었으나 2006년에 동 제도가 폐지되면서 다시 감소하기 시작하여 2007년의 신규 설치건수는 4,148건에 그쳤다. 이와 같이 과거 성공을 거둔 일본의 정책은 현재는 중단되어 모습을 감추었다. 재생에너지 정책은 장기적인 노력이 필요한 만큼 정책의 계속성이 없는 것은 문제로 지적할 수 있다.

한편, 설비설치 정책은 설비용량을 증대시키는 측면에서는 효과가 있지만 설비와 발전에너지 이용이 분리되어 있는 경우, 재생에너지의 이용 확대로 이어진다고는 할 수 없다. 또한 설비가 효율적으로 운전되는 것을 보장하는 것도 아니다. 예를 들면 제5장에서 살펴보는 바와 같이 미국에서는 1970년대 이후 풍력 발전기 설치에 대한 보조가 이루어진 바 있으나 풍력 자원이 부족한 곳에도 설치되는 등 이용량 확대에 있어서는 충분한 효과를 거두지 못했다. 일본의 태양에너지와 같이 이용으로 직결되는 경우 이외에는 설비설치 보조금을 지급한다고 하더라도 그것이 반드시 이용량 확대로 이어진다고는 할 수 없다. 이러한 현상이 일어난 것은 설비 이용에 직접적인 인센티브가 부여되지 않았기 때문이다.

그러므로 보조정책은 이용량 확대, 그 자체를 겨냥한 발전량을 기준으로 한 정책으로 서서히 변해 갔다.[104] 이용량이 확대되면 규모의 경제와 기술개발에 대한 피드백 효과로 기술 향상을 실현할 수 있다. 기술 향상이 진진되면 가격이 한층 더 저감한다. 이러한 과정을 반복해 나감으로써 보급을 촉진시킬 수 있다.

기후변동 문제에 대한 관심이 높아짐에 따라 1990년대 들어서면서 세계 각국에서 채택하게 된 정책이 바로 이용량 확대를 중심으로 한 것이었다. 이 중에서 고정범위제, 경쟁입찰제, 고정가격제는 '지원정책' 이라고

---

104) van der Linden et al., 2005.

도 불린다.

[그림 5-3]에 따르면 기술 혁신과정과 보급과정은 상호간에 겹쳐지는 부분이 있어 보급과 기술향상이 서로 영향을 주고받게 되면서 시장화에 성공한다. 기술개발 정책만으로는 보급과정과의 연관이 없어지고 설비설치 정책만으로도 이용량 확대를 통한 기술 혁신과정과의 연관이 없어지게 된다. 이용량 확대, 그 자체에 인센티브를 부여함으로써 양자가 결합한다. 기술개발 정책, 설비설치 정책은 이용량 확대 정책이 부가됨에 따라 본래의 목적을 충분히 달성할 수 있다.

그러면 여기서 이용량 확대 정책에 있어서의 이용량과 가격에 대해서 보다 자세히 살펴보자. [그림 5-5]는 기존 기술과 재생에너지 기술의 관계를 나타낸 것이다. 여기서는 먼저 발전기술을 상정한다. 그림에서는 세로축을 발전단가, 가로축을 이용량으로 한다. 그런데 기존 기술은 이미 기술 혁신과 보급을 끝마친 상태이기 때문에 향후 보급이 진행된다고 하더라도 발전단가는 낮은 수준에서 거의 일정하게 유지될 것으로 보인다.

반대로 재생에너지 기술은 기술 혁신과정이 끝나지 않은 상태이기 때

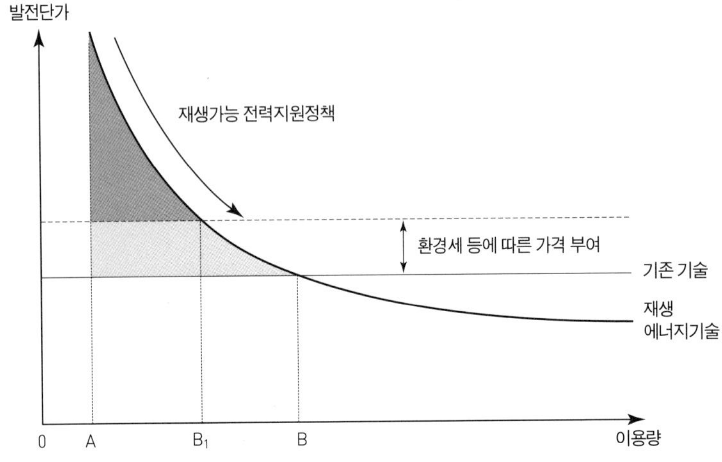

자료: Stern(2006) p.408의 그림을 일부 수정.

[그림 5-5] 지원정책에 의한 비용저감 효과

문에 보급이 진행될 때까지는 기존 기술에 비해 발전단가가 높게 나타난다. 일반적으로 이용량이 증가하면 규모의 경제 및 기술적 피드백의 영향으로 발전단가가 낮아질 것이므로 재생에너지 기술의 발전단가곡선은 우하향하는 곡선을 그리게 된다.

이 때 점 B를 넘어서면 기존 기술에 비해 재생에너지 기술의 발전단가가 보다 저렴해져 시장에서 경쟁력을 얻게 된다. 기술에 따라서는 현재 시점에서 점 B에 이르는 장기간을 필요로 할지도 모른다. 또한 재생에너지 기술의 곡선이 기존 기술의 곡선과 교차하지 않을 가능성도 있다.

예를 들어 탄소세와 배출권거래가 도입되면 기존 기술의 발전단가에 탄소 사용에 대한 가격이 더해져 화석연료 등을 이용한 기존 기술의 발전단가 곡선은 그만큼 위로 이동하게 된다. 따라서 재생가능 전력의 발전단가 곡선과의 교차점은 점 B에서 점 B_1으로 이동한다. 그러나 일정한 가격이 부여되었다고 하더라도 재생가능 전력의 발전단가에 상응하는 충분한 가격 책정이 이루어지지 않으면 재생에너지 기술은 B_1에 다다르지 못한다. 이 경우, 재생에너지 기술의 경쟁력은 없어지게 된다. 따라서 이용량 확대정책을 실시하여 A에서 B 내지는 B_1에 도달할 때까지 이용량을 확대할 필요가 있다.

여기서 문제가 되는 것은 A에서 B(혹은 B_1)에 도달할 때까지 이용량을 확대하는 데 필요한 비용부담을 어떻게 할 것인가 하는 것이다. 신기술을 보급하는 데 필요한 총비용은 그림의 사선 부분에 상당한다. 사선 부분의 비용은 기술도입과 기술개발이 예상한 대로 잘 진행될지 여부가 불확실한 단계에서 부담해야 한다.

일반적인 기술이라면 사선 영역의 비용은 당해 기술을 이용하여 선도적으로 생산하는 사업자가 부담한다. 그러나 기술혁신이 진전됨에 따라 얻어지는 이익(이 경우, 환경보전 이익)이 광범위한 재생에너지 기술의 경우에는 사선 부분을 일부 선구자에게 부담시키는 것만으로는 단기간에 보급되는 것을 기대할 수 없다. 따라서 이 부분을 사회적으로 부담하게 함으로써 A에서 B(혹은 B_1)로 이행시키기 위한 정책이 필요하다. 이 경우, 사선 부분의 비용부담제도의 설계방식도 이용량 확대 정책에 있어서 중요한 요소가 된다.

이용량 확대 정책은 오늘날의 재생에너지 정책의 중심적 역할을 담당하고 있는데 충분한 효과를 가질지 여부는 구체적인 제도설계 방법에 달려 있다. 이상에서 살펴본 바와 같이 기술개발 정책, 설비설치 정책, 이용량 확대 정책을 적절히 조합하는 것, 특히 이용량 확대 정책을 적절히 구현하는 것이 폭발적인 보급을 위한 열쇠가 된다. 개별 정책의 구체적인 내용에 대해서는 다음 절에서 검토하기로 한다.

5. 재생에너지 정책의 구체적 수단

이 절에서는 세계에서 실시되고 있는 정책수단의 개요에 대해 설명하고자 한다. 여기서는 1990년대 이후 새롭게 실시되어 일정 정도의 효과를 거두고 있는 정책 · 제도에 대해서 살펴본다. 구체적으로는 〈표 5-1〉에서 *가 붙어 있는 지원정책(고정범위제, 고정가격제, 경쟁입찰제), 거래 가능한 재생에너지 증서(TGC: Tradable Green Certificate), 생산세공제, 정책감세, 넷 미터링, 그린요금, 그린전력 구입, 그린전력 증서, 그린전력 기금, 시민공동발전 등을 들 수 있다. 이하에서는 먼저 이들 정책의 개요에 대해서 설명한다.

1) 지원정책의 세 가지 유형

1990년대부터 각국에서 실시해 온 보급정책으로는 고정범위제(quota

obligation, 재생에너지 포트폴리오 기준[RPS: Renewable Portfolio Standard]이라고도 한다), 경쟁입찰제(biding scheme), 고정가격제(FIT: Feed-in Tariff, 고정가격 매입제도, 전력매입 보상제라고도 한다)가 있다. 특히 고정범위제, 고정가격제는 현재 세계의 지원정책의 중심이 되고 있다.

이 두 정책은 기본적으로 서로 다른 사고방식에 의해 형성되어 있다. 다음 장 이후부터 이들 제도의 기본적인 개념과 현실에 대해서 사례를 들어 가면서 논할 것이나 이하에서는 먼저, 그 내용과 특징에 대해 간략히 정리해 두고자 한다.

(1) 고정범위제

고정범위제는 먼저, 사전에 '양'을 정하고 사후에 '가격'이 정해지는 제도라 할 수 있다. 구체적인 내용은 실시되는 국가나 지역에 따라 다르지만 다음과 같은 공통된 틀을 따르고 있다. 먼저, 정책당국자에 의해 재생가능 전력의 최소 도입 목표량이 정해진다. 다음으로 의무이행자(대개의 경우, 기존의 전력공급 사업자나 송전망을 관리하는 계통운영자)에 대해 이용 전력량의 일정 비율 또는 일정 금액을 재생가능 전력에 의해 충당토록 의무화한다. 의무를 준수하지 않은 의무이행자에게는 벌금이 부과되는 경우가 많은데 일본에서와 같이 벌금액이 적으면 효과가 없다. 의무이행자가 의무를 충족시키기 위한 수단으로는 여러 가지가 있는데 의무이행자 스스로가 재생가능 전력의 발전을 하거나 상대거래를 통해 개별적으로 계약을 체결해도 되고, 재생가능 전력 시장에서 전력을 구입해도 되는 경우가 많다. 또한 TGC가 발급되어 재생 가능하다는 속성만 거래 가능해진다면 이 증서를 구입하여 의무를 달성할 수 있게 된다. 단, TGC와 같은 허가증이 발급되지 않는 고정범위제도 있다.

이상과 같이 먼저 도입 목표 '양'이 정해지고 사후에 시장을 통해 재생가능 전력 또는 TGC의 '가격'이 결정되는 것이 고정범위제이다. 시장가격은 항시 변동하기 때문에 재생가능 전력을 생산하는 발전사업자(이하 재생가능 전력 발전사업자)에게는 가격 리스크가 큰 것이 특징이다.

(2) 경쟁입찰제

경쟁입찰제는 고정범위제와 마찬가지로 먼저, 정부에 의해 도입 목표 '양'이 정해진다. 이 점에서는 고정범위제와 공통된다. 의무이행자에 대해서 재생가능 전력 도입 목표량이 할당되는 것도 고정범위제와 같다. 고정범위제와 다른 점은 재생가능 전력의 '가격'이 시장에서가 아닌 경쟁입찰에 의해 결정된다는 것이다. 경쟁입찰은 재생가능 전력 발전사업자가 공급가능한 양과 가격을 제시하여 거래에 참여한다. 재생가능 전력 발전사업자는 경쟁입찰에서 정해진 가격으로 일정기간 동안 일정 가격으로의 매입이 보장된다.

이상과 같이 도입 목표 '양'이 정부에 의해 정해진 다음 재생가능 전력 발전사업자를 대상으로 한 경쟁입찰을 실시하여 '가격'을 결정짓는 것이 경쟁입찰이다. 낙찰되면 장기적으로 가격이 안정되지만 낙찰될지 여부는 사전에 알 수 없기 때문에 이것이 재생가능 전력 발전사업자에게는 사업 리스크로 작용하게 된다.

(3) 고정가격제

고정가격제는 고정범위제, 경쟁입찰제와는 큰 차이가 있는데 먼저, 재생가능 전력의 '가격'을 결정하고 사후에 도입 '양'이 정해지는 구조로 되어 있다. 구체적으로는 정부가 재생가능 전력의 매입가격을 결정한 다음 의무이행자에 대해 이 가격으로 재생가능 전력을 매입하도록 의무를 부여한다. 이 제도의 목적은 전력의 매입가격을 장기간에 걸쳐 고정해 둠으로써 재생가능 전력 발전사업자의 리스크를 줄이는 데 있다.

이상과 같이 고정가격제에서는 '가격'이 정부에 의해 결정되고 '양'은 사후에 정해진다는 특징이 있다. 재생가능 전력 가격에 대한 리스크가 없어지기 때문에 재생에너지 발전사업자의 경영이 안정된다.

2) 기타 재생에너지 정책

현재에는 지원정책 이외에도 다양한 재생에너지 정책이 있다. 여기서는 주요 정책의 내용에 대해서 간략하게 설명한다.

(1) 정책 개입을 수반하는 제도

① 발전량 보조금(생산세공제)－발전사업자에게 발전량에 따라 보조금을 지급하는 제도를 말한다. 1994년 이후 미국 연방정부 차원에서 실시되고 있는 생산세공제(product tax credit)는 재생에너지 설비에 의해 획득한 전력에 지급되고 있으며 도입 당초 공제액이 1.5센트/kWh였으나 2007년 현재에는 인플레이션율을 고려하여 2센트/kWh로 되어 있다.

재생에너지 설비는 연료 등의 운전비용이 낮은 데 반해 고정자본의 비율이 높은 특징을 가지고 있다. 이러한 특성상 정부에 의한 투자 보조금이 지급되어 왔다. 그러나 발전량에 따른 보조금 지급이 발전 자체에 대해 인센티브가 주어지는 것이기 때문에 재생가능 전력 발전공급량을 증가시키는 데는 보다 효과적이라 할 수 있다. 이를 더욱 발전시켜 발전에 소요된 비용 전체를 충당하는 수준으로 보조금 수준을 인상하게 되면 고정가격제가 된다.

② 정책감세－재생에너지 보급을 목적으로 실시되는 각종 정책감세(tax incentive)를 말한다. 구체적으로 예를 들면 재생에너지에 대한 각종 에너지 관련 세금의 면제 및 환금(tax refund), 부가가치세율 인하, 재생에너지 설비에 대한 감세・면세조치 등이 있다.[105] 정책감세는 재생에너지의 상대적인 경쟁력을 높이거나 투자를 증대시키는 효과가 있다. 이 정책은 실시가 비교적 용이하기 때문에 널리 행해지고 있다.

---

105) Huber et al., 2001.

(2) 자발적 노력에 의한 제도

① 넷 미터링－이 제도는 가정용 주택의 지붕에 설치된 태양광 발전 등으로 부터 전력회사가 잉여 전력을 구입하기 위해서 만들어진 것으로서 일본과 스페인, 미국의 각 주를 포함해 수많은 나라에서 실시되고 있다.

일본에서는 전력회사의 자발적 노력으로 1992년 4월부터 '잉여전력구입 메뉴' 가 실시되고 있었다. 내용은 태양광 발전, 풍력 발전 등의 발전전력에 대해서 판매하고 있는 전기수급계약종별 전력요금 단가로 구입하는 것으로 되어 있다. 매전을 희망하는 발전설비 설치자는 잉여전력 판매를 염두에 두고 계통연계기술요건 가이드라인에 따라 전력회사와 협의하여 역조류가 있는 계통연계를 실시하면 전력회사에게 잉여전력을 판매할 수 있다. 전력회사의 매전가격은 전력회사, 계절, 전기공급 계약단가에 따라 다르지만 주택에 설치된 소규모 태양광 발전의 경우, 2009년 10월까지는 전기요금 단가에 상당하는 수준이었다. 2009년 11월부터 도입된 일본형 매입제도는 법률에 규정된 것으로서 매입가격도 대폭 인상되었으나 잉여전력을 매입대상으로 하고 있는 점은 '잉여전력구입메뉴' 와 공통된다.

② 그린요금, 그린전력 구입, 그린전력 증서－이들 제도의 기본적인 개념은 지급의사액이 높은 소비자에게 재생가능 전력을 일정 프리미엄을 붙여서 판매하는 것이다.

그린요금은 전력요금에 추가적으로 지불하는 재생가능 전력에 대한 프리미엄으로 재생가능 전력의 요금이다. 그린전력 구입은 독일과 미국, 영국에서처럼 재생에너지만으로 발전된 전력이 판매되고 있을 때 가능하다. 이 경우, 소비자는 재생에너지만을 취급하는 전력회사와 계약하면 재생가능 전력만을 구입할 수 있다. 그린전력 증서는 일본의 전력회사가 별도의 회사로 설립한 자연에너지펀드와 같이 독립적인 기업이 재생가능 전력의 재생가능 속성만을 상품화하여 증서로 만들어 판매하는 것이다. 이러한 증서는 유럽에서도 발행되고 있다.

③ 그린전력 기금, 시민공동발전－이들 제도는 재생가능 전력 발전설비를 설치하는 자발적 노력을 말한다. 자금조달은 기부 또는 출자의 형태를 취하고 있다. 예를 들면 일본의 '교토그린펀드' 의 활동은 시민에 의한 그린전력 기금이라 할 수 있는데 회원의 성금을 모아 태양광 발전설비를 설치하고 있다. 어디까지나 기부에 의한 것이기 때문에 수익은 자금제공자에게는 환원되지 않는다. 또한 일본의 전력회사가 2001년에 자발적으로 도입한 '그린전력 기금' 은 이를 대규모화한 것으로서 소비자의 기부를 매월 1계좌당 500엔에 모집하고, 여기에 전력회사의 기부금을 더한 재원으로 재생에너지 설비를 설치하고 있다. 소비자에 대해서는 인증라벨(그린라벨)이 지급된다.

시민공동발전은 특정 재생에너지 설비(풍력 발전 설비, 태양광 발전설비 등)를 설치함에 있어서 일반 시민으로부터 출자를 널리 모집하여 일정기간 동안 출자금에 상응한 손익이 배분되는 방식이다. 일본에서는 대개의 경우 익명조합계약이 이용되고 있다.

이상과 같은 자발적 노력에서는 전력회사 혹은 관련회사가 자발적으로 소비자의 지급의사에 상응한 계획을 준비하고 독자적인 재생에너지 관련 상품을 개발한다든지 일반 시민이 기부와 투자 등을 하고 있다. 이에 따라 지급의사액이 높은 소비자, 시민으로부터의 자금조달이 이루어진다.

반면, 이들 자발적 노력은 사람들의 지급의사에 의존하고 있다. 굳이 추가적인 비용지불을 마다하지 않는 소비자와 시민을 위한 것이기 때문에 이 제도만으로 재생에너지 보급을 대규모로 진행시키기는 어렵다. 또한 만들어진 사업이 계속되기 위해서는 정책적 지원도 필요하다. 예를 들어 시민공동 발전방식으로 풍력 발전소를 건설한다 하더라도 발전비용에 상응하는 가격으로 매각할 수 없다면 채산이 맞지 않아 사업으로서 존립하지 못하게 된다. 즉, 적절한 정책이 있을 때 비로소 자발적 노력의 효과도 커지는 것이다

3) 재생에너지 정책의 환경정책상 의미

지금까지 살펴본 재생에너지 정책을 환경정책의 하나로 파악한 경우에 다음과 같은 새로운 특징을 가지고 있다. 이는 재생에너지 정책을 기존의 환경정책의 좁은 틀 안에서는 전부를 파악할 수 없는 것으로 보고 있어 대담한 제도개혁을 실시함에 있어서도 중요한 시점이다.

첫 번째 특징은 환경영향이 없는(또는 아주 작은) 기술 보급을 통해 환경 문제를 해결하고자 하는 점이다. 기존 환경대책의 대부분은 사전에 오염대책을 강구하는 경우라 할지라도 당해 오염자가 자신의 시설에 부가적으로 오염방제장치 등의 말단 처리장치를 부가 설치하는 것이었다. 반면, 보급정책은 당해 오염자의 대책이 아닌 환경부하를 주지 않는 신규의 경제주체의 창출을 겨냥한 것으로서 경제정책으로서의 의미를 가지고 있다. 또한 동시에 혁신적인 기술을 보급시켜 기존의 에너지 공급방식 자체를 근본적으로 변혁시키고자 하고 있다. 즉, 신규의 경제주체 지원을 통해 혁신적인 기술을 기반으로 한 경제를 구축하고자 하는 경제정책으로서의 의미도 있다. 이러한 점에서 보급정책은 이제까지는 없었던 새로운 환경경제정책의 한 종류라고 할 수 있다.

둘째, 환경상의 요청에 따라 시장의 실패를(시장을) 보정하고 있는 점이다. 전술한 바와 같이 재생에너지는 시장가격이 기존의 에너지보다 높아 시장에 맡겨 두어서는 보급 가능성이 거의 없다. 그러나 지구환경의 유한성 측면에서는 대폭적인 보급이 요구되고 있어 이러한 환경적 요구에 근거해 시장가격의 서열을 보정하고 있는 정책이다. 이는 미야모토 켄이치가 언급한 사회적 사용가치론적 시책이라 할 수 있다.[106]

이상에서 살펴본 바와 같이 재생에너지 정책은 환경정책으로서도 혁신적인 역할을 담당하고 있다. 지속가능한 사회를 향한 기반정비는 재생

---

106) 宮本(1981), pp.306-310.

에너지 분야에 한정된 것이 아니라 향후 다른 분야에서도 기반정비를 위한 정책 전개가 이루어지게 될 것으로 생각된다.

6. 요약 및 정리–재생에너지 정책을 경제정책의 중심에 두자

IPCC 제4차 평가보고서에 나타난 과학적 견해에 따르면 기온상승을 멈추게 하기 위해서는 중장기적으로 볼 때 머지않은 시일 내에 세계의 온실가스 순 배출량을 제로로 만들어야 한다. 그런 의미에서 CO_2를 배출하지 않는 재생에너지의 필요성은 향후 줄어드는 일 없이 한층 더 중요시될 것이다. 실제로 온난화 방지 정책으로 세계 각국에서는 재생에너지 정책, 그 중에서도 특히 지원정책을 적극적으로 추진하게 되었으며 그것이 현재의 재생에너지의 일대 붐을 일으키고 있다. 재생에너지의 이용량은 계속해서 증가하고 있다.

이용량 확대는 재생에너지 정책의 추진 의미 자체까지도 바꾸고 있으며 점차 환경정책에서 경제정책으로서의 성격이 강화되어 왔다. 그 전형적인 사례가 유럽, 특히 독일에서 확인되고 있다. 독일은 한편으로는 원자력 발전의 단계적 폐기를 내세우면서 다른 한편으로는 온실가스의 대폭적인 배출삭감을 추진하고자 하고 있다. 이 때 에너지의 핵심이 되고 있는 것이 재생에너지이며, 여기에 미래의 독일 경제와 사회 기반을 재생에너지에 두려고 하고 있다. 미국 오바마 정권의 기본 경제정책에서도 나타나 있듯이 중장기적으로 보면 세계는 이와 같은 방향으로 진행해 나가지 않을 수 없다.

일본에서도 늦게나마 2009년 11월에 태양광 발전을 대상으로 한 매입제도가 시작되었다. 가까스로 시작된 제도로 주목받고 있는 단계이지만 이 제도는 운용해 나가면서 제도개선을 하면 큰 효과를 거둘 수 있다. 어쨌든 재생에너지 보급을 추진하는 것은 중장기적으로 한 나라의 산업 방향성을 결정짓는 가장 기본적인 경제정책의 전략적 목표가 되고 있다.

재생에너지의 이용을 대폭적으로 추진해 나가는 데 있어서는 재생에너지 정책을 조합하는 것이 핵심이다. 효과적으로 정책을 펴기 위해서는 재생에너지 정책의 실천 사례로부터 교훈을 이끌어 내고 이를 바탕으로 정책을 수립해 나갈 필요가 있다.

06 미국 텍사스 주에서 풍력이 성장하는 이유

— 고정범위제의 성공사례 —

고정범위제는 국가차원에서는 일본을 비롯한 호주, 중국, 이탈리아, 폴란드, 스웨덴, 영국 등 7개 국가와 주(州) 등의 지방정부차원에서 실시되고 있는 미국, 캐나다, 인도 등을 포함하면 2007년까지 적어도 49개 국가 및 지역에서 재생에너지 지원정책으로 실시되고 있다.[107)]

고정범위제는 제9장에서 살펴보는 바와 같이 EU의 재생에너지 관련 지침을 책정하는 과정에서도 전력 자유화에 정합하는 제도로 유럽위원회가 강하게 지지했던 제도이다.

그러나 재생가능 전력 보급이라는 측면에서 보면 제8장에서 분석하는 고정가격제에 비해 효과가 작기 때문에 과제가 많은 제도로도 인식되면서

107) Renewable Energy Policy Network for the 21st Century, 2009; 이외에 IEA에 의해서도 정책에 관한 조사가 이루어져 데이터베이스화되어 있으나 Renewable Energy Policy Network for the 21st Century(2009)와는 다르다. 이는 지방 차원에서 실시되고 있는 것이 포함되어 있지 않거나 고정범위제에 관한 정의가 명확하지 않거나 하기 때문이다. 양쪽 모두 기준으로 생각하는 편이 바람직하지만 고정가격제와 함께 널리 이용되고 있는 정책인 것임에는 틀림없다. 또한 IEA 데이터베이스는 http://www.iea.org/textbase/pm/grindex.aspx 참조.

일본의 환경보호단체나 관련 단체로부터는 지지를 받지 못하고 있다.[108)] 한편, 미국의 고정범위제는 전력 자유화의 흐름 속에서 재생가능 전력업계와 환경보호단체가 제안한 제도로서 일본에서의 맥락과는 다른 특징을 보이고 있다. 또한 고정범위제를 도입한 미국의 경우, 성공을 거둔 주도 존재하고 있어 제도설계가 적절히 이루어진다면 보급에 공헌할 수 있을 것으로 생각된다.

이에 제6장에서는 고정범위제의 기본 구조와 특징을 파악한 다음 고정범위제 중에서 가장 성공한 미국 텍사스 주의 사례를 예를 들어[109)] 텍사스 주에서는 어떤 점이 성공하고 있는지와 성공한 이유에 대해서 살펴본다. 나아가 텍사스 주가 안고 있는 문제점 파악을 통해 고정범위제가 지닌 한계에 대해서도 고찰하고자 한다.

1. 고정범위제란 무엇인가

1) 고정범위제의 기본 구조

이 장에서 말하는 고정범위제는 Renewable Portfolio Standard와 Renewable Electricity Standard, Obligatory RES-E Minimum Quota, Quota

108) 일본의 고정범위제(RPS법)는 재생에너지의 보급지원정책으로서 문제가 많아 오히려 보급을 방해하고 있다. 이에 관한 문제점의 개요에 대해서는 서장에서 언급한 바와 같다. 또한, 상세한 내용에 대해서는 서장의 각주 10에서 사례로 든 참고문헌을 참조할 것.

109) 고정범위제가 정해진 이후의 텍사스 주의 재생가능 전력 설비 용량은 증대되어 2006년 캘리포니아 주를 제치고 누적설치용량에서 1위가 되었다. 2007년 현재 4,446MW이다. 또한 2007년 한해만 보더라도 텍사스 주의 설치량은 1,708MW로 미국에서 1위를 차지하였으며, 2위 콜로라도 주 776MW를 크게 앞지르고 있다 (Wiser and Bolinger, 2008).

Obligation System, Renewable Energy Target, Mandatory Renewable Energy Target이라고도 불리고 있으며 일반적인 호칭은 없다.[110] 미국에서는 일반적으로 Renewable Portfolio Standard(RPS: 재생에너지 · 포트폴리오 기준)로 불린다. 지역에 따라 고정범위제의 구체적인 내용은 다르지만 다음과 같은 공통된 기본 개념에 따르고 있다.

먼저, 정책당국자에 의해 재생가능 전력의 최소한의 도입 목표와 목표연도가 정해진다. 이 때, 제도의 대상이 되는 재생가능 전력의 종류에 대해서도 정해진다. 도입 목표에 다음과 같은 유형이 있을 수 있다. 즉, 첫째, 총발전량에서 차지하는 비율, 둘째, 재생가능 전력량 자체, 셋째, 재생가능 전력 설비 용량이다.

다음으로 의무이행자에 대해 전력량의 일정 비율 또는 일정량을 재생가능 전력으로 충당하도록 하는 의무가 부여된다. 이 장에서는 각각의 의무이행자에 대해 할당된 도입 목표를 할당 목표로 표기한다. 의무이행자가 되는 것은 경우에 따라 다른데 여기에는 소매 전력 공급업자, 발전사업자, 소비자 등이 있다.[111] 할당 목표를 달성하지 못한 경우에는 의무이행자에 대해 벌금이 부과되는 경우가 많다. 단, 네덜란드와 미국의 일부 주에서처럼 노력 목표 내지는 자발적 목표로 할당 목표가 설정되는 경우에는 벌금이 부과되지 않는다. 의무이행자는 할당 목표를 달성하기 위해 스스로가 재생가능 전력 발전을 해도 되고 상대거래를 통해 개별적으로 계약을 체결하거나 재생가능 전력시장에서 전력을 구입해도 된다. 또한 후술하는 거래가능한 재생에너지 증서(Tradable Green Certificate: TGC)를 발급받게 되면 TGC를 구입해도 된다. 고정범위제는 재생가능 전력에 대한 수요를 인위적으로 만들기 때문에 수요창출형 정책이라고 할 수 있다.

110) Espey, 2001; van der Linden et al., 2005.

111) Langniss and Wiser, 2005; van der Linden et al., 2005.

고정가격제에서는 정책당국자에 의해 가격이 결정되는 데 반해 고정범위제에서는 먼저 도입 목표가 정해지고 가격은 사후에 결정된다. 가령, 규제당국에서 한계비용함수를 정확히 파악하고 있다고 한다면 이론적으로는 고정가격제나 고정범위제가 모두 똑같은 효과를 가진다. 이는 환경세와 배출권거래의 관계와 유사하다. 즉, 고정가격제와 동일한 도입 목표가 설정되어 있으면 최종적으로 결정되는 재생가능 전력 가격은 고정가격제 하에서의 매수가격과 같아진다.

[그림 6-1]은 이러한 구조를 단순화시켜 설명한 것이다. 가로축은 도입량, 세로축은 가격, *C*는 재생가능 전력의 한계비용곡선이라 가정한다. 이 경우, 도입 목표를 *q*로 설정하면 재생가능 전력가격은 *t*가 된다. 반대로 고정가격제의 경우에는 *t*가 정부에 의해 정해지고 *q*가 그 이후에 결정된다.

고정범위제하에서는 *q*를 적절한 수준으로 정하는 것이 성공의 관건이 된다. *q*가 기술수준에 비해 너무 크면 공급이 따라가지 못해 재생가능 전력가격이 폭등한다. 반대로 *q*가 너무 작으면 재생가능 전력 공급량이 *q*를 상회하여 재생가능 전력가격이 침체하고 동시에 보급지원으로서의 의미를 잃는다. 따라서 적절한 수준으로 도입 목표를 설정할 필요가 있다. 도입 목표는 사업자의 투자금 회수에 관한 정보를 정확하게 제공하기 위해

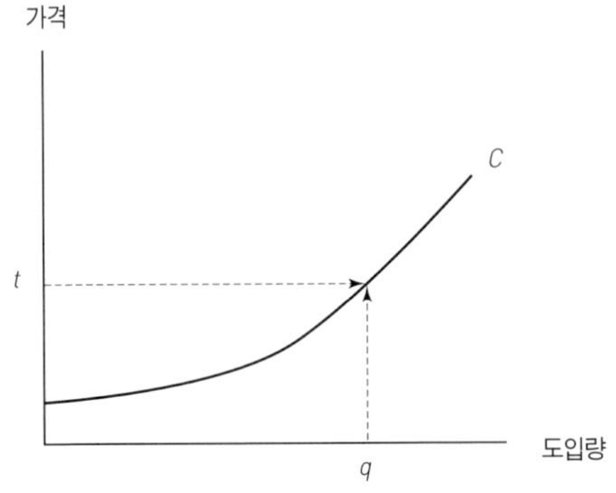

자료: Menanteau et al. (2003) p.802, Fig.1을 수정.

[그림 6-1] 고정범위제의 기본 구조

서 장기 목표도 포함시킬 필요가 있지만 미래의 기술발전을 예측하여 사전에 설정하는 것은 쉽지 않다.

또한 고정범위제는 도입비용의 최소화를 이끌어 낸다. [그림 6-2]에서 재생가능 전력 발전사업자 A, B가 있고, 이들은 각자 발전 사업을 실시하여 각각의 한계비용곡선이 C_a, C_b 를 나타내고 있다고 가정하자. 정책당국자는 도입 목표 ($2q$)에 상응하는 할당 목표 q를 사업자 A, B에 균등하게 설정한다고 하자. 할당 목표가 q인 경우에 사업자 A의 한계비용은 p_A, 사업자 B의 한계비용은 p_b이다. 이 때, A와 B 사이에서 재생가능 전력의 거래를 실시함으로써 경제적 효율성을 높일 수 있다.

그림과 같은 경우, 사업자 A는 조건이 나쁘고, 할당 목표 q에서 B보다 한계비용이 높다. 이 때, 사업자 A는 할당 목표 q를 달성하는데 재생가능 전력 $q-q_A$를 다른 사업자로부터 가격 p에서 구입하는 편이 합리적이다. 반대로 사업자 B는 재생가능 전력의 조건이 좋기 때문에 q_B 까지 재생가능 전력 발전량을 증대시켜 초과달성분 q_B-q를 사업자 A에게 가격 p에서 매각하는 편이 낫다. 이와 같이 시장이 설정되면 각 사업자의 한계비용이 균등하게 되어 효율적인 목표달성이 가능하다. 이 때, 경제 전체적으로는 사업자 A의 발전량 q_A와 사업자 B의 발전량 q_B를 얻게 됨으로써

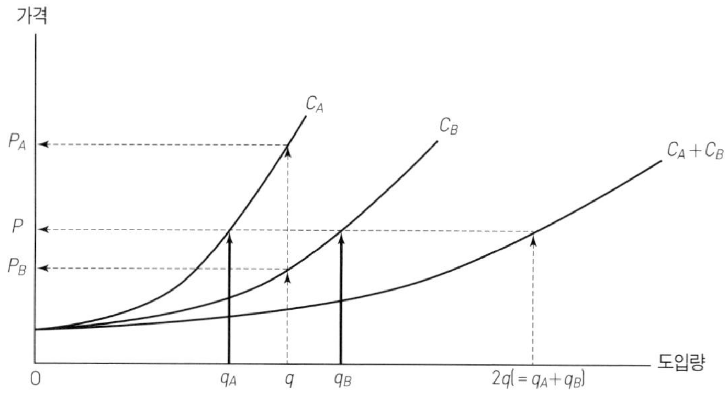

자료: Menanteau et al. (2003) p.803, Fig.3을 수정.

[그림 6-2] 고정범위제에 의한 도입비용 최소화

도입 목표 $2_q(=q_A + q_B)$가 달성된다.[112)]

물론, 규제당국자가 사업자 A, 사업자 B에 대해 처음부터 할당 목표 q_A, q_B를 설정함으로써 고정범위제와 동등한 정도의 효율성을 달성하는 것도 가능하다. 그러나 이를 위해서는 사업자 A, B 각각의 한계비용곡선을 정확히 알고 있어야 한다. 일반적으로 규제당국자는 이러한 정보를 확보하기 어렵다.

2) 신규 진입 효과와 도입 목표 설정

고정범위제가 실시되어 재생가능 전력 시장이 확대되면 신규 진입자가 증가한다. 이 때 효과는 고정범위제와 고정가격제에 따라 달라진다. 여기서는 고정범위제에 대해 살펴보자.

[그림 6-3]에 나타낸 바와 같이 여기서는 어떤 시점에서 도입 목표가 q_0로 설정되어 있는 경우를 상정한다. 이 경우에서는 발전단가가 서로 다른 재생가능 전력 발전사업자 A, B, C, D가 발전 사업을 하고 있다고 가정한다. 이 때, 수급 균형의 변화에 따른 단기적인 시장가격의 변동에 대해 무시한다면 재생가능 전력시장에서의 가격은 도입 목표 q_0에 대응하는 t_0에서 정해진다.

이 경우, t_0보다 낮은 가격에서 발전가능한 발전사업자 E가 신규로 진입했다고 하자. 그러면 도입 목표 q_0가 유지되는 한 E보다 발전단가가 높은 발전사업자 D의 전력과 발전사업자 C의 일부 전력은 시장에서 배제된다. 동시에 재생가능 전력가격은 t_0에서 t_1으로 저하된다. 즉, 고정범위제 하에서는 신규 진입 효과는 재생가능 전력가격의 저하로 나타난다.

물론, 도입 목표 q_0가 신규 진입량에 맞추어 q_1으로 개정된다면 기존 사업자가 배제되는 경우는 발생하지 않는다. 그러나 이를 사전에 적절히

112) Menanteau et al., 2003, pp.803-804.

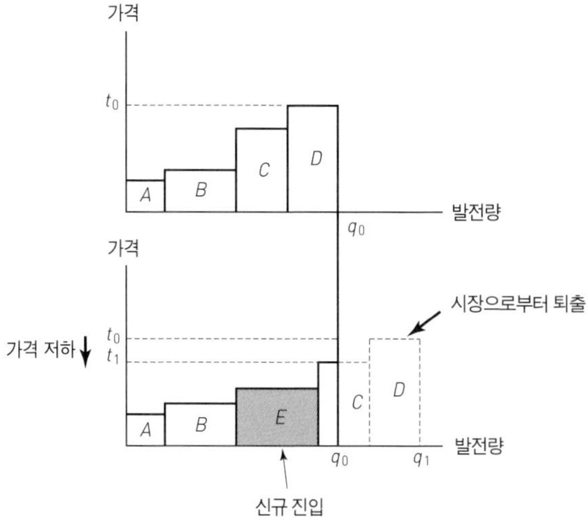

자료: 필자 작성.

[그림 6-3] 고정범위제하에서의 신규 진입 효과

설정하는 것은 어렵다. 앞서 언급했듯이 도입 목표가 너무 크면 가격은 폭등하고 반대로 너무 작으면 가격이 하락하는 것 외에도 도입 목표로서의 의미를 잃는다. 즉, 고정범위제를 실시하는 한 적절히 도입 목표를 계속 확대해 나가야 하지만 그것이 어렵기 때문에 문제를 발생시키기 쉽다.

신규 진입 효과가 재생가능 전력의 가격하락으로 나타나는 측면을 사업자의 입장에서 보면 사업자는 신규 진입으로 인해 시장에서 퇴출당할 위험이 항시 존재하게 된다. 물론 앞서 언급한 바와 같이 시장으로부터의 퇴출을 방지하기에 충분한 도입 목표의 확대가 매년 이루어지면 이러한 영향은 억제할 수 있다. 그러나 현실에서는 목표 연도가 비교적 단기에 정해지고 도입 목표는 고정되어 있다. 따라서 위에서 설명한 것과 같은 신규 진입 효과가 나타나기 쉽다. 이러한 일은 신규 진입 의사를 지닌 사업자에게 경영상의 리스크가 큰 것으로 비춰져 오히려 재생에너지 보급을 방해하는 경우가 있다.

3) 거래가능한 재생에너지 허가증과 시장

고정범위제는 모든 국가에서 동일하지는 않지만 TGC가 보완적으로 도입되는 경우가 많다. TGC는 재생가능 전력 중 환경파괴를 일으키기 어려운 에너지에 의해 획득하였다는 속성을 전력으로부터 분리하여 전력과는 별개로 매매가능한 증서로 설명되는 경우가 많다([그림 6-4] 참조). TGC는 실제로는 재생가능 전력과 기존 전력 간의 비용차이를 증서화한 것이다. 이는 재생가능 전력가격과 기존 전력의 가격 간 차이에 상당한다. 이를 의제적(擬制的)으로 재생가능하다고 하는 가치로 삼고 있는 것이다.

한편, TGC를 발행하고 전력과는 별개로 유통시키게 되면 재생가능 전력의 발전에 필요한 추가 비용이 명확해져 원활한 거래가 가능해진다. 시장에서 활발한 거래가 이루어지면 TGC 가격이 평준화되어 비용효과적인 도입 목표 달성을 실현할 수 있다.[113] 이와 함께 TGC를 사용하게 되면 규제당국이 시장에서의 거래를 추적하는 일도 비교적 쉬워진다.[114] 이상과

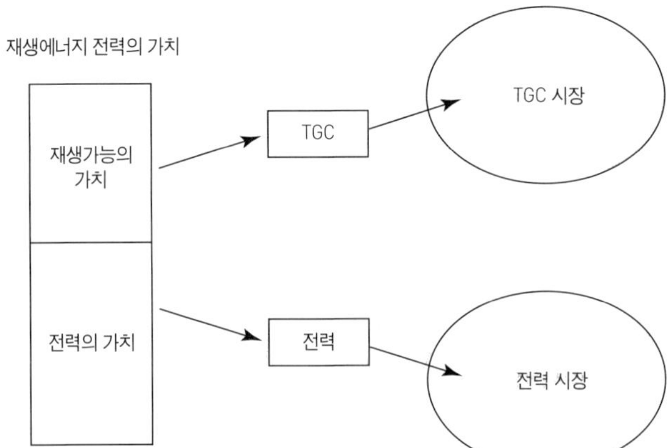

자료: 필자 작성.

[그림 6-4] 재생가능 전력과 TGC

113) 中島, 2005.

114) Langniss and Wiser, 2005.

같이 일반적으로 TGC가 발행됨과 동시에 TGC 시장이 형성되어 TGC를 둘러싼 구입자와 판매자 간 경쟁이 이루어진다. TGC는 시장에 환경배려를 내재화시키기 위한 수단이라고도 할 수 있다.

TGC가 도입되면 2개의 시장이 형성되기 때문에 고정범위제의 구조가 약간 달라진다. [그림 6-5]에서 재생가능 전력의 한계비용을 C, 도입 목표를 q로 표시하면 전력가격은 t_e, TGC 가격은 $t-t_e$가 된다. 전력가격 및 TGC 가격은 각각의 시장의 수급균형 상태에서 결정된다. 이와 같이 고정범위제하에서 TGC를 도입하면 2개의 시장에서 가격이 결정되기 때문에 재생가능 전력 발전사업자에게 있어서는 사업 리스크가 한층 더 높아진다고 할 수 있다. 재생가능 전력의 추가 도입 비용은 TGC의 총액, 즉 $(t-t_e) \times q$가 된다.

구체적으로 TGC는 [그림 6-6]과 같은 형태로 거래가 이루어진다. 할당목표를 설정받는 의무이행자의 대다수는 소매 전력 공급업자이다. 스웨덴과 1998년 덴마크에서 제기된 제도 안에서처럼 전력 소비자에게도 의무를 부과하는 경우도 있다.[115] 의무이행자는 판매전력 중에서 당국이 정하는

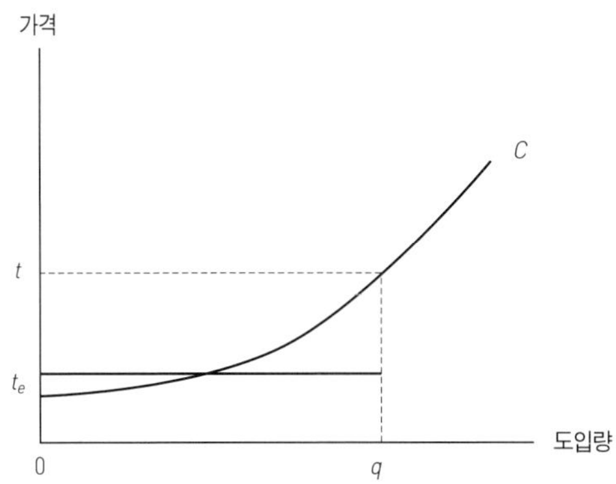

자료: Huber et al.(2004) p.12.

[그림 6-5] TGC를 도입 시 고정범위제

115) Meyer and Koefoed, 2003.

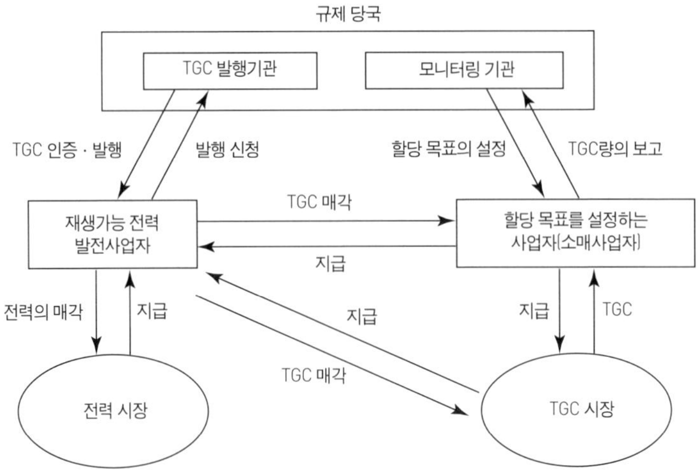

자료: van der Linden et al. (2005).

[그림 6-6] TGC를 동반한 고정범위제 구조

비율의 전력에 상당하는 TGC의 보유가 의무화된다.

의무이행자는 TGC만 구입해도 되고 TGC와 전력을 합쳐서 구입해도 된다. 또한 재생가능 전력 발전사업자로부터 상대거래로 TGC를 직접 구입해도 되고 TGC 시장이나 전력 시장에서 구입해도 된다. 재생가능 전력 발전사업자로부터 직접 구입하는 경우에는 단기계약의 경우도 있고 장기계약의 경우도 있을 수 있다.

의무이행자는 규제당국이 정하는 준수기간 말기에 TGC를 보유하고 있는지를 보고하고 규제당국으로부터 모니터링을 받는다. 모니터링 결과, 의무를 충족하지 못한 경우에는 벌금이 부과되는 경우가 많다. 한편, 재생가능 전력 발전사업자는 발전 전력량에 따라 규제당국으로부터 TGC 인증과 인증서를 발급받아 재생가능 전력의 재생에너지에 의한 것이라는 속성을 전력으로부터 분리한다. 재생가능 전력 발전사업자는 전력을 전력시장에 매각함과 동시에 TGC를 의무이행자에게 직접 매각하거나 TGC 시장에서 매각한다. 이와 같은 특성을 지닌 TGC가 고정범위제에 보완적으로 도입된다면 후술하는 바와 같이 유연성을 부여할 수 있게 된다.

전력사업자 이외의 주체(기업, 시민, 환경보호단체 등)에 대해서도 TGC 시장으로의 진입을 인가할 수 있다. 이행 의무를 지니지 않은 주체가 시장에 진입하면 도입 목표 이상의 TGC가 필요해지기 때문에 TGC 시장가격이 상승할 가능성이 있는 반면, 재생가능 전력 보급을 촉진하거나 환경적 속성의 프리미엄을 가진 상품이 일반에게 확산되는 효과를 가져온다. 후술하는 텍사스 주에서는 누구나 시장 진입이 가능하도록 되어 있다.

4) 고정범위제의 기본적 특성

여기서는 고정범위제의 특징을 이점과 문제점으로 나누어 간략히 정리한다. 고정범위제의 이점으로는 이하의 3가지 점을 들 수 있다.

첫째, 재생가능 전력이 효율적으로 도입된다는 점이다. 이 점에 대해서는 이미 설명한 바와 같지만 이는 보다 적은 비용으로 발전할 수 있는 기술이나 발전설비가 시장에서 평가되기 때문이다. 따라서 가장 수익성이 높은 기술과 지점부터 개발된다.

둘째, 재생가능 전력의 지역성을 극복할 수 있다는 점이다. 재생가능 전력의 발전량은 자연조건에 크게 좌우된다. 따라서 고정범위제를 실시하지 않으면 자연조건이 열악한 지역의 소매 전력 사업자에 대해서는 할당 목표를 설정하기 어렵다. 반대로 소매 전력 공급업자의 경우에도 고정가격제나 경쟁입찰제하에서는 재생가능 전력을 이용하기 어렵다. 한편, 고정범위제하에서는 규제당국이 모든 소매 전력 공급업자를 대상으로 할 수 있다. 또한 소매 전력 공급업자의 경우에도 재생가능 전력 내지는 TGC를 시장에서 매매할 수 있어 재생가능 전력 보급에 관여할 수 있다.

반면에 고정범위제는 다음과 같은 문제점도 지니고 있다.

첫째, 도입 목표가 낮게 설정되는 경향이 있다는 점이다. 규모의 경제와 기술개발에 따른 가격저감 효과를 사전에 정확하게 예측하기란 어렵다. 또한 어느 정도의 투자가 어떤 속도로 진행될지와 같은 경제주체의 행동을 정확하게 예측하지 못한다. 따라서 도입 목표가 현행의 도입량과 기술 수준을 기초로 설정된다. 이와 같이 고정범위제에서는 도입 목표가 낮게 설정되기 쉽고 재생가능 전력의 가속적 도입이 촉진되기 어려워진다.

둘째, 투자에 있어서 경제성이 가장 중시되기 때문에 재생가능 전력 발전사업자가 사회적 조건을 경시하기 쉬워진다는 점이다. 예를 들어 풍력 발전의 경우, 풍황이 좋은 점이 지나치게 중시되면 자연보호지역에 풍력발전설비가 설치된다든지 사회적으로 수용되지 않는 지역에서 발전이 이루어지기도 한다. 또한, 단기적인 이익만을 중시하여 가장 진보한 기술에 집중적으로 투자가 이루어지기 때문에 미숙련 기술에는 투자가 등한시됨으로써 장기적인 비용저감으로 이어지기 어렵다.[116)]

셋째, 고정범위제하에서는 사업계획 시 재생가능 전력 내지는 TGC의 매각가격을 알 수 없다는 점이다. 따라서 투자금 회수 여부에 대한 전망을 수립하기 어렵다. 이러한 전망수립의 어려움이 위험요소로 작용하여 재생가능 전력 보급이 진전되지 않을 가능성이 있다. 이는 재생에너지, 특히 풍력이나 태양광의 경우에는 발전 시 연료를 필요로 하지 않아 필요 경비의 대부분이 고정자본으로 이루어져 있는 특성이 있기 때문이다. 재생가능 전력 발전사업자가 사업을 수행할지 여부는 초기 투자비용의 회수가 가능한지 여부에 달려 있다.

116) van der Linden et al., 2005, p.14.

2. 고정범위제 설계 시 유의점

앞 절에서는 고정범위제의 기본 구조와 특징에 대해 살펴보았다. 고정범위제는 시장을 개재하고 있기 때문에 시장이 적절하게 설계되지 않으면 충분한 효과를 발휘할 수 없다. 따라서 시장과 관련해서 고려해야 할 점이 많다. 고정범위제의 제도설계 시 고려사항은 크게 두 가지, 즉 도입 목표·기술과 유연성 메커니즘으로 나누어 볼 수 있다. 이하에서는 이들 각각에 대해서 상세히 살펴보고자 한다.

1) 재생가능 전력 도입 목표

고정범위제의 결정적 요소는 재생가능 전력의 도입 목표의 크기이다. 도입 목표가 작으면 달성하기에는 용이하지만 환경상의 필요성을 충족시킬 수가 없다. 반대로 도입 목표가 너무 크면 비용이 많이 들거나 비용부담이 부적절해지기도 한다. 도입 목표는 사회가 재생가능 전력에 대해서 어떤 평가를 하고 있는지에 규정된다. 목표 수준이 높으면 달성비용도 증가한다. 따라서 재생가능 전력의 공급곡선과 자원량에 관해서 어느 정도의 지식과 견해를 가지고 있는 것이 좋다.[117)]

다음으로 중요한 것은 도입 목표의 개정이다. 도입 목표는 달성 속도에 맞추어 개정될 필요도 생겨나지만 적어도 도입 목표가 인하되거나 목표 연도가 연장되지 않아야 하며 장기적으로 목표가 유지된다는 정책적

117) 이러한 정보를 얻는 일은 비교적 용이하다. 모두가 소재적, 기술적 정보이기 때문이다. 예를 들어 풍력에 관해서는 최근 풍황조사가 진행되고 있으며, 일정량의 풍황에서 얻을 수 있는 발전량도 발전업체 측이 공표하고 있는 데이터를 통해 확인할 수 있다. 그러나 다른 한편으로는 사전에 어느 정도의 주기로 투자가 이루어지는지와 같은 경제주체의 행동에 관해서는 예측하기가 어렵다.

자세가 시장에 나타나 있어야 할 필요가 있다. 고정범위제는 일반적으로 시장을 통해 재생가능 전력 거래가 이루어진다. 시장가격은 사후에 결정되기 때문에 고정가격제에 비해 사업 리스크가 높다. 도입 목표의 안정성이 시장에 나타나 있지 않으면 정치적 리스크까지 더해져 사업 리스크가 한층 더 높아져 재생가능 전력사업이 발전하기 어려워진다. 도입 실적이나 의무이행자의 사정에 따라 도입 목표가 하향 조정될 가능성이 있으면 의무이행자의 의무이행 인센티브가 감소한다. 또한, 도입 목표가 장기간에 걸쳐 설정되어 있지 않으면 재생가능 전력 발전사업자가 의무이행자와 장기계약을 체결하기 어려워진다. 안정적으로 장기계약을 맺을 수 있을지 여부는 재생가능 전력 발전사업자가 투자 여부를 판단할 때 결정요인이 된다.

셋째, 도입 목표의 적용 기준이다. 사업 주체를 기준으로 적용할지, 전력을 기준으로 할지에 따라 의미가 달라진다. 전자의 경우에는 사업 주체가 공급하는 전력의 일정 비율이 재생가능 전력이면 된다. 사업 주체는 전력 소비자에 대해 재생가능 전력을 별도의 상품으로 판매(그린전력)함으로써 비용부담을 전가할 수도 있다. 이에 따라 높은 지불의사를 가진 소비자에 한정하여 재생가능 전력을 매각할 수 있다. 이 경우, 재생가능 전력을 추가적으로 도입하는 것에 특별한 가치를 부여하고 있는 소비자의 의사에 의해 의무가 이행된다.

후자의 경우에는 누구에게 판매하는 전력인지와는 상관없이 제품으로서의 전력의 일정 비율이 재생가능 전력으로 이루어져 있어야 한다는 것이다. 이 경우, 그린전력은 할당 목표를 초과하여 도입하는 분량의 재생가능 전력에 대해서 적용받게 된다.[118)]

이제까지의 고정범위제 실시 경험에 따르면 사업 주체를 기준으로 하는 것보다도 전력을 기준으로 하는 쪽이 보다 양호한 성과를 거두고 있는

118) Berry and Jaccard, 2001.

것으로 나타났다. 전력을 기준으로 한 도입 목표 설정으로 소비자 전체가 재생가능 전력비용을 균등하게 부담할 수 있다.[119]

2) 그 외 기술의 취급

기술별로 도입 목표를 정할지 여부는 고정범위제에 있어 중요한 사안이다. 기술에 따라 차이를 두지 않고 재생가능 전력 전체에 도입 목표를 설정하면 고정범위제 하에서 재생가능 전력 간 경쟁이 일어나 상대적으로 보다 저렴한 기술이 선택된다. 예를 들면 재생가능 전력 전체에 도입 목표를 설정하게 되면 현 단계에서는 풍력발전 기술이 태양광발전 기술에 비해 비용이 적게 소요되기 때문에 풍력은 대폭 증대하는데 반해 태양광 발전기술은 그렇게 되지 않는다. 그러나 다른 한편으로는 이와 같은 방법이 적용되면 다양한 에너지원의 확보가 불가능해진다. 또한 미숙련 기술의 발전에 오히려 저해가 되기도 한다.[120]

에너지원별로 도입 목표를 설정하면 에너지의 다양성 확보가 가능해지고, 미숙련 기술에 대한 지원이 되기도 한다. 단, 이 경우에도 문제는 있다. TGC를 보조수단으로 이용한 경우, TGC에도 재생가능 전력의 종류에 따른 차이를 설정할 필요가 있다. 개별 사업장에 대해 TGC의 보유를 의무화할 경우, 재생가능 전력의 종류에 따라 TGC의 보유량에 차이를 두거나 혹은 이종의 TGC 간에 파라미터를 설정하여 TGC 간에 호환성을 갖도록

---

119) Wiser et al., 2004.

120) 미국 코네티컷 주, 뉴저지 주 등에서는 적격기술을 2종류로 구분하고 있다. 코네티컷 주에서는 클래스 1에 태양, 풍력, 조력, 연료전지, 중소수력, 매립지 가스, 바이오매스, 클래스 2에 기존의 흘러들어오는 식의 수력, 폐기물 에너지, 기존의 바이오매스를 포함해 각각의 목표수준을 설정하고 있다(Connecticut Statutes Title 16-245a, 2006; Power Substitute Senate Bill No.212). 마찬가지로 뉴저지 주에서는 클래스 1에 풍력, 태양, 지열, 연료전지, 조력, 매립지 가스, 바이오매스 기술을 포함하고 있으며, 클래스 2에서는 수력, 도시 폐기물 발전을 포함하고 있다. 이러한 재생에너지의 분류는 고정범위제의 목표에 따라 달라진다(Wiser et al., 2004).

하는 정책적 노력이 필요하다. 이에 따라 절차가 번잡해지고 행정비용도 증대된다.

3) 기존 설비의 취급

할당 목표를 달성함에 있어 기존의 재생가능 전력 설비를 적격한 것으로 할지 여부는 실제 제도설계 시 중요한 논점이 된다.[121] 기존의 재생가능 전력 설비도 대상으로 삼으면 기존의 재생가능 전력 설비가 신규의 재생가능 전력 설비와 경합하게 된다. 재생가능 전력 설비의 보급에 목적이 있다면 기존의 재생가능 전력 설비도 포함시키는 것이 바람직하다. 그러나 이는 고정범위제가 도입되기 이전에도 유지 가능했던 재생가능 전력 설비에 추가적인 보조가 주어져 잉여이익을 발생시키게 한다. 따라서 제도 도입효과를 경감시킬 뿐만 아니라 경제적으로도 비효율적이다.[122] 반대로 기존의 재생가능 전력 설비를 대상에 포함시키지 않는다면 어느 시점까지 설치된 설비를 기존 설비로 할 것인지에 대해 명확히 구분해 놓지 않으면 안 된다.

또한 재생가능 전력 기술만을 대상으로 할 것인지, 다른 환경보전 기술도 대상으로 할 것인지 하는 점도 중요하다. 예를 들면 미국의 메인 주와 같이 효율적 자원(efficient resource)으로서 화석연료를 이용하는 열병합 발전 설비도 대상에 포함된 경우가 있다.[123]

---

121) Espey, 2001, p.561.

122) 일본에서 도입된 고정범위제에서는 기존 설비와 신규 설비 간 구분이 되어 있지 않다. 따라서 과거에 설치되어 경제적으로도 충분히 충족되고 있는 설비도 적격설비로 되어 있다. 이는 일본의 고정범위제의 결함 중 하나다.

123) Maine Revised Statutes Title 35-A 3210, 2005.

4) 완화조치 설정

고정범위제에서는 시장을 개재하고 있기 때문에 도입 목표 달성을 원활하게 하기 위해서는 재생가능 전력 또는 TGC 시장에서의 가격 상승이나 하락에 따른 영향을 완화하기 위한 조치가 필요하다. 여기서는 상한가격, 준수기간의 유연성, 최저한도 가격, 저축과 이월에 대해서 살펴본다.

(1) 상한가격 설정

도입 목표가 지나치게 높을 경우에 재생가능 전력 또는 TGC의 가격이 폭등하는 사태가 벌어진다. 가격이 폭등하면 소매 전력 공급업자의 경영능력을 넘어서기 때문에 구매자가 나타나지 않는 경우도 발생할 수 있다. 재생가능 전력 또는 TGC가 폭등한 경우를 대비한 조치를 사전에 취해 놓는 것이 중요하다. 이는 정책당국이 재생가능 전력 또는 TGC 가격에 상한가격을 설정함으로써 가격 폭등을 방지할 수 있다.[124) 이는 TGC 시장에 상한가격을 설정하고 상한가격 이상으로 가격이 상승하지 않도록 하는 것이다.

[그림 6-7]은 상한가격의 효과를 나타낸 것이다. 이 그림에서 C를 한계비용곡선, q_0를 발전량으로 표시한 도입 목표라고 가정한다. 이 때 도입 목표가 너무 크기 때문에 도입량이 q_0일 때의 가격은 p_0가 된다. 여기서 상한가격(여기서는 $t(< p_0)$)을 설정하면 의무이행자는 t의 상한가격을 의무량에 기준하여 지불(총액 $t \times (q_0 - q_1)$)함으로써 재생가능 전력 구입을 회피할 수 있다.

상한가격을 구체적으로 설정하기 위해서는 몇 가지 방법이 있다. 첫째, 가격이 폭등한 경우 가격이 상한가격까지 내려갈 때까지 규제당국이

---

124) Berry and Jaccard, 2001; 이러한 방법으로 상한가격을 도입한다는 개념은 기후 정책의 세이프티 밸브(Safty valve)의 논의와 같다. 이 내용은 Jacoby and Ellerman (2004)을 참조.

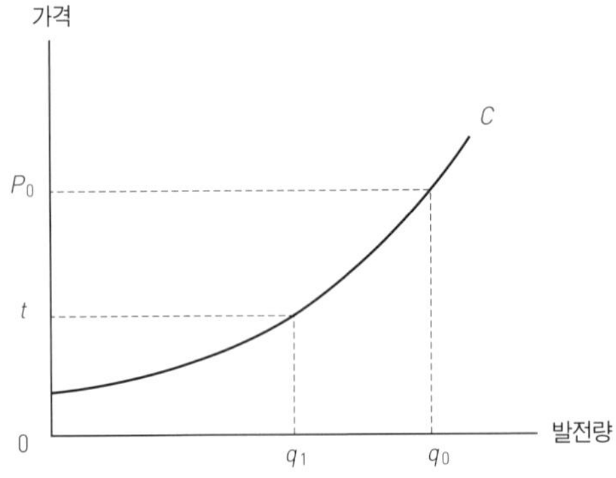

자료: 필자 작성.

[그림 6-7] 고정범위제에서의 상한가격의 개념

TGC를 계속해서 공급하는 방법이다. 이 방법은 사실상 양적 제한을 두지 않으면서 공적 주체가 시장에 개입하는 것을 의미한다. 이러한 제도하에서 의무이행자는 상한가격에서 TGC를 필요한 만큼 구입할 수 있다. 둘째, 의무이행자에 대해 벌금을 부과하는 방법이다. 의무를 이행할 수 없는 경우에 벌금을 지불하면 되는 것으로 만들어 두면 벌금이 상한가격이 된다. 단, 벌금이 준수의무 미이행 방지에 효과를 가지기 위해서는 벌금이 충분히 높을 필요가 있다. 이 중 그 어떤 조치가 취해지더라도 규제당국은 이를 통해 획득한 자금으로 재생가능 전력 설비에 대한 투자 등도 가능해진다. 한편 재생가능 전력 발전사업자의 경우에는 상한가격이 설정되면 상한가격 이상의 가격에서는 TGC가 팔리지 않는다는 것을 의미한다.

(2) 준수기간의 유연성

재생가능 전력은 자연조건(기상 등)에 따라서 발전량이 변동한다. 그러므로 도입 목표와 같은 양의 발전량을 얻지 못하는 해도 나온다. 이로 인한 문제를 회피하기 위해 실제 연도와 준수기간을 엇갈리게 하는 방법을 취할 수 있다. 예를 들어 어느 해의 목표달성 기한을 해당 연도의 12월 말까지로 두지 않고 3개월을 늦춰 다음 해 3월 말까지로 하는 조치이다. 이에 따라 의무이행자에게는 할당 목표를 달성하는 데 일정기간의 유예가 주어져 목표 달성이 용이해진다. 이 조치의 도입으로 자연조건의 변동에 따른 재생가능 전력 내지는 TGC의 가격폭등을 어느 정도는 완화시킬 수 있다.

(3) 최저가격 설정

목표가 낮은 경우 도입 목표가 조기에 달성되어 버리기 때문에 TGC 가격이 침체되어 재생에너지 발전사업자가 사업을 계속할 수 없게 될 가능성이 있다. 이러한 영향을 완화하는 수단으로 최저가격을 설정하는 방법이 있다.[125] 이 조치를 이용하게 되면 투자회수 위험이 감소하여 사업의 안정성을 확보할 수 있다. 반면에 최저가격을 밑도는 가격저감 효과는 발생하지 않는다.

(4) 저축과 이월

저축은 의무이행자가 할당 목표를 초과 달성하는 경우에 TGC를 다음 회기로 미룰 수 있도록 하는 조치이다. 이 조치가 인정되면 재생가능 전력의 조기 보급이 촉진되는 효과도 있다.

이와는 반대로 이월은 할당 목표를 달성할 수 없는 경우에 (자신의) 다음 회기에서 빌려오는 조치이다. 즉, 할당 목표를 다음 회기로 이월하는 것이다. 이 조치가 도입되면 차기년도 이후에 저렴한 재생가능 전력 개발이 예상되는 경우에 비용효과적인 목표 달성을 이룰 수 있다.[126] 그러나 이월을 인정하면 도입 목표가 실제로는 달성되지 않은 경우에도 명목상 도입 목표가 달성되어 버리는 일도 일어날 수 있다. 즉, 환경에 미치는 효과를 미래로 이월했음에도 불구하고 그 이익을 의무이행자가 얻게 된다는 것이다.

---

125) Espey, 2001, p.561.

126) 中島, 2005.

3. 텍사스 주에서의 고정범위제의 형성

1) 미국의 재생가능 전력 지원정책

텍사스 주가 고정범위제를 도입한 해는 1999년이었지만 미국에서는 이미 1970년대부터 재생가능 전력 지원정책이 추진되고 있었다. 당초 미국에서 실시되고 있던 제도는 현재의 고정가격제에 가까운 것이었다.

미국이 가지고 있던 고정가격제는 카터 정권하에서 1978년 10월에 설립한 공공사업규제정책법(Public Utilities Regulatory Policies Act: PURPA)에서 재생가능 전력 및 열병합발전 육성으로 회피비용(avoid cost) 내지는 증가비용(incremental cost)과 같은 수준으로 전력회사에 재생가능 전력의 매수의무를 부과하는 것이었다. 여기서 말하는 회피비용 내지 증가비용이란 "열병합 발전 혹은 소규모 발전사업자로부터 구입하지 않을 경우에 전력회사가 직접 발전하거나 기타 전원으로부터 구입하는 전기에너지 비용"을 말한다. 즉, 전력회사의 한계비용 내지는 조달비용과 같은 금액의 비용이다. 또한 1979년에 도입된 투자에 대한 세공제와 연방정부의 재생가능 전력 기술에 대한 연구개발도 동시에 실시되었던 것이 재생가능 전력산업의 육성으로 이어졌다.[127)]

그런데, 레이건 정권의 신자유주의 체제하에서 전력 자유화의 조류가 주류를 이루게 되자 환경보호정책은 경시되어 갔다. PURPA와 이를 실현하기 위한 각종 제도도 1980년대 중반에 이르러 폐지되었다. 이러한 상황을 타개하기 위해 미국풍력에너지협회와 우려하는 과학자 동맹에 의해 환경경제학 이론과 미국의 유황산화물 프로그램에서 사용되고 있는 배출권 거래제의 구조를 기초로 캘리포니아 주의 전기사업 재편 시 고안, 제안된

127) 小林, 2002.

것이 고정범위제이다.[128] 그러나 1995년 단계에서는 캘리포니아 주에서 이 제안은 받아들여지지 않았다.[129]

고정범위제를 연방 제도로서 도입하는 제안은 1990년대 중반 이후부터 연방의회에서 나타나고 있지만 실현되지는 못했다.[130] 예를 들면 클린턴 정권하였던 1998년에 연방의회에 제출된 전력산업재편법에는 고정범위제가 포함되어 있었다. 이 법안은 클린턴 정권하에서 성립되지는 못했다. 부시 정권하인 2001년에 제출된 에너지 법안에도 고정범위제가 포함되어 있었으나 최종적으로는 삭제되고 말았다. 이 당시의 법안에는 고정범위제의 재생가능 전력 도입 목표가 정해져 있었다. 이는 2002년의 설비용량 1500만kW를 2012년에는 7,500만kW로 끌어 올린다는 획기적인 내용이었다.

이상에서 살펴본 바와 같이 연방차원에서는 고정범위제가 성립하지 못했지만 주차원에서는 1990년대 후반부터 도입, 실시되어 왔다. [그림 6-8]에서 보는 바와 같이 2008년 11월 현재 고정범위제가 도입되어 있는 지역은 28개 주 및 워싱턴 시가 있다.[131] 대상이 되는 에너지원과 도입 목표는 지역에 따라 다르지만 고정범위제 도입 후 보급이 가장 진전된 곳이 텍사스 주이다.

128) Lauber, 2004a.

129) van Est, 1999.

130) 상원의 요청에 따라 고정범위제 도입 당시의 영향에 대해 평가하는 연구도 이루어졌다(Energy Information Administration, 2002). 또한 이를 발전시킨 연구도 있다(Energy Information Administration, 2003).

131) 이 외에도 재생에너지의 목표를 정한 주가 5개 주이다. 또한 고정범위제와 더불어 14개 주에서 전력요금에 가산하여 모은 자금을 원자금으로 하는 청정에너지기금이 창설되어 재생에너지 개발에 충당하고 있다. 연간 총액 3억 달러에 이른다(Bolinger et al., 2004).

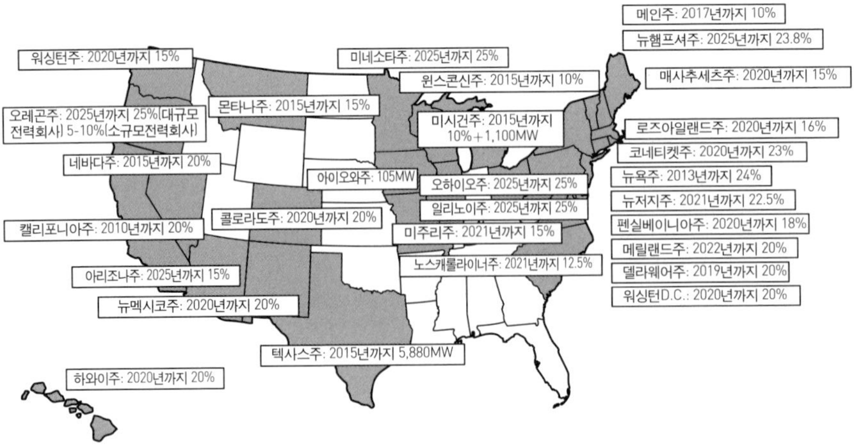

자료: Database of State Incentive for Renewable Energy(2008).

[그림 6-8] 고정범위제를 도입하고 있는 주와 목표(2008년 11월 현재)

2) 텍사스 주에서 고정범위제가 채택된 경위

텍사스 주가 재생가능 전력 보급에 임하게 된 것은 1995년에 종합자원계획 도입 시 텍사스 공익사업위원회(Public Utility Commission of Texas: PUCT, 이하에서는 공익사업위원회로 표기함)에서 대중의 참여를 포함토록 조항을 정한 것이 계기가 되었다. 이 대중 참여조항은 종합자원계획 입안 시 소비자의 선호를 하나의 지침으로 삼기 위해서 도입되었다.

대중 참여조항을 실현하기 위한 방법으로 전력회사가 채택한 것이 심의형 여론조사[132]였다. 이 심의형 여론조사는 1996년에 실시되었다. 심의형 여론조사에 의해 밝혀진 것은 첫째, 소비자의 69~75%가 기후변화 문제를 심각하게 여기고 있는 점, 둘째, 대부분의 소비자(65~90%)가 재생에너지 효율화에 대해 강한 선호를 보이고 있는 점, 셋째, 재생에너지 및 에너

132) 심의형 여론조사(Deliberative Poll)란 조사대상이 되는 사람들에게 편중되지 않은 정보를 제공하고 이 정보를 바탕으로 타운 미팅 등 논의를 거치고 전문가를 포함한 소그룹으로 나누어 토론을 한 다음 여론조사를 하는 것을 말한다(Lehr et al., 2003).

지 효율화에 대해서 추가적인 지불 의사가 있는 점(1~6.5달러/월)이었다.[133] 이 결과를 배경으로 SEED(Sustainable Energy and Economic Development)와 일반 시민(public citizen) 등의 재생가능 전력 산업단체가 주 의회에 고정범위제를 도입할 것을 촉구하였다. 그 결과, 고정범위제가 텍사스 사업법(Texas Utilities Code) 개정안에 포함되었다. 개정 공익사업법은 1999년에 가결되어 부시 주지사 체제하에서 실시되는 것으로 결정되었다. 고정범위제가 텍사스 주에서 실질적으로 개시된 것은 2002년에 이르러서였다.[134]

4. 텍사스 주의 고정범위제의 구조

1) 공익사업규제법의 내용 (제도개시 당초)

텍사스 주의 도입 목표는 공익사업규제법(Public Utilities Regulatory Act, Texas Utilities Code § 39.904)에 규정되어 있다. 그 내용은 다음 일곱 가지로 집약된다.

① 2009년 1월 1일까지 200만kW의 신규 재생가능 전력 설비를 설치하고 기존의 재생가능 전력 설비와 합쳐서 설비 용량을 288만kW로 만든다. 즉, 텍사스 주의 목표는 재생가능 전력 발전설비의 신규 설비 용량에 맞춰져 있다.

133) Lehr et al., 2003.

134) 2001년 7월 1일부터 후술하는 REC의 발급이 이루어지게 되었으나 REC 보유의무가 부과되는 준수기간(compliance period)은 2002년부터였다. 준수기간 이전에 발급된 REC는 2002년, 2003년, 2004년의 3년간 유효한 것으로 되어 있다(Public Utility Commission of Texas, 2003a).

② 목표 달성을 위해 재생에너지 크레딧(REC: Renewable Energy Credits) 거래 프로그램을 도입한다.
③ 경쟁 소매 전력 공급업자(competitive retailer)에 대해 REC 보유를 의무화한다.
④ 고정범위제의 상세한 제도설계는 공익사업위원회에서 수행한다.
⑤ 공익사업위원회는 제도설계 시 설비 발전량을 극대화하기 위한 합리적인 성과기준을 설정한다.
⑥ 주내의 재생에너지 개발을 촉진한다.
⑦ 적격한 기술은 직접적으로 태양에서 유래하는 에너지, 풍력, 지열, 수력, 파력, 조력, 바이오매스 혹은 바이오매스를 기반으로 한 폐기물(매립지가스 포함)로 한다. 화석연료로부터 얻어지는 에너지 혹은 화석연료 기원의 폐기물, 무기자원 유래의 폐기물을 이용하고 있는 에너지 기술은 포함되지 않는다.

고정범위제의 세칙(Substantive Rules. Chapter 25. 173: 이하 고정범위제 세칙으로 표기함)은 2000년 1월 공익사업위원회에서 결정되었다. 이하에서는 고정범위제 세칙의 구체적인 내용에 대해 살펴본다.

2) 설비 용량 목표와 REC로의 변환방법

텍사스 주의 고정범위제 도입 목표는 신규의 재생가능 전력 설비(1999년 9월 1일 이후 가동한 설비)만으로 책정된 도입 목표와 신규 설비와 기존 설비(1999년 9월 1일 이전에 건설 · 가동한 설비)를 합친 총 설비 용량으로 표시된 도입 목표, 이렇게 두 가지가 있다(〈표 6-1〉참조). 이는 신규 설비의 도입 증가를 의도함과 동시에 기존의 설비 용량을 유지하기 위한 것이다.

도입 목표는 공익사업위원회에 의해 설비 용량을 기준으로 한 것에서 발전량을 기준으로 한 것으로 변환된다. 발전량으로의 도입 목표 변환식

〈표 6-1〉 텍사스 주의 재생가능 전력 목표량 (제도성립 당시)

(단위: 만kW)

목표 연도	누적 신규 설비 용량	기존 설비 용량	총 설비 용량
2002, 2003	40	88	128
2004, 2005	85	88	173
2006, 2007	140	88	228
2008, 2009	200	88	288

자료: Public Utility Commissinon of Texas (2003b) Sec. 39.904.

은 다음과 같다.

도입 목표(MWh)
= 도입 목표(MW) × 8,760(시간)
× 설비이용 변환계수(*CCF*: Capacity Conversion Factor)

여기서 설비이용 변환계수는 2002년과 2003년에는 35%로 정해졌으나 이후 2년마다 과거의 실적치에 따라 다음의 계산식을 이용하여 개정하도록 하였다.

이 식을 이용한 설비이용 변환계수로는 목표 달성이 불가능할 것으로 공익사업위원회에서 판단하면 동 위원회는 텍사스전력신뢰성협의회(ERCOT: Electric Reliable Council of Texas)[135]에 대해 목표 달성이 가능한 시설이용 변환계수를 사용하도록 지시한다. 이는 REC 보유의무량(발전량 기준)과 도입 목표(설비 용량 기준)가 정합성을 갖도록 하기 위한 조치다.

135) ERCOT는 북미전력신뢰성평의회(NERC: North American Electric Reliability Council)에서 정한 전력에 관한 신뢰성과 안전성을 가지면서 텍사스 주내의 송전관리에 책임을 가진 비영리 계통운영회사이며 공익사업위원회의 규제를 받고 있다. 이 회사는 텍사스 주 면적의 75%, 전력 부하의 85%, 발전용량 7만MW를 커버하고 있다 (http://www.ercot.com/).

$$CCF_i = (1/n) \times \sum_{t=1}^{n} HO_{i,\,t} / (HC_{i,\,t} \times 8760)$$

i: 당해 설비 번호

n: 당해 설비가 발전 데이터를 가지는 연차 수

$HO_{i,t}$: 당해 운전년(t년)의 당해 설비 i의 총 발전량

$HC_{i,t}$: 당해 운전년(t년)의 당해 설비 i에 의한 평균 총 발전설비 용량

$$CCF = \sum_{t=1}^{q} (CCF_i \times PC_i) \,/\, \sum_{t=1}^{q} PC_i$$

q: 고정범위제에 참여하고 있는 REC 설비 수

PC_i: 설비 i에 대해 CCF_i가 계산된 해의 9월 30일 단계에서의 설비 용량

3) REC 보유 의무이행자와 공급자

(1) REC 보유 의무이행자

REC 보유 의무를 가지는 것은 소매 전력시장에 진입해 있는 경쟁적인 소매 전력 공급업자이다. 경쟁적 소매 전력 공급업자에 포함되는 것은 소매 전기 공급업체, 소매 전력 시장에 진입해 있는 지자체 소유의 공영 전력 공급업체, 발·송전협동조합, 배전협동조합이다. 이 중 공영 전력 공급업체와 협동조합에게는 소매 전력시장으로의 진입이 의무화되어 있지 않다. 이들은 소매 전력시장에 진입하지 않는다는 의사결정을 하면 REC 보유 의무가 부과되지 않는다.

(2) REC 공급자

REC의 공급자가 되는 것은 공익사업위원회에 등록하여 인증받은 재생가능 발전사업자이다. 인증을 받기 위해서는 몇 가지 조건이 있다. 주요 조건

으로는 첫째, 1999년 9월 1일 이후에 운전을 시작한 설비거나 0.2만kW 미만의 소규모 발전사업자일 것, 둘째, 화석연료와의 혼연 설비의 경우 화석연료의 투입량이 연간 총 연료 투입량의 2% 미만이어야 할 것, 셋째, 발전량이 관리자에 의해 계측 가능하고 검증 가능한 것이어야 할 것 등이다.

여기서 중요한 것은 화석연료와의 혼연이 제한되어 있기 때문에 바이오매스를 이용하고 있더라도 폐기물과 화석연료가 혼소하는 경우에는 REC 발급이 인정되지 않는다는 것이다.

(3) REC 거래와 구조

구체적인 REC 거래는 대체적으로 [그림 6-9]와 같이 이루어지고 있다. 즉, 공익사업위원회에서 도입 목표 달성을 위해 경쟁적 소매 전력 공급업자에 대해 일정량의 REC 보유 의무를 부과한다. REC는 공익사업위원회의 인증받은 재생가능 전력 사업자로부터 공급된다. REC의 1단위는 재생가능 전력 1,000kWh의 전력량을 나타낸다.

REC 거래의 관리는 ERCOT에 의해 일원적으로 이루어진다. 개별 재생

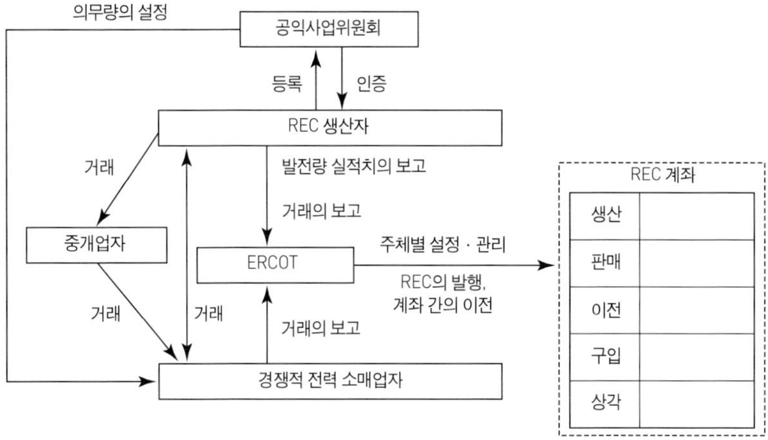

자료: 필자 작성.

[그림 6-9] 텍사스의 REC 거래 구조

가능 전력 발전사업자는 ERCOT에 4분기별로 나누어 각 해당 분기 종료 후 38일 이내에 재생가능 전력 발전량을 보고한다. 한편, 경쟁적 소매 전력 공급업자는 ERCOT에 월별로 해당 월 이후 38일 이내에 판매발전량을 보고한다. ERCOT는 이러한 월별 데이터를 기초로 경쟁적 소매 전력 공급업자로부터 공급받아 소비자가 사용한 텍사스 주 전체 전력 소비량을 계산한다. ERCOT는 각 4분기 후에 이루어지는 REC 생산자에 의한 발전실적, 경쟁적 소매 전력 공급업자의 판매량 보고 후에 각 REC 생산자의 REC 계좌로 재생가능 전력 발전량과 동일한 REC를 발급한다.

발급된 REC는 재생가능 전력 발전사업자와 경쟁적 소매 전력 공급업자 간에 직접적으로 거래되거나 브로커를 통해 시장에서 거래되기도 한다. 이러한 REC 거래에 관한 자세한 내용은 ERCOT가 관리하는 REC 계좌에 모두 기록된다. 이와 같이 REC 거래를 도입함으로써 의무 달성에 유연성이 부여되어 의무이행 비용이 최소화된다. 의무이행은 이행의무자의 계좌에 들어있는 REC의 상각에 의해 이루어진다. 의무이행을 위해 상각되는 REC의 양을 의무 상각량이라 한다. 또한 이행의무와는 별도로 이행의무자가 자발적으로 상각하는 것도 있다.

(4) REC 상쇄조항

텍사스 주의 고정범위제의 가장 특징적인 구조는 REC 상쇄조항이다. 이는 기존의 재생가능 전력 발전설비를 소유하고 있는지 또는 그 전력을 구입하고 있는 경쟁적 소매 전력 공급업자에 대한 조치로 마련되었다.

경쟁적 소매 전력 공급업자 중에는 고정범위제 이전에 재생에너지에 의한 발전을 하고 있던 사업자 혹은 재생가능 전력을 구입하고 있던 사업자가 있다. 한편, 고정범위제하에서의 REC는 신규의 재생가능 전력 발전설비에서 발전된 전력에 대해서만 발급된다. 따라서 고정범위제 도입 이전에 재생에너지 개발을 진행해 온 전력회사와 그렇지 않은 전력회사 간에 불형평성 문제가 발생한다.

이러한 불형평성 문제를 해소하기 위해 1999년 11월에 이해 관계자를 모아 개최한 공청회에서 새로운 구조가 제안되었다. 이는 REC 보유의무를 기존의 재생가능 전력 발전설비로부터 획득한 발전량으로 상쇄할 수 있는 구조이다. 이러한 구조하에서는 기존의 적격한 설비에서 획득한 발전량분을 전력을 공급하는 경쟁적 소매 전력 공급업자의 REC 보유의무에서 공제할 수 있다. 상쇄된 의무량은 모든 경쟁적 소매 전력 공급업자에게 의무량에 따라 재분배되기 때문에 총 의무량은 변하지 않는다.

(5) 유연성 조치와 벌칙

텍사스 주의 고정범위제에서는 경쟁 소매 전력 공급업자에 대해 의무이행과 관련하여 몇 가지 유연성 조치가 제공되고 있다. 그것은 REC 상각기간의 3개월 유예, 5%의 차입제도, 유효기간을 3년간으로 하는 3개 조치이다.

REC 상각기간의 3개월 유예란 해당연도의 REC 상각기한이 해당연도 연말이 아닌 차년도 3월말까지로 3개월간 유예되는 것을 말한다. 경쟁적 소매 전력 공급업자는 이 기간에 REC 부족분을 조달할 수 있다.

5%의 차입제도는 2002년과 2003년의 2개년에 한정 적용된 조치이다. 이는 경쟁적 소매 전력 공급업자가 REC 보유의무를 충족하지 못한 경우에도 부족분 중 보유의무량의 5%까지는 다음 준수기간까지 이월할 수 있도록 하여 처벌 대상이 되지 않도록 하는 것이다. 나아가 2003년 초에는 차입비율이 5%에서 10%로 확대되었다.

또한 REC에 3년간의 유효기간(발급연도 포함)이 설정됨에 따라 REC는 저축이 가능해졌으며 유효기간 내에는 자유롭게 매매할 수 있게 되었다. REC는 유효기간 다음 해인 3월 31일에 효력이 발생한다. 이 제도는 재생가능 전력의 연간 발전량 증감이 REC 시장에 미치는 영향을 작게 하는 효과를 가진다.

이상과 같은 유연성 조치가 채택되어 있는 한편, 의무를 이행하지 못한 경쟁적 소매 전력 공급업자에 대해서는 벌칙이 부과된다. 벌칙대상은

REC의 부족분이다. MWh당 벌칙단가는 50달러 또는 그 해의 REC 평균시장가격의 200% 중 적은 쪽이 된다.[136] 텍사스 주의 전력의 평균소매가격은 66.2달러/MWh(2002년)이다.[137] 이 실적치는 아래에서 설명하는 REC 가격에 비추어 볼 때 벌칙단가 50달러/MWh의 수준은 충분히 높고, 벌칙으로서도 유효하게 기능할 수 있는 것이었다.

4) 2005년의 제도 개정

(1) 도입 목표의 대폭적인 확대

다음 절에서 설명하는 바와 같이 당초의 도입 목표가 단기간에 달성됨으로써 개정작업이 2005년에 이루어졌다. 이는 2005년 7월에 텍사스 주 상원에서 공익사업법의 일부 개정으로 제시되어 상원, 하원의 심의를 거쳐 성립, 2005년 9월부터 시행되었다. 개정된 도입 목표에서는 2007년까지는 이전 목표와 같은 내용이었으나 그 이후의 목표를 2년마다 구체적으로 설정하여 2015년에는 588만kW의 재생가능 전력 발전설비를 도입한다는 내용으로 되어 있다(공익사업법 Section 39.904의 개정)(〈표 6-2〉 참조). 또

〈표 6-2〉 새로운 재생가능 전력 도입 목표량

(단위: 만kW)

목표 연도	도입 목표량
2007	228.0
2009	327.2
2011	426.4
2013	525.6
2015	588.0
2025	1000.0

주: 모든 기존 설비(1999년 9월 1일 이전에 건설·가동한 설비)의 88만kW를 포함한 수치임.

자료: Public Utility Commission of Texas(2005).

136) Public Utility Commission of Texas, 2004, 25.173 (0).

137) Energy Information Administration, 2005.

한, 2015년부터 2025년까지의 기간에 대해서는 구체적인 도입 목표가 제시되어 있지 않지만 2025년 1월 1일까지 재생가능 전력 발전설비 용량을 1,000만kW로 하는 장기목표가 포함되어 있다. 이는 장기간에 걸쳐 재생가능 전력의 목표를 유지하겠다는 강한 메시지를 재생가능 전력시장에 던져 주는 것으로 평가할 수 있다.

(2) 전원 다양화를 위한 조치

2005년의 제도개정에는 풍력발전에만 치중하고 있던 보급을 시정하기 위한 조치도 포함되었다. 구체적으로는 풍력 이외의 재생에너지 설비에 대해 2005년 9월 1일 이후의 총 설치량을 적어도 50만kW로 한다는 목표가 설정되었다. 또한 이를 실현하기 위해 풍력 이외로부터 획득한 전력을 발전한 REC 생산자에 대해 준수 프리미엄(compliance premium)을 지급하게 되었다. 이에 따라 2007년 말 이후에는 풍력 이외의 적격한 기술에 대해 1REC당 준수 프리미엄이 공급되었다. 준수 프리미엄은 의무를 채우기 위해서 사용할 수 있다. 프리미엄 관리자는 주 규모의 고정범위제 의무량을 해당 준수기간 이전의 준수기간에 상각된 분량만큼을 증가시켜야 하는 것으로 되어 있다.

(3) 기타 변경사항

개정에는 다음과 같은 세부적인 내용에 대한 변경도 포함되어 있다. 첫째, 의무를 이행할 수 없는 경우의 벌칙이 MWh당 50달러로 정해짐으로써 REC의 평균시장가격의 200% 중 적은 쪽을 선택한다는 내용이 사라졌다.[138)]

둘째, 1,000kW 미만의 소규모 적격 설비를 소유한 재생가능 전력 사업자에 대해서도 REC를 발급하는 구조가 마련되었다. 따라서 소규모의 재생에너지에 대한 REC 거래 참여를 촉진하고 설비설치에 대한 인센티브

---

138) Public Utility Commission of Texas, 2007, 25.173(o).

를 지급하고자 하는 것이라 할 수 있다.[139)]

셋째, 리파워링(기존 설비의 증강)을 실시한 설비에 대해서 REC 발급이 적격한 것으로 되었다. 이를 통해 기존 설비의 리파워링 촉진을 도모하고 있는 것으로 생각된다.[140)]

5. 텍사스 주의 고정범위제의 실시 현황

1) 의무이행의 실제

2000년에 고정범위제의 세칙이 결정된 다음 2001년 7월부터 REC 거래 프로그램이 실시되었는데 최초의 준수기간은 2002년 1월부터 3월까지였다. 이하에서는 2007년 말까지 이루어졌던 텍사스 주의 고정범위제의 성과와 실적의 특징에 대해서 살펴보고자 한다.

먼저, 고정범위제 도입 후 경쟁적 소매 전력 공급업체의 의무이행 실태에 대해서 살펴본다(〈표 6-3〉 참조). 여기서 '당초 상각 의무량' 이란 설비량의 도입 목표를 전력량으로 환산하여 표기한 것을 말한다. 당초 상각 의무량은 다양한 조정을 거쳐 '최종 상각 의무량' 으로 재계산되고 이것이 의무이행자에게 배분된다. 또한 '의무적 상각량' 이란 의무이행을 위해 경쟁적 소매 전력 공급업체의 계좌에서 상각된 REC의 양을 가리킨다. '자발적 상각량' 은 의무이행과는 관계없이 자발적으로 상각된 REC의 양을 말한다.

한편, REC 보유의무를 가진 경쟁적 소매 전력 공급업체 수는 시장규모

139) Public Utility Commission of Texas, 2007, 25.173(p).
140) Public Utility Commission of Texas, 2007, 25.173(e)(7).

〈표 6-3〉 의무이행 실태

(단위: 만kWh)

	재생에너지 발전량			REC 상쇄량[1]	REC 상각 의무량		REC 상각량			의무 이행률 (B/A)	경쟁적 전력소매 업자 수	그 중에서 의무를 달성할 수 없었던 소매 업자 수	볼로잉을 이용한 업자 수
	고정범위제 도입이후의 설비에서의 발전량= REC발행량	고정범위 제도입이 전의 설비 에서의 발전량	합계		당초 상각 의무량	최종 상각 의무량(A)	의무적 상각량(B)	자주적 상각량	유효기한 완료 상각량[2]				
2002	218,624.8	60,682.8	279,307.6	48,212.3	122,640.0	122,640.0	109,601.8	24,129.6		89%	54	9	22
2003	241,152.2	53,756.6	294,908.7	49,709.4	122,640.0	134,831.1[3]	126,906.6[5]	79,742.6		94%	59	4	14
2004	315,823.7	52,677.7	368,501.4	51,709.4	260,610.0	267,139.9[4]	268,048.3[6]	42,276.7	131.5	100%	76	8	–
2005	417,815.6	62,635.6	480,451.2	46,360.1	205,509.6	150,418.7[7]	149,737.2[6]	95,133.1	131.5	100%	94	5	–
2006	654,673.0	56,107.0	710,780.0	46,360.1	–	342,007.7[7]	341,924.0[6]	78,173.5	197.2	100%	107	3	–
2007	943,873.7	69,390.7	1,013,264.4	46,360.1	–	342,162.6[8]	338,806.3[6]	163,787.1	492.2	99%	124	6	–

주: 1. REC상쇄가 가능한 사업자(고정범위제 도입 이전에 설치된 발전설비를 가진 사업자)의 실적발전량과 REC상쇄량은 계산방법이 다르기 때문에 상이하다.
2. PUCT Rule 25.173k(5)에 의해 3년의 유효기간을 지난 REC에서 미상각의 것은 ERCOT에 의해 상각된다.
3. 볼로잉분을 포함한다.
4. REC의 최종의무상각량, PUC Subst. R.25.173(h)(3)에 기초하여 이사로부터 발생하는 전력소매매상량의 변화를 고려하여 재계산되어 전기(2003년)에 필요했던 6만 5,299MWh분이 가산되고 있다.
5. 볼로잉분을 포함한다.
6. REC상각의무가 없는 사업자 중에 의무적 상각량으로서 상각하고 있는 사업자도 있다. 이 수치에는 이 상각량도 포함되어 있다.
7. 조정을 포함한 수치.
8. 미조정의 수치.

자료: Electric Reliability Council of Texas(2003; 2004; 2005; 2006; 2007; 2008)에 의해 작성.

의 확대와 함께 2002년에 54, 2003년에 59, 2004년에는 76개 업체로 증가하였다. REC의 최종 상각 의무량은 2002년에 12억 2,640만kWh에서 2007년에는 34억 2,163만kWh로 증가하였다.

제도 개시 초기인 2002년의 의무적 상각량은 10억 9,602만kWh로 최종 상각 의무량의 89%에 그쳤다. 이듬해 2003년에도 마찬가지로 의무적 상각량은 최종 상각 의무량을 밑돌았다. 의무적 상각량이 최종 상각 의무량을 하회한 것은 REC 발급량이 부족했던 것에 이유가 있는 것은 아니다. 실제 2002년에 생산된 REC는 27억 9,308만kWh, 2003년에는 29억 4,909만kWh가 생산되어 최종 상각 의무량의 1.8배 가까이 생산되고 있었다.

이 시기에 의무적 상각량이 최종 상각 의무량을 하회한 이유로는 다음의 2가지를 들 수 있다. 첫 번째 이유는 경쟁적 소매 전력 공급업체가 차입제도를 이용한 것을 들 수 있다. 실제 2002년에 차입제도를 이용한 경쟁적 소매 전력 공급업체 수는 22, 2003년에는 14개 업체였다. 두 번째 이유는 소매 자유화에 따른 문제였다. 텍사스에서는 소매 전력 자유화에 의해 기존의 발 · 송배전을 모두 수행하고 있던 수직통합형의 전력회사가 2002년 1월까지 발전부문 · 송배전부문과 소매부문을 분할하도록 되어 있었다. 그러나 일부 전력회사에서는 기술적 문제로 인해 고객의 일부가 소매부문으로 이행해 가지 않고 계속해서 송배전부문에서 전력을 구입하는 비정상적인 상태가 지속되었다. 텍사스의 고정범위제하에서는 REC 보유의무가 경쟁적 소매 전력 공급업체에게 부과되었고 송배전회사의 경우에는 의무이행자가 아니었다. 따라서 송배전회사는 소매업을 수행하였음에도 불구하고 REC 제출을 하지 않아도 되었고 그만큼 REC의 의무적 상각량이 줄어들게 된 것이었다.

2004년 이후에는 최종 상각량과 의무적 상각량이 거의 같아지게 되어 의무이행률이 100%가 되었다.[141] 이는 2004년 이후 재생에너지 설비 설치

141) 2007년에 대해서는 조정 후의 최종 상각 의무량이 공표되어 있지 않지만 이 장 집필 시점에서는 99%로 이 또한 달성한 것으로 봐도 좋을 것이다.

량의 폭발적인 증가로 인해 REC가 대량 공급되게 되었기 때문이었다.

2) 재생가능 전력 설비의 도입 실적과 발전단가

고정범위제 도입 이후의 전체 재생가능 전력의 도입 실적을 살펴보면 신규 설비 용량은 단기간에 급증한 것으로 나타났다. 〈표 6-4〉에서 나타난 바와 같이 신규 설비 용량은 2001년에만 87.2만kW에 이르렀다. 누적 설비 도입량은 2007년 말 현재, 460만kW에 달하고 있다. 고정범위제가 재생가능 전력 도입에 크게 기여한 것으로 판단된다. 신규 설비 용량의 내역을 보면 풍력발전이 97.6%를 차지하고 있다. 풍력 다음으로 설비 용량이 많은 것이 매립가스, 수력이지만 양 기술 모두 6만 7,100kW(1.5%), 1만 9,900kW(0.4%)에 지나지 않아 풍력에 비해 설치량이 매우 적은 것을 알 수 있다.

다음은 발전단가에 대해 살펴본다. 발전단가는 고정범위제 도입 후에

〈표 6-4〉 발전사업자의 누적 발전 설비용량(기존 설비 포함)

(단위: 만kW)

	2001[1]	2003[2]	2004[3]	2005[4]	2006[5]	2007[6]
바이오매스		0.54	0.54	0.54	1.22	1.97
수력	1.0	1.025	1.025	1.03	1.03	1.99
매립지 가스		3.073	3.073	4.23	5.23	6.71
태양		0.017	0.017	0.02	0.12	0.12
풍력	86.2	94.222	113.972	173.88	301.9	449.18
합계	87.2	98.877	118.627	179.7	309.7	460

주: 1. 2001년 12월 말일 현재의 실적치.
2. 2003년 6월 1일 현재의 실적치.
3. 2004년 7월 15일 현재의 실적치.
4. 2005년 말 현재의 실적치.
5. 2006년 말 현재의 실적치.
6. 2007년 말 현재의 실적치.

자료: Electric Reliability Council of Texas(2003; 2004; 2005; 2006; 2007; 2008)에 의해 작성.

크게 저하되고 있다. 제도 도입 전 풍력 발전비용은 생산세공제(PTC: Production Tax Credit)[142]를 이용하는 경우에도 5.5~6센트kWh 정도였다. 반면에 제도 도입 후에는 PTC와 병용할 경우, 풍력자원이 풍부한 텍사스 주 서부지역에서는 3센트/kWh 정도로 공급이 가능해졌다.[143] 풍력은 발전단가가 하락하여 텍사스 주에서는 신규 천연가스 발전소보다도 저렴하다.[144]

직접적인 비용 저하 요인으로는 프로젝트의 대규모화와 풍차의 대형화를 들 수 있다. 프로젝트의 규모는 고정범위제 도입 이전에는 평균 3.55만kW였는데 반해, 제도 도입 후에는 9.7만kWh(2001~2007년 평균)로 약 2.7배 증대되었다. 또한 풍차 블레이드의 대형화도 진행되어 제도 도입 전 평균 정격출력이 592kW/기였는데 반해, 제도 도입 후에는 2001년 1,048kW/기, 2005년 1,541kW/기, 2007년에는 1,744kW/기로 되어 있다.[145]

3) REC 가격 추이

텍사스 주에서는 REC 거래의 대부분이 재생가능 전력 발전사업자와 경쟁적 소매 전력 공급업체 간 상대거래에 따른 개별 계약으로 이루어지고 있으며,[146] 이 REC 거래가격은 공개되어 있지 않다. 한편, 중개인을 통한 REC 거래도 활발하게 이루어지고 있다. 중개인으로 REC 거래에 참여하고 있는 에볼류션 · 마켓(Evolution Markets)사는 과거에는 REC 가격을 공표

142) PTC는 연방정부의 재생가능 전력에 대한 재정 지원조치이다.

143) Langniss and Wiser, 2005; Public Utility Commission of Texas, 2006, p.14.

144) SEED Coalition and Public Citizen's Texas office, 2002; 텍사스 주에서 신규로 설치된 발전소의 대부분은 천연가스 발전소이다. 텍사스 주는 전력이 자유화되어 있으며 모든 발전사업자가 연료가격을 공익사업위원회에 보고할 의무가 있는 것은 아니다(Almon, 2005). 여기서 말하는 발전비용이란 텍사스 주의 3대 전력회사인 TXU, HL&P, CP&L의 실적치이다(SEED Coalition and Public Citizen's Texas office, 2002).

145) American Wind Energy Association(2008)에서 산출.

146) Langniss and Wiser, 2005.

하고 있었다. 공표되고 있던 시기의 REC 가격 추세는 어느 정도 파악할 수 있다.

REC는 발급된 연도에 따라 TXREC 2002~2008까지 있는데 이 중에서 최초로 거래되어 유효기간이 종료한 TXREC 2002의 가격변화에 대해서 살펴본다.

REC 거래가 최초로 시작된 2001년 7월의 REC 가격은 4달러/MWh 정도로 매우 낮은 수준이었다. 그러나 2002년 7월부터 8월에 걸쳐 REC 가격이 급상승하여 10~11월에는 17달러/MWh에 육박했다. 이후 REC 가격은 11~12달러/MWh에서 추이되었고, 2003년 10월에는 완만하지만 다시 REC 가격이 상승하여 13~14달러/MWh가 되었다. 2004년 8월에는 REC 가격이 하락하여 12달러/MWh 정도가 되었다.

REC 가격은 비교적 안정되어 있지만 2002년 10~11월의 REC 가격이 급등한 데에 대해서는 주의할 필요가 있다. 이는 REC 상각기한이 다가오자 의무이행에 필요한 REC를 구입하기 위해 경쟁적 소매 전력 공급업자가 몰린 것이 주요 원인으로 되어 있다. 이 시기가 최초의 준수기간이었다는 점도 이와 같은 현상을 초래한 원인으로 생각되지만 가격 급등은 회피하는 것이 바람직하다.

6. 텍사스 주의 고정범위제의 성과와 과제

1) 고정범위제의 실시 성과

텍사스 주의 고정범위제 실시 기간은 약 7년이지만 당초 설정된 목표는 단기간에 달성되었다. 또한 이에 대해 2005년에는 새로운 도입 목표가 만들어졌으나 이 또한 곧바로 달성되었다.

구체적으로는 [그림 6-10]에 나타난 바와 같이 2007년의 설비 용량의 실적치는 460만kW에 달하고 있어 이미 2009년의 도입 목표를 초과하고 있다. 미국풍력에너지협회의 조사에 따르면 2008년 11월 현재 624만kW에 이르고 있으며 이는 2015년의 목표를 초과하고 있는 것으로 나타났다. 증가율의 추세를 고려해 볼 때 가까운 시일 내에 2025년 목표를 넘어서게 될 것으로 예상된다. 한편, 효율성 측면에서 보더라도 목표 달성의 대부분을 차지하는 풍력발전에서는 비용이 저하되어 기존의 화석연료에 대해 일정 정도의 경쟁력을 갖기 시작하였다. 또한, REC 거래의 대부분이 상대거래로 장기계약으로 이루어지고 있는 것도 사업의 안정화 측면에서 평가할 만하다.[147)]

이러한 점들로 미루어 볼 때 연방차원의 보조제도인 PTC 등과 같은 고정범위제 이외의 요인도 더해졌지만 재생가능 전력 지원정책으로서는 텍사스 주의 고정범위제는 큰 성과를 거둔 것으로 판단된다. 성공에 있어서의 제도상의 요인으로는 장기목표 설정, 미준수시 명확하면서도 엄격한 벌칙, 경쟁적 소매 전력 공급업자에 대한 유연성 조치, REC 거래시스템의 도입 등을 들 수 있다.

또한, 화석연료의 혼소를 엄격히 제한하고 화석연료 유래의 폐기물을 제외함으로써 고정범위제의 대상 자원을 재생에너지에 한정하고 있는 것도 요인으로 생각할 수 있다. 고정범위제를 성공으로 이끌어 나가기 위해서는 고정범위제에 이러한 조치들이 포함되도록 하는 것이 필요하다.

또한 REC 시장 참가자를 경쟁적 소매 전력 공급업자로 한정하지 않고 다양한 REC 수요자에게 개방함으로써 도입 목표가 재생가능 전력의 상한값이 아닌 오히려 하한값으로 작용하여 재생가능 전력의 자발적인 보급을 촉진했다. 나아가 텍사스 주의 REC 시장은 주 내외의 전력회사가 만든 자발적 그린전력에도 이용되는 등 재생가능 전력 확대의 요인이 되고 있다.

---

147) Langniss and Wiser, 2003.

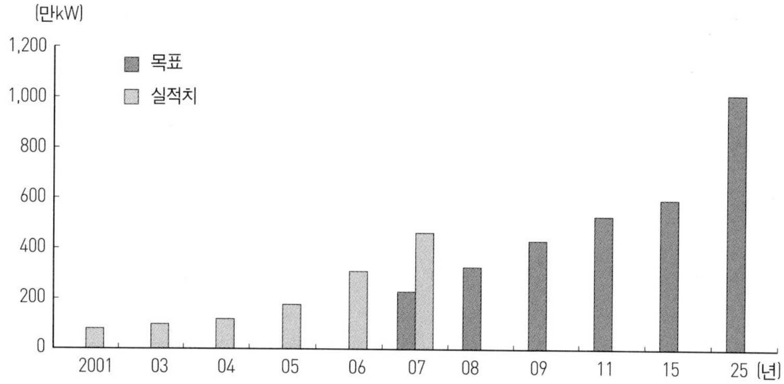

자료: Public Utility Commission of Texas(2005); American Wind Energy Association(2008)을 참조하여 작성.

[그림 6-10] 텍사스 주의 도입 목표와 실적치

2) 텍사스 주의 과제

텍사스 주에서는 실시 이전에는 상정되지 않던 과제도 발생하였다. 이하에서는 5가지 과제에 대해 살펴본다.

(1) 자원량에 비해 낮은 목표 설정

급격한 풍력발전의 보급을 촉진했다고는 하지만 도입 목표가 텍사스 주에서도 반드시 높은 것은 아니다. 2015년에 500만kW의 신규 설비도입이라는 도입 목표는 발전량으로 환산하면 텍사스 주의 전력 소비량의 약 5%에 불과하다. 예를 들어 국제적으로 보면 독일이 2020년을 목표로 재생가능 전력의 비중을 30%까지 증가시킨다는 목표를 내걸고 있는 데 비해 낮다고 볼 수 있다. 텍사스 주의 재생가능 전력의 잠재량은 매우 크고 풍력자원만으로 현재의 전력 소비량의 493%가 있는 것으로 추산되고 있다. 이 중 평균 풍속 7미터 이상(Wind Power Class4 이상)에서 개발 가능한 토지에 한정하더라도 114%에 이르는 것으로 예측되고 있다.[148]

148) Department of Energy, 2005.

고정범위제는 도입 목표를 효율적으로 달성한다는 점에서는 유효한 정책이지만 도입 목표 자체가 지역의 자원 부존량에 비해 낮으면 보급정책으로서의 의미가 약해진다. 향후 목표 개정을 어떤 식으로 적절하게 실시할 것인지가 보다 나은 성공을 이끄는 핵심이 될 것이다.

(2) REC 가격대책의 필요성

고정범위제의 경우, REC 가격의 변동성에 대응하는 제도변경을 만들 필요가 있다. 야심적인 목표를 내걸 경우에는 가격변동이 일어나기 쉬울 것으로 판단되기 때문에 설계단계에서 보다 많은 배려가 요구된다.

이미 언급한 바와 같이 2002년 10~11월 기간 동안의 REC 가격 폭등을 계기로 경쟁적 소매 전력 공급업체가 공익사업위원회에 유연성 조치를 확대해 줄 것을 요청하였고, 이에 부응하는 형태로 공익사업위원회는 저축을 5%에서 10%로 확대하고, 2002년에 한정하여 마감을 3개월 연장하였다. REC 시장을 안정화시키기 위해 필요한 조치였다고는 하지만 REC 가격 폭등에 대해 유연성 조치의 확대가 추가적으로 이루어진 것이라 할 수 있다.

그러나 시장이 불안정해질 때마다 원래 있던 유연성 조치를 확대하는 사실상의 제도변경을 대응요법으로 사용하게 되면 고정범위제의 제도 자체의 안정성이나 계속성에 대한 신뢰성이 흔들릴 수 있게 된다. 제도를 매번 변경하지 않고 가격 변동성에 대응하기 위한 구조를 미리 만들어 둘 필요가 있다.

(3) 자원 다양화를 충족시키기 위한 조치의 필요성

이미 〈표 6-3〉에서 확인한 바와 같이 텍사스 주의 고정범위제는 풍력발전의 보급에만 기여하고 있을 뿐 다른 재생에너지 자원의 보급은 촉진시키지 못하고 있다. 그러나 텍사스 주에 풍력 자원밖에 없는 것은 아니다. 태양광 자원은 풍력 자원의 60배 이상, 바이오매스 자원은 풍력 발전에 필적할 정도의 잠재량이 있다.

이러한 문제에 대처하기 위해 2005년의 제도개정에서는 전술한 것과 같은 준수 프리미엄이 만들어졌으나 이 제도는 시작 초기단계로서 현 시점에서는 효과를 파악하기 어렵다. 지속가능한 에너지 공급시스템을 구축함에 있어서는 현재의 비용수준에서 판단해서는 안 되며 다양한 개발이 필요하다. 이를 고정범위제하에서 시도하고자 한다면 예를 들어 도입 목표를 전원별로 세밀하게 설정할 필요도 생겨나게 될 것이다.

(4) 송전계통의 제약 문제

재생에너지 설비를 보급시키는 중요한 조건 중 하나에 계통 정비라는 과제가 있다. 이 과제는 고정범위제에 한정되지 않고 재생가능 전력의 대폭적인 확대를 도모하는 경우에 동반된다. 특히 발전소가 건설되지 않던 곳에 재생에너지가 풍부히 존재할 경우, 계통 정비가 필요하게 된다.

텍사스 주에서는 풍력 자원이 주의 서부지역에 존재하고 있는 데 반해 전력 소비지는 주의 동부지역에 위치하고 있다. 따라서 주 서부의 풍력발전에 의한 전기를 주 동부까지 송전하지 않으면 안 된다. 충분한 용량을 가진 송전계통이 정비되지 않는 원인은 송전선 건설 · 증강과 풍력발전 건설과의 시간차이에 있다. 텍사스 주의 경우, 풍력발전은 가동까지 6개월 정도가 소요된다. 한편, 송전선의 경우에는 건설결정에서 운용에 이르기까지 적어도 4년 정도가 소요된다. 따라서 풍력발전 설비의 계획단계에서 송전계통의 강화를 요청한다고 하더라도 송전선의 건설 · 증강은 이미 늦다.

이러한 문제에 대처하기 위한 조치로 텍사스 주에서는 고정범위제의 도입 목표 달성에 필요한 송전계통을 정비하는 독자의 권한을 공익사업위원회에 부여하는 법률(H.B.2548)이 2003년 5월에 주 의회에서 가결되었다. 계통제약이나 송전선 건설에 소요되는 비용, 시간차이 등의 문제를 염두에 둔 계획적인 정비를 해 나가고 있다.

그러나 급속한 풍력발전의 확대에는 따라가지 못하고 있어 풍력이 풍부한 주의 서부지역에서는 계통용량을 초과하여 전력을 다른 지역으로 충분히 전송할 수 없는 상황이다. 따라서 이 지역에서는 전력공급이 수요를 초과하여 전력의 도매가격이 마이너스가 되는 일조차 나타나고 있다. 이 상태가 계속된다면 풍력발전이 경제적으로 성립할 수 없게 되어 풍력발전 개발이 더 이상 진행되지 않을 것으로 예측되고 있다.[149] 급속한 확대에 상응한 계통정비는 향후에도 중요한 문제가 될 것이다.

(5) PTC 기한 만료의 영향에 대한 대응

PTC는 고정범위제 실시 초기인 1992년에 에너지 정책법의 일환으로 도입된 것으로서 1999년 6월 30일에 폐지될 예정이었다. 그러나 PTC는 재생가능 전력 보급에 큰 역할을 했기 때문에 폐지반대 운동이 일어나 2001년 말까지로 연장되었다. 이후 PTC는 환경보호단체나 우려하는 과학자 동맹 등의 노력에도 힘입어 수차례에 걸쳐 폐지년도가 연장되었다(〈표 6-5〉 참조).[150]

때마침 고정범위제가 텍사스 주에 도입되었을 즈음에 PTC가 중단될 예정이었기 때문에 2001년 말로 예정되어 있었던 PTC 중단 직전에 투기적인 투자가 이루어졌다. 이와 같은 현상은 미국 전역에서 공통적으로 일어났는데 과거에도 중단 예정년도에 풍력발전에 대한 투자가 투기적으로 이루어지는 현상이 벌어졌었다([그림 6-11] 참조).

이는 PTC가 재생가능 전력 보급에 있어서 효과가 있음을 나타내고 있다. 실제로 PTC가 있었기 때문에 텍사스 주 전체의 풍력 발전단가는 4센트/kWh로 억제될 수 있었고 이로 인해 천연가스 · 복합 사이클 발전과 경합할 수 있는 수준에 이르고 있다.[151] 현 시점에서 PTC는 풍력발전을 비

149) Windpower Monthly, 2008.

150) Union of Concerned Scientist, 2005; Wiser, 2007.

151) Public Utility Commission of Texas, 2006.

〈표 6-5〉 PTC 연장 역사

법률	시행	적격기간	유효기간
에너지 정책법, 섹션1914	1992년10월24일	1994~99년 6월	80개월
취로 티켓 및 취로 인센티브 개선법, 섹션507	1999년12월19일	1999년 7월~2001년	24개월
고용창출 및 노동자 지원법, 섹션603	2002년3월9일	2002~03년	22개월
취로 가족 면세법, 섹션313	2004년10월4일	2004~05년	15개월
에너지 정책법(2005년), 섹션1301	2005년8월8일	2006~07년	24개월
면세 및 의료법(2006년)	2006년12월20일	2008년	12개월
긴급경제안정법(2008년)	2008년10월3일	2009년(풍력) 2009~10년(지열)	12개월(풍력) 24개월(지열)

자료: Wiser (2007) p.5 표1에 가필수정.

롯한 재생가능 전력의 보급에 크게 공헌하고 있다고 할 수 있다.[152] 2008년 10월에 PTC가 재차 연장되었으나 향후 PTC가 중단되면 주로서도 새로운 대응이 필요하게 될 것으로 생각된다.

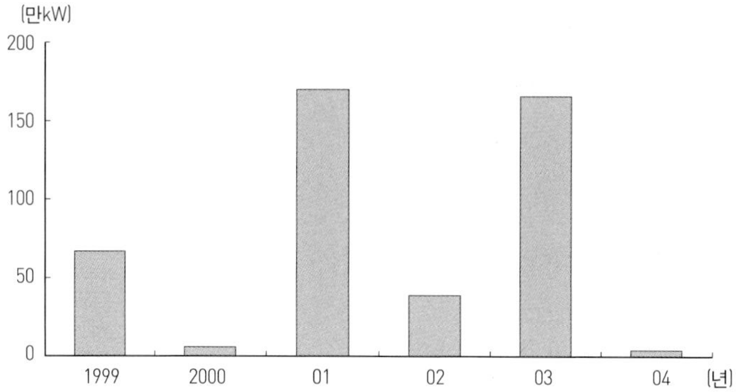

자료: American Wind Energy Association (2005) p.3에서 작성.

[그림 6-11] 미국의 풍력발전 설비 신규 설치량

152) Wiser, 2007.

7. 요약 및 정리–텍사스 주의 고정범위제가 의미하는 것

이상에서 살펴본 바와 같이 텍사스 주의 고정범위제는 경쟁력 있는 자원 보급에 큰 효과를 가져왔다. 특히 풍력발전은 고정범위제 도입 후 크게 성장하였다. 또한 약 7년의 운용기간을 거쳐 세밀한 개선책도 구체화되고 있다. 이러한 경험을 쌓아 온 텍사스 주의 고정범위제는 소비자단체, 환경보호단체의 제안을 바탕으로 만들어졌다는 경위도 있어 연구자를 포함한 관계자, 각종 관계단체로부터도 긍정적인 평가를 받고 있다. 특히 텍사스 주의 고정범위제가 명확하고 엄격한 벌칙을 두고 있는 등 목표를 달성하기 위한 실효성 있는 구조와 자발적 보급을 촉진할 수 있는 방법을 포함하고 있다는 점은 높이 평가할 만하다.

텍사스 주의 고정범위제는 일본의 제도와는 전혀 다르다. 2003년부터 도입된 일본의 고정범위제는 도입 목표가 매우 낮고, 폐기물 발전이 촉진되는 구조를 가지고 있으며, 기존 설비에 대한 보조수준 정도로 되어 있는 것 외에도 준수의무 미이행 시 벌칙이 약하고 TGC 거래시장이 폐쇄적이라는 점 등 수많은 문제를 안고 있어 보급 확대에 공헌해 오지 못했다. 텍사스 주의 사례는 높은 도입 목표를 부여하고 적격설비를 적절히 설정하고 강한 벌칙을 둔다면 고정범위제하에서도 보급이 진전될 가능성이 있음을 보여 주고 있다.

그렇다고 할지라도 고정범위제를 채택하는 한 예상을 넘어서는 정도로 보급이 진행되면 이를 뒤쫓는 형태로 도입 목표를 계속해서 올리지 않으면 안 된다. 그렇지 않으면 도입 목표의 의미를 상실하게 되어 오히려 보급을 방해하거나 혹은 대량의 TGC 잉여가 발생하여 시장이 성립하지 않게 될 가능성이 있다. 도입 목표를 계속해서 올리지 않으면 안 된다는 것이 고정범위제의 특징이라 할 수 있다.

그러나 기술개발의 진전을 예측하여 도입 목표를 적절한 수준에서 사전에 결정하는 것은 장기적으로도 또한 단기적으로도 쉬운 일은 아니다. 텍사스 주의 사례는 이를 보여 주고 있다. 이 점은 매수가격수준의 결정 결과가 도입량으로 나타나는 고정가격제와의 차이점이라 할 수 있다.

2009년에 새롭게 탄생한 오바마 정권하에서는 향후 연방규모에서도 재생에너지 보급정책이 강화될 것임에는 틀림없다. 텍사스 주를 비롯한 재생에너지 보급정책의 경험을 살려 어떤 정책이 전개될 것인지 크게 주목되는 부분이다.

07 영국 경쟁입찰제의 빛과 그림자

– 재생에너지 보급정책의 과도한 시도 –

경쟁입찰제는 고정범위제와 마찬가지로 도입 목표가 미리 설정되는데 가격이 경쟁입찰을 통해 결정된다는 점에서 고정범위제와는 차이가 있다. 경쟁입찰로 결정된 가격이 장기간에 걸쳐 보장되기 때문에 재생가능 전력 사업자가 안정적으로 경영할 수 있게 되는 한편, 경쟁입찰을 개재하고 있기 때문에 재생가능 전력 발전사업자 간 경쟁이 일어나 효율적인 제도 운용이 가능해진다.

이러한 경쟁입찰제는 한때 수많은 나라와 지역에서 실시되고 있었으나 점차 줄어들고 있다. 현재는 중국, 브라질 등에서 특정 에너지에 대해서만 실시되고 있다.[153] 경쟁입찰제의 전형적인 사례로 들 수 있는 것이 2000년까지 잉글랜드와 웨일즈에서 실시된 '비화석연료의무' (NFFO: Non-Fossil Fuel Obligation)이다.

이 장에서는 경쟁입찰제의 사례로 NFFO를 예를 들어 경쟁입찰제가 지닌 문제점을 명확히 하고자 한다. 이하에서는 다음과 같이 설명을 진행한

---

153) Renewable Energy Policy Network for the 21th Century, 2008.

다. 먼저, 경쟁입찰제의 기본 구조에 대하여 살펴본다. 이어 NFFO의 효과를 도입량과 가격의 두 가지 측면에서 분석한다. 이를 바탕으로 마지막에 NFFO에 보이는 현실의 경쟁입찰제가 안고 있는 문제점에 대해 고찰한다.

1. 경쟁입찰제란 무엇인가

1) 경쟁입찰제의 기본 구조

지원정책으로서의 경쟁입찰제는 일반적으로 다음과 같은 구조를 지니고 있다. 먼저 정책당국자에 의해 사전에 도입 목표가 설정된다. 먼저 '양' 을 정한다는 점에서는 고정범위제와 같다. 그런 다음 재생가능 전력 발전사업자에 대해서 경쟁입찰이 실시된다.

즉, 고정범위제가 시장에서 가격이 결정되는 것에 반해, 공적인 경쟁입찰이 개재된다. 재생가능 전력 발전사업자는 가격과 발전 가능량을 제시하고 입찰에 참여하는데 가장 낮은 가격을 제시한 재생가능 전력 발전사업자의 순으로 낙찰해 간다.

낙찰한 재생가능 전력 발전사업자는 기존의 전력 공급 사업자로부터 장기간에 걸쳐 계약가격에서의 매입을 보장받거나 일정 금액의 정부자금 제공을 보장받기도 한다. 매입 시 추가적으로 소요되는 비용은 어떠한 형태로든 전력 소비자에게 전가된다.[154)]

이러한 과정을 거치게 되는 경쟁입찰제는 고정가격제적인 성격도 지니고 있다.[155)] 또한, 고정범위제와 같은 효율적인 지원도 이루어진다. 즉,

154) van der Linden et al., 2005.
155) Meyer, 2003.

경쟁입찰에서 매입가격이 정해진 후에는 장기간에 걸친 계약이 보장된다는 의미에서는 고정가격제와 같은 특징을 가진다. 한편, 재생가능 전력 발전사업자 간 가격 경쟁이 있다는 의미에서는 고정범위제와 유사하다. 따라서 경쟁입찰제는 고정가격제와 고정범위제의 중간적인 성격을 지닌 정책이라 할 수 있다.

경쟁입찰제의 매입가격 결정과정에 대해서 [그림 7-1]을 이용해 설명한다. 그림에서는 세로축을 가격, 가로축을 발전량으로 한다. 여기서 발전단가가 낮은 순서대로 재생가능 전력 발전사업자를 나열하면 계단형태의 우상향하는 그래프가 그려진다. 재생가능 전력 발전사업자는 A~F와 같이 6개사가 존재한다고 가정한다.

[그림 7-1]에서는 재생가능 전력 발전사업자 A는 가격 P_a에서 q_a만Wh 만큼의 공급이 가능하고, 이 가격으로 입찰에 임한다고 가정한다. 이하, 재생가능 전력 발전사업자 B는 가격 P_b에서 $q_b - q_a$만Wh 공급이 가능하게 되고, 사업자 C~F에 대해서도 같은 형태가 된다고 할 수 있다. 이 때 도입 목표가 q_d로 설정되었다고 한다면 낙찰되는 사업자는 A, B, C, D이고, 가격은 각각 P_a, P_b, P_c, P_d가 된다. 도입 목표량을 달성하는 데 소요되는

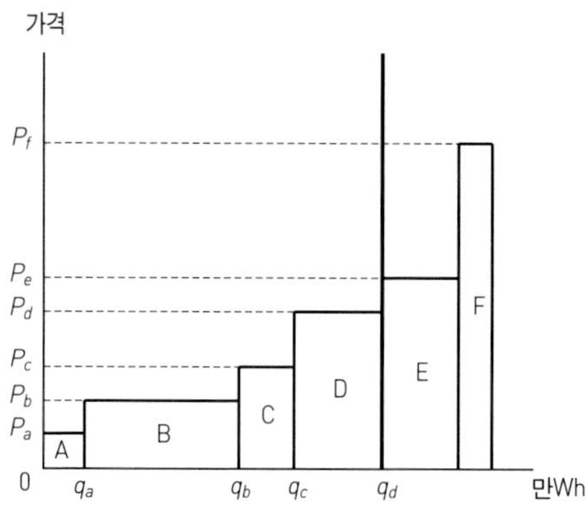

자료: 필자 작성.

[그림 7-1] 경쟁입찰제의 기본적인 견해

총비용은 $P_a q_a + P_b(q_b - q_a) + P_c(q_c - q_b) + P_d(q_d - q_c)$가 된다.

이 과정에서는 시장을 개재하지 않기 때문에 재생가능 전력의 평균가격이 표시되지 않으며 재생가능 전력 발전사업자에 따라서 매입가격이 다르게 나타난다는 것이 특징이다. 재생가능 전력 발전사업자가 제시한 가격을 오름차순으로 정렬하여 얻을 수 있는 일종의 '공급곡선'에 따라 가격이 낮은 순서대로 차례대로 낙찰자가 정해진다. 따라서 가장 높은 가격으로 낙찰된 마지막 재생가능 전력 발전사업자를 제외한 재생가능 전력 발전사업자의 전력은 모두 최종 낙찰자보다 낮은 가격에서 매입된다.

여기서 최종적으로 낙찰된 재생가능 전력 발전사업자의 가격을 최고가격으로 하고, [그림 7-1]에서 최고가격 P_d를 통과해서 가로축으로 평행인 직선을 긋고 '공급곡선'과 이 직선 사이의 영역을 임의로 '생산자 잉여'라고 하면 경쟁입찰제하에서는 '공급곡선'을 따라 가격이 순차적으로 정해지므로 이론적으로는 '생산자 잉여'가 발생하지 않는다.

단, 여기서 생산자 잉여라고 설명한 것은 어디까지나 시장분석에 있어서 경제학에서 사용하고 있는 개념을 원용하고 있는 것에 지나지 않는다. 실제로는 경쟁입찰제에서 실현되는 가격은 시장가격이 아니라 어디까지나 인위적으로 만들어진 거래구조하에서 정해지는 가격이다.

이상과 같은 과정을 포함하고 있기 때문에 각 재생가능 전력 발전사업자의 발전단가나 그보다 약간 높은 정도의 매입가격이 형성된다.[156] 따라서 경쟁입찰제에서는 사회적으로 볼 때 도입 목표가 매우 효율적으로 달성된다고 할 수 있다.

2) 경쟁입찰제의 특징과 문제점

여기서는 경쟁입찰제의 세 가지 특징과 문제점에 대해서 살펴본다.

---

156) van der Linden et al., 2005.

첫 번째 특징은 시장을 개재하지 않고 재생가능 전력 발전사업자 간 경쟁을 촉진한다는 점이다. 이에 따라 모든 재생가능 전력 발전사업자가 한계비용에서 발전을 수행할 수 있도록 한다. 따라서 매우 효율적이며 재생가능 전력 보급비용을 낮은 수준에서 유지시켜 준다. 이론적으로는 재생가능 전력 발전사업자 간 경쟁을 초래하기 때문에 고정가격제에서 지적되는 것과 같은 비효율도 발생하지 않는다.

둘째, 시장을 개재하지 않기 때문에 고정범위제하의 TGC 시장에서 나타나는 것과 같은 매입가격의 변동을 없앨 수 있다. 일단 가격이 정해지면 장기적인 매입이 보장되기 때문에 결과적으로 재생가능 전력 발전사업자의 사업 리스크가 경감된다.[157] 이는 고정가격제와 공통되는 성격이다.

셋째, 정책당국자에게는 일정한 도입 목표에 따라서 입찰을 실시하는 것이기 때문에 얼마만큼의 양의 재생가능 전력이 보급될 것인지 사전에 알 수 있다. 고정가격제하에서 도입 목표를 달성하기 위해서는 재생가능 전력 발전사업자의 한계비용함수를 알아야 할 필요가 있으나 경쟁입찰제의 경우에는 그럴 필요가 없다.

이상과 같은 이점이 있는 반면, 경쟁입찰제의 경우에는 다음과 같은 문제점도 가지고 있다.

첫째, 재생가능 전력 발전사업자에게 있어서는 고정가격제에 비해 투자 리스크가 높다. 투자 리스크의 주된 부분은 사업이 낙찰될 수 있을지 여부가 불확실하다는 데 있다. 사업개시 전에 이러한 리스크가 있기 때문에 재생가능 전력 발전사업자의 신규 투자를 촉진시키기 어렵다.

둘째, 입찰 시 재생가능 전력 발전사업자 간에 가격경쟁이 벌어지기 때문에 무리한 투자계획을 세우기 쉽다. 그 결과, 사회적 조건이 경시되어 오히려 사업을 계속하기 곤란해질 가능성이 있다. 또한, 가령 낙찰한 경우

157) 투자 리스크 경감은 재생가능 전력사업에 있어 중요한 과제이다. 이를 영국의 재생에너지 의무(RO: Renewable Obligation)와 독일의 고정가격제에 대해 비교 검토한 것으로는 Mitchell et al.(2006)이 있다.

에도 무리한 계획을 세우고 있었다면 이후의 사업이 추진되지 못하게 된다. 재생에너지는 기후 등 자연조건에 따라서 발전량이 변화하는 고유의 리스크를 지니고 있다. 자연조건이 지닌 리스크에 대응하기 위해서는 어느 정도의 경영상의 여유를 가지고 있을 필요가 있다. 그럼에도 불구하고 가격경쟁 속에서 사업 리스크가 경시된 결과 사업을 계속하기 곤란해질 가능성이 생겨나게 되는 것이다.

셋째, 입찰 절차가 번잡해진다. 입찰을 실시하기 위해서는 사업자는 사전에 사업계획을 규제당국에서 요구하는 형식에 따라 제출하지 않으면 안 된다. 또한 다른 제도에는 없는 심사기간을 필요로 한다.

이상으로 경쟁입찰제의 이점과 문제점에 대해 살펴보았다. 문제점을 회피하기 위해서는 주의 깊게 제도설계를 할 필요가 있다. 다음 절에서는 실제 운영에 있어서는 어떻게 되어 있는지를 알아보기 위해 NFFO를 예를 들어 검토한다.

2. 영국의 NFFO 책정 배경과 제도

1) NFFO의 책정 배경

NFFO는 세계 경쟁입찰제 중에서 가장 오랫동안 실시된 제도였다. NFFO는 전력 자유화를 위해 책정된 1989년 전력법(Electricity Act 1989 (c.29), 1990년 3월 31일 시행) 제32조 '비화석연료 자원으로부터의 전력' 에 규정되어 있으며 잉글랜드와 웨일즈에서 도입되었다.[158)]

---

158) 북아일랜드, 스코틀랜드에서도 이와 유사한 제도가 도입되었다. 북아일랜드의 제도는 NI-NFFO(Non-Fossil Fuel Obligation for Northern Ireland), 스코틀랜드의 제도는 SRO(Scottish Renewable Obligation)라고 부른다.

이 제도는 2002년에 도입되었는데 2010년까지 재생가능 전력의 비중을 총 전력공급의 10%로 한다는 도입 목표를 실현하기 위해 만들어진 '재생에너지 의무(RO: Renewable Obligation)'[159]로 바뀌기 전까지 12년간에 걸쳐 실시되었다. NFFO하에서의 경쟁입찰은 1998년 NFFO-5로 종료되었으나 NFFO하에서 체결된 계약은 2018년까지 유효한 것이었기 때문에 RO가 만들어진 이후에도 병존하고 있다.[160]

잉글랜드와 웨일즈에서 NFFO가 도입된 이유는 두 가지 있다.

첫 번째 이유로는 재생에너지의 에너지 정책상의 위상이 높아진 것을 들 수 있다. NFFO 도입 이전의 영국의 경우, 재생에너지 기술개발에 대한 보조금 정도가 있었을 뿐 도입 목표를 실현하기 위한 포괄적인 제도는 존재하지 않았다. 다른 나라와 마찬가지로 재생에너지는 1973년 이후 오일쇼크에 대응하는 에너지의 하나로 자리매김하여 정책이 실시되고 있었지만 그 성과가 좋은 것은 아니었다. 이러한 상황을 타파하기 위해 재생에너지가 다시 에너지 정책의 중요한 항목으로 자리 잡게 되었다.[161] 또한 영

159) NFFO와 달리 RO는 고정범위제로 분류되는 정책이다. RO의 구조는 운영됨에 따라 점차 번잡해지고 있다. 개요에 대해서는 Toke(2005), Mitchell et al.(2006), Toke and Oshima(2007) pp.127-133 참조.

160) 계약기간이 끝날 때까지 NFFO하에서 계약한 사업은 매입가격으로 지불받는다. 한편, RO하에서도 ROC(Renewable Obligation Certificate, RO하에서의 TGC 단위)를 매각할 수도 있다. 이러한 이중 지원을 방지하기 위해 NFFO하에서 계약사업자는 잉여분을 화석연료계좌(fossil fuel account)에 환급해야만 하는 조치가 취해지고 있다. 이러한 조치가 있었기 때문에 RO가 도입된 이후 화석연료세는 부과되지 않고 있다(House of Lords, 2004, p. 28).

161) NFFO라는 보급 촉진책이 실시되기 이전에는 재생에너지 정책의 중심은 기술 개발에 있었으며 대상 자원은 파도 에너지였다. 이 파도 에너지에 정부의 연구개발 자금의 많은 부분이 지출되었다(House of Commons, 1992). 그러나 파도 에너지 기술 개발은 실패로 끝났다. 미래 기술 개발을 선정하는 작업은 어렵지만 영국의 재생에너지 개발정책은 이러한 실패의 역사였다고도 알려져 있다(Elliott, 1989). 이러한 경위도 있고 해서 영국에서는 정부가 자의적으로 정하지 않고, 시장에 기술 선정을 맡기는 방향으로 정책 선택이 이루어지게 되었다. 물론, 과거에 국가가 해 온 다양한 정책을 시장에 맡기게 된 배경에는 1980년대 영국의 신보수주의의 영향이 있었다.

국만의 문제도 있었는데 이 시기에 빈발한 탄광 파업에 대응하기 위해 연료의 다양화를 도모할 필요성도 있었다.[162)]

이러한 정책 변경이 이루어지게 된 것은 1988년으로 그 해 영국의 에너지 정책의 기본적인 방향성을 표명한 「에너지백서(Energy Paper)」에서 재생에너지에 관해서 처음으로 포괄적인 정책의 방향성이 제시되었다. 이렇게 발표된 것이 「에너지백서 55 영국의 재생에너지」(Energy Paper 55, Renewable Energy in the UK: The way forward, 이하 「에너지백서 55」로 표기함)이다.

「에너지백서 55」는 영국의 재생에너지 정책의 기본적인 방향성을 살펴보는 데 있어 가장 중요한 문서 중 하나이다.[163)] 이 백서의 편찬 목적은 2010년까지의 정책 방침을 나타내는 데 있었다. 여기에는 재생에너지에 관한 다음 세 가지 기본 전략이 정리되어 있다.[164)] 즉, 첫째, 대체에너지 자원 개발을 경제적으로 추진할 것, 둘째, 미래를 위한 옵션을 확립해 발전시킬 것, 셋째, 국내외 시장에서 영국의 산업 경쟁력을 강화시킬 것 등이다. 이들 방침은 NFFO가 실시된 기간 동안 일관되게 재생에너지 정책의 기본이 되었다.

NFFO가 도입된 두 번째 이유로는 전력 자유화가 진전되는 상황하에서 영국 정부가 원자력을 계속해서 유지한다는 방침을 가진 데 있다. 이 점을 이해하는 데 있어 중요한 것이 전력 자유화와 원자력 발전의 관계이다. 영국의 전기사업은 1990년대에 들어설 때까지 잉글랜드 및 웨일즈와 스코틀랜드로 두 개로 나뉘어 전자는 중앙 전력청, 스코틀랜드에서는 남 스코틀랜드 전력청에 의해 독점적으로 전기사업이 운영되어 왔다. 잉글랜드 및 웨일즈

---

162) Elliott, 1989.

163) Connor, 2005; 이 에너지백서 55에 나타난 전략은 이후의 에너지백서 62에도 답습되고 있다(Department of Trade and Industry, 1994). 이 전략은 NFFO를 만드는 데 기초가 되었다(Wiser et al., 2004).

164) Department of Energy, 1988.

에서는 1957년 전력법 규정에 근거해 발전에서 송전, 배전, 소매유통에 이르는 모든 사업을 중앙 전력청과 12개 배전국에서 수행하고 있었다.

이러한 상황에 일대 변화를 맞이한 것이 1990년이다. 그 해 영국에서는 세계에서 가장 앞서 전력 자유화가 실시되었다. 이에 따라 종래의 중앙 전력청이 해체되면서 발전부문은 내셔널 파워(National Power)사와 파워젠(Powergen)사라는 발전사업자로, 송전부문은 내셔널 그리드(National Grid)사라는 송전사업자로 운영 조직이 변경되었다.

이러한 전력 자유화의 흐름 속에서 그 전까지 국책사업으로 개발되어 왔던 원자력 발전은 유지가 어려워지게 되면서 존망의 위기를 맞이하기에 이르렀다. 본래 영국은 실용적 규모의 원자력 발전소 건설을 최초로 시작한 나라이며, 원자력 개발을 적극적으로 추진해 왔다는 경위가 있다. 원자력 발전은 이 시기에는 결국 민영화되지 못하고 국영의 뉴클리어 일렉트릭(Nuclear Electric)사라는 원자력 발전을 전문으로 하는 전기회사를 설립하여 운영하게 되었다.[165]

이러한 상황하에서 원자력 발전을 유지하기 위한 재정적 기반제도로 만들어진 것이 NFFO였다.[166] 즉, NFFO는 재생에너지의 보급을 목적으로 도입된 것이라고는 할 수 없고, 주로 원자력 발전의 유지를 위한 재정 부담을 담당하기 위해 만들어진 조직이었다.[167]

이상에서 살펴본 것이 NFFO 책정 배경이지만 이후 NFFO의 입지는 높아져 갔다. 기후변화 문제에 관한 국제적 논의가 활발해지면서 이를 방지

165) 아키모토, 2006; 1995년 뉴클리어 일렉트릭사는 새롭게 설립된 브리티시 에너지사의 자회사가 되었다. 1995년 12월에 브리티시 에너지사가 경수로의 신규 개발을 포기하면서 사실상 영국의 상업용 원자력 발전 개발이 종료되었다. 2005년부터 영국의 에너지 정책을 재검토하는 과정에서 원자력 발전 중시의 정책으로의 전환이 이루어지려 하였지만 전력 자유화의 움직임 속에서 현실적으로 원자력 발전을 재개하는 것은 어려운 일이었다.

166) Mitchell, 1995; Connor, 2003.

167) 실제로 NFFO의 1990년부터 2000년까지 총예산의 90%가 원자력 지원에 사용되었으며, 재생에너지에 대한 비율은 적었다.

하기 위한 대책으로 재생에너지 보급이 국내적으로 필요하게 되었던 것이다. 또한, 유럽 역내에서 재생에너지 보급이 정책과제로서 중요시되어 갔다. 이러한 사정과도 맞물려 NFFO는 재생에너지 보급을 위한 중요한 정책이 되어갔다. 이하에서는 NFFO의 기본 구조와 운용, 라운드별 상이점에 대해서 설명한다.

2) NFFO의 기본 구조

NFFO의 기본 구조를 정하고 있는 것은 1989년에 제정된 전력법 제32조와 제33조이다.

제32조의 내용은 다음과 같다. 즉, 해당 부처 장관(the Secretary of State)은 공공전력 공급업자(public electricity supplier)에 대해 특정 기간 동안 비화석연료를 사용하는 발전 설비(이하 비화석 발전설비로 표기함)로부터 전력을 의무량분 확보하고 있음을 표시하도록 하는 명령(order)을 내린다. 이 명령을 이행하지 못한 공공전력 공급업자에게는 벌칙 또는 벌금이 부과된다. 공공전력 공급업자가 명령을 준수함에 있어서 특정 비화석 발전설비를 가진 발전사업자(이하 비화석 발전사업자로 표기함)로부터 전력(이하 비화석전력)을 구입하는 계약을 맺거나 공공전력 공급업자 자신이 직접 비화석 발전설비를 운전해도 된다. 구입하는 경우에는 영국 국외로부터 수입한 전력도 일정 규칙하에서 비화석전력으로 취급할 수 있다. 또한 명령을 준수할 목적으로 사용가능한 설비 용량은 해당 비화석 발전설비의 DNC(Declared Net Capacity, 규정된 순용량)를 초과해서는 안 된다. 동법에서 규정하고 있는 비화석연료는 화석연료(석탄제품, 갈탄·아탄(亞炭), 천연가스, 원유, 석유제품) 이외의 것을 말한다.

여기서 DNC라는 단위는 영국 특유의 것으로서 주의가 필요하다. DNC는 비화석 발전설비가 기존의 베이스 로드(가장 전력수요가 낮은 경우에도 사용되는 전원)전원으로 되어 있는 발전설비의 어느 정도의 설비

용량에 상당하는지를 표시하는 단위이다. 이 단위가 이용된 이유는 특히 비화석 발전설비와 기존의 베이스 로드 전원 발전설비의 설비 이용률이 크게 다르게 나타나고 있어 비교 가능한 단위로 통일시킬 필요가 있었기 때문이다. 예를 들어 풍력의 경우, 기존의 베이스 로드 전원의 설비 이용률이 70%(0.7), 풍력의 전형적인 설비 이용률이 30%(0.3)이므로 0.3 ÷ 0.7 = 0.43을 풍력발전 설비의 설비 용량에 곱해서 나온 값이 해당 설비의 DNC가 된다.[168)]

다음으로 제33조에는 화석연료세(fossil fuel levy)가 규정되어 있다. NFFO에 의한 추가적 비용은 바로 이 해당 화석연료의 세수로 충당된다. 동 조항의 내용은 다음과 같다. 즉, 제32조에서 비화석연료를 이용하는 발전에 관한 명령을 내릴 때 부처 장관은 화석연료세에 관한 규칙을 내릴 수 있다. 화석연료세의 총액은 비화석발전을 위한 비용총액과 화석연료를 이용한 발전비용 총액의 차이로 되어 있으며 계산방법은 별도의 규칙에 규정되어 있다.

이상을 정리하면 명령에 의해 공공전력 공급업자에게 비화석전력의 구입을 의무화하고, 추가적 비용을 화석연료세로 충당토록 하는 것이 전력법에서 규정하고 있는 NFFO의 구조이다. 단, 전력법에서는 정책의 큰 틀이 정해져 있을 뿐 제도 기간이나 도입 목표, 화석연료세의 세율 수준과 결정방법 등 구체적인 내용은 명령과 규칙에서 별도로 정하도록 되어 있었다. 이는 정책당국의 정책결정에 유연성을 부여함과 동시에 제도가 안정적으로 운용될지 여부를 불확실하게 만들었다.

3) NFFO의 운영

NFFO의 소관부처는 무역산업부(Department of Trade and Industry)이

168) ETSU, 1997.

다. 무역산업부에서는 1990년, 1991년, 1994년, 1997년, 1998년, 이렇게 5차례에 걸쳐 비화석연료 명령(Non-Fossil Fuel Order)을 정해 실시하였다. 제도의 내용은 경쟁입찰의 각 라운드별로 상이하지만 공통된 부분은 다음과 같다.

우선, 영국 전체의 도입 목표를 정하고 난 다음 개별 공공전력 공급업자(이후 지역전력회사[Regional Electricity Companies: RECs]. 단, 이하에서는 혼란을 피하기 위해 '공공전력 공급업자'로 통일함) 12개사에 대해 라운드별로 도입 목표를 할당하였다. 이는 명령에 기재되어 있다. 공공전력 공급사업자는 자신이 직접 비화석 발전설비를 운전해도 되고 혹은 개별적으로 비화석 발전사업자와 계약을 체결함으로써 의무를 충족시켜도 된다.

그러나 실제로는 공공전력 공급업자는 모두 후자, 즉 비화석 발전사업자와의 계약을 선택하고 있다. 왜냐하면 이를 선택하면 화석연료세를 환급받을 수 있었기 때문이다. 환급을 받고자 할 경우, 의무를 지닌 공공전력 공급업자는 잉글랜드 및 웨일즈 전력 풀에서 정해 놓은 전력의 시장가격(현물가격)에 근거하여 비화석 에너지를 구입한다. 한편, 비화석 발전사업자는 경쟁입찰에서 정해진 매입가격으로 대금을 지불받는다. NFFO에서는 기본적으로 가장 낮은 입찰가격을 내건 사업자부터 매입계약이 체결되고 일정한 매입가격에서의 지불을 보장받는다. 각 라운드의 평균 매입가격은 전회 라운드의 평균을 하회하도록 되어 있어 인위적인 가격저감을 도모하였다.

비화석 발전사업자에 대한 지급은 비화석전력을 공급할 의무가 있는 공공전력 공급업자에 의해 이루어진다. 전력 풀 구입가격(정확히는 전력 풀 매각가격(selling price)의 월 평균가격, 단 전력 풀은 2000년 10월에 폐지)[169]과 매입가격의 차이는 소매전력요금에 부과되는 화석연료세의 세

169) 영국에서 시작된 전력 자유화는 2000년에 큰 변화를 맞이하게 되는데 1990년에 전력 거래시스템으로서 도입된 전력 풀을 이용하던 전력공급이 2001년 3월에 실시된 새로운 전력거래규정(NETA: New Electricity Trading Arrangements)을 이용하는

〈표 7-1〉 NFFO에 관한 지출

(단위:100만 파운드)

연도	1990~91	1991~92	1992~93	1993~94	1994~95
금액	6.1	11.7	28.9	68.1	96.4
1995~96	1996~97	1997~98	1998~99	1999~2000	2000~01
94.5	109	115.9	113.7	41.9	52.1

자료: House of Lords(2004) p.28에 의해 작성.

수로 충당된다.

화석연료세의 배분은 비화석연료 구입기관(NFPA: Non-Fossil Fuel Purchasing Agency)이라는 특별 기관이 1990년에 지역전력회사에 의해 설립되어 이 기관에서 공공전력 공급업자에 대해 전력 시장가격을 초과하는 부분에 대한 환급이 이루어졌다. NFFO에 관한 지출액은 〈표 7-1〉에 나타난 바와 같이 점차 증가하였다. 이러한 지급액수의 증가가 추가적 지출을 수반하지 않는 RO로 전환하는 계기가 되기도 하였다.

4) 라운드별 차이점

NFFO의 구체적인 내용은 라운드에 따라 다르다. 이는 크게 적격기술, 계약기간, 도입 목표, 매입가격 결정방법의 네 가지로 나누어 볼 수 있다. 이하에서는 각각에 대해서 살펴본다.

라운드별로 다른 점 중 첫 번째는 적격기술이다. 적격기술의 경우, 기본적으로는 전력법으로 규정되어 있지만 모든 비화석전력이 대상이 되는 것은 아니며 어디까지나 일정 정도의 경제성을 지니고 있고 적절한 지원이 이루어지면 시장에서 경쟁력을 가질 수 있는 기술에 한정되어 있다.

형태로 이행되었다. 이처럼 전력 공급시스템에 큰 변화가 있었던 것이 영국의 1990년대, 2000년대 초반의 특징이라 할 수 있다. 전력 풀에서 NETA로 변경되자 NFFO는 폐지되었고, RO가 새롭게 도입되었다.

〈표 7-2〉 NFFO의 적격기술 · 기술구분

	NFFO-1	NFFO-2	NFFO-3	NFFO-4	NFFO-5
풍력	모든 재생에너지(구체적 규정 없음)	●			
〉1.6MW			●		
〈1.6MW			●		
〉0.768MW				●(오프쇼어 포함)	
〈0.768MW				●(오프쇼어 포함)	
〉0.995MW					●(오프쇼어 제외)
〈0.995MW					●(오프쇼어 제외)
수력		●	●		
소규모 수력				●	●
매립지 가스		●	●	●	●
폐기물로부터의 에너지					●
폐기물 연소 열전병급				●	●
도시 폐기물 및 일반산업 폐기물 연소		●	●		
폐기물 연소(유동상식)				●	
하수 가스		●			
에너지 곡물			●		
농업 및 임업 폐기물			●		
농업 폐기물의 염기성 분해물				●	
바이오매스 가스화/열분해에 의한 에너지 곡물 · 산림폐기물				●	
기타		●			

주: 기술구분은 NFFO-1에서는 설정되지 않고 NFFO-2 이후에 설정되었다.
자료: ETSU(1998a; 1998b; 1998c; 1998d; 1998e); House od Lords(2004)에 의해 작성.

〈표 7-2〉는 라운드별 적격기술을 나타낸 것이다. 이 표에서 알 수 있듯이 동일 기술인 경우에도 적격한지 여부는 라운드에 따라 제각기 다르다. NFFO-1에서는 적격기술에 대한 구체적인 규정이 마련되어 있지 않았으나 이후 기술에 따라서는 상세히 규정되어 있는 것도 있다. 예를 들면 풍

력은 규모에 따른 구별이 라운드별로 차이가 있었고, 폐기물 발전의 경우에는 기술에 따라서 부적격한 것이 되는 것도 있다.

라운드별로 적격기술이 다른 이유는 두 가지 있다. 첫 번째 이유로는 NFFO의 목적이 기본적으로 시장기능에 의해 자립할 수 있을 것으로 판단되는 기술을 보조하는 것에 있었기 때문이다. 따라서 가까운 장래에 자립 가능할 것으로 정부가 판단하는 기술만이 대상이 되었고, 또한 기술이 진보됨에 따라 그 범위도 빈번하게 수정되었다. 예를 들면 태양광 발전은 비화석연료로 분류할 수 있었으나 장래에 자립 가능할 것으로는 보이지 않았기 때문에 NFFO에서는 적격기술이 되지 못했다. 또한, 풍력은 규모에 따라 경쟁력에 차이가 발생하는데 기술이 진보하여 평균설비 용량이 증대되면 대규모 풍력과 중소규모 풍력 간 구분이 변하기 때문이다.

두 번째 이유는 한마디로 비화석연료라고 하더라도 그 내용물이 다양했기 때문이라 할 수 있다. 특히 폐기물의 종류에 따라 적격기술에 포함시켜야 할지 여부도 논의의 여지가 남아 있었고, 결과적으로 라운드별로 적격기술에 포함되는 기술이 달라졌다.

이와 같이 NFFO에서는 적격기술을 유연하게 변경함으로써 정책상의 효과를 갖도록 하는 노력이 이루어졌으나 다른 한편에서는 제도의 안정성이라는 관점에서 보면 문제도 발생했다. 적격기술에 대한 정의가 안정되어 있지 않으면 다음 라운드에서 어떤 기술이 적격하게 될지를 비화석 발전사업자가 알 수 없기 때문에 라운드가 설정되기 이전에 장기계획을 세우기 어려워진다. 이는 비화석 전력사업에 대한 투자를 억제하는 효과를 지닌다.

적격기술과 관련한 것으로서 NFFO에서는 재생에너지 기술에 따라 다른 기술구분(technology band)이 NFFO-2 이후에 만들어진 것도 중요한 점이다. 이러한 기술구분이 만들어지게 된 이유는 NFFO의 목적이 단순히 저렴한 비화석전력을 조달하는 것에만 있었던 것이 아니라 다양한 기술을 개발하는 데 있었기 때문이다. 기술구분이 설정되면 해당 기술구분에 속하는 기술은 기타 기술구분에 속하는 기술과는 경합하지 않아도 되어 그 결과, 구분된 기술 수에 따라서 다양한 기술이 개발 가능해질 것으로 생각한 것이다.

다른 한편으로는 개별 기술구분에 조달하는 비화석 전력의 양은 경쟁입찰이 실시된 후에 무역산업성에 의해 결정되었다. 즉 입찰업체는 해당 기술에 있어 총량으로 어느 정도나 낙찰될지를 사전에는 알 수 없었다.[170] 이는 사업 리스크를 높이는 것으로 이어졌다.

라운드별로 상이한 두 번째 이유로는 계약기간을 들 수 있다. 계약기간은 사업 리스크의 크고 작음을 규정한다. 비화석전력은 시장에서의 경쟁력이 충분하지 않기 때문에 계약기간의 장단에 따라 계획할 수 있는 사업의 종류가 크게 달라진다. NFFO는 이러한 기본적인 협정에서조차 라운드 간에 다르게 취급하도록 되어 있었다.

〈표 7-3〉에서도 알 수 있듯이 NFFO-1, NFFO-2에서는 계약기간이 1998년까지로 되어 있어 커버하는 기간이 각각 8년과 7년에 불과하다. 이는 발전사업과 같이 장기간에 걸쳐 발전설비를 운전하는 사업에 있어서는 지극히 짧은 기간이다. 따라서 NFFO에 참여할 수 있는 비화석 발전사업자 수가 제한되었다.

NFFO-1, NFFO-2에서 이와 같은 일들이 있었던 것은 EU 차원에서 국가 보조금(state aid)을 삭감한다는 기본 방침이 있었으며 원자력에 대한 보조금의 성격도 겸비하고 있던 NFFO에 대해 유럽위원회가 1998년 말까지라는 기한을 정해 놓았기 때문이었다.[171]

NFFO-3 이후에는 재생에너지에 대해서는 1998년 이후에도 보조한다는 것을 유럽위원회에 의해 인정받았기 때문에 장기간에 걸친 계약 기간이 설정되었다. NFFO-3 이후에는 최대 5년간의 유예기간과 15년에 걸친

---

170) Mitchell, 2000.

171) Connor, 2003.

〈표 7-3〉 NFFO 각 라운드의 책정시기와 커버 기간

라운드	개시	커버 기간
NFFO-1	1990년 9월	8년(1990년 4월~1998년 12월)
NFFO-2	1991년 11월	7년(1992년 1월~1998년 12월)
NFFO-3	1994년 12월	유예기간 최대 5년, 계약기간 15년 (1990년 4월 1일~2014년 3월 31일)
NFFO-4	1997년 2월	20년간, 유예기간 최대 5년, 계약기간 15년(1997년 3월 1일~)
NFFO-5	1998년 9월	20년간, 유예기간 최대 5년, 계약기간 15년(1998년 12월 1일~)

자료: ETSU(1998a; 1998b; 1998d; 1998e)에 의해 작성.

계약기간이 인정되고 있다. 이에 따라 비화석 발전사업자의 경우에는 투자 회수가 용이해졌다. 반면에 라운드별로 계약기간이 정해진다는 계획에는 변함이 없었기 때문에 안정성 측면에서는 여전히 불완전한 것이었다.

각 라운드의 차이점 중 세 번째로는 도입 목표를 들 수 있다. 도입 목표는 NFFO와는 별도로 정해졌으며 NFFO 실시기간 중에도 변화해 갔다. 최초의 도입 목표는 1989년 6월에 결정되었는데 2000년까지 신규의 비화석 발전설비를 60만kW_{DNC}를 개발하는 것이었다. 이 도입 목표는 1990년의 「환경백서」[172]에서 2000년까지 100만kW_{DNC}(Department of Environment, 1990), 1993년의 「석탄리뷰백서(the Coal Review White Paper)」에서는 2000년까지 150만kW_{DNC}(Department of Trade and Industry, 1993)로 증가하였다.

이와 같이 단기간에 국가의 도입 목표가 변화하게 된 배경으로는 재생에너지의 에너지 정책에서의 역할이 높아진 것, 기술 잠재력이 높은 것을 인식하게 된 것 등을 들 수 있다. 비록 최초의 재생에너지에 대한 평가가 지극히 낮았던 것은 사실이지만 그것이 도입 목표의 변화로 이어진 것이다.

네 번째는 NFFO 매입가격의 결정방법이다. NFFO-1과 NFFO-3,

172) 영국의 백서는 일본의 백서와는 달리 매년 발행되는 것이 아니라 중기적인 정책의 방향성이나 내용을 정하는 상대적으로 비중 있는 역할을 지닌 정책문서로서 비정기적으로 발간되는 것이다.

NFFO-4, NFFO-5에서는 계약한 비화석 발전사업자는 각각의 낙찰가격으로 매입가격이 결정되었다. 반면, NFFO-2에서는 구분된 기술별로 통일가격(strike price, 지정가격)으로 매입이 이루어졌다. 이 때 매입가격은 계약가격의 가장 높은 가격이다.[173)] 즉, NFFO-2에서는 2절에서 살펴본 경쟁입찰제의 기본 개념과는 달리 [그림 7-1]의 가격 p_d에서 일률적으로 가격이 결정되어 있다. 경쟁입찰제의 기본 구조에서 생각할 수 있는 높은 효율성은 NFFO-2에서는 달성되지 않은 것으로 생각된다.

3. NFFO의 효과

이 절에서는 NFFO의 효과에 대해서 평가한다. 재생가능 전력 지원정책은 재생가능 전력이 어느 정도 보급되었는지, 또한 가격저감 효과는 있었는지에 의해 평가될 수 있다. 이하에서는 이 두 가지 점에 대해서 검토한다.

1) 재생가능 전력의 보급 효과

먼저, NFFO에 의한 도입량을 살펴보면 (〈표 7-4〉), NFFO-1~NFFO-5를 통해 2005년 말일 현재 전체적으로 총 378사업이 존속하고 있다. 총 설비 용량은 104만 7,600kW_{DNC}에 이른다. 이 결과에서 보면 NFFO는 일정한 보급효과를 가진다고 평가할 수 있다. 그러나 한편으로 영국 정부가 수립했던 150만kW_{DNC}라는 도입 목표에서 보면 달성률이 69.8%에 불과해 목표 달성이라는 측면에서는 충분하지 않았다.

173) ETSU, 1999.

〈표 7-4〉 NFFO에 의한 도입량 (2005년 말 현재)

	NFFO-1		NFFO-2		NFFO-3		NFFO-4		NFFO-5		전 라운드 합계	
	존속 사업수[1]	설비 용량 (만kW$_{DNC}$)	존속 사업수	설비 용량 (만kW$_{DNC}$)	존속 사업수	설비 용량 (만kW$_{DNC}$)	존속 사업수	설비 용량 (만kW$_{DNC}$)	존속 사업수	설비 용량 (만kW$_{DNC}$)	존속 사업수	설비 용량 (만kW$_{DNC}$)
풍력	5	0.81	22	5.20							27	6.01
대규모 풍력[2]					12	5.05	6	3.87	—	—	18	8.92
소규모 풍력[2]					15	1.35	6	0.40	9	0.75	30	2.50
수력	13	0.48	9	1.04	8	1.17	9	0.25	—	—	39	2.95
매립지 가스	13	2.51	21	3.46	41	8.06	62	16.15	80	17.04	217	47.22
도시폐기물/산업폐기물	4	4.06	2	3.15	9	11.46			—	—	15	18.68
도시폐기물/산업폐기물(열전병급)							4	3.35	—	—	4	3.35
도시폐기물/산업폐기물(유동상식)							—	—			0	0.00
하수 가스	4	0.41	17	1.86							21	2.26
에너지곡물, 농업폐기물 및 임업폐기물 가스화					—	—					0	0.00
에너지곡물, 농업폐기물 및 임업폐기물 기타					2	6.95					2	6.95
농업폐기물의 염기성분해물							1	0.14			1	0.14
기타	3	4.54	1	1.25							4	5.79
합계	42	12.82	72	15.96	87	34.04	88	24.16	89	17.786	378	104.76

주: 1. NFFO하에서 계약된 것 중에서 2005년 12월 31일 현재 실제로 가동하고 있는 설비 수.
2. 대규모와 소규모의 구별은 NFFO-3, NFFO-4, NFFO-5 각각 다르다.
3. 표 안의 -는 계약되어 있으면서도 운전되지 않았거나 2005년 12월 31일 현재 이미 가동하지 않는 설비를 가리킨다.

자료: Department of Trade and Industry (2006) p.192에 의해 작성.

설비 용량의 내역을 보면 매립지 가스가 가장 큰 비중을 차지하여 45%, 다음으로 폐기물 발전이 18%, 풍력이 17%로 되어 있다. 매립지 가스도 폐기물에 기인한 것이므로 NFFO에 의해 보급된 비화석 발전설비는 주로 폐기물과 관련한 것이었다. 폐기물 발전을 재생에너지에 포함시킬 것인지에 대해서는 논의할 여지가 있으며 재생가능 전력 지원정책으로는 문제를 안고 있다.

보다 상세히 살펴보기 위해 NFFO에 의해 어느 정도의 설비 용량이 증가하였는지를 나타낸 것이 〈표 7-5〉이다.[174] 이 표에서 보면 1990~2005년 풍력 · 파도는 154.4배, 매립지 가스는 46.0배가 증가하였다. 이 중에서 NFFO에 의한 효과를 보면 2005년 말 현재, 1990년 말 시점에서의 도입량에 비해 풍력은 40.9배, 매립지 가스는 28.6배가 증가하였다. NFFO에 의한 전체 증가량은 1990년 말의 설비 용량의 0.8배로 풍력 · 파도와 매립지 가스의 증가율이 눈에 띄게 성장하고 있음을 알 수 있다.

이러한 점으로 미루어 볼 때 NFFO-2 이후에 기술구분을 마련해 구분된 기술 내에서 경쟁을 진행했음에도 불구하고 특정 기술만이 증가하는 결과를 초래하여 에너지원의 다양화 측면에서는 충분한 성공을 거둘 수 없었음을 알 수 있다. 또한, 태양광 발전에 대해서는 NFFO에서는 적격기술에 포함되어 있지 않았음에도 불구하고 1만 1,000kW$_{DNC}$가 증가하였다. 이러한 결과로 볼 때 태양광 발전에도 일정한 잠재력이 있으며, NFFO 적격기술 선정에 잘못이 있었다고 할 수 있다.

다음은 라운드별 경향에 대해서 살펴보면 먼저, NFFO-1, NFFO-2에 대해서는 이 2개의 라운드는 NFFO-3 이후의 라운드에 비해 도입량이 적음

---

174) NFFO-1에 한해서 기존 사업과 신규 사업의 구별 없이 적격한 것으로 되어 있었기 때문에 NFFO에 의한 도입량으로 간주되고 있는 것에는 1990년 말에 NFFO가 시작되기 이전에 설치되어 있는 것도 포함되어 있을 가능성이 있다. 신규 사업과 기존 사업을 통계상으로는 구분할 수 없기 때문에 여기서는 2005년 말 현재의 NFFO-1~NFFO-5의 존속 설비를 NFFO의 도입량으로 하고 있다.

〈표 7-5〉 NFFO에 의한 재생에너지 도입효과 (2005년 말 현재)

	1990년	2005년				
			NFFO		NFFO 이외	
	총설비 용량 (만kW$_{DNC}$)	총설비 용량 (만kW$_{DNC}$)	보급량 (만kW$_{DNC}$)	1990년의 설비 허용량에 대한 비율(배수)	보급량 (만kW$_{DNC}$)	1990년의 설비 용량에 대한 비율(배수)
풍력 · 파도력	0.4	65.8	17.4	40.9	48.4	113.5
그 중에서 풍력	n.a	n.a.	17.4	—	n.a.	—
소규모수력	2.6	5.7	2.9	1.1	2.8	1.1
대규모수력	108.4	135.5	0.0	0.0	135.5	1.3
매립지가스	1.7	76.0	47.2	28.6	28.8	17.4
도시폐기물	3.1	23.4	22.0	7.1	1.3	0.4
하수가스	7.3	12.8	2.3	0.3	10.5	1.4
태양광	0.0	1.1	0.0	—	1.1	—
기타	0.0	16.6	12.8	1,283.8	3.8	380.1
합계	123.5	336.9	104.7	0.8	232.2	1.9

주: '풍력 · 파도력'에 대해서는 통계상 구별되어 있지 않지만 파도는 거의 보급되어 있지 않은 것으로 미루어 볼 때 풍력 · 파도의 대부분은 풍력으로 생각된다.

자료: Department of Trade and Industry (2006) p.192에 의해 작성.

을 알 수 있다. 이는 NFFO-1, NFFO-2가 1998년까지만 계약기간이 정해져 있었기 때문에 단기간에 회수할 수 있는 사업만이 NFFO에 참여했기 때문으로 생각된다.

또한, NFFO-1과 NFFO-2는 거의 같은 시기에 시작되었기 때문에 도입 상황별로 차이는 보이지 않고 있지만 NFFO-2 기간 중에 풍력개발이 진전되었다는 것은 특징적이라 할 수 있다. 이는 NFFO-1을 계기로 풍력개발의 기운이 높아졌음을 반영하고 있다.

NFFO-3에서는 NFFO-1, NFFO-2에 비해 도입량이 비약적으로 증가하고 있음을 알 수 있다. NFFO-3에서의 큰 변화는 계약기간이 15년으로 늘어난 일이다. 여기에 비화석 발전사업자로부터 계약을 받았을 때부터 실시할 때까지 유예기간이 주어진 것도 큰 역할을 하고 있다.

NFFO-4, NFFO-5에서는 실제로 도입된 설비 용량은 감소추세에 있다. 이는 계약된 설비 용량 중 실제로 실시되는 비율(이하에서는 실시율이라고 표기함)이 저하되고 있기 때문이다. 〈표 7-6〉은 2005년 말 현재의 실시율을 나타낸 것이다. 이 표에서 명확히 알 수 있듯이 설비 용량 기준으로 보았을 경우의 실시율은 NFFO-1에서는 84%였던 것이 NFFO-2 이후 크게 저하되고 있다.[175)]

이 중 NFFO-2의 설비 용량 기준으로 본 실시율이 34%로 낮은 상태에 머무르고 있는 것은 NFFO-2의 계약기간이 1998년까지로 7년간에 불과했다는 사정에 의한 것일 것이다. NFFO에서는 경쟁입찰을 거쳐 매입계약을 체결한 사업의 경우에도 이후 설비 주변의 주민동의와 발전사업 인허가를 받아야 할 필요가 있었으며 이러한 조건을 모두 충족시킨 다음 설비를 설치하고 운전을 시작해야 한다. 일반적으로 이러한 과정을 거치기까지는 수년이 걸린다. 그러므로 NFFO-2의 계약기간은 사업의 리드타임에 비해 매우 짧기 때문에 계약사업인 경우에도 실제로는 채산 베이스에 맞는 운전을 할 수 없었을 것으로 생각된다.

또한, 이는 단기간에 설비를 설치할 필요성이 생겼기 때문에 「에너지백서 55」에 나타난 기본 방침과는 반대로 영국 국외의 재생가능 전력 관련 회사가 설비 건설을 담당함으로써 영국 국내의 재생가능 전력 산업의 육성으로는 이어지지 않게 된 것이기도 하였다.[176)]

다음은 NFFO-3 이후의 동향을 살펴보면 NFFO-3의 설비 용량을 기준으로 한 실시율은 54%에 불과하였으며 그 후에도 NFFO-4, NFFO-5로 라운드가 진행될수록 실시율이 보다 저하되고 있음을 알 수 있다. NFFO-4, NFFO-5에서 계약사업은 각각 195건, 84만 2,720kW$_{DNC}$, 261건, 117만

175) NFFO-1, NFFO-2는 1998년까지의 매입계약이기 때문에 〈표 7-6〉의 2005년 말 현재 이미 NFFO 제도하에서의 매입은 이루어지지 않은 설비이다. 또한, 2000년 말 시점에서 NFFO-1의 설비 용량 베이스의 실시율은 92%로 매우 높다.

176) Connor, 2003.

〈표 7-6〉 NFFO의 각 라운드에서의 사업 실시율 (2005년 말 현재)

(단위: %)

	NFFO-1		NFFO-2		NFFO-3		NFFO-4		NFFO-5		전 라운드 합계	
	건수 기준	설비 용량 기준	건수 기준	설비 용량 기준	건수 기준	설비 용량 기준	건수 기준	설비 용량 기준	건수 기준	설비 용량 기준	건수 기준	설비 용량 기준
풍력	56	67	45	62							47	62
대규모 풍력*					39	35	13	12	0	0	16	11
소규모 풍력*					63	69	35	39	25	26	39	43
수력	50	41	75	96	53	81	29	19	0	0	37	50
매립지 가스	52	71	75	71	98	98	89	93	57	54	71	72
도시폐기물/산업폐기물	100	100	20	12	45	47			0	0	27	19
도시폐기물/산업폐기물(열전병급)							40	29	0	0	24	18
도시폐기물/산업폐기물(유동상식)							0	0			0	0
하수 가스	57	63	89	69							81	68
에너지곡물, 농업폐기물 및 임업폐기물 가스화					0	0	0	0			0	0
에너지곡물, 농업폐기물 및 임업폐기물 기타					33	67					33	67
농업폐기물의 염기성분해물							17	22			17	15
기타	75	100	25	41							50	77
합계	56	84	59	59	62	54	45	29	34	15	48	32

주: *대규모와 소규모의 구별은 NFFO-3, NFFO-4, NFFO-5에서 각각 다르다.

자료: Department of Trade and Industry (2006) p.192에서 작성.

7,150Kw$_{DNC}$으로 NFFO-3의 141건, 62만 6,920kW$_{DNC}$에 비해 증가하고 있지만 실제로 운전된 설비는 지극히 적은 수준에 그쳐 설비 용량을 기준으로 한 실시율은 NFFO-4에서 29%, NFFO-5에서는 겨우 15%에 그치고 있다.

이는 낙찰하더라도 대부분의 비화석 발전사업자가 사업을 실시하지 않는다는 것을 의미한다. 이러한 상황에서는 NFFO에는 보급정책으로서의 의미가 거의 없었다는 것이 된다. 낮은 실시율의 원인이 어디에 있는지 살펴보면, 먼저, 인허가 과정이 복잡하거나 시간을 필요로 하는 기술로 구성되어 있는 것을 생각해 볼 수 있다. 인허가 과정의 복잡성은 일본에도 적용되는 사항이지만 영국에서도 마찬가지이다. 예를 들어 NFFO-2의 폐기물 발전의 실시율이 낮은 것은 이 사업의 인허가 취득에 많은 시간이 소요됨으로써 계약기간 종료 시까지 충분한 경제적 이익을 얻을 수 없었다는 것이 원인이었다고도 알려져 있다.[177)]

그러나 이러한 견해는 반드시 옳다고는 할 수 없다. 여기서 NFFO의 인가 현황을 살펴보면 인가를 신청한 건수 480건 중 선택된 것은 374건(78%)이었다(〈표 7-7〉참조). 이는 〈표 7-6〉에서 나타난 전체 실시율(건수 기준)의 48%보다 훨씬 높을 뿐만 아니라 NFFO 이외의 사업의 허용비율(44%)보다도 높다. 즉, NFFO하에서 선정된 사업의 경우, 인가에 관해서는 견실한 평가가 이루어지고 있음을 알 수 있으며, 인가 과정이 큰 걸림돌이 되고 있다고는 보기 어렵다.

〈표 7-7〉 NFFO의 인가 현황(1990~2003년)

	신청	인가	미인가	각하	신청계속
NFFO, SRO, NI-NFFO 프로젝트	480	374(78%)	56(12%)	19(4%)	32(7%)
NFFO, SRO, NI-NFFO 이외의 프로젝트	190	83(44%)	24(13%)	4(2%)	79(42%)

주: 여기서는 잉글랜드 및 웨일즈 이외의 제도(SRO, NI-NFFO)를 포함한 건수이다. NFFO, SRO, NI-NFFO의 프로젝트 신청에 대해 내역과 합계가 일치하지 않지만 원자료와 같다.

자료: House of Lords (2004) p.7.

177) Mitchell, 2000.

인가 과정에 큰 문제가 없었다고 한다면 다른 어떤 원인에 의해 사업 실현성이 없어져 신청을 하지 않았던 것이 아닐까 생각된다. NFFO 계약 건수의 총 합계는 794건이었으며 여기에 SRO 109건, NI-NFFO 30건을 합치면 933건이 있었다. 이에 반해 1990~2003년의 신청 건수는 480건으로 나타나 계약 건수의 절반가량이 허가 신청조차 하지 않았음을 알 수 있다. 이는 신청단계에서부터 사업이 성립되지 못하고 있었음을 의미하는 것이라 할 수 있다.

사업 개시가 가능하지 않았던 이유로는 다음의 세 가지를 생각해 볼 수 있다.

첫째, 재생에너지 설비 주변의 사회적 조건의 경시를 들 수 있다. 이는 특히 풍력발전에 적용되는 것으로서 윈드 팜을 개발하려고 했을 당시 지역 차원에서의 반대가 있었던 것으로 알려져 있다.[178] 이는 NFFO의 경쟁입찰제 자체에서 기인하는 문제이다. 왜냐하면 경쟁입찰 방식은 매우 치열한 경쟁에 노출되기 때문에 발전비용 측면에서 본 경제성만으로 평가함으로써 사회적 조건을 경시하기 쉬워진다는 잠재적 가능성이 있기 때문이다.

둘째, 낮은 매입가격을 들 수 있다. 후술하는 바와 같이 NFFO하에서는 극단적으로 낮은 매입가격이 결정되었다. 신청절차조차 밟지 않고 사업 실시를 보류한 이유가 이와 같은 낮은 매입가격에 있었다고 생각하는 것은 당연한 일이다.

셋째, 계약을 체결한 후에 사업을 실시하지 않는 것에 대한 벌칙이 없었던 것도 실시율의 현저한 하락으로 이어졌다고 생각된다. 벌칙이 없었기 때문에 전술한 바와 같이 사회적 조건을 경시하여 입찰가격을 극단적으로 낮게 제시하는 원인이 되었을 가능성이 있다.

178) Meyer, 2003.

2) 가격저감 효과

경쟁입찰제는 재생가능 전력 보급을 아주 효율적으로 달성하는 제도로 알려져 있다. NFFO에서의 가격저감 효과는 어떠했는지에 대해서 살펴보면, 〈표 7-8〉은 각 라운드에서의 매입가격을 나타낸 것이다. 언뜻 봐서도 알 수 있듯이 라운드가 진행됨에 따라 매입가격이 크게 하락하여 NFFO-1에서 NFFO-5에 걸쳐 평균적으로 명목가격이 61.3%, 실질가격은 76.5% 하락했다. 특히 풍력은 명목가격의 71.2%, 실질가격에서는 88.9%의 하락률을 보이고 있다. 최종 라운드인 NFFO-5에서의 평균 매입가격은 매우 낮은 것으로 나타났는데 전력 풀의 평균 판매가격보다 평균 0.0012파운드/kWh (1파운드 = 150엔으로 약 0.2엔/kWh), 풍력의 경우에는 0.0028파운드/kWh(약 0.4엔/kWh) 높은 정도에 불과했다(Langniβ, 2003).

이러한 매입가격 저감 요인 중 하나는 가장 풍황이 좋은 사이트가 바로 이 NFFO에 의해 개발되게 된 것을 들 수 있다(Meyer, 2003). 어쨌든 매입가격으로 살펴보는 한 재생가능 전력기술은 거의 기존의 발전설비와 경쟁할 수 있는 수준에 도달한 것이다.

다음은 매입가격의 움직임을 보다 상세히 살펴본다.

매입가격의 하락폭이 컸던 것은 NFFO-2에서 NFFO-3까지의 기간 동안이다. 이들 매입가격의 하락은 실제 발전단가의 하락뿐만 아니라 NFFO의 설계 변경에 의한 요인도 크다는 것이 지적되고 있다.[179] 매입가격에 영향을 준 제도상의 변경은 2가지가 있다.

첫째, 커버되는 기간이 7년 또는 8년에서 유예기간을 합치면 19년 내지 20년까지로 늘어난 것을 들 수 있다. 커버되는 기간이 길어지고 재생에너지를 이용함으로써 발생하는 추가 비용의 회수기간이 길어졌기 때문에 kWh당 외관상의 단가가 크게 하락했다고 생각된다. 단, 커버되는 기간의 연장은 사업의 안정화로 이어지는 효과가 있어 바람직하다.

179) Connor, 2003.

〈표 7-8〉 NFFO의 각 라운드별 매입가격

(단위: 페니/kWh)

라운드	NFFO-1	NFFO-2	NFFO-3			NFFO-4			NFFO-5			NFFO-1부터 NFFO-5의 가격의 하락률		NFFO-3부터 NFFO-5의 가격의 하락률	
가격결정방식	최고 가격	지정 가격	최저 가격	가중 평균	최고 가격	최저 가격	가중 평균	최고 가격	최저 가격	가중 평균	최고 가격	명목	실질	명목	실질
풍력(대규모)*	10.0	11.0	3.98	4.32	4.80	3.11	3.53	3.80	2.43	2.88	3.10	71.2%	88.9%	33.3%	36.5%
풍력(소규모)*	–	–	4.49	5.29	5.99	4.09	4.95	3.40	3.40	4.18	4.60			21.0%	23.0%
수력	7.5	6.0	4.25	4.46	4.85										
소규모 수력						3.8	4.25	4.40	3.85	4.08	4.35				
매립지 가스	6.4	5.7	3.29	3.76	4.00	2.80	3.01	3.20	2.59	2.73	2.90	57.3%	71.6%	27.4%	30.0%
폐기물로부터의 에너지									2.39	2.43	2.49				
폐기물열전병급	–	–				2.79	3.23	3.40	2.34	2.63	2.90				
도시 · 산업폐기물	6.0	6.55	3.48	3.84	4.00										
도시 · 산업폐기물(유동상식)	–	–				2.66	2.75	2.80							
하수 가스	6.0	5.9													
에너지곡물 · 임업폐기물(에너지곡물 · 임업폐기물)	–	–	8.49	8.65	8.75										
에너지곡물, 임업폐기물(가스화, 찌꺼기)	–	5.9	4.90	5.07	5.23										
농업폐기물의 염기성분해물	6.0	–				5.1	5.17	5.20							
바이오매스–가스화/열분해						5.49	5.51	5.79							
합계	7.0	7.2		4.35			3.46			2.71		61.3%	76.5%	37.7%	41.3%

주: *풍력에서의 대규모, 소규모의 구분은 라운드별로 다르다.

자료: ETSU(1998a; 1998b; 1998c; 1998d; 1998e); HM Treasury(2005)에 의해 작성.

둘째, 매입가격의 결정방식이 NFFO-2와 NFFO-3의 기간 동안에 변경된 것을 들 수 있다. 즉, 매입가격의 결정방식이 변경되었기 때문에 여기서도 외관상의 매입가격이 하락했을 가능성이 있다.

그러면 NFFO의 매입가격에 대한 효과는 어떻게 평가할 수 있을까. 앞서 언급한 바와 같이 NFFO-2와 NFFO-3 간 정확한 가격비교는 할 수 없지만 NFFO-3, NFFO-4, NFFO-5는 기본적으로 동일한 가격 결정방식이기 때문에 라운드 간 가격비교는 가능하다. 여기서 NFFO-3에서 NFFO-5의 매입가격의 변화를 살펴보면(〈표 7-8〉참조), 풍력(대규모)은 명목가격으로 33.3%, 실질가격으로는 36.5% 하락하고 있음을 알 수 있다. 기술구분의 내용이 변했기 때문에 정확한 비교는 할 수 없지만 재생가능 전력 전체에서도 명목가격이 37.7%, 실질가격이 41.3% 하락하고 있다. 이러한 점으로 미루어 볼 때 적어도 NFFO-3부터 NFFO-5의 기간 동안에는 매입가격의 저감효과가 있었음에는 틀림없다.

여기서 중요한 것은 매입가격은 비화석전력의 발전비용을 정확히 반영한 것이 아니라는 점이다. 전술한 바와 같이 실시율이 현저히 낮아지고 있는 점으로 미루어 볼 때 입찰 시 표시한 가격이 비현실적이었을 가능성이 높다. 즉, 비화석전력 사업의 인가에 관한 문제나 주변의 사회적 조건을 경시하여 낙관적인 전망하에서 제시되고 있었기 때문이다.

또한, 발전비용의 저감효과가 있었다고 하더라도 NFFO에 의해 기술혁신이 초래된 결과라고는 말하기 어렵다. 이렇게 규정짓는 것은 NFFO에서 보급한 설비가 수입에 의한 것이었기 때문이다. 같은 시기에 독일을 비롯해 재생에너지가 대폭적으로 보급되면서 기술혁신이 진행되고 있었다.[180] 영국의 비화석전력의 매입가격 저감은 NFFO의 기술혁신에 따른 것이라기보다는 다른 나라의 영향을 받은 것이기도 하였다.

180) Espey, 2001.

4. 요약 및 정리–과다 경쟁은 재생에너지 보급을 방해한다

이 장에서는 경쟁입찰제의 간단한 이론적 고찰을 한 다음 실제로 실시된 영국의 NFFO를 사례로 들어 검토하였다. 여기서는 각 절의 분석을 바탕으로 이 장의 결론을 간단하게 정리하고자 한다.

첫째, NFFO는 전력 자유화의 흐름 속에서 원자력 발전 지원을 위한 대안책으로 만들어진 것이라고는 하지만 영국의 비화석전력 보급에 어느 정도 기여했다고 볼 수 있다. 공헌도는 기술에 따라 상이하지만 폐기물 발전, 풍력 발전에서는 뚜렷하게 나타났다. 단, 폐기물 발전은 EU 차원에서도 재생에너지에 포함시킬 것인지 여부에 대한 논의가 이루어지고 있는 것과 같이[181] 적극적으로 평가할 수 없는 부분도 포함되어 있다. 이를 바탕으로 RO하에서는 영국 정부의 폐기물 감축정책 사이에서 일관성을 유지시키기 위해 폐기물 발전은 적격기술에서 제외되어 있다.[182]

둘째, 매입가격에 대해서는 가격저감 효과가 있었다. 이는 각 라운드별 매입가격의 통계에서 명확히 나타났다. 단, 실시율이 낮은 것을 감안하면 전체 발전비용이 낮아졌다고는 볼 수 없다.

반면, 다음과 같은 점에서 문제점이 있었던 것도 분명하다.

첫째, NFFO하에서는 도입 목표가 달성되지 못했다. 영국의 재생에너지의 부존량에서 보면 도입량은 충분하지 않다. 이는 고정가격제를 도입한 독일이나 덴마크와는 대조적이다. 독일과 덴마크는 새로운 지원 정책을 실시한 이후 보급이 폭발적으로 증가하였다. 바로 이 점이 재생가능 전력 지원정책으로는 고정가격제가 보다 적합하다고 보는 근거가 된다.

둘째, 라운드가 진행되어 매입가격이 하락함에 따라 실시율이 크게 저

181) 예를 들어 EU의 재생가능 전력지령을 책정함에 있어서도 폐기물 발전을 둘러싼 논점이 쟁점 중 하나가 되었다(Rowlands, 2005; 大島, 2006; 2008b).

182) House of Lords, 2004.

하되었다. 그 원인은 경쟁입찰시 사회적 조건을 경시하여 비현실적인 입찰가격을 제시하고 실시단계에 이르러 사업으로서 성립하지 않게 되었기 때문이라고 생각된다. NFFO의 사례는 경쟁입찰에서는 비현실적인 가격매김이 발생할 가능성이 있음을 보여 주고 있다.

셋째, 경쟁입찰이 언제 실시되는지가 미리 정해져 있지 않았다. 이는 사업을 시작하려고 하고 있는 비화석 발전사업자가 사업을 계획적으로 진행하는 것을 방해한 것으로 생각된다. 이러한 일은 고정가격제하에서는 발생하지 않는다. 또한 고정범위제하에서도 재생가능 전력시장이 미리 확정되기 때문에 이런 종류의 문제는 생기지 않는다. 경쟁입찰제를 도입할 경우에는 중장기적으로 언제 경쟁입찰이 실시되는지를 미리 공지할 필요가 있다.

넷째, 영국의 에너지 정책의 이권의 흔들림 속에서 NFFO의 내용이 자주 변경되었다. 이로써 비화석 발전사업자에게는 수익성을 예상할 수 없는 일도 벌어졌다. 이는 정치적으로 이 정책이 계속될 것인지 알 수 없다는 불안요소와 맞물려,[183] 사업 리스크를 높이는 결과를 초래하였다.

이상과 같은 성과와 문제점을 가진 NFFO는 전력 자유화의 진전 속에서 폐지되었다. 이론적으로는 경쟁입찰제에서는 효율적으로 도입 목표를 달성할 수 있다고 되어 있지만 NFFO의 성과는 제한적이다. NFFO하에서는 경쟁이 촉진된 나머지 비화석 발전사업자가 비현실적인 입찰가를 제시한다든지 사회적 조건을 경시한다든지 하게 되어 버렸다. 이렇게 되어서는 사업의 실시율이 저하될 수밖에 없다. 과다 경쟁은 도입 목표의 실현을 저해하는 요인이 된다.

이렇게 볼 때 지원정책으로서 경쟁입찰제는 제도설계 시 과다 경쟁을 일으키지 않도록 하는 배려가 필요하다고 결론지을 수 있다. 재생에너지 보급정책으로서 경쟁입찰제는 제한적이면서 신중하게 채택되어야 할 것이다.

183) Meyer, 2003.

08 독일의 재생에너지의 폭발적 확대

— 고정가격제의 이상적 구조 —

1990년대 이후, 독일과 덴마크,[184] 그리고 스페인은 재생가능 전력의 대대적인 보급에 성공했다. 재생에너지는 이들 국가에서는 이미 중핵적 에너지원의 하나가 되고 있다. 이러한 재생에너지의 보급에 성공한 국가에서 공통으로 채용하고 있는 지원정책이 Feed-in Tariff(FIT)나 Minimum Price Standard라고 불리는 고정가격제[185]다.

고정가격제는 다른 지원정책에 비해 보급 효과가 높기 때문에 세계에서 가장 많이 이용되고 있다. 2009년 초기에는 고정가격제는 적어도 45개

---

184) 덴마크의 고정가격제의 개요에 관해선 朝野(2005)를 참조. 여기서는 고정가격제보다 고정틀체제에의 이행에 관한 논점을 중심으로 정리하고 있다. 그러나 실제에 있어서 덴마크에서는 고정틀체제에로의 이행이 연기돼, 고정가격제가 현재 유지될 전망이다(http://www.ens.dk/sw23781.asp, 최종 열람일 2009년 2월 2일).

185) Feed-in Tariff를 전력매입보상제, 고정가격매입제라고 번역하는 경우도 있지만, 정착된 번역어는 없다. feed-in(급전, 給電)과 tariff(요금)의 직역으로서 급전요금제라고도 번역된다. 본 논문에서도 직역하지 않고, 일정 기간의 고정가격으로 매입을 계속하는 것이기 때문에, 고정틀체제와 대비해 고정가격제라고 하겠다. 또 독일의 재생에너지법에서는 계통운영자에 의한 재생가능 전력의 매입과 재생가능 전력 발전사업자에 대한 보상(Vergutung)을 실시하는 제도라고 하고 있다.

국과 8개 주(또는 지방)에서 채택되고 있다.[186] 이 장에서는 이 지원정책이 현실적으로 어떠한 효과를 내고 있는지, 또 그 요인은 무엇인지, 독일을 사례로 하여 검토하고자 한다.

첫째, 고정가격제의 기본적 틀과 몇 가지의 종류와 특징에 대해 분석한다. 둘째, 고정가격제를 채용하는 데 있어서의 유의점에 대해 살펴보고자 한다. 셋째, 현실적으로 실시되고 있는 지원정책으로서 독일의 사례를 다루어 보고자 하는데, 구체적으로는 전력공급법과 재생에너지법(2000년, 2004년)의 틀과 성과에 관하여 논하고자 한다. 또 재생에너지법(2009년)의 개정점을 살펴본다. 끝으로 이상의 분석을 통하여 독일의 사례로부터 얻을 수 있는 교훈에 대해서 고찰한다.

1. 고정가격제란 무엇인가

1) 고정가격제의 기본적 구조

고정가격제의 기본적 구조는 계통운영자와 전력공급사업자(이하, 이절에서는 번잡을 피하기 위해, 계통운영자로 표기함)에 대해, 재생가능 전력 발전사업자가 발전한 전력을 어떤 가격으로 일정 기간 매입하도록 법률 등에 의해 의무를 부과하는 것이다. 고정틀체제와의 다른 점은 매입가격이 시장을 통해 결정되지 않고 미리 정부에 의해 발전비용을 회수할 수 있는 수준으로 결정된다는 점에 있다. 또 경쟁입찰제와도 달라, 다른 재생가능 전력 발전사업자 사이에 경쟁이 없다. 즉, 재생가능 전력은 화석연료나 원자력으로부터 얻은 전력이나, 같은 재생가능 전력 발전사업자 간에 가

186) Renewable Energy Policy Network for the 21st Century, 2009.

격경쟁을 하지 않아도 된다.

또 매입가격은 비교적 장기에 걸쳐 시장의 가격 변동의 영향을 받지 않고 안정적이다. 재생가능 전력의 공급량을 인위적으로 끌어 올릴 수 있기 때문에 고정가격제는 공급창출형의 지원정책이다.

고정가격제의 기본적 생각을 그림으로써 설명해 본다. [그림 8-1]에서 매입가격이 단위당 t에 설정되면, 재생가능 전력 발전사업자는 한계비용과 매입가격이 일치할 때까지 발전을 진행한다. 이 때 발전량은 q이다. 발전량 q를 초과하면 한계비용이 매입가격을 초과하므로 재생가능 전력 발전사업자는 이 이상 발전을 하지 않는다. 고정가격제와 고정틀체제는 역(逆)의 관계를 가지고 있는데, 고정틀체제가 양을 먼저 정하고 가격이 사후에 결정되는 데 반해서 고정가격제에서는 가격을 먼저 정하고 양은 사후에 정해진다. 고정가격제와 고정틀체제는 정반대의 관계에 있다.[187)]

재생가능 전력의 매입비용은 [그림 8-1]의 경우, $\alpha+\beta$이다. 그 때문에 α분의 잉여가 재생가능 전력 발전사업자에게 생긴다. 이 잉여의 발생을

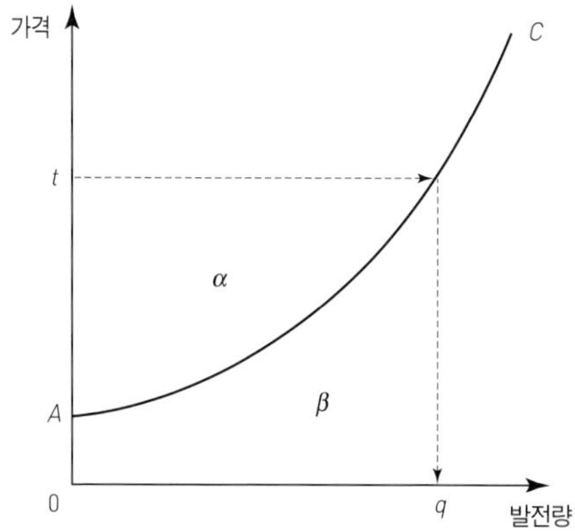

자료: Menanteau et al. (2003) p.802, Fig.1에 가필.

[그림 8-1] 고정가격제의 구조

187) Menanteau et al., 2003.

가지고 경쟁입찰제에 비해서 고정가격제가 비효율적이라고 한다. 그러나 이것은 나중에 서술하는 몇 가지 방법으로 회피할 수 있다. 비효율이 되는가 어떤가 하는 것은 제도의 설계 여하에 달려 있다.

다음은 매입하는 의무를 가지는 계통운영자에 대해서 논의하고자 한다. 계통운영자에게는 이 지원정책 아래서는 제1차적으로 비용이 부과된다. 재생에너지는 지역적으로 편재하고 있기 때문에 지역에 따라 치우친 부담이 된다. 그 때문에 지역 간에 불공평한 부담이 되지 않도록 하는 시스템이 미리 포함돼 있어야 하는 필요가 있다. 덧붙여 말하면, 재생가능 전력의 보급이 진행하면 진행할수록 비용이 들기 때문에 매입가격의 개정이라든가, 후술하는 체감률 설정 등의 조치가 중장기적으로 필요하게 된다.

2) 고정가격제와 기술 혁신

고정가격제는 실제의 정책 설계의 논의에 있어서는 비용 저감을 위한 인센티브를 가지지 못하게 되는 경우가 많다.[188] 즉, 일정한 가격으로의 매입이 장기적으로 보증되므로, 기술 혁신 인센티브가 제공되지 않는다는 것이다. 하지만 이론적으로는 고정가격제 아래서도 재생가능 전력 발전사업자에게 비용 저감 인센티브가 제공된다.

[그림 8-2]에서 한계비용곡선이 C_0일 때, t의 매입가격으로 매입하고, 재생가능 전력 발전사업자는 q_0분의 발전을 한다고 한다.

188) 이 같은 논조를 채택하는 연구 그룹으로는, 특히 ECN(Energy Centre of the Netherlands)이 있다. 이런 입장의 연구로는, 예컨대 Sijm(2002), vdn der Linden et al.(2005) 등이 있다. 특히 Sijm(2002)은 후술하는 NFFO 아래서의 적절한 평가라고 할 수 없다. 역으로, 고정가격제가 반드시 비효율적이라고 말할 수 있는 건 아니라는 입장에서 한 연구도 있다. 대표적인 것은 웨인(2001), Huber et al.(2004) 등이다.

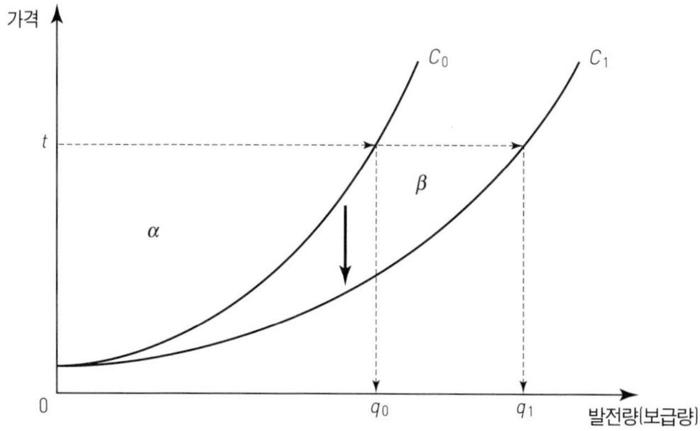

자료: 필자 작성.

[그림 8-2] 고정가격제와 기술 혁신

이 때, 재생가능 전력 발전사업자는 우수한 기술을 사용해서 C_0에서 C_1으로 한계비용곡선을 이동시키면 발전량 q_1을 실현하고, 더 많은 수익을 얻을 수 있다. 이 경우, 사업자의 잉여는 α에서 $\alpha+\beta$로 증대한다. 매입가격은 일단 설정되면 고정되는 것이 일반적이므로, 사업자는 우수한 기술을 사용해서 발전함으로써 수익을 올릴 수 있다. 그러므로 사업자에게는 뛰어난 기술에 대한 잠재적 수요가 있다. 이것은 발전기 제조업자에 대한 기술개발 인센티브를 준다. 이런 한계비용곡선의 변화는 Menanteau et al.(2003)이 지적하는 것처럼 매입비용을 $t \times q_0$에서 $t \times q_1$로 증대시킨다.

3) 고정가격제 아래서의 신규 진입 효과

고정가격제가 채택되고, 재생가능 전력 시장이 확대하면 신규 진입을 희망하는 재생가능 전력 발전사업자가 늘어난다. 이 때의 효과는 고정틀체제와는 다르다. [그림 8-3]에서 고정가격제 아래서 매입가격이 t에 설정되어 있고, 발전단가가 다른 재생가능 전력 발전사업자 A, B, C, D가 각각 다른 양의 발전을 하고 있다고 하자.

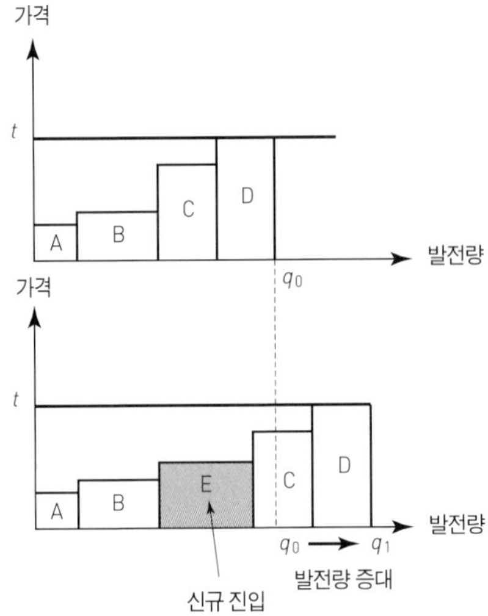

자료: 필자 작성.

[그림 8-3] 고정가격 아래서의 신규 진입 효과

이 때 t보다 낮은 발전단가로 발전할 수 있는 사업자 E가 신규 진입하는 경우를 생각해 보자. 고정가격제 아래서는 사업자 E는 매입가격 t를 얻어 발전을 한다. 사회적으로 볼 때, E의 발전량 분만큼 총발전량은 q_0에서 q_1로 증대한다. 즉, 고정가격제 아래서는 신규 진입의 효과는 양적 확대가 되어 나타난다. 이것은 고정틀체제 아래선 신규 진입이 가격 저하가 되어 나타나는 것과는 대조적이다.

재생가능 전력 발전사업자에게 고정가격제 아래서는 시장으로부터 퇴출한다는 리스크가 없다. 신규 진입자에게 있어서도 매입가격이 명시적으로 설정돼 있기 때문에 사업의 현실적 가능성에 대한 사전 판단이 가능하고, 신규 진입이 용이해진다.

4) 단계적 고정가격제

매입가격을 일률적으로 설정하면, 매입가격 이하로 발전되는 자원만이 개발된다. 그러나 이렇게 해서는 재생에너지의 다양화가 반드시 진전하지는 않는다. 그러므로 매입가격의 조정이 필요하다. 주로 에너지원, 설치지점의 자연조건, 설비 규모의 세 요소를 고려하면서 매입가격의 조정이 이루어진다. 이것은 '단계적 고정가격제(stepped tariff)' 라고 부른다. 이에 대해 모든 에너지원에 대해 균일 매입가격을 설정하는 것은 '균일가격제(flat tariff)' 라고 부르고 있다.[189]

다음은 설비 규모에 따른 단계적 고정가격제에 관해 논의하고자 한다.

(1) 에너지원에 따른 단계적 고정가격제

재생가능 전력은 에너지원에 따라 발전단가가 크게 달라진다. 이를테면, 풍력발전(대규모) 단가는 13.9엔/kWh, 태양광 발전은 65.8엔/kWh로 돼 있다.[190]

이 경우, 일률적인 매입가격이 설정되면 태양광 발전 같은 발전단가가 높은 전원은 보급되지 않는다. 다른 가격이 설정되었다고 하더라도 적절한 수준이 아니면 역시 보급 확대는 바랄 수 없다. 그러므로 고정가격제를 채택하고 있는 여러 나라들이 에너지원마다 각각 다른 단계적 매입가격을 설정하고 있다.[191] 이로써 현재의 경제성에 영향을 미치지 않는 보급 확대가 계속되고 있다.

[그림 8-4]에서 에너지원 A, B, C 각각의 발전단가가 C_A, C_B, C_C라고 하자. 이 때 균일가격제가 되어 있고, 그 매입가격이 t_0엔/kWh라고 한다면 에너지원 C는 개발되지 않고 보급되는 에너지원은 A, B뿐이고 전원의 다양화는 달성되지 않는다. 또 이 때 최대로 Q_B까지의 발전량만 얻어진다.

189) Klein et al., 2006, pp. 10-37; Klein, 2008, pp. 29-42.
190) 戒能, 2003; 단, 내용연수(耐用年數) 가동률 등의 조건의 차이에 따라 값은 변한다.
191) Klein et al., 2006, pp. 35-37; Klein, 2008, pp. 40-42.

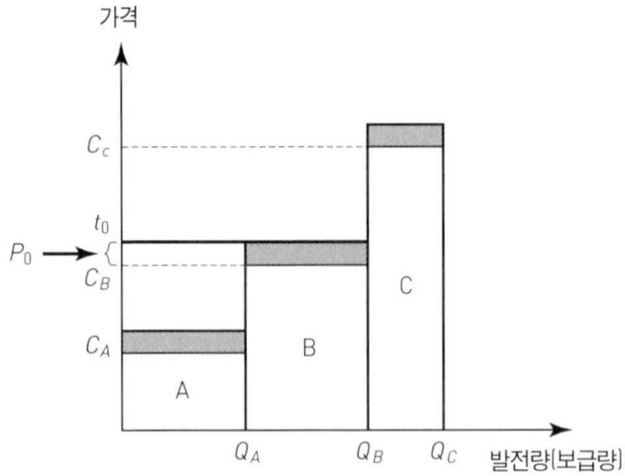

자료: 필자 작성.

[그림 8-4] 균일가격제와 에너지원에 따른 단계적 고정가격제

이에 대해 단계적 고정가격제를 채택해 에너지원 A, B, C에 대해 '음영' 으로 표시된 정도만의 적절한 한계수익(P_0엔/kWh)이 얻어지도록 설정하면, 에너지원 C도 보급하고, 얻어지는 발전량(보급량)은 전체로 Q_C가 된다.

비용면을 보면 균일가격제의 경우, 에너지원 A는 B에 비해 발전단가가 낮기 때문에 에너지원 A는 t_0-C_A분의 한계수익을 얻고 총수익은 $(t_0-C_A)\times Q_A$가 된다. 다른 한편, 에너지원 B의 발전량당 수익은 t_0-C_B이고 총수익은 $(t_0-C_B)\times(Q_B-Q_A)$다. 즉, 에너지원 A를 채용한 재생가능 전력 발전사업자가 에너지원 B를 채용한 사업자보다 많은 수익을 획득할 수 있다. 또 보급을 위해 필요한 매입비용은 $Q_B\times t_0$가 된다.

이에 대해 단계적 고정가격제를 취할 경우는 어느 에너지원도 동등한 한계수익 P_0엔/kWh가 되도록 매입가격을 설정, 즉 에너지원 A에 대해 C_A+P_0, B에 대해 C_B+P_0, C에 대해 C_C+P_0를 설정한다면, 에너지원 A를 채용하는 측에만 과도하게 수익이 집중하는 것을 피할 수 있다. 또 매입비용은 $(C_A+P_0)\times Q_A+(C_B+P_0)\times(Q_B-Q_A)+(C_C+P_0)\times(Q_C-Q_B)$가 된다. 재생가능 전력 발전사업자의 총수익은 회색부분의 합계, 즉 $P_0\times Q_C$가

된다.

이 때, 단계적 고정가격제에서의 총수익이 균일가격제에서의 총수익을 하회하도록 설정할 수 있다. 또 매입비용에 대해서도 똑같이 단계적 고정가격제에서의 매입비용을 균일가격제에서의 매입비용보다 내려가도록 설정할 수 있다. 즉, 적절하게 설정하면 총수익, 매입비용을 함께 균일가격제의 경우에 비해 적게 하여, 사회적 부담을 적게 하면서 한층 더 많은 발전량(도입량)을 얻을 수 있다.

(2) 자연 조건에 따른 단계적 고정가격제

재생에너지에 의한 발전량은 동일한 에너지원의 경우, 발전 설비가 설치돼 있는 지점의 자연 조건에 따라 크게 변한다. 태양광의 경우는 연간 일조시간, 풍력의 경우는 풍황이 그것에 해당한다. 어느 쪽이든 완전 가동하고 있는 시간이 연간 몇 시간 있느냐가 발전량을 규정한다. 이것을 발전단가의 측면에서 보면, 발전시간이 많아지면 kWh당 발전단가는 떨어진다.

그러므로 동일 에너지원에 대해 균일의 매입가격을 설정하면, 풍황이 양호한 지점에서는 수익을 많이 얻을 수 있고, 역으로 그렇지 않은 지역에서는 수익을 얻을 수 없다. 고정가격제는 소비자에 의해 뒷받침되고 있으므로, 잉여는 가급적 적게 해야 한다. 그래서 자연 조건의 차이에 의해 자연 조건이 좋은 지점에 대해서는 상대적으로 낮은 매입가격을, 자연 조건이 나쁜 지점에 대해서는 상대적으로 높은 매입가격을 설정할 필요가 있다.[192]

[그림 8-5]에서 세로축을 가격, 가로축을 발전시간으로 하고, 발전시간 H_0, H_1이 가능해지는 지점에서의 사업자가 각각 있다고 하자. 이 때 균일 매입가격제를 사용하는 경우를 상정하고, 균일 매입가격을 가로축에 평행으로 취하면 한계수익은 점선 화살표로 표시한 부분으로 나타난다. 이 때,

192) Klein et al., 2006, pp. 27-32; Klein, 2008, pp.31-36.

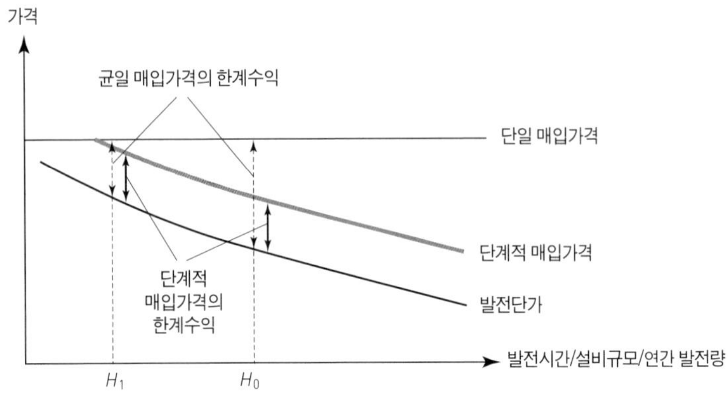

자료: Klein(2008) pp. 29-33에서 작성.

[그림 8-5] 균일가격제와 단계적 고정가격제

한계수익은 H_0 시간 발전할 수 있는 설비 쪽이 크다.

이 경우, 단계적 매입가격을 채택하고, 적절한 매입가격을 설정하면, 사업자의 한계수익을 줄게 할 수 있다. 예컨대, 그림에 실선 화살표로 표시하는 수준으로 한계수익을 설정하면, H_0 시간의 지점도 H_1 시간의 지점도 같은 한계수익으로 할 수 있다. 이렇게 하면 사업자의 잉여를 적게 할 수 있으며, 국민 전체의 부담액이 경감할 수 있다. 즉, 풀 가동에 의한 발전시간이 많은 지점의 발전 설비는 매입가격을 낮추고, 역으로 적은 지점에서는 매입가격을 높이면 잉여를 적정 규모로 억제하게 된다.

(3) 설비 규모에 따른 단계적 고정가격제

자연 조건의 경우처럼, 발전단가는 발전 설비의 규모에 의해 좌우된다. 즉, 동일한 에너지원, 동일한 지점이더라도 설비 규모가 클수록 단위당 발전량이 크다.[193)]

이 경우, 규모가 큰 설비를 가진 사업자는 많은 수익을 얻으며, 소규모 사업자는 상대적으로 적은 수익밖에 얻지 못한다. 수익을 과도하게 많게

193) Klein et al., 2006, pp.33-35; Klein, 2008, pp.31-36.

하면 소비자의 부담이 커진다. 그러므로 이를 피해, 소규모 분산형 설비의 보급도 동시에 추진하기 위해서는 대규모 설비엔 상대적으로 낮은 매입가격, 소규모 설비엔 상대적으로 높은 매입가격을 설정할 필요가 생긴다.

여기서도 [그림 8-5]의 가로축을 설비 규모로 한다면, 자연 조건에 의한 단계적 고정가격제와 같은 효과가 있는 것을 알 수 있다. 즉, 설비 규모가 H_0인 재생가능 전력 발전사업자는 설비 규모가 H_1인 사업자보다 발전단가가 낮고 한계수익이 더 크다. 이 때 단계적 고정가격제를 채택해, 매입가격을 적절한 수준으로 하면 사업자의 잉여를 억제할 수 있다.

(4) 단계적 고정가격제의 문제점

단계적 고정가격제의 이점에 대해서 설명했는데, 아래와 같은 문제점도 지적되고 있다.[194)]

첫째, 단계적 고정가격제를 설정하려고 하면 행정적인 복잡성이 많아진다. 이것은 기술조건, 자연조건, 입지조건 등 각각의 구체적 조건을 정밀하게 검토할 필요성에서 발생한다.

둘째, 동일한 에너지원의 구분 내에서 매입가격이 달라지므로, 투명성이 상실되고 투자가에게 불확실성이 늘어난다. 즉, 투자하는 데 있어서 어느 매입가격이 적용될 것인가에 대한 불확실성이 생긴다.

셋째, 설비 규모가 작은 경우에 더 높은 매입가격이 설정되는 경우, 매입가격의 차가 너무 크면 한 개의 대규모 설비를 동일 지점에 만들지 않고, 소규모 설비를 복수로 만드는 것도 가능하다. 얻는 발전량이 변하지 않는다고 하면 결국 여분의 부담을 소비자에게 주는 결과가 된다.

하지만 이 같은 점들은 제도 설계가 어떠하냐에 따라 회피 가능하다. 구체적으로 제도를 설계함에 있어서 문제가 발생하지 않도록 충분한 고려가 필요하다.

---

194) Klein et al., 2006, pp.37-38; Klein, 2008, p.42.

5) 체감형 고정가격제

고정가격제는 장기적으로 매입가격을 고정시키고, 매입을 의무화하는 것이기 때문에 재생가능 전력의 보급에는 크게 공헌한다. 다른 한편, 보급이 진전되면 진전될수록 매입비용은 증대한다. 제한 없이 매입비용이 증대하면 제도의 유지도 어려워진다. 그래서 매입가격을 체감시키는 체감형 고정가격제가 고안되어 실시되고 있다.[195)]

이 체감형 고정가격제의 요점은, 운전 개시되어 일단 정해진 매입가격에 대해서는 장기간 고정하는 한편, 다음 해에 운전 개시하는 사업의 매입가격을 전년에 비해 일정 비율(이것을 체감률이라고 한다) 인하하는 점이다. 즉, 운전 개시한 해의 재생가능 전력 설비의 매입가격을 t_1, 체감률을 r이라고 하면, n년차에 운전 개시하는 설비의 매입가격은 $t_1(1-r)^{n-1}$이 된다.

체감형 고정가격제는 아래와 같은 네 가지 효과가 있다. 즉, 매입비용 억제, 기술혁신의 촉진, 보급 속도의 가속화, 제도의 자동적 종료다.

첫째, 매입비용 억제 효과에 대해 말하면, 체감형 고정가격제를 도입했을 때, 도입량이 증대함에 따라 당초는 매입비용은 증대하지만, 서서히 증대액은 적어지고 곧 매입비용은 감소하게 된다. 그 결과, 소비자의 부담액이 저감한다. 고정가격제는 매입하는 데 추가 비용이 필요하기 때문에, 이런 제도가 짜여져 있으면 전체의 매입비용을 억제할 수 있다.

둘째, 체감형 고정가격제 아래서는 사업자는 나중엔 발전단가가 낮은 발전 설비를 설치하게 된다. 이 점은 기기 제조업자의 기술 개발을 촉진한다. 이에 따라 기술 개발 경쟁에서 이긴 제조업자가 시장에서 살아남는다.

셋째, 시간이 지날수록 매입가격이 내려가기 때문에 조기에 설치하는 인센티브를 재생가능 전력 발전사업자에게 준다. 이것은 보급 속도를 가

195) Klein et al., 2006, pp.39-42; Klein, 2008, pp.43-47.

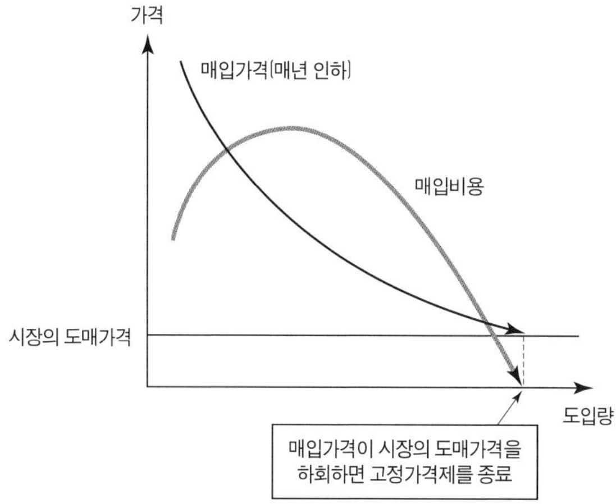

자료: 필자 작성.

[그림 8-6] 체감형 고정가격제와 그 효과

속한다.[196)]

넷째, 제도 자체의 자동적 종료를 짜 넣는다. [그림 8-6]에 표시되어 있는 것처럼 매입가격을 체감해 나가면 최종적으로는 시장의 도매가격을 하회하게 된다. 사업자는 시장의 도매가격이 높아지면 고정가격제를 떠나 직접 시장에서 재생가능 전력을 매각하게 된다. 당초는 좋은 조건의 기술이나 지점 때문에 고정가격제로부터 이탈이 시작되겠지만, 장기적으로는 거의 모든 사업자가 고정가격제를 이탈한다. 실제, 이런 일은 독일의 풍력에서 일어나고 있다.

이처럼 가격의 조정에 의해, 제도 그 자체의 자동적 종료를 미리 짜 넣을 수 있다고 하는 점은 고정틀체제나 경쟁입찰제에는 없는 뛰어난 기능이다.

그러나 체감형 고정가격제에는 아래와 같은 문제점이 있다.

첫째, 체감률이 장기간에 걸쳐 설정돼 버리면, 제도의 유연성이 사라

196) Klein et al., 2006, pp. 46-47; Klein, 2008, p.42.

지고 기술 진보에 적용할 수 없게 된다. 그 때문에 기술 진보를 적절히 반영한 체감률이 설정되어야 하는 필요성이 있다.

둘째, 사전에 적절한 체감률을 정하기가 곤란하다. 이는 기술 그 자체의 진보뿐만 아니라, 설치량이 증대하면 학습 효과가 증대하기 때문이다.[197]

이상과 같은 문제점이 있기 때문에 체감률은 매입가격처럼 정기적으로 재검토하고, 보급의 정도와 기술의 진보, 도입 목표의 변화에 따라 재설정할 필요가 있다.

6) 고정가격제의 기본적 특징

여기서는 고정가격제의 특징을 이점과 문제점으로 나누어 간단하게 정리한다. 고정가격제의 이점은 세 가지다.

첫째, 재생가능 전력 발전사업자에게는 전력 사업에 의해 회수되는 금액을 사전에 알 수 있으므로 사업의 리스크가 적다. 이에 따라 금융기관으로부터의 자금 조달도 용이해진다. 바꿔 말하면 자금 조달 비용이 적어진다.

이 점은 시장에 의해 사후 재생가능 전력의 가격이 결정되는 고정틀체제와의 커다란 차이다. 이것이 고정가격제에 있어서의 재생가능 전력을 대폭적으로 보급할 수 있게 했다. 이로써 규모의 경제에 의한 가격 저감이 진전되고 한층 더 보급이 전진한다고 하는 누적적 효과가 초래된다.

둘째, 장기에 걸쳐 다양한 기술 개발이 촉진된다. 이는 단기에 자금을 회수할 필요가 없어지고, 장기적 시점에서 사업을 가능케 하고, 그만큼 경제적으로 다소 불리하더라도, 개발이 이루어지기 때문이다.

셋째, 행정비용, 거래비용이 비교적 작다고 생각된다. 이것은 고정체제처럼 시장을 새로 만들 필요가 없고, 기존 전력요금 시스템을 이용한 운

---

197) Klein et al., 2006, pp. 42; Klein, 2008, p.47.

용이 가능해지기 때문이다. 그러나 매입가격의 개정을 빈번히 하면, 행정 비용과 거래비용도 그만큼 커진다. 그렇기는 하지만, 고정체제에 있어서도 도입 목표의 변경을 자주 하지 않으면 안 되기 때문에 제도의 개정 문제는 고정가격제만의 문제는 아니다.

한편, 고정가격제는 아래와 같은 문제점도 안고 있다.

첫째, 재생가능 전력 발전사업자 사이의 가격 경쟁이 일어나지 않는다. 그 때문에, 가격 저감이 달성되기 어렵다고 한다. 하지만 사업자 간의 경쟁은 가격 저감을 위한 유일한 조건이 아니라는 점에 유의해야 한다. 현실적으로, 대대적인 보급이 진행되면 규모의 경제가 작동하고, 가격 저감이 진행된다.

둘째, 재생가능 전력의 이용에 부적절한 조건을 가진 지점이라도 매입가격이 지나치게 높으면 개발되어 버린다. 이 문제점은 매입가격의 정기적 재검토로써 피할 수 있다.

셋째, 재생가능 전력의 도입 목표를 달성하기 위해 매입가격을 어느 수준에 설정하는 게 좋은지 사전에 모른다. 단 이것은 가격에 관한 기술적 데이터가 얻기 어렵다는 이유 때문이 아니다. 풍력발전이나 태양광발전은 공해 방지 기기에 비해 단순하다. 또한 기기 제조업자는 각 기기의 사양을 공표하고 있으므로 대개 그 가격 데이터를 안다. 그래서 도입 목표 달성과 관련해 얻기 어려운 정보는 사업자의 투자가 얼마만큼의 규모로 이루어지고 있는지 사전에 모른다는 점이다. 만일 정부의 당초 도입 목표를 달성하지 못하면 매입가격의 인상이 필요하게 된다.

넷째, 기술의 진전에 따라 매입가격의 개정이 필요하다. 그렇지 않으면, 새로운 기술을 쓰는 후발 사업자가 더 많은 수익을 얻는다. 이 같은 일이 일어나면, 경제적으로 비효율적일뿐더러 조기 투자를 억제해야 하는 일도 생긴다. 이것은 오히려 재생가능 전력의 보급에 방해가 된다.

2. 고정가격제 채택 시 유의점

앞 절에서 고정가격제의 기본적 틀과 특징을 살펴보았다. 이 절에서는 실제로 고정가격제를 취할 때의 유의점을 알아보고자 한다.

특히 중요한 유의점으로서는 아래의 다섯 가지 점이 고려된다. 첫째로 매입가격의 정도, 둘째로 적격 기술의 선정, 셋째로 재생가능 전력 기술 간에 매입가격의 차이를 설정할 수 있는지 여부, 그리고 설정하는 경우 어느 정도로 하느냐 하는 점, 넷째로 비용 부담의 바람직한 모습, 다섯째로 국제적 정책 협조다.

이 가운데 첫째는 특히 중요하다. 구체적으로는 고정가격제 아래서는 매입가격이 발전량을 규정하기 때문이다. 재생가능 전력 보급정책에는 도입 목표가 설정되는 것이 일반적이다. 매입가격이 낮은 수준으로 설정되면 재생가능 전력의 보급은 전혀 추진되지 않는다. 예를 들면, 한계비용곡선이 [그림 8-1]과 같은 형상을 취할 때, A보다 낮은 수준에서 매입가격이 설정되면, 보급은 전혀 가망이 없다.

둘째인 적격기술의 선정은 재생에너지의 가치를 어디에다 두느냐 하는 사회적 평가에 관련된 문제다. 재생에너지를 시장 가치 수준의 관점에서만 다루면 값싼 에너지부터 순차적으로 도입해야 할 것이라고 생각할 수 있다. 그러나 재생에너지의 보급에 있어서 에너지의 다양성의 확보라는 측면도 중요하다. 이것은, 재생에너지의 에너지 밀도가 작기 때문에 지역에 존재하는 에너지를 가급적 다양하게 이용하지 않으면, 현대의 에너지 수요를 충족하지 못한다고 하는 객관적 사정에서 생긴다. 현 단계에서 미성숙한 기술일지라도 조기에 보급을 꾀하기 위한 지원을 실시할 필요가 있다. 그 때문에 적격기술은 재생에너지의 기술 조건을 조사하고 난 후에 신중하게 결정할 필요가 있다.

셋째의 단계적 매입가격에 관련해선 매입가격의 신중한 설정을 요한다. 이는 이미 말한 대로 재생에너지의 특성과 자연 조건, 설비 규모에 따라 발전단가의 차가 크기 때문에 생기는 것이다. 중요한 점은 가령, 단기적인 경제성을 가지고 있지 않은 에너지원일지라도 보급이 촉진될 수 있도록 충분하게 높은 매입가격으로 하는 것, 동시에 좋은 조건에 대해서는 과잉 수익이 발생하지 않도록 하는 일이다. 이를 가능케 하기 위해서, 후술하는 독일의 경우처럼, 정기적 검토와 매입가격의 개정이 필요하다.

넷째는 매입가격을 어떠한 원칙과 틀로써 누가 부담하느냐, 또 그로 인한 문제를 어떻게 해소하느냐이다. 앞에서 말한 것처럼 고정가격제는 재생가능 전력의 매입자에 대해서는 아무런 인센티브도 주지 않고, 단지 추가적 비용만 짊어지게 한다. 추가적 비용은, 매입이 재정 지출을 통해서 이루어지면 납세자가, 전력요금을 통해 조달된다면 전력 소비자가 부담한다. 비용 부담의 실제 방식은 나라에 따라 다르다. 예컨대, 스페인, 이탈리아에서는 모든 전력 소비자가 비용을 부담하고 있다. 덴마크처럼, 일반 재원과 함께 부담하고 있는 경우도 있다.[198)]

다섯째는 일본처럼, 외국으로부터 전력을 수입하지 않는 나라에서는 그다지 문제가 되지 않는 점이다. 하지만 EU처럼 가맹국 간에 밀접한 관계가 있고, 정책적 통합이 이루어지고 있는 지역에서는 중요한 문제다. 왜냐하면, 각국의 자연 조건과 역사적 조건에 따라 재생가능 전력의 발전 비용은 다르기 때문에, 매입가격도 각국에서 큰 격차가 나기 때문이다. 또 일반적으로 고정가격제는 국내에서 생산된 전력에 한정돼 있는 점도 국제적 정책 협조를 어렵게 한다.[199)]

EU에서는 2001년에 정해진 재생가능 전력 지침, 2009년의 재생에너지 지침에 있어서도 EU 공통의 지원정책의 틀은 만들어지지 않았다. 단, 국제적 협조는 다른 방법에 의해서도 가능하므로 지원정책을 굳이 통일할

---

198) Meanateau et al., 2003, p.802; 朝野, 2005.

199) Midttum and Koefoed, 2003, p.685.

필요는 없다.

이상의 서술처럼, 고정가격제는 재생가능 전력 발전사업자의 경영을 안정시키고, 재생가능 전력의 보급을 크게 떠받치는 제도다. 그러나 다른 한편, 매입가격의 적절한 설정, 비용부담제도의 적절한 설계가 필요하다.

다음 절에서는 고정가격제를 실시한 경험이 길고, 또한 성공을 거두고 있는 독일의 사례를 가지고, 고정가격제가 어떻게 운용되며 효과를 올리고 있는지 검토하고자 한다.

3. 독일의 전력공급법 아래에서의 고정가격제와 그 평가

이 절부터는 고정가격제를 채택해 재생가능 전력의 보급이 눈부신 독일의 구체적인 제도와 더불어 그 특징을 논하고자 한다.[200)]

독일의 제도는 세 시기로 나눠 생각할 수 있다. 제1기는 1991년에 시행된 「재생에너지에서 생산한 전력의 공공계통에의 공급에 관한 법률」(이하 전력공급법이라고 한다)(Electricity Feed-in Law, BGBI. IS. 2633)의 시행 기간이다. 제2기는 2000년의 「재생에너지 우선법」(이하 재생에너지법 「2004」)의 시행 기간이다.

아래에서는 전력공급법 아래서의 고정가격제를, 그 다음 절에서는 재생에너지법 아래에서의 고정가격제를 다루고자 한다.

---

200) 독일의 재생에너지에 관련한 정책은 독일의 환경정책, 탈원자력 정책과 더불어 종합적으로 이해할 필요도 있다. 또 독일 각 지역에 있어서 다양한 대응이 이루어지고 있다. 이에 대해서는 和田(2008)에 상술돼 있다.

1) 전력공급법에 따른 고정가격제 성립의 경위와 내용

전력공급법에 기초하는 고정가격제가 성립한 경위와 그 내용에 관해 살펴보고자 한다.

전력공급법은 독일 연방의회의 특별위원회에 의해, 에너지 소비가 초래하는 환경에의 영향이 검토된 결과, 이에 대응하는 대책으로서 권고된 것이다. 전력공급법이 검토된 당시, 독일은 특히 기후 변동 문제에 대한 관심이 높고, 연방의회에서 2005년까지 온실가스의 30% 삭감이라는 야심적 목표가 채택된 시기였다. 고정가격제는 이것을 달성하기 위한 하나의 수단으로서 권고되었다. 이것은 독일 국내의 모든 정당의 지지를 얻어, 에너지 · 환경 정책의 중심으로서 자리를 차지하게 되었다.[201]

전력공급법은 이 같은 독일의 환경 보호의 조류 가운데 책정된 것이었으나, 당초의 안에는 재생가능 전력 발전사업자와 전력공급 사업자 사이에 자주 협정을 책정하면 재생가능 전력 구입 의무가 면제된다고 하는 조항이 포함돼 있었다. 그런데 당시의 정부에 의해 화석연료 발전소의 외부비용이 내부화되어 있지 않은 점에 대한 정책이라고 하는 이유로 이를 채용하지 않는다고 하는 방침이 내려지게 되었다. 그리하여 의무 면제를 포함하지 않은 고정가격제를 규정한 전력공급법이 독일 연방의회에서 거의 만장일치로 1990년 12월에 성립하였다.[202]

전력공급법에 기초하는 고정가격제는 재생가능 전력 발전사업자에게

---

201) Jacobsson and Lauber, 2006.

202) Lauber, 2004a; 1980년대는 재생에너지에 관한 보조금이 확충됐고, 그 대신으로 고정가격제는 도입되지 않았다. 1990년대 전력공급법 책정시엔 연방의회의 기독교민주동맹의 수력발전사업자인 의원이 중심이 돼 고정가격제의 성립을 위한 정치적 움직임이 있었다. 연방경제부와 대형 전력회사가 이 움직임을 봉쇄하는 데 대항하기 위해 이 의원은, 이 때 아주 보기 드문 일로, 녹색당과 협력 관계를 가졌다. 이를 통해 고정가격제가 국민에게 알려지게 됐다. 연방 경제부와 산업계는 반대를 했지만 국민 여론의 강한 지지를 물리치지 못하고 전력공급법은 성립했다. 이런 의미로 전력공급법은 정치적 우연에 의해 만들어졌다고 할 수 있다(Lauber, 2008).

일종의 보조금을 제공하는 것이므로, EU의 국가보조금에 관한 규칙에 저촉할 가능성이 있었다.[203] 그래서 독일은 이 규칙에 저촉하는지의 여부를 확실히 하기 위한 서한을 EU로 1990년 8월에 보낸다. 이에 대해 EU는 에너지 정책의 목적에 비추어 국가보조금을 제한하는 규정에는 저촉되지 않는다는 점, 또한 실제로 재생가능 전력 발전사업자가 얻은 수익도 작다는 점에서 동법의 인정을 결정하고 있다.[204] 이어서 전력공급법의 내용으로 넘어간다. 동법은 아주 단순하게 5조로 이루어져 있다. 그러나 그 내용은 고정가격제의 기본을 정하고 있으며, 획기적이다. 제도의 핵심은 전력공급 시스템을 운영하고 있는 지역 내에서 발전되는 재생가능 전력의 매입을 의무화한다고 하는 것이다. 이것에 의해 재생가능 전력의 경영상 리스크를 경감하고, 보급을 촉진하고자 했다.

적격기술로 된 것은 1991년의 단계에서는 수력, 풍력, 태양에너지, 폐기물가스, 오니(汚泥)가스, 농업 또는 임업에 의한 생산물 또는 생물 유래의 잔사(殘渣)로부터 생산된 전력이다. 단, 수력, 폐기물가스, 또는 오니가스 관련 설비에 관해서는 500kW 이상의 설비가 대상 밖이 되며, 대규모 수력과 대규모 폐기물 발전 등 환경상 문제가 많은 에너지를 배제하고 있다.

매입가격은 전력 소매가격의 평균액에 대한 비율로서 주어졌다(〈표 8-1〉참조). 구체적으로 1991년 단계에서 폐기물가스 또는 오니가스 관련 설비는 75%, 태양에너지와 풍력에 대해서는 70%인데, 에너지원에 따라 가격에 차이를 두고 있다. 또 기준이 되는 전력 소매가격은 시장에서 변동하기 때문에, 당연히 태양에너지, 풍력, 바이오매스의 매입가격도 변동한다. 즉, 전력공급법에 따른 고정가격제는 매입가격이 전력 소매가격에 의해 변동하는, 에너지 자원마다 차이를 설정한 변동형의 단계적 고정가격제다.

203) EU는 EC조약 제87조, 88조로써 역내 시장에서의 경쟁에의 영향을 배제하기 위한 국가보조금을 삭감 또는 폐지를 요구하고 있다. 환경보조금은 이 삭감의 예외가 돼 있다. 상세한 것은 大島(20005)를 참조.

204) Jacobs, 2000, para. 17.

〈표 8-1〉 전력공급법에 따른 매입가격 수준 (1991~2000년)

에너지원	규모	1991년	1994년	1988년[2]
수력, 폐기물가스, 오니가스[1], 농업이나 임업에 의한 생산물이나 생물 유래의 찌꺼기(殘渣)에서 생산된 전력	500kW 이하	소매가격 평균액의 75% 이상	소매가격 평균액의 80% 이상	–
	500kW 초과	소매가격 평균액의 65% 이상	소매가격 평균액의 65% 이상	–
목재 가공업에 의한 생산물이나 생물 유래의 찌꺼기(殘渣)에서 생산된 전력	500kW 이하	–	소매가격 평균액의 80% 이상	–
	500kW 초과	–	소매가격 평균액의 65% 이상	–
수력 · 폐기물 · 오니가스 · 바이오매스[1]	500kW 이하	–	–	소매가격 평균액의 80% 이상
	500kW 초과	–	–	소매가격 평균액의 65% 이상
태양에너지, 풍력	–	소매가격 평균액의 90% 이상	소매가격 평균액의 90% 이상	소매가격 평균액의 90% 이상

주: 1. 수력, 폐기물가스, 오니가스, 바이오매스에 대해서는 500kW 이상의 설비는 제외.
2. 1988년의 개정에 따라, ① 전력공급사업자의 연간 전력 공급량의 5%를 초과하는 부분에 대해서는 제외, ② 전력 소매가격이 상승을 초래하는 경우는 매입의무 면제.

자료: 전력공급법에 의거 필자 작성.

매입가격의 변동은 재생가능 전력 발전사업자의 사업 리스크를 높이는 효과를 가진다. 그렇지만 〈표 8-2〉가 보여 주듯이, 독일의 전력 소매가격은 단기적으로는 변동하지만, 중기적으로는 비교적 안정되었기 때문에 이에 연동하는 매입가격도 안정된 상태였다. 그 때문에 사업자는 안정된 수익을 확보할 수 있었다. 하지만 1998년 이후는 매입가격이 저하 경향에 있는 것도 사실이다. 이것은 1998년에 실시된 독일의 전력 자유화[205]에 있

205) 독일의 전력 자유화는 EU의 전력 자유화 지령(1996년)(European Parliament and the Council of the European Union, 1996)에 기초하는 것이다. EU는 2003년에 새로 전력 자유화 지령(2003년)을 책정, 2007년까지 전력의 완전 자유화(소매 포함)를 실시하도록 각 가맹국에 요구하고 있다. 이에 대응해 독일에서는 신에너지법이 책정됐다.

〈표 8-2〉 전력공급법 아래에서의 매입가격 수준

(단위: kWh)

	1991	1992	1993	1994	1995	1996	1997	1998	1999	2000
풍력/태양광	16.61	16.53	16.57	16.93	17.28	17.21	17.15	16.79	16.52	16.13
바이오매스 (5000kWh 이하)	13.84	13.78	13.81	14.11	15.36	15.3	15.25	14.92	14.69	14.34
수력, 폐기물가스, 오니가스 (500kWh 이하)	13.84	13.78	13.81	14.11	15.36	15.3	15.25	14.92	14.69	14.34
수력, 폐기물가스, 오니가스 (500kWh 이상 5MW 이하)	11.99	11.94	11.97	12.23	12.48	12.43	12.39	12.12	11.93	11.65

자료: Staiβ(2000) II-27.

어서 전력 소매가격이 저하했기 때문이다. 전력 자유화를 계기로 전력 가격을 연동하지 않는 제도로의 변경이 필요한 상태였다.[206)]

다음은 전력공급법의 개정 내용에 관한 논의다. 전력공급법은 1994년 7월과 1998년 4월에 개정됐다. 1994년과 1998년에 공통되는 개정 부분은 두 가지다.

첫째는 생물 유래의 에너지의 범위 확대다. 1994년의 개정에서는 목재 가공업에 관련하는 에너지가 보태어졌고, 1998년에는 생물에서 유래하는 에너지를 '바이오매스'로서 일괄해 다루게 되었다. 즉, 종래 생물 유래의 에너지는 농업과 임업에 관련되는 것으로 국한돼 있었던 것에 대해, 1998년의 개정에서는 바이오매스 전반까지 확대되었다. 둘째는 매입가격의 개정인데, 〈표 8-1〉처럼 약간의 인상이 있었던 점이다.

1998년의 개정 시엔 아래 세 가지 점에 매입에 관한 제도 변경이 추가되었다.

제1 변경점은 재생가능 전력 설비가 설치되는 지역에 전력공급 사업자가 존재하지 않을 때, 그 장소에서 가장 가까운 장소에 있는 전력공급 사업자에게 재생가능 전력의 매입을 의무화하는 일이다(전력공급법(1998

206) Ragwitz and Huber, 2005, p. 3; Brunekreeft and Bauknect, 2006. p.254.

년) 제2조).

제2의 변경점은 매입 의무 및 새로 도입된 보상 메커니즘에 의해 생기는 비용의 분배에 관한 것이다. 이 비용은 전력공급 사업자의 배송전(配送電) 활동에 할당할 수가 있고, 해당하는 전력공급 사업자의 탁송요금을 계산할 때 산입해도 되게 되었다(동법 제2조).

제3의 변경점은 새 보상 메커니즘이 포함되어 있는 점이다(동법 제4조 제1항).

개정 전의 1991년 전력공급법엔 '불공평한 곤란'에 관한 각 항이 설정돼 있었다. 이 조항은 재생가능 전력 설비가 있는 지역에서 사업을 하고 있는 전력공급 사업자가 재생가능 전력의 매입에 있어서 '불공평한 곤란'에 빠진 경우, 그 전력공급 사업자보다 상류(上流)의 전력공급 사업자(고압의 계통을 관리하고 있는 계통운영자)가 재생가능 전력을 매입하는 의무가 있음을 정하고 있다. 그런데 이 규정이 모호했기 때문에 한 번도 적용되지 않았다.[207]

1998년 개정에 있어서는 이 규정이 더 구체적으로 됐다. 즉, 매입 총량이 해당 전력공급 사업자의 전력공급자의 5%를 초과할 때, 5%를 초과하는 부분의 매입비용의 부담을 상위의 전력공급 사업자가 보상하지 않으면 안 되게 했다. 이에 따라 재생가능 전력 발전사업자는 직접 접속하는 전력공급 사업자가 곤란에 처하더라도, 전력이 팔리게 된 것이다.

그러나 상위의 전력공급 사업자도 보상하는 재생가능 전력량이 총 전력 공급량의 5%를 상회하는 경우가 있다. 이 경우, 보다 상위의 전력공급 사업자가 추가 비용을 보상하게 됐다(전력공급법(1998년) 제4조 제1항). 상위의 전력공급법 사업자가 이 상한점에 달하거나, 상위의 사업자가 없을 때는 이 이상의 재생가능 전력은 매입 의무가 부과되지 않는다.[208]

207) Jacobs, 200, para.15.

208) 渡邉, 2005, p.62.

2) 전력공급법의 성과와 과제

여기선 전력공급법 아래서의 고정가격제의 성과에 대해 논의하고자 한다. 전력공급이 시행된 이후의 재생가능 전력의 보급은 〈표 8-3〉, 〈표 8-4〉와 같다.

먼저 재생가능 전력 전체를 살펴보자. 1990~2000년간에 재생가능 전력 설비의 설비 용량은 465만kW에서 1,145만kW로 2.5배, 발전 전력량은 두 배가 되었다. 이에 따라 총 전력 소비에서 차지하는 비율은 3.4%에서 6.3%로 상승했다. 이로써 알 수 있듯이 고정가격제 도입 후 독일의 재생가능 전력의 신장은 두드러졌다.

다음으로 전원별로 보면, 특히 풍력의 보급이 눈부시다. 풍력은 1990~2000

〈표 8-3〉 재생가능 전력 시설의 설비 용량

(단위: 만kW)

연도	수력(양수 제외)	풍력	바이오매스	태양광	지열	합계
1990	440	6	19	0	0	465
1991	440	10	n.a.	0	0	450
1992	437	17	23	1	0	477
1993	452	31	n.a.	1	0	484
1994	453	61	28	1	0	542
1995	452	109	n.a.	2	0	563
1996	456	155	36	2	0	649
1997	458	208	40	4	0	710
1998	460	288	41	5	0	793
1999	455	444	60	6	0	965
2000	457	611	66	10	0	1,145
2001	460	875	79	18	0	1,432
2002	462	1,197	95	26	0	1,780
2003	464	1,461	114	41	0	2,079
2004	466	1,663	155	102	0.0	2,386
2005	468	1,843	219	188	0.0	2,718
2006	470	2,062	274	271	0.0	3,077
2007	472	2,225	324	381	0.2	3,402

자료: Bundesministerium fü r Umwelt, Naturschutz und Reaktorisicheit (2008a) p.16.

〈표 8-4〉 재생에너지에 의한 발전량

(단위: 억kWh)

연도	수력 (양수 제외)	풍력	바이오매스	폐기물에 포함되는 바이오매스	태양광	지열	총발전량	총전력소비에 점하는 비율(%)
1990	170.00	0.40	2.22	12.00	0.01	0.00	184.63	3.4
1991	159.00	1.40	2.50	12.00	0.02	0.00	174.92	3.2
1992	186.00	2.30	2.95	12.50	0.03	0.00	203.78	3.8
1993	190.00	6.70	3.70	12.00	0.06	0.00	212.46	4.0
1994	202.00	9.40	5.70	13.00	0.08	0.00	230.18	4.3
1995	216.00	18.00	6.70	13.50	0.11	0.00	254.31	4.7
1996	188.00	22.00	8.53	13.50	0.16	0.00	232.19	4.2
1997	190.00	30.00	10.79	14.00	0.26	0.00	245.05	4.5
1998	190.00	44.89	16.42	17.50	0.32	0.00	269.13	4.8
1999	213.00	55.28	17.91	18.50	0.42	0.00	305.11	5.5
2000	249.36	75.50	22.79	18.50	0.64	0.00	366.79	6.3
2001	233.83	105.09	32.06	18.59	0.16	0.00	390.73	6.7
2002	238.24	157.86	40.17	19.45	1.88	0.00	457.60	7.8
2003	203.50	188.59	69.70	19.45	3.13	0.00	486.54	8.1
2004	210.00	255.09	83.47	21.62	5.57	0.002	575.29	9.5
2005	215.24	272.29	104.95	30.39	12.82	0.002	635.69	10.4
2006	200.00	307.10	155.00	36.39	22.20	0.004	720.69	11.7
2007	207.00	395.00	195.00	42.50	35.00	0.004	874.50	14.2

자료: Bundesministerium für Umwelt, Naturschutz und Reaktorisicheit (2008a) p.17.

년간에 설비 용량 베이스로 6만kW에서 611만kW로 102배, 발전량 베이스로 4,000만kWh에서 75억 5,000만kWh로 189배 급신장하였다. 이 풍력의 신장은 재생가능 전력 증가량의 41.2%를 차지하고 재생가능 전력 보급의 중심이 되었다.

다른 한편, 바이오매스와 태양광의 신장은 풍력에 미치지 못한다. 바이오매스의 신장은 설비 용량에 있어서 19만kW에서 66만kW로 3.5배, 발전량에 있어서는 12억kWh에서 19억 5,000만kWh로 1.5배다. 태양광은 신장률로서는 설비 용량이 0.2만kW에서 10만kW로 64배가 되고 있지만, 규모는 작은 그대로였다. 즉 전원별로 본 경우는 풍력 발전만이 눈에 띄게 신장했다. 전력공급법에 있어서는 풍력의 매입가격 수준이 적절했지만, 다른 전원(電源)에 대해서는 개선의 여지가 있었다.

다음, 설비 용량의 연간 증가량에 대해 자세히 살펴보면, 전력공급법 시행 이후 급속히 도입이 진행되고 있지만, 그 보급의 정도엔 차이가 있다. 특히 1998년 전후에 확대 속도에 차이가 있다. 그 원인으로는 아래의 두 가지가 생각된다.

첫째, 이 시기에 매입가격 수준이 유지되는지 어떤지 의심되는 실정이다. 이 시기에 매입가격은 전력 소매가격에 대해 고정된 비율로 설정돼 있었다. 그런데 전기사업자 간에 소매가격이 다르고, 또 재생에너지 자원이 풍부한 곳에서는 전기사업자가 그 분량만 과잉으로 비용 부담하지 않으면 안 되기 때문에 불공평하다는 느낌이 있었다.

이것은 특히 풍력에 해당한다. 2000년 시점에서의 풍력발전량을 보면, 독일의 총 발전량 95억 1,400만kWh 중, 니다자크센 주에서 31억 6,600만kWh, 슐레스비히 · 홀스타인 주에서 22억 1,300만kWh와 이 연안지역 두 주만으로 57%를 차지하고 있다.[209)]

또 재생가능 전력이 스스로의 의사와 관계없이 증대하기 때문에 전력산업이 이 제도에 반대를 표명했다.[210)] 같은 시기에 유럽위원회 경쟁총국이 독일에 대해 매입가격을 75%로 하도록 권고하고,[211)] 연방경제부도 이 움직임을 환영했다. 이 같은 매입가격이 이대로 유지될지 어떨지 불투명했다.[212)]

둘째, 이 시기 특히 연안지역 등의 강풍지대가 앞에서 언급한 매입 상한에 1997년의 단계에서 도달할지 모른다는 상황이 생겼다. 이 점도 매입이 지속할지 어떨지 전망이 불투명한 사태를 낳고, 신규 도입의 신장을 둔

---

209) Staiβ, 2003, II-21.
210) Sheer, 2002, pp.259-269.
211) Jacobs, 2000, para. 21.
212) Lauber, 2004b, p.603.

화, 정체케 했다. 이 점을 극복하기 위해선 전력공급법 그 자체를 근본적으로 바꿀 필요가 있었다.

1998년의 법 개정에서는 재생가능 전력 보급의 국민 여론이 강했기 때문에 매입가격은 유지됐다. 그 때문에 1998년 이후는 더한층 보급이 진전되었다. 보급의 가속은 규모가 더 큰 사업자의 진입으로 이루어진다.[213]

매입비용은 재생가능 전력의 보급과 함께 증대했다. 〈표 8-5〉에서 보는 바와 같이 보급의 진전에 따라 매입의 대부분이 풍력과 관련해 이루어지게 되고, 1999년의 매입비용 6억 3,600만 유로 가운데 69.6%에 해당하는 4억 5,500만 유로가 풍력 쪽이 되었다. 풍력과 매입가격이 같은 수준으로 설정돼 있는 태양광에 관해서는 전력공급법 아래서는 거의 신장하지 않았으므로 매입비용도 소규모 상태에 머물고 있다. 태양광 발전의 보급을 촉진하기 위해서 매입가격을 적절히 재설정하는 것이 필요했다.

〈표 8-5〉 전력공급법 아래에서의 고정가격제의 매입비용

(단위: 억 유로)

	1991	1992	1993	1994	1995	1996	1997	1998	1999
수력 등(500kW 이하)		0.47		0.63		0.66	0.68	0.75	0.79
수력 등(500kW~5MW)		0.17		0.26		0.27	0.32	0.39	0.4
바이오매스		0.09		0.22		0.36	0.46	0.61	0.64
풍력		0.18		0.71		1.71	2.51	3.75	4.55
태양광		0.0003		0.002		0.0004	0.0006	0.01	0.012
합계	0.66	0.9	1.15	1.82	2.3	3.01	3.98	5.51	6.39

주: 합계는 각 항목의 수치의 합계치와 반드시 일치하지는 않는다.

자료: Straiβ(2003) II-25에 의해 작성.

213) Lauben, 2004b, p.604.

4. 독일의 재생에너지법 아래에서의 고정가격제와 그 평가

1) 재생에너지법(2000년)에 따른 고정가격제의 성립 경위와 내용

1998년에 사회민주당과 녹색당이 연립정권을 세우게 되자, 환경보호가 정권 내에서 중요한 의미를 가지게 되었다. 에너지 정책 가운데서 중시된 것이 재생가능 전력 지원정책이다. 이를 구체화하기 위해, 2000년에 「재생에너지법」이 책정되었다. 이 법이 시행되자, 앞의 전력공급법은 실효하였다. 이 절에서 재생에너지법에 기초하는 고정가격제에 관해 논하고자 한다.

전력공급법도 재생에너지법도 재생가능 전력의 보급·확대를 목적으로 한 것이고 제도상으로도 고정가격제를 가지고 있지만, 내용은 크게 변경되어 있다. 변경사항은 여러 갈래에 걸치지만, 주요한 것은 아래의 여덟 가지다.

첫째, 변경사항은, 전력공급법과 다르고, 환경 보호의 목적을 위해 재생에너지를 보급한다는 점이 명시돼, 총에너지에서 차지하는 재생에너지의 비율을 2010년까지 2배로 한다는 도입 목표가 제시되어 있는 점이다(재생에너지법(2000년) 제1조). 단기간 내에 대폭적인 보급·확대를 목표로 한다고 하는 점이 명확히 제시됨으로써, 재생가능 전력 발전사업자의 신규 진입이 강하게 촉구되었다.

둘째, 계통으로의 우선 접속의 확보다(동법 제3조). 재생가능 자원이 존재하는 지점에는 계통이 설치돼 있지 않거나, 또는 계통 용량이 충분하지 않은 경우가 있다. 이를 이유로 계통에 접속되지 않으면, 재생가능 전력의 보급은 기존 계통의 한계에 의존하게 되어, 자원이 풍부하더라도 보급이 진전하지 않는다. 이를 방지하기 위해 재생에너지법에서는 계통운영자에 대해 재생가능 전력 설비와의 접속을 최우선으로 하는 의무를 설정했다.

셋째, 매입가격이 전력 소매가격에 대한 비율이 아니고, 원칙으로서 20년의 고정액으로 정해진 점이다(동법 제9조). 이 변경사항은 재생가능 전력 보급의 관점에서 보면 가장 중요한 의미를 가지고 있다. 1998년의 전력 자유화 후 독일에서도 전력 소매가격이 시장에서 결정되도록 돼 있었다. 전력 자유화 아래서도 매입가격이 절대액으로 제시되면 재생가능 전력의 매입가격이 안정되고 재생가능 전력 발전사업자의 경영상의 리스크가 경감한다. 이 점에 있어서의 리스크 경감 효과는 고정체제에 비해 압도적으로 높고, 재생에너지법 아래서 재생가능 전력 발전사업자의 경영 리스크는 거의 없어졌다.[214)]

넷째, 매입가격의 체감률이 정해진 점이다. 이러한 체감률의 목표는 둘이다. 먼저 기술 혁신이 전전됨에 따라서 발전단가가 떨어지는 것에 대응하기 위해서다. 또 조기 도입을 촉진하기 위해서이다. 매입가격이 체감해 가는 것을 사전에 알기 때문에 사업자는 가급적 일찍 발전 설비를 설치하려고 한다. 이런 매입가격의 점진적 인하 제도는 2001년에 도입된 프랑스의 제도에도 채택돼 있다.[215)]

다섯째, 매입가격에 관련해서 기술마다, 사이트의 조건마다 설정돼 있는 점도 구법에서 크게 바뀐 점이다(〈표 8-6〉참조)(동법 제4-8조). 즉 재생에너지법 아래서 고정가격제는 체감형의 단계적 고정가격제다. 에너지원별 매입가격의 설정은 태양광발전과 풍력발전에 있어서 전형적이다.

먼저 태양광발전에 관련해 말하면, 전력공급법에서는 태양광은 전력 소매가격에 대한 비율이 풍력과 똑같이 90%로 설정되어 있었다. 그런데 실제로는 태양광발전은 풍력에 비해 발전 비용이 대단히 높으므로, 보급이 충분히 촉진되지 못했다. 이 같은 문제를 극복하기 위해 태양광발전은 50.62센트/kWh와 구법의 매입가격 16센트/kWh 정도로 보아 3배, 재생에

214) Mitchell et al., 2006.

215) Chabot and Saulnier, 2002.

〈표 8-6〉 재생에너지법(2000년) 아래서의 매입가격

		용량 제한	출력 구분	매입가격 (센트/kWh)	매입 기간	체감률
수력		5000kW	500kW이내 500~5000kW이내	7.67 6.65	20년	없음
매립지가스 · 오니가스 · 갱내가스		5000kW	500kW이내 500kW초과	7.67 6.65	20년	없음
지열		없음	2만kW이내 2만kW초과	8.95 7.16	20년	없음
풍력		없음	없음	9.1(가동에서 5년간)[1] 6.19(6년째 이후)	20년	2002년 이후 1.5%
태양	발전이외의 목적에 사용되는 구조물에 접하지 않는, 또는 그 위에 없는 설비	100kW	없음	50.62[2]	20년	2002년 이후 5%
	위의 것 이외	500kW				
바이오매스		2만kW	500kW이내 500~5000kW이내 5000kW초과	10.23 9.21 8.7	20년	2002년 부터 1%

주: 1. 기준생산량의 150%를 달성한 설비에 대해서는 6.19센트/kWh. 또 이에 미치지 않는 설비에 대해서는 생산량이 기준생산량의 150%를 0.75% 하회할 때마다 2개월 연장. 2006년 말까지 인가된 설비로서, 영해에서 3해리 이상 떨어져 있는 곳에 위치하는 것에 대해서는 가동에서 9년으로 연장.
2. 총 설비 용량이 35만kW에 도달할 때까지.

자료: 재생에너지법(2000년)에 의해 작성.

너지법 아래서의 풍력의 매입가격 9.1센트/kWh(가동에서 5년간)의 5배 이상이 설정됐다.

그러나 태양광발전과 관련해 당초 매입량에 상한선이 정해져 있었다.[216] 고정가격제를 채택하는 경우, 가격으로 조절하게 되므로 본래 매입량에 제한을 두어야 하는 것이 아니고, 오히려 매입가격을 인하해야 하는

216) 2002년 7월까지 35만kW, 2002년 7월 이후 2003년 12월까지는 100만kW.

형편이다. 그런데 그 후의 경위를 보면, 매입량의 제한은 이 이상 인상하지 않기 위한 상한이라기보다 오히려 정책의 최저목표였고, 도입의 가속화를 촉진하는 신호로서의 의미가 있었다. 그후 실제로 이 매입량의 제한은 100만kW까지 확대했고, 그러다 2004년 1월의 개정 이후에는 철폐되었다.[217)]

다음으로 풍력에 관해서 언급하고자 하는데, 풍력은 설비가 설치되는 지역에 따라 풍황(風況)이 크게 다른 성질을 지니고 있다. 그래서 아래와 같은 개정이 이루어졌다. 첫째, 풍력발전에 의한 전력의 매입가격은 가동 후 5년간은 9.1센트/kWh를 원칙으로 한다.

그러나 발전량이 기준생산량의 150%를 달성할 수 있는 호조건의 지역에서는 동 기간에 있어서도 6.19센트/kWh로 한다. 기준생산량의 150%에 미치지 않는 설비에 대해서는 150%를 0.75% 하회할 때마다 이 기간을 2개월씩 연장한다. 또 해상풍력발전에 대해서는 매입가격이 9.1센트/kWh인 기간을 9년간으로 연장하는 조치를 했다. 즉, 호조건 아래서 자립할 수 있는 풍력발전에 대해서는 매입가격을 낮게, 또 불리한 지역에 대해서는 매입가격을 높게 함으로써 지역의 현황에 부합되는 지원이 가능하도록 하는 노력이 있었다.

여섯째, 적격 기술이 확대하고 있는 점이다. 새롭게 지열, 갱내(坑內)가스가 추가돼, 이들 에너지에 관련해서도 보급 촉진이 시도되고 있다(재생에너지법(2000년) 제2조). 이로써 더한층 다양화가 촉구되고 있다.

일곱째, 설비 용량의 상한을 확대하고 있는 점이다. 특히 바이오매스는 구법 아래서는 500kW까지의 설비에 한정되었으나, 2만kW까지가 대상이 됐다(동법 제2조 2행, 5조). 이에 따라 지금까지 적용되지 않았던 설비에 대해서도 매입이 이루어지게 됐다.

여덟째, 재생가능 전력 매입의 비용 부담을 평준화하기 위한 틀(평준

---

217) 渡邉, 2005, p.64.

화 방안)이 법률 속에 명시된 점이다(동법 제11조).

평준화 방안이란, 어떤 계통운영자가 공급하는 총전력에서 차지하는 재생가능 전력의 비율이 국내 평균을 초과하는 경우, 그 초과분을 평균 이하의 계통운영자가 평균이 될 때까지 매입하지 않으면 안 되게 하는 일이다. 평준화는 3개월마다 실시된다. 재생에너지는 지역에 편재하는 경우가 많다. 재생가능 전력이 풍부한 지역을 관할하는 계통운영자의 과도한 부담을 없애는 것과 동시에, 자원이 풍부한 지역에서의 개발을 더한층 촉진하는 것이 목표다. 이 메커니즘이 명시됨으로써 독일의 고정가격제는 재생가능 전력 발전사업자로부터의 매입에 더해 계통운영자 간의 매입이 시행되고 있는 2중 구조를 가지게 되었다.

이상의 내용을 가진 재생에너지법은 그 후에도 수정이 가해졌다. 제1차 제도 개정은 2003년 7월의 것인데, 2004년 7월 1일까지의 시한 입법이었다. 이 수정은 '곤란 조항'에 관한 것이고, 대규모 전력소비자에 대해 비용 부담을 경감한다는 내용이다. 구체적으로는 최근 12개월의 소비 전력이 1억kWh를 초과하고, 또한 총부가가치에서 차지하는 전기요금의 비율이 20%를 넘고, 재생가능 전력의 매입이 경쟁력에 영향을 미치고 있을 때, 1억kWh를 넘는 전력 소비량 부분의 재생가능 전력에 드는 추가 비용이 1kWh당 0.05센트만큼 억제될 수 있도록 했다.[218)]

제2차 개정은 2004년 1월에 있었다. 주된 내용은 태양광 에너지에 관한 것이다. 즉 1996년부터 독일 정부가 취해 온 '10만 세대의 지붕' 프로젝트가 2003년에 종료하고, 그 결과 태양광발전의 설치 용량이 재생에너지법상의 매입 상한에 도달하려고 하고 있었기 때문에, 이 상한을 철폐하였던 것이다. 동시에 매입가격의 체계에도 변경이 가해졌다.[219)]

이때는 특별히 태양광발전을 목적으로 하는 설비보다, 태양광발전 장

---

218) Federal Ministry for the Environment, Nature Conservation and Nuclear Safety, 2004, p.3; 渡邉, 2005, p.64.

219) 渡邉, 2005, pp.64-65.

치가 건물에 부수해 설치하거나, 지붕 등의 건재로서 사용되는 쪽이 우대받게 되었다. 또 체감률에 대해서도 수정이 가해지고 있다.

2) 재생에너지법(2004년) 아래에서의 고정가격제

재생에너지법은 2004년 7월에 전면 개정됐다(동년 8월부터 시행). 기본적 틀은 고정가격제 그대로이지만, 재생가능 전력의 대폭적 보급을 지향하는 세세한 수정이 가해져 있는 것이 특징이다. 이 가운데 중요한 변경점을 중심으로 논의해 보고자 한다.

첫째, 변경점은 에너지 공급에 있어서의 지속가능한 발전을 촉진하는 일, 특히 기후, 자연, 환경의 보호를 목적으로 하는 것이 명시되고(재생에너지법(2004년) 제1조 제1항), 이 목적 아래 재생가능 전력에 관한 구체적 수치 목표가 정해져 있다(동법 제1조 제2항).

구체적으로는 재생가능 전력의 전력 공급에 점하는 비율을 2010년까지 12.5%, 2020년까지 20% 인상한다고 말하고 있다. 2010년 목표는 EU의 재생가능 전력 지침과 부합하고 있다.[220] 독일 정부는 재생에너지법에 의한 CO_2 삭감효과가 2003년 단계에서는 전력부문에서 4,630만 톤(이중 재생에너지법에 의한 것이 2,880만 톤)인데, 2010년엔 7,260만 톤(동 5,210만 톤)으로 증대한다고 설명하고 있다.[221]

둘째, 재생가능 전력 발전사업자에는 계통운영자에 의한 우선구입과 우선탁송, 게다가 지불이 지체 없이 집행되는 점이 명시돼 있다(재생에너지법(2004년) 제4조 제5항). 또한 2004년 8월 이후 가동한 연방과 주가 소

220) 渡邉, 2005, p.65.

221) Federal Ministry for the Environment, Nature Conservation and Nuclear Safety, 2004; 1999년, 2000년의 단계에서 독일의 고정가격제에 의한 환경피해 회피효과가 재생에너지법에 요하는 비용을 상회하고 있다는 연구(Krewitt and Nitsch, 2003)도 있다.

유하는 재생가능 전력 설비에 대해서도 적용하게 됐다(동법 제2조)(구법 이전은 적용대상 밖이었다).

셋째, 재생에너지와 그 밖의 재생에너지 지원에 관한 용어의 정의가 처음으로 주어졌다. 지금까지의 법률에서는 보조지원 대상이 되는 에너지가 열거되는 것에 지나지 않았으나, 이 개정에서 명확히 서술됐다. 이 법에 기초하는 재생에너지란 수력(파력, 조력, 유수(流水), 염분 농도 구배(勾配) 에너지 포함), 풍력에너지, 태양광, 지열, 바이오매스(바이오가스, 매립지가스, 오니(汚泥)가스, 도시와 산업폐기물로부터의 생분해 가능한 부분으로부터의 에너지)이다(동법 제3조).[222)]

넷째, 매입가격, 적격기술의 규모 및 조건이 상세하게 정해져 있는 점이다(〈표 8-7〉참조). 특히 매입가격의 체감률을 상세하게 정하고, 기술 진보에 의한 효율성의 개선을 미리 구체적으로 포함하고 있는 점은 독일의 고정가격제를 더욱 효율적인 것으로 바꾸는 일이다(동법 제6~11조).

그리고 설비 규모에 따라 매입가격이 정해져 있는 경우, 규모의 구분으로 매입가격이 크게 바뀌는 것을 방지하기 위한 조치도 취해졌다. 즉 재생가능 전력의 매입에 있어서, 설비 용량을 구분마다 나누고, 나누어진 설비 용량이 전체의 설비 용량에서 차지하는 비율로 안분해 매입가격이 정해지게 됐다(동법 제2조 제2항).[223)] 이에 따라 설비 용량이 커지더라도, 소규모 설비에 대한 높은 매입가격으로써의 지불을 일정한 비율로 받을 수 있게 됐다.

구체적인 예를 들어 설명하고자 한다. 예컨대, 건물에 설치된 120kW의 설비 용량을 가진 태양광 발전 설비의 경우, 30kW, 30~100kW, 100~120kW의 세 구분을 다룬다. 이 경우 각 구분이 차지하는 비율에 따라 매입가격이 결정된다. 즉 0~30kW까지는 전체 설비 용량의 30/120에 57.4센트/kWh를

---

222) 渡邉, 2005, p.65.

223) 재생에너지법(2000년)에서는 수력, 매립지가스, 갱내가스, 오니가스에 대해서만 이런 규정이 있었다.

〈표 8-7〉 재생에너지법(2004년) 아래에서의 매입가격

<table>
<tr><th colspan="2"></th><th>용량 제한</th><th>출력 구분</th><th>매입가격 (센트/kWh)</th><th>매입 기간</th><th>체감률 (연율)</th><th>보충</th></tr>
<tr><td colspan="2" rowspan="7">수력</td><td rowspan="2">5000kW 이하</td><td>500kW이하</td><td>9.67</td><td rowspan="2">30년</td><td rowspan="2">없음</td><td rowspan="2">2008년1월1일 이후 인가된, 유입식(流込式)에 한함</td></tr>
<tr><td>500~5000kW이하</td><td>6.65</td></tr>
<tr><td rowspan="5">5000kW~15만kW 이하</td><td>500kW이하</td><td>7.67</td><td rowspan="5">15년</td><td rowspan="5">1%</td><td rowspan="5">5000kW초과 용량의 수력에 대해서는, 2004.8~2012년 말까지 개수(改修). 개수에 의한 15%이상 발전능력이 향상. 우수한 환경상태에 도달했으나, 아직 매수는 추가 전력에 한함.</td></tr>
<tr><td>500~1만kW이하</td><td>6.65</td></tr>
<tr><td>1~2만kW이하</td><td>6.1</td></tr>
<tr><td>2~5만kW이하</td><td>4.56</td></tr>
<tr><td>5~15만kW이하</td><td>3.7</td></tr>
<tr><td colspan="2" rowspan="3">매립지가스 · 오니가스 · 갱내가스 중 갱내가스만</td><td rowspan="3">없음</td><td>500kW</td><td>7.67</td><td rowspan="3">20년</td><td rowspan="3">2005년 부터 1.5%</td><td rowspan="3">특정 기술을 쓴 경우 2센트/kWh 증액</td></tr>
<tr><td>2만~5만kW</td><td>6.65</td></tr>
<tr><td>5~15만kW이하</td><td>6.65</td></tr>
<tr><td colspan="2" rowspan="4">지열</td><td rowspan="4">없음</td><td>500kW이하</td><td>15</td><td rowspan="4">20년</td><td rowspan="4">1%</td><td rowspan="4"></td></tr>
<tr><td>5000~1만kW이하</td><td>14</td></tr>
<tr><td>1만~2만kW이하</td><td>8.94</td></tr>
<tr><td>2만kW초과</td><td>7.16</td></tr>
<tr><td rowspan="2">풍력</td><td>육상풍력</td><td rowspan="2">없음</td><td rowspan="2">없음</td><td>8.7(가동부터5년이내)/5.5(5년이후)[1]</td><td>20년</td><td>2%</td><td rowspan="2">기준생산량의 60% 미만의 설비는 매입 대상 밖</td></tr>
<tr><td>해상풍력</td><td>9.1(가동부터12년간)/6.19(13년째 이후)[2]</td><td>20년</td><td>2008년 부터 2%</td></tr>
<tr><td rowspan="3">태양</td><td rowspan="3">건물 내지 차음벽에 접해 설치된 설비</td><td rowspan="3">없음</td><td>30kW</td><td>57.4</td><td rowspan="3">20년</td><td rowspan="3">2005년 이후 가동의 것에 대해선 5%</td><td rowspan="3">지붕위에 설치돼 있지 않고, 지붕으로서도 설계돼 있지 않고, 건물의 큰 부분을 구성하고 있는 경우. 2014년까지 인가되면 5센트/kWh 증액. 발전을 목적으로 한 경우도 규정에 따라 이 매입가격이 적용되는 것이 있다.</td></tr>
<tr><td>30~100kW이하</td><td>54.6</td></tr>
<tr><td>100kW초과</td><td>54</td></tr>
</table>

〈표 8-7〉 재생에너지법(2004년) 아래서의 매입가격 (계속)

<table>
<tr><th colspan="2"></th><th>용량 제한</th><th>출력 구분</th><th>매입가격 (센트/kWh)</th><th>매입 기간</th><th>체감률 (연율)</th><th>보충</th></tr>
<tr><td></td><td>기타</td><td>없음</td><td>없음</td><td>45.7</td><td>20년</td><td>2005년 이후 가동의 것에 대해서는 5%, 2006년 이후 가동의 것에 대해서는 6.5%</td><td>발전을 목적으로 한 설비</td></tr>
<tr><td rowspan="5">바이오 매스</td><td>바이오매스(폐재(廢材)를 쓰는 경우)</td><td rowspan="5">2만kW 이하</td><td>없음</td><td>3.9</td><td>20년</td><td rowspan="5">2005년 부터 1.5%</td><td>2002년 8월 15일의 사용될 목재 정령(政令)에서 AIII 및 AIV카테고리에 분류된 사용될 목재도 사용하는 경우</td></tr>
<tr><td rowspan="4">기타</td><td>150kW이하</td><td>11.5</td><td rowspan="4">20년</td><td rowspan="4">규정(특정기술, 열전병급)에 따라 각종의 증액이 있다.(모든 규정을 합해서 최대 9.5센트/kWh 증액)</td></tr>
<tr><td>150~500kW이하</td><td>9.9</td></tr>
<tr><td>500~5000kW이하</td><td>8.9</td></tr>
<tr><td>5000~2만kW이하</td><td>8.4</td></tr>
</table>

주: 1. 가동 5년 이내에 대해서는 기준생산량의 150%를 달성한 설비에 대해서는 8.9센트. 또 이것을 달성하지 못하는 설비에 대해서는 생산량이 기준생산량의 150%를 0.75% 하회할 때마다 2개월 연장. 낡은 시설의 치환(置換), 개수를 했을 때는 기준생산량의 150%를 0.75% 하회할 때마다 2개월 연장. 낡은 시설의 치환, 개수를 했을 때는 기준 생산량의 150%를 0.6% 하회할 때마다 2개월 연장

2. 해안으로부터 12해리 이상에서 수심 20미터 이상의 바다에 설치돼 있는 발전 설비의 경우는 12해리보다 1해리 늘어날 때마다 0.5개월, 또 1미터 수심이 늘 때마다 1.7개월 연장.

자료: 재생에너지법(2004년)에 의거.

매긴 가격이 대응하고, 30~100kW 부분은 (100/30)/120에 54.6센트/kWh를 매겨 얻는 가격이 대응하고, 나머지 100~120kW 부분은 (120~100)/120에 54센트/kWh를 매겨 얻는 가격이 대응한다. 이 세 요소를 합계한 가격이 설비의 매입가격이 된다.

개정 전에는 작은 구분일수록 높은 매입가격이 돼 있기 때문에 하나하나의 설비의 용량을 작게 하는 인센티브가 있었는데 대해, 개정에 따라 매입가격의 불공평성이 없어지고, 설비 용량을 작게 하는 인센티브가 없어졌다. 경험을 통해서 단계적 고정가격제에 개량이 가해졌다.

다섯째, 계통의 관리 및 증강의 비용 부담에 관한 원칙이 명시됐다(동법 제13조). 이 같은 규정을 요하는 이유는, 재생가능 전력은 출력 변동이 자주 생기기 때문에 계통이 이를 견뎌내는 것이 필요하고, 이 비용 부담의 바람직한 정도를 명확하게 정하는 것이 재생가능 전력사업에 있어서 중요하기 때문이다. 먼저, 계통에의 접속비용에 대해서는 재생가능 전력 발전 사업자가 부담해야 하고, 계통 증강 비용은 계통운영자가 부담해야 한다고 정해졌다. 또 전력 소비자에게 불공정하게 비용 부담이 미치지 않도록 계통운영자는 계통 증강에 필요한 비용에 관한 정보를 공개하지 않으면 안 된다. 재생가능 전력 발전사업자는 송전량을 기록하는 메터 등의 기기 전부에 관한 비용을 부담하여야 한다.

여섯째, 재생에너지법의 제1차 개정(2003.7)에서 만들어진 '곤란 조항' 에 관련해 수정이 가해졌다(재생에너지법(2004) 제16조). 이 법에서 이것은 '특별 평준화 방안' 이라 불리고, 대규모 전력 소비자에 대해 비용 부담을 경감한다는 것이다.

구체적으로는 최근 12개월의 소비 전력이 1,000만kWh(개정 전은 1억 kWh)를 초과했다. 또한 총 부가가치에 대해서는 1,000만kWh를 초과하는 전력 소비량 부분의 재생가능 전력에 소요되는 추가 비용이 1kWh당 0.05 센트였다.[224)]

위에서 본 것처럼, 재생에너지법(2004)에서는 이 법을 기초로 해 더 구체적인 목표하에 경제의 효율성도 고려한 개선이 진행되고 있다. 일련의 개선의 중심이었던 사회민주당, 녹색당의 연립정권은 2005년의 총선거에서 패배하고, 기독교 민주동맹과 사회민주당의 대연립을 이룩하게 되었다. 이러한 정치적 배경으로 재생에너지법이 바탕이 되는 고정가격제의 유지가 위태롭게 되었으나, 독일 신정부는 고정가격제를 계속하는 방침을

---

224) Federal Ministry for the Environment, Nature Conservation and Nuclear Safety, 2004, p.3; 渡邉 , 2005, pp.66-67.

가지고,[225] 개선이 이어질 것이라고 독일의 연구자들은 전망하고 있었다.[226]

그 근거는 기독교 민주동맹과 사회민주당의 대연립이 이루어질 때, 기독교 민주동맹, 기독교 사회동맹, 사회민주당 간에 정권 협의가 체결되고, 동 제5조 제2항에 이 법의 기본 구조의 유지가 명기돼 있었기 때문이다.

본래부터 기독교 민주동맹은 재생에너지법에는 반대의 입장이었으나, 이 합의 때문에 재생에너지법은 유지될 수 있게 된 것이다. 더불어 말하면, 녹색당이 정권을 잡고 있던 2002년에 재생에너지에 관한 행정권한을 연방경제부로부터 연방환경부에 이관한 것도, 경제부를 중심으로 하는 반대 압력을 피하는 정치적 요인이 되었다.

3) 재생에너지법의 성과와 영향

재생에너지법(2000년, 2004년)은 재생에너지의 보급에 크게 공헌함과 동시에, 독일 사회에 대해 환경적 영향을 포함하는 여러 가지 영향을 가져왔다. 2007년에는 이 법의 제20조가 규정하는 리뷰가 실시되었고 보고서가 마련되었다(이하 2007년 리뷰라고 함). 2008년에는 이를 바탕으로 제도가 다시 크게 개정되었다. 아래에서는 2007년 리뷰를 바탕으로 이 법에 의해 초래된 재생에너지 보급효과, 비용 부담액과 전력 요금에의 영향, 환경적 · 사회적 영향에 관해 차례로 논하고자 한다.

(1) 재생에너지의 보급효과

재생에너지 보급에 관해선, 이 법은 전력공급법의 문제점을 극복하고 보급하는 데 크게 공헌했다. 그것은 도입량, 보급 속도, 보급한 에너지의 다

225) 渡邉, 2006, p.92,

226) Langniss, 2005.

양성을 보고 알 수 있다.

먼저 도입량을 보면, 이미 〈표 8-4〉에 나와 있듯이, 양적 확대는 더한층 진전하였다. 먼저 전체를 보면, 설비 용량은 2000년의 1,145만kW에서 2007년의 3,402만kW로 3배가 되었다. 전년 대비 증가율은 전력공급법하에서는 평균 9.7%였는 데 비해, 재생에너지법하에서는 16.9%로 2배 가까운 신장률의 상승이다. 발전량으로 본 경우도 2000년의 366억 7,900만kWh에서 874억 5,000만kWh로 2.4배가 되었다. 신장률도 높고, 전력공급법하에서는 전년도와 비교한 신장률 평균이 7.5%인 데 대해 재생에너지법하에서는 13.3%가 됐다. 제도의 개정이 재생에너지의 보급을 크게 가속시켰다.

다음, 전원별로 보면 풍력은 설비 용량이 611만kW에서 1,663만kW로 2.7배, 발전량이 2000년의 75억 5,000만kWh에서 2004년의 255억 900만kWh로 3.4배가 되고 있다. 또 전력공급법하에서는 보급이 충분히 진행하지 않은 태양광에 있어서도 설비 용량이 10만kW에서 102만kW로 10.2배, 발전량이 6,400만kWh에서 5억 5,700만kWh로 8.7배가 되고 있다. 태양광의 신장은 단기적으로는 실리콘의 세계 생산량이 수요를 따르지 못한다는 물리적 상한에 달하는 데까지 왔다.[227)]

급격한 증가는 바이오매스, 폐기물에 포함되는 바이오매스에 있어서도 볼 수 있다. 바이오매스에 관련해서는 2000년의 66만kWh, 18억 5,000만kWh에서 2007년의 324만kWh(4.9배), 42억 5,000만kWh(2.3배)로 증가하였다. 이로써 재생에너지법은 재생에너지의 다양화에도 크게 공헌했다고 할 수 있다.

(2) 비용 부담액과 전기요금에의 영향

재생에너지법은 시장에 있어서 불리한 전원에 대한 보조가 돼 있으므로

---

227) 다카하시, 2006; 사카이, 2006.

〈표 8-8〉 재생에너지법에 따른 매입비용의 추이

(단위: 억 유로)

	2000	2001	2002	2003	2004	2005	2006
수력발전	3.96	4.42	4.77	4.28	3.38	3.64	3.67
매립지가스, 광산가스	0.00	0.00	0.00	0.00	1.82	2.19	1.96
바이오매스	0.75	1.40	2.32	3.27	5.09	7.95	13.37
지열	0.00	0.00	0.00	0.00	0.00	0.00	0.00
풍력	6.87	9.56	14.35	16.96	23.01	24.41	27.34
태양광	0.19	0.39	0.82	1.54	2.83	6.79	11.17
합계	11.17	15.77	22.26	26.04	36.12	44.98	58.10

자료: Federal Ministry for the Environment, Nature Conservation and Nuclear Safety (2007a) p.36; Bundesministerium für Umwelt, Naturschutz und Reaktorisicherheit (2008a) p.33.

추가 비용을 필요로 한다. 그 비용 때문에 독일의 전력 소비자에 의해 전력요금 징수시 '재생에너지요금'이 지급되고 있다.

2007년 리뷰지에 보고된 매입비용액의 추이는 〈표 8-8〉과 같다. 여기에서 보는 바와 같이, 이 법에 의한 매입비용액은 해마다 증가하고 있고, 2006년 단계에서 58억 1,000만 유로(약 7,000억 엔)까지 올라갔다. 이는 2004년의 법 개정시 추정 이상의 금액이다. 이 원인은 추정 이상으로 재생에너지가 보급된 점에 있었다.

그 내역을 보면 2000년은 풍력에 대한 것이 제일 많고, 6억 8,700만 유로로 전체의 62%를 차지하고 있었는 데 대해, 재생에너지법(2004년) 아래서는 태양광, 바이오매스의 매입비용액의 증대는 현저하다. 2006년의 태양광의 매입비용액은 11억 1,700만 유로, 전체의 19%, 바이오매스는 13억 3,700만 유로, 전체의 23%가 되고, 풍력의 비율은 47%로 저하했다. 매입가격의 재검토와 더불어, 태양광, 바이오매스의 보급이 진행된 것이 큰 요인이 돼 있다.

다음, 이 법에 동반하는 추가적 비용에 관해서 논하고자 한다. 여기서 유의해야 할 점은, 매수 비용은 추가적 비용을 의미하는 것이 아니라는 점이다. 추가적 비용은 다른 에너지원으로 같은 양의 전력을 조달했을 때의

〈표 8-9〉 재생에너지법에 따른 추가 비용

	재생가능 전기량 (억/kWh) (A)	평균 매입 가격 (센트 /kWh)(B)	매입비용 (억 유로) (C=A×B)	도매 전력 가격(D) (센트 /kWh)	도매시장에서의 가격 (억 유로) (E=A×D)	추가 비용 (억 유로) (F=E-C)	재생 에너지 요금(센트 /kWh)	1인당 추가 부담액 (유로/월)	1세대당 추가부담액 (유로/월)
2000	139	8.5	11.8	1.9	2.6	9.2	0.2	0.3	0.6
2004	385	9.3	35.8	2.8	10.8	25.0	0.55	0.8	1.6
2005	440	10.0	44.0	3.7	16.3	27.7	0.63	0.9	1.8
2006	515	10.9	56.1	4.4	22.7	33.5	0.75	1.1	2.2

주: 이 표의 매입비용액은 〈표 8-8〉의 것과 일치하지 않음.

자료: Federal Ministry for the Environment, Nature Conservation and Nuclear Safety(2007b) p.6에 의거.

비용을 공제해서 얻어진다. 그 금액에 대해서는 전력의 상대(相對) 거래 가격이 공표되어 있지 않으므로 추정액만이 2007년 리뷰에 제시되어 있다.

독일의 연방환경부는 추가 비용을 아래와 같이 정의하고 있다. 즉, 재생가능 전력량(A)에 평균 매입가격(B)을 곱해서 얻는 매입비용(C)과, A와 도매전력가격(D)을 곱해 얻는 도매시장의 재생가능 전력의 가치(E)와의 차액(F)이다. 〈표 8-9〉와 같이 2006년의 매입비용은 56억 유로이지만, 도매전력시장에서의 가치를 공제한 차액(F)은 33억 유로(약 4,000억 엔)이다.

독일의 전력 소비자는 이 추가 비용을 재생에너지 요금으로서 지급하고 있다. 이 요율은 매입비용에 따라 매년 변한다. 단위당 재생에너지 요금은 2000년의 0.2센트/kWh에서 2006년의 0.75센트/kWh(약 0.9엔/kWh)로 증대하고 있다. 소비자의 부담액은 2006년에 1인당 평균 1.1유로/월, 1세대당 평균 2.2유로/월 정도였다.

〈표 8-10〉처럼 전기 요금에서 차지하는 재생에너지 요금은 2000년 1%였으나 2006년에는 4%가 됐다. 여전히 전기 요금에서 차지하는 비율은 낮지만, 비율은 계속 증가하고 있다. 단, 전력 요금 상승에서 차지하는 재생에너지 요금 상승액의 비율은 12.5%에 불과하므로, 이것이 전력 가격 상승의 주원인이 되고 있는 까닭은 아니다.

이에 더해 2007년 리뷰지에서는 재생가능 전력을 보급하기 위해 필요

〈표 8-10〉 전기 요금의 내역

	2000년		2002년		2004년		2005년		2006년		2007년	
	센트/kWh	비율	센트/kWh	비율	센트/kWh	비율	센트/kWh	비율	센트/kWh	비율	센트/kWh	비율
매상세	2.0	14%	2.2	14%	2.5	14%	2.6	14%	2.7	14%	3.3	16%
전력세(환경세제 개혁)	1.5	10%	1.8	11%	2.0	11%	2.0	11%	2.0	10%	2.0	10%
허가 과징금	1.8	13%	1.8	11%	1.8	10%	1.8	10%	1.8	9%	1.8	9%
재생에너지 요금	0.2	1%	0.3	2%	0.5	3%	0.6	3%	0.8	4%	1.0	5%
열전병급법	0.2	1%	0.3	2%	0.3	2%	0.3	2%	0.3	2%	0.3	1%
발전비용	8.6	60%	9.7	60%	10.8	60%	11.2	60%	11.8	61%	12.2	59%
합계	14.3		16.1		18.0		18.6		19.4		20.7	

자료: Bundesministerium für Umwelt, Naturschutz und Reaktorisicherheit (2008a) p.34에 의거.

한 그 밖의 추가 비용으로 2006년엔 3~6억 유로가 소요되었다고 추계되고 있다. 이것은 전력을 균형시키는 데 요하는 비용, 그 밖의 거래 비용 등에서 생겼다. 이것은 〈표 8-9〉에는 포함되어 있지 않다.

장래의 부담액에 대해 독일 정부는 점점 감소한다고 예상하고 있다. 구체적으로 말하면, 매입량은 증대하는 측면도 있지만, 체감형 고정 가격제를 채택하고 있기 때문에 매입가격이 해마다 체감하므로 몇몇 에너지원은 가까운 장래 시장에서 오히려 가격이 내려가기 때문이다.

[그림 8-7]은 2008년의 개정에 있어서 독일 정부가 제시한 원안(原案)에 바탕을 둔 소비자의 추가 비용 부담액의 장래 예측이다. 이것을 보면 알 수 있듯이 소비자의 추가 비용 부담액은 2016년까지는 증가하고, 2016년에는 전체가 60억 유로 정도가 되어, 재생에너지 요금은 2016년에 1.5센트/kWh(1인당 추가 비용 부담액은 2유로/월〈2007년 가격〉 정도)로 증대한다. 그런데 2016년 이후, 추가 비용 부담액은 저하한다. 그것은 수력, 육상풍력, 해상풍력, 바이오매스의 매입가격이 시장에서의 도매가격을 하회한다. 즉, 이들 에너지가 시장에서 경쟁력을 획득해 나가기 때문이다.

또 기후 변동 문제에 수반하는 외부 비용(환경비용)을 고려하였을 때, 추가 비용 부담액은 적어진다([그림 8-7]의 점선 부분). 이때, 피크시 추가

비용 부담액은 20~25억 유로 정도, 1인당 재생에너지 요금은 대략 1유로/월이다. 재생가능 전력의 경쟁력이 높아짐에 따라 추가 비용 부담액은 급속하게 떨어진다.

외부 비용을 고려하든 하지 않든 추가 비용 부담액은 결국 피크를 맞이하고, 장기적으로는 크게 감소한다고 독일에서는 보고 있다. 재생에너지법은 일정기간을 거쳐 완전한 시장화를 겨냥하는 것으로 설계되어 있다. 또 전력 요금 상승에 대한 기여도에 관련하여서는 2015년까지가 상승국면이라고 하더라도 다른 요인에 비하면 낮은 수준이라고 2007년 리뷰에서 말하고 있다.[228)]

대체로 보아, 독일에서는 소비자 부담이 적어지도록 배려하고 있다고 할 수 있다.

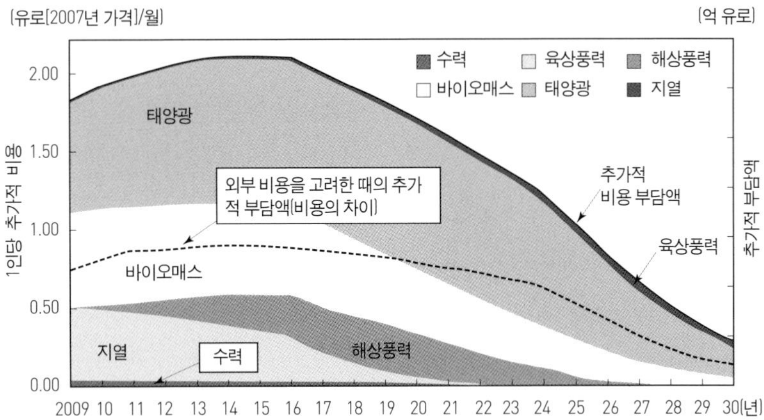

자료: Federal Ministry for the Environment, Nature Conservation and Nuclear Safety(2007a), p.13.

[그림 8-7] 재생에너지에 의해 생기는 소비자의 추가 비용 부담금액의 장래 예측

228) Federal Ministry for the Environment, Nature Conservation and Nuclear Safety, 2007b.

(3) 재생에너지법의 환경적, 사회적 영향

재생에너지는 비용의 측면뿐만 아니라, 그 환경적, 사회적으로 긍정적인 영향을 고려하지 않으면 안 된다. 독일의 재생에너지법은 적어도 온실가스 삭감, 고용 창출, 에너지 자원 수입, 전력 가격 저하, 산업 육성 면에서 커다란 성과를 올렸다고 평가되고 있다.

첫째, 온실가스 삭감에 관해서 말하고자 한다. 재생에너지는 CO_2를 직접 배출하지 않기 때문에, 보급이 진전되면 그만큼 CO_2의 삭감으로 연결된다. 독일의 에너지에서 비롯되는 CO_2 배출은 1990년대에 비해 감소했지만, 그 중 1억 톤이 재생에너지에 의한 것이다. 그 가운데서 고정가격제에 의한 삭감량은 2006년에 4,400만 톤이었다. 즉, 재생에너지 보급에 의한 삭감량의 약 절반이 재생에너지법에 따른 것이다.

단일 정책으로 이 정도의 효과를 올린 것은 열전(熱電)공급법, 배출권거래, 에코로지칼 세제 개혁, 재생에너지를 위한 시장 인센티브 · 프로그램을 포함하더라도 가장 효과적이었다고 2007년 리뷰에서 말하고 있다.[229] 원자력 발전의 단계적 폐기정책을 동시에 가진 독일에서는 재생에너지의 보급이 온실가스 삭감의 열쇠가 되고 있다.

둘째, 고용 창출 효과에 대해 알아본다. 독일의 재생에너지 관련 사업의 고용은 2004년의 16만 500명에서 2006년엔 23만 5,600명으로 늘어났다. 이중 13만 4,000명이 재생에너지법에 의한 것이다. 에너지원 별의 내역을 보면, 풍력 관련으로 8만 2,000명(2004년은 6만 4,000명), 태양광에 2만 7,000명(2004년엔 1만 7,500명), 바이오매스에 2만 2,000명(2004년엔 1만 4,000명), 수력에 3,000명(변화 없음)이다. 수력을 제외한 재생에너지 관련 사업에 있어서 고용의 급증을 볼 수 있다.

다른 한편, 부담액의 증대에 의해 발생되는 소비자의 구매력 저하는

229) Federal Ministry for the Environment, Nature Conservation and Nuclear Safety, 2007a, pp.32-33.

고용에 마이너스의 영향을 준다. 그러나 이 영향을 공제한 순 증가분으로 보아도 6만 7,000~7만 8,000명의 고용 증가가 있다고 한다.[230)]

셋째, 에너지 자원의 수입에 관한 영향이 있다. 재생에너지는 국내 자원이므로 보급되는 만큼만 수입이 억제된다. 독일이라 하더라도 재생에너지 보급에 대한 수입감소가 발생했다. 이것은 2006년에 전력 관련에서 9억 유로로 견적되고 있다.[231)]

넷째, 재생가능전력이 우선적으로 구입된 결과, 전력 가격의 저하도 초래되었다. 전력 시장에 있어서 전력 도매가격은 전력 수요를 충족하는 가장 높은 사업자의 가격으로 결정된다. 재생가능 전력이 우선적으로 구입되면 높은 가격의 전력이 재생가능 전력만큼 적어지고, 결과적으로 도매가격이 저하한다. 이렇게 하여 높은 도매가격이 회피된다. 그 효과는 추계에 의하면 30~50억 유로이다. 이것은 단기적인 가격에 대한 효과라고 보는데, 이 분량만으로 추가 비용에 필적하는 금액이 되고 있다.[232)]

다섯째, 재생가능 전력 관련 산업의 육성이다. 2006년에 이것은 229억 유로까지 올라갔다. 이 가운데 60%를 초과하는 142억 유로가 재생에너지법에 의한 효과라고 추계되고 있다.[233)] 급속한 보급 확대는 독일 국내의 재생가능 전력 관련 산업의 급성장을 초래하고 있다.[234)]

---

230) Federal Ministry for the Environment, Nature Conservation and Nuclear Safety, 2007a, pp.40-42.

231) Federal Ministry for the Environment, Nature Conservation and Nuclear Safety, 2007a, p.39; Bundesministerium für Umwelt, Naturschutz und Reaktorisicherheit (2008a, p.28)에서는 2006년 시점에서의 수입감소액은 전력과 관련해서 10억 유로 이외, 열 21억 유로, 연료 15억 유로이고, 합계 46억 유로가 절약됐다고 한다. 2006년은 전력 관련에서 10억 유로, 열 23억 유로, 연료 10억 유로, 합계 43억 유로이다.

232) Federal Ministry for the Environment, Nature Conservation and Nuclear Safety, 2007a, p.9; Bundesministerium für Umwelt, Naturschutz und Reaktorisicherheit, 2008a, p.35.

233) Federal Ministry for the Environment, Nature Conservation and Nuclear Safety, 2007a, p.39.

234) 和田, 2003a; 2003b.

5. 재생에너지법(2009) 아래에서의 고정가격제

재생에너지법은 2008년 6월에 크게 개정되고, 2009년부터 시행되게 됐다(이하 2009년부터 시행하는 법률을 재생에너지법(2009년)이라고 한다). 기독교 민주동맹과 사회민주당의 연립정권 아래서의 개정이었지만, 재생가능 전력 발전사업자에 대해 장기간의 전력 매입을 보증한다고 하는 고정가격제의 기본 구조는 유지되고 있다. 그러나 자세히 보면 지금까지의 경험과 독일의 국내 사정을 반영해 변경사항은 아래와 같다.[235)]

첫째, 기후보호와 환경보전의 목적 아래 대폭 인하된 재생가능 전력 도입 목표가 명기되어 있다. 조문에서는 기후보호와 환경보호를 위해 장기적 외부성을 포함하는 것으로 에너지공급의 경제적 비용을 감축하고 화석에너지 자원을 보호하기 위한 재생가능 전력의 기술발전을 촉진하는 것에 목적을 두고 있다. 그 목적을 위해 2020년까지 전력공급에서 차지하는 재생가능 전력의 비율을 적어도 30%로 인상하고 그 이후에도 계속적으로 상승시키고 있다(재생에너지법(2009년) 제1조). 이것은 개정 전의 2020년 목표를 10% 포인트 인상한 것으로 매우 야심적이라 할 수 있다.

이 도입 목표는 이 제도에 대해 신중한 자세를 보이고 있던 독일 산업연맹에 의해서도 실행 가능한 목표로서 받아들여지고 있다.[236)] 이미 독일에서는 재생가능 전력이 공급 전력의 큰 부분을 차지하고 있다. 대규모 전기 사업자가 스스로 재생가능 전력 발전사업을 전개하고 있으므로 전기

235) 이 책의 집필 시점에 이 법은 시행되지 않았기 때문에 실제의 효과는 언급할 수 없지만, 여기선 경위를 살펴보고 재생에너지법(2009년) 아래서의 고정가격제의 중요한 변경 내용에 대해 정리한다.

236) 2008년 9월 22일에 필자가 한 독일 산업연맹의 비올프강 · 해라 씨와의 인터뷰에 의거.

사업자로부터의 반발도 거의 없다. 이렇게 되면 이 도입 목표는 야심적이라 하더라도 실시 불가능하거나 반대가 많은 것은 아니다. 오히려 산업계를 포함해 독일 국내의 관계자들의 재생가능 전력에 대한 신뢰와 의욕적인 자세를 반영하고 있다. 재생에너지 정책은 종래의 환경정책의 틀을 넘어 산업정책의 한 가지로 되어 있다.

둘째, 매입가격과 체감률의 변경이다. 매입가격에 대해서는 재생에너지법 제23조~제33조의 에너지원 각각에 규정되어 있다. 매입기간은 제23조 제3항에 정해진 5000kW 이상의 수력이 15년이 되는 것을 제외하고, 20년이다. 매입가격은 여러 에너지원에서 재생에너지법(2004년)의 수준을 상회하고 있는 것이 특징이다. 매입가격은 연방환경부에 의한 2007년 리뷰의 권고를 기초로 하여, 정부내 연방의회의 논의를 거쳐 더욱더 인상하게 되었다(〈표 8-11〉 참조).

매입가격의 개정 시에 논점이 된 것은 태양광 발전의 매입가격 수준과 체감률이었다. 구체적으로는, 태양광 발전의 매입가격이 높게 설정돼 있기 때문에 급속한 보급은 진행된 반면, 발전단가가 여전히 높고, 전력 공급에서 차지하는 비율에 대해 매우 높은 매입비용이 돼어 있기 때문이다.

그런 까닭으로 태양광발전에 대해서는 매입가격을 인하한 후에, 체감률도 다른 에너지원보다 높게 설정됐다. 더욱이 태양광발전에 대해서는 도입량에 따라 체감률을 변경시키는 조치도 취해졌다. 즉, 2009년에 150만kW 이상, 2010년에 170만kW 이상, 2011년에 190만kW 이상으로 보급이 크게 진전하는 경우는 체감률을 1% 증대한다. 반대로 2009년에 100만kW 이하, 2010년 110만kW 이하, 2011년에 120만kW 이하가 됐을 때는 체감률을 1% 인하한다. 즉 태양광발전에 대해서는 단계적 고정가격제의 조건 속에 도입 페이스도 포함되었다.

또 2007년 리뷰지에 제시된 도매가격의 추이와 대표적인 매입가격을 대조해 나타낸 것이 [그림 8-8]이다. 그림에서 알 수 있듯이 광산가스는 곧, 그리고 매립지가스는 2015년경부터 매입가격이 도매가격보다 낮아진다.

〈표 8-11〉 재생에너지법(2009년)에 있어서 매입가격

	용량제한	출력구분	매입가격 (센트/kWh)	매입 기간	체감률 (연율)
수력	5000kW 이하의 설비	500kW이하	12.67	20년	–
		500~2000kW	8.65		
		2000~5000kW	7.65		
	5000kW이내의 설비로 2008년 말까지 인가돼 2008년말 이후에 개수된 설비	500kW이하	11.67	20년	–
		500~5000kW이하	8.65		
	5000kW 초과의 설비	500kW이하	7.29	15년	1%
		500kW~1만kW이하	6.32		
		1만~2만kW이하	5.8		
		2만~5만kW이하	4.38		
		5만kW초과	3.5		
매립지가스	없음	500kW이내	9	20년	1.5%
		500kW~5000kW이하	6.16		
오니가스	없음	500kW이내	7.11	20년	1.5%
		500~5000kW이하	6.16		
갱내가스	없음	500kW이내	7.16	20년	1.5%
		500~5000kW이하	5.16		
		5000kW초과	4.16		
지열	없음	1만kW 이내	16[1) 2)]	20년	1.0%
		1만kW 초과	10.5[1)]		
풍력 – 육상풍력	없음	없음	9.2(가동부터 5년간) 6년째 이후 5.0[3) 5)]	20년	1.0%
풍력 – 해상풍력			13(가동부터 12년간), 13년째 이후 3.50[4) 5)]		2015년부터 5%

〈표 8-11〉 재생에너지법(2009년)에 있어서 매입가격 (계속)

<table>
<tr><th colspan="2"></th><th>용량제한</th><th>출력구분</th><th>매입가격 (센트/kWh)</th><th>매입 기간</th><th>체감률 (연율)</th></tr>
<tr><td rowspan="5">태양</td><td rowspan="4">건물 지붕 이나 방음 벽에 접해 설치된 것</td><td rowspan="4">없음</td><td>30kW이하</td><td>43.01[6]</td><td rowspan="4">20년</td><td rowspan="4">2010년 까지 10% 2011년 이후 9%[7]</td></tr>
<tr><td>30~100kW이하</td><td>40.91</td></tr>
<tr><td>100~1000kW이하</td><td>39.58</td></tr>
<tr><td>1000kW초과</td><td>33</td></tr>
<tr><td>기타</td><td>없음</td><td>–</td><td>31.94[8]</td><td></td><td>100kW이하의 설비에 대해서는 2010년 8%, 2011년 이후 9%, 100kW초과의 설비에 대해서는 2010년 10%, 2011년 이후 9%</td></tr>
<tr><td colspan="2" rowspan="4">바이오매스[9]</td><td rowspan="4"></td><td>150kW이하</td><td>11.67</td><td rowspan="4">20년</td><td rowspan="4">1.0%</td></tr>
<tr><td>150~500kW이하</td><td>9.18</td></tr>
<tr><td>500~5000kW이하</td><td>8.25</td></tr>
<tr><td>5000~2만kW 이하</td><td>7.79</td></tr>
</table>

주: 1. 2015년말 이전에 인가된 설비에 대해서는 4센트/kWh 증액.
2. 열이용과 병용한 경우, 3센트/k조 증액(열이용보너스). 암석 열이용 기술을 이용할 때 4센트/kWh 증액.
3. 가동 5년 이내에 대해서는 생산량이 기준생산량의 15% 하회할 때마다 2개월 연장. 기준생산량의 60% 미만의 설비는 매입 대상의 밖.
4. 2015년 말까지 인가된 설비는 2센트/kWh 증액. 또 해안에서 12해리 이상, 수심이 20미터 이상의 바다에 설치돼 있는 발전 설비의 경우는 12해리에서 1해리 늘 때마다 0.5개월, 또 1미터 수심이 늘 때마다 1.7개월 연장.
5. 가동 후, 10년 이후의 설비를 바꾸고, 설비 용량이 2~5배가 될 때, 5센트/kWh 증액.
6. 30kW 이내의 설비로 건물에 근접한 곳에서 이용되는 전력에 대해서는 25.01센트/kWh 증액.
7. 2009년에 150만kW, 2010년에 170만kW, 2011년에 190만kW를 상회했을 때는 체감률을 1% 인상한다. 역으로 2009년에 100만kW, 2010년에 110만kW, 2011년에 120만kW를 하회했을 땐 체감률을 1% 인하한다.
8. 매입이 이루어지는 조건에 관한 상세한 규정이 있다.
9. 매입이 이루어지는 조건 및 보너스에 관한 상세한 규정이 있다.

자료: 재생에너지법(2009년); Bundesministerium für Umwelt, Naturschtz und Reaktorisicherheit (2008b).

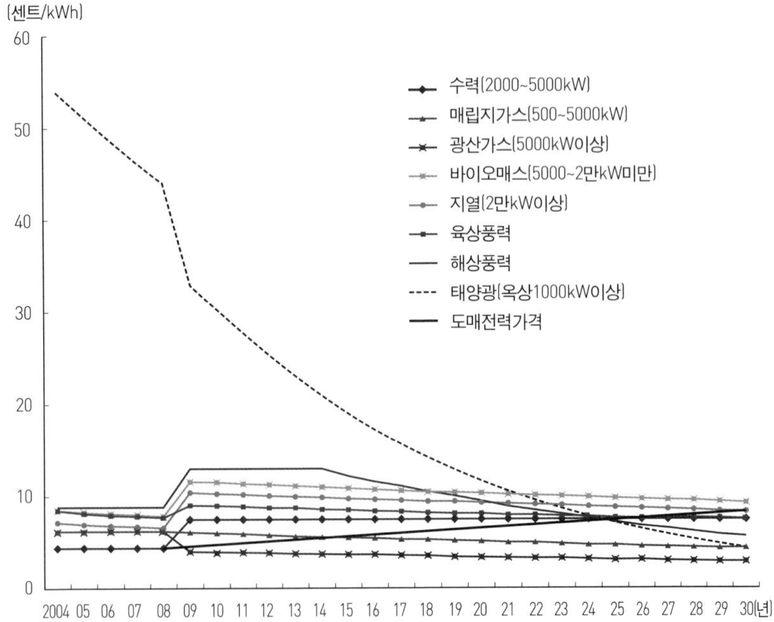

자료: Federal Ministry for the Environment, Nature Conservation and Nuclear Safety(2007a), p.158과 재생에너지법(2009년)에서 작성.

[그림 8-8] 매입가격(일부)과 도매전력 가격추이(2030년까지)

그 후 2025년경부터 육상풍력, 해상풍력, 태양광발전도 똑같은 결과가 생긴다. 이 같은 일이 일어나게 되면, 차차로 고정가격제에서 이탈하는 설비도 늘어난다고 생각된다.

셋째, 매입가격의 설정시에 에너지종별로, 규모별로 설정된 매입가격에다 각종 조건에 따른 규정과 '보너스' (기술 보너스, 지속가능한 자원에 의한 전력에의 보너스, 열전병급(熱電併給) 설비 보너스, 열이용 보너스)가 추가돼, 개개 설비의 매입가격이 결정되기에 이르렀다. 이는 재생에너지법(2004년)의 단계적 고정가격제를 다시 개선하는 조치이다.

실례를 들어 설명하겠다. 예컨대, 풍력발전에 대해서는 리파워링(설비의 증강)을 촉진하기 위한 리파워링 · 보너스에 관한 규칙이 추가적으로 마련되어 있다(재생에너지법(2009년) 제30조). 이는 운용 개시부터 10년 이상 경과한 풍력발전 설비에 관해서 기기를 교환함으로써 출력이 2~5배가 되는 것에 대해 0.5센트/kWh를 추가적으로 지불한다고 하는 것이다. 매입가격을 바탕으로 재생가능 전력법(2004년)과 마찬가지로 구분별 비율로 해당 설비의 기본이 되는 매입가격이 결정되고, 다시 위에서 말한 규정의 조건을 충족하면, 규정 분이 추가되어, 해당 풍력발전 설비의 매입가격이 된다. 이 때는 낡은 설비의 갱신과 설비 용량의 증강을 촉진하게 된다.

이러한 각종 추가 지급과 보너스가 추가된 것은 종래처럼 조건을 붙여서 매입가격을 설정하는 데 한계가 생긴 점, 또 리파워링 등의 추가적 정책과제가 생겨 나온 것이 그 배경이다. 규정과 보너스로서 조건을 분리함으로써 여러 가지 조건에 대응할 수 있게 했으며, 나아가 새로운 정책과제에도 대응할 수 있게 되었다. 반면, 예컨대 바이오매스에서는 바이오매스의 종류와 기원(起源)에 따라 각종 보너스가 다수 설정되어, 재생가능 전력 발전사업자가 이해하기 어렵게 돼 있는 점도 사실이다. 따라서 독일에서는 이들 사업자를 위한 세미나가 개최되기도 한다. 이러한 각종 보너스가 상정된 배경에는 독일의 고정가격제가 사회에 완전히 뿌리내리고 성숙화한 점이 있다.

넷째, 계통운영자가 재생가능 전력 설비를 우선적으로 접속하지 않으면 안 되는 의무 조항이 강화됐다. 이것이 행해지게 된 것은, 특히 풍력 자원이 많은 지역에서 계통능력이 한계에 이르렀고, 계통에 접속이 불가능한 사태가 발생하고 있기 때문이다. 독일의 풍력에너지협회에 따르면, 이 같은 경우는 풍력발전사업의 10% 정도에서 발생하고 있다.[237] 개정에 의해서 접속이 되지 않았을 때, 재생가능 전력 발전사업자는 계통운영자에 대해 손해배상을 요구할 수 있게 되었다(재생에너지법(2009년) 제10조).

손해배상은 제9조 제1항의 의무(계통의 최적화, 강화, 확장의 의무)이

237) 2008년 9월 23일에 실시한 독일 풍력에너지협회(Bundesverband Windenergie e.v.)의 크라우디어 · 구츠 씨와의 인터뷰에 의거.

행을 계통운영자가 위반하는 경우에 한하지만, 이 조항에 의해 우선 접속 의무가 강화된 점은 풍력발전사업자에게서도 평가받고 있다.

다섯째, 고정가격제의 단계적 종료를 예측한 제도가 도입된 점이다. 이것은 제17조에 규정된 '직접판매' 다. 이 제도하에, 사업자는 임의로 고정가격제를 떠나서 전력시장에 직접 재생가능 전력을 판매할 수 있다. 전력의 도매가격이 오르거나, 매입가격이 떨어지거나, 발전단가 그 자체가 떨어지거나 하면, 고정가격제하의 매입도 직접 판매하는 것이 경제적으로 수익을 얻는 경우가 있다. 이 같은 경우에 사업자가 임의로 고정가격제를 이탈할 수 있도록 한 것이다. 이 제도는 대단히 유연성이 있고, 이탈은 월별로 하고, 복귀 또한 월별로 가능하다. 또 어떤 설비에서 발전되는 전력의 일정 비율만을 직접 판매하는 것도 가능하다.

실제, 독일에서는 이런 직접판매의 경우 초기에 설치된 풍력발전 설비에서 시작했다. 발전단가의 저하, 매입가격의 저하가 계속하면 장기적으로는 이 제도를 이용하여 고정가격제에서 이탈하는 사업자도 늘어날 것이다. 그렇게 되면, 서서히 고정가격제가 커버하는 재생가능 전력 발전사업자가 적어진다. 즉 이 '직접판매' 조항은 재생에너지가 자립한 에너지가 됐을 때, 고정가격제 그 자체가 자동적으로 종료하도록 한 규정이다.

이상과 같이 재생에너지법(2009년)은 지금까지의 고정가격제의 도달점을 근거로 한 개선이 이루어져 왔고, 정권을 잡고 있지 않은 녹색당을 포함한 정당, 산업계, 환경보호단체, 재생가능 전력 관련 단체, 주정부 등의 지방자치단체가 평가하고 있다. 관계자들은 극히 사소한 점을 제외하고, 문제점은 거의 모두 지적하고 있다.[238] 재생에너지 산업이 커지고 산업계에서도 독자적인 힘을 지니고 있는 점, 전력사업자도 스스로 재생가

238) 2008년 9월, 2009년 9월에 필자가 실시한 관계 단체(연방환경부, 연방경제부, 브란덴부르크주, 비앗텐팔사, RWE사, E-ON산, 독일 솔라경제협회, 독일 풍력에너지협회, 독일녹색당, 독일산업연맹, BUND)에 대한 청취 조사에 의거.

능 전력 발전사업을 적극적으로 추진할 수 있게 됐다는 사정도 가해져, 독일에서는 고정가격제 그 자체에 대한 반대론은 없어졌다.

독일에서는 정교하게 설계된 고정가격제를 기초로, 재생에너지의 보급은 기정 노선이 됐고, 사회에 침투하고 있다. 벌써 재생에너지 정책은 좁은 환경정책의 틀을 넘어서, 산업정책, 경제정책을 통합한 형태로 변화했다. 독일은 환경보호형 기반을 형성하면서 경제의 질 그 자체를 전환시키고 있다.

6. 요약 및 정리–고정가격제 개선의 경험을 통해서

전력공급법, 재생에너지법의 분석을 살펴보면, 독일의 고정가격제는 아래와 같이 정리된다.

첫째, 매입가격과 관련해 당초는 매입가격이 변동하는 것이었지만, 고정가격제로 바뀌고, 그 후 비교적 신중하게 매입가격이 설정되고, 미비점이 생길 때마다 자주 세세하게 변경을 하고, 체감형의 단계적 고정가격제로 이행하였다.

또 전력공급법하에서는 태양광발전, 바이오매스에 관련해 매입가격이 충분하지 않다고 하는 문제점이 생겨, 전력공급법하에서는 보급 규모가 작았다. 재생에너지법에서는 특히 이 점이 해소되었으므로 재생가능 전력의 확대가 가속적으로 진행하였다. 이 점을 두고 말하면, 충분한 매입가격의 설정이 보급의 열쇠다.

재생에너지법(2000년) 및 2004년의 이 법에는 체감률이 설정됐다. 이에 따라 기술 혁신에 의한 가격 저감 효과를 끼워 넣어 발전사업자에게 과도한 잉여가 발생하지 않도록 조치가 취해졌다.

체감률을 설정하면, 재생가능 전력 보급을 가속화시키면서 총비용을 저감할 수 있다.

더욱이 재생에너지법(2000년) 및 2004년의 이 법에서는 자연조건, 기술조건이 고려되고 호조건하에서는 매입가격을 낮게, 악조건하에서는 매입가격을 높게 하고 있다. 특히 이런 점을 고려해야 하는 것이 풍력이었으나, 이 점에 대한 개선은 이른 단계에서 이루어졌다.

재생에너지법(2009년)에는 다시 이 점이 개선되고, 각종 조건을 추가 규정이나 보너스로서 분리하였다. 이로써 에너지종별로 사정에 맞춘 매입가격이 설정되기에 이르렀다.

둘째, 비용 부담에 관하여 지역에 따라 불공평한 것이 되지 않도록 하는 구조가 짜여져 있다. 재생가능 전력의 보급에 의한 추가 비용은 제1차적으로는 계통운영자가 부담하지만 최종적으로는 전력 소비자가 지불하는 것이다. 독일에서는 평준화 방안에 의해 비용 부담의 불공평이 적절하게 회피되고 있다. 또 전력 대량 소비 산업과 관련해 일정한 상한을 정한 후의 과잉 부담 회피책이 채택돼 있고, 산업의 경쟁력 저하도 배려한 설계가 돼 있다. 이러한 제도를 짜 넣음으로써 고정가격제를 수반하는 시장에 대해 왜곡된 효과가 배제되고 있다.

셋째, 사회적 영향에 관해 말하면, 추가 비용은 결코 적지 않지만, 고정가격제에 의해 독일 사회에 긍정적 효과가 초래됐다고 판단할 수 있다. 그것은 고용에 대한 영향, 산업에 대한 영향 두 측면에서 말할 수 있다.

재생에너지가 대폭적으로 보급되고, 산업이 형성됨으로써 당초에 있었던 반대론은 거의 없어지고 대규모 전력회사도 재생가능 전력 발전사업자로서 사업을 전개하고 있다. 또 재생에너지법(2009년)은 재생가능 전력 발전사업자, 환경보호단체, 독일산업연맹을 포함하는 관계자 간에 거의 문제가 없는 것으로 평가받고 있다. 이러한 평가가 있게 된 것은 제도의 개정을 관계자로부터의 청취를 기초로 하여 행하고 있다고 하는 사정도 있겠지만, 오히려 재생에너지가 대규모로 보급됐다고 하는 점이 사회의 모습을 바꾸고 있기 때문이다. 독일 사회는 재생에너지를 기반으로 하는 지속가능한 사회로의 길을 착실히 걸어 가고 있다.

독일이 1990년대 이후 급속하게 재생가능 전력의 보급을 수행한 것은 재생에너지 자원이 풍부했기 때문이라고 말할 수 없다. 오히려 이 점에 관해 말하자면, 같은 유럽의 프랑스와 영국 쪽이 풍부하다. 타국과 비교해 명확한 차이는 효과적인 고정가격제를 일찍 도입했다는 점[239] 이외에, 이 장에서 논술한 대로, 재생에너지의 대폭적인 보급이라는 목표하에 제도를 계속적으로 개선해 왔다는 점에 있다. 재생에너지법은 앞으로도 정치적 초점이 될 가능성도 있지만, 재생에너지의 자립을 지향하면서 질적으로 새로운 것을 추가하고 있어 이 법은 유지되고 강화될 것이다.

239) 飯田・셰어, 2005, p.97.

09 재생에너지 정책의 공동화를 목표로 전진하는 EU

– 재생에너지 관련 지침의 책정을 둘러싸고 –

2008년부터 교토의정서의 제1 약속기간에 들어가, 온실가스 배출삭감을 본격적으로 실시하지 않으면 안 됐다. 교토의정서의 목표를 달성하는 일은 기후 변동 방지를 향한 제1 보고서의 중요한 역할을 가지고 있다.

하지만 다른 한편, 교토의정서는 2008~2012년의 단기적 삭감을 겨냥하기 위한 틀에 지나지 않는다. 중기적, 장기적으로도 온실가스를 대폭 삭감하는 대책을 적극적으로 취해 나갈 필요가 있다.

온실가스를 배출하지 않고, 다른 환경문제도 거의 발생시키지 않는 재생에너지의 이용 확대는 중장기적으로 보아 아주 중요하다. EU에서는 이런 관점에서 1990년대 후반부터 본격적인 정책 논의가 전개되고, 2020년까지 온실가스를 20% 삭감하고, 재생에너지의 에너지 소비에서 차지하는 비율을 20%로 한다는 목표 아래 '기후 · 에너지 정책 패키지'가 2008년 체계화되기에 이르렀다.

이 장에서는 지속가능한 사회를 향한 EU의 이 같은 대응의 방향성에 대해, 재생에너지 정책의 형성과정에 초점을 맞추면서 논하고자 한다.[240)]

240) 재생가능 전력 지침의 형성에 따른 상세한 내용은 Rowlands(2005), Lauber(2005b),

구체적으로는, 제1절에서 재생가능 전력 지침 이전의 재생에너지에 관한 그린페이퍼, 화이트페이퍼의 내용, 제2절에서 재생가능 전력 지침의 내용과 과제, 제3절에서 EU 공통의 재생에너지 정책을 겨냥한 정책의 발전과정, 제4절에서 재생에너지 지침의 내용에 관해 상술하고, 마지막에 EU의 재생에너지 정책의 특징과 향후의 방향성에 대한 평가를 보탠다.

1. 재생에너지 정책의 역할 강화

1) 재생에너지에 관한 그린페이퍼

재생에너지에 관한 EU 전체의 정책이 필요하다는 논의가 나온 직접적인 계기는 온실가스 삭감목표와 정책 그리고 조치에 관한 국제 교섭이었다. 교토의정서 책정 이전에 EU는 온실가스의 15% 삭감이라는 입장을 가지고 있고, 이를 실현하기 위한 정책의 하나로서 재생에너지 정책을 자리매김하고 있었다. 1990년대 이후, 기후정책과의 관련성을 가지고 형성돼 온 것이 EU의 재생에너지 정책의 특징이다.

재생에너지 정책에 대해 EU에서 최초로 정책적 논점이 정리된 것은 1996년 11월 20일 구주위원회가 발표한 「미래의 에너지(재생에너지원) 공동체 전략을 위한 그린페이퍼(Energy for the Future: Renewable Source of Energy - Green Paper for a Community Strategy)」에서다.

그 내용은 아래와 같이 세 가지로 집약된다.

첫째, EU 역내의 에너지 소비에서 차지하는 재생에너지의 비율을 높이려고 한 점이다. 구체적 도입 목표에 관해서는, 총 에너지 소비에서 차

大島(2006) 등을, EU의 기후・에너지 정책 패키지에 관해서는 大島(2010)를 참조.

지하는 비율을 2010년까지 현재(당시)의 6%에서 12%로 배로 늘인다는 내용이 포함돼 있었다. 둘째, 가맹국 간의 협력과 EU의 정책을 결집하고 재생에너지 개발을 추진하는 일이다.[241)]

종래, 에너지 구성의 바람직한 상태는 가맹국의 판단에 맡겨져 있었다. 그린페이퍼 이후는, 이와는 반대로 환경보호의 관점에서 재생에너지의 이용 확대를 향한 정책이 형성되게 됐다. 특히 여기에 제시된 에너지 구성에 관한 수치 목표는 이후의 정책 형성에 큰 영향을 주었다.

2) 재생에너지에 관한 화이트페이퍼

그린페이퍼는 EU 내에서 토의에 회부되고, 이를 받아 1997년 11월에 「미래의 에너지(재생에너지원) 공동체 전략과 행동계획을 위한 화이트페이퍼(Energy for the Future: Renewable Sources of Energy - White Paper for a Community Strategy and Action plan)」가 유럽위원회에 의해 책정됐다. 이 화이트페이퍼는 기후변동체제조약의 제3회 체약국회의를 앞두고 온실가스 삭감목표를 1990년에 비해 15% 삭감하는 입장을 뒷받침하는 정책으로서의 자리매김을 명확히 가지고 있었다.

화이트페이퍼의 내용에서 뒤의 정책에 연결되는 것은 아래의 세 가지다.

첫째, 그린페이퍼와 마찬가지로 화이트페이퍼에는 재생에너지의 총 에너지 소비에서 차지하는 비율을 12%로 한다고 하는 구체적인 수치목표가 포함돼 있었다. 이에 더해, 그린페이퍼에서의 논의를 한층 더 심화해 정책의 효과에 대한 평가도 포함돼 있었다. 화이트페이퍼에 의하면 이 목표를 달성하면 2010년까지 연간 4억 200만 톤의 CO_2를 삭감 가능, 에너지의 역내로의 수입을 17.4% 줄일 수 있다고 한다.[242)]

241) Commission of the European Communities, 1996.

242) Commission of the European Communities, 1997, p.12.

둘째, EU의 목표의 성질에 관한 기술이 있는데, 의무적 목표(mandatory target)가 아닌 지시적 목표(indicative target)로 돼 있었다.[243] 지시적 목표란 목표 달성을 의무로 부과하지 않은 것으로, 가이드라인 같은 의미뿐이다. 이것은 재생가능 전력 지침을 책정할 때 초점이 됐다.

셋째, 1998년에 재생가능 전력 정책에 관한 EU 지침을 책정하게 됐다.[244] 이로써 EU 공통의 정책으로서 재생가능 전력의 확대를 겨냥하는 방향성이 정해졌다.

이상의 화이트페이퍼에 제시된 내용에 따라, 재생에너지에서 얻는 전력에 관한 지침(이하 재생가능 전력지침)의 구체화가 1997년 이후에 진전됐다.

2. 재생가능 전력지침의 내용과 과제

1) 재생가능 전력지침이 나오기까지의 경위

화이트페이퍼로써 재생가능 전력지침을 책정하는 사안이 확인되자, EU 내에서의 초점은 지침안의 구체적인 내용에 대한 논의로 옮겨 갔다. 재생가능전략지침은 암스테르담조약에 의해 개정된 EC조약(로마조약)의 175조 제1항(환경 분야의 조치의 결정절차)을 근거로, 251조가 정하는 수속(공동결정절차)을 취했다. 재생가능 전력지침에 관해서는 조정위원회에 가기 전에 유럽이사회, 유럽의회의 합의를 얻어 결정됐다. 이하에 이 지침의 책정 프로세스에 관해 서술하겠지만, 이 지침안이 정리되기까지는 꽤

243) Commission of the European Communities, 2000d, p.2.

244) Commission of the European Communities, 1997, p.15, p.34.

긴 기간이 소요됐다.

유럽위원회가 이 지침을 책정할 것이라고 처음 발표한 것은 1998년이었다. 그런데 지침안은 곧 마련되지 않았다.[245] 최초의 지침 초안의 내용이 명확하게 된 것은 1999년 2월의 일이었으나, 이때의 초안은 강력한 비판의 대상이 됐다. 그 이유는 세 가지로 설명되고 있다.

첫째, 이 지침 초안에서 이미 성공을 거두고 있던 고정가격제에 대해 제한이 설정되도록 하려고 했다. 고정가격제는 이미 독일을 비롯해 유럽에서 널리 쓰이고 있는 제도였다. 그 때문에 가맹국으로부터의 반발이 컸다. 둘째, 재생가능 전력의 도입 목표가 낮게 설정돼 있었다. 셋째, 재생가능 전력에 대해 계통에의 우선접속[246]이 주어지지 않았다.[247]

결국 이 초안은 각국과 관련 단체로부터 반대를 받아 철회됐다. 이때의 유럽위원회의 입장은 초안을 철회한 후에 나온 에너지 총국의 워킹페이퍼를 보면 알 수 있다. 워킹페이퍼에서 고정가격제, 고정체제, 고정 프리미엄제[248]라는 지원 정책의 리뷰가 진행되고 있다. 거기에서 고정가격제는 효율성 면에서 문제가 있고, 경쟁적 정책으로 이행하는 것이 불가피하다고 지적되고 있다. 그러므로 EU가 취해야 하는 선택지로서 고정체제, 고정프리미엄제, 이들의 혼합 세 가지를 제시하고 있다.[249] 즉 유럽위원회는 이 시점에서는 고정가격제를 폐지하는 것을 지향하고 있었다.

1999년 10월이 돼, 지침 초안의 내용이 다시 분명해졌지만, 이 지침 초안도 재생가능 전력에 경쟁원리를 불어넣는 것을 기본으로 하고 있었다. 이때의 문제점은 아래의 다섯 가지라고 한다.

---

245) ENDS Environment Daily, 1992a; Volpi, 2000.

246) 우선접속이란 발전 설비의 계통에의 접속이 우선적으로 보증되고 있는 것을 가리킨다. 재생에너지의 보급에 있어서 이 점이 필수 조건이 된다.

247) ENDS Environment Daily, 1999a; Volpi, 2000.

248) 여기서 말하는 고정프리미엄제란 고정가격제와는 다르고 발전 비용의 지불을 보증하는 것이 아니고, 발전량에 대해 일정의 보조금을 주는 것이다.

249) Commission of the European Communities, 1999.

첫째, 국내 전력소비에서 차지하는 재생가능 전력의 비율이 5%를 초과한 단계에서, 각국 정부는 재생가능 전력 지원정책을 자국의 발전사업자만을 대상으로 해서는 안 된다고 돼 있었다. 이런 규정이 설정되면 5%를 초과한 시점에 타국의 사업자에 대해서도 지원정책을 실시하지 않으면 안 되게 된다.

둘째, 2010년까지 국내 사업자에 대한 재생가능 전력 지원정책을 금지한다고 하고 있었다.

셋째, 지침안에서는 각국의 목표를 정하지 않고, 각국이 독자적으로 목표를 정하면 좋다는 내용이 포함돼 있다.

넷째, 재생가능 전력의 계통에의 우선접속이 보증돼 있지 않았다.

다섯째, 전력의 기원(起源)이 재생에너지임을 보증하는 증서 시스템을 구축하지 않으면 안 된다고 한다.[250)]

즉, 유럽위원회의 안(案)에 도입 목표치도 그렇게 높지 않고, 재생가능 전력 지원정책도 조기에 없애는 것이 포함돼 있었다. 그 결과, 이 1999년 10월의 지침안도 환경보호단체를 비롯한 관계자로부터의 극심한 반대를 받아 정식으로 제안되지 못한 채 철회됐다.[251)]

이상과 같은 프로세스를 거쳐 지침안이 유럽위원회에 의해 작성되고, 유럽의회 및 유럽이사회에 정식으로 송부된 것은 2000년 5월 31일이었다.

지침안의 내용에 관해서는 후술하겠지만, 정식 제안 전의 논의를 반영해, 지침안 내용은 두 개의 비공식 지침안과는 크게 달랐다.[252)]

지침안 책정과 관련하여 논의가 시끄러운 것은 각 나라의 재생에너지 지원정책이 달랐기 때문이다. 재생에너지 지원정책의 주된 것으로는, 이미 제5장에서 말한 대로 고정가격제와 고정체제가 있다. 독일, 덴마크, 스페인은 전자를 채택하고, 재생에너지 보급에 성공하고 있다. 하지만 고정

---

250) ENDS Environment Daily, 1999d; 1999e.

251) ENDS Environment Daily, 1999d; 1999e.

252) ENDS Environment Daily, 2000; Volpi, 2000.

체제 쪽이 비용 면에서 효율적이라는 견해가 있고, 그 때문에 후자를 채용하는 나라도 있다. 유럽위원회는 경쟁력 강화의 관점에서 후자의 채용을 지향하고 있다.

이 두 지원정책은 양립하지 않는 성격을 지니고 있으므로 EU에서 지원정책의 공통화를 행한다고 하면 어느 한쪽 제도를 폐지하지 않으면 안 되게 된다. 그 때문에 후자를 지지하는 유럽위원회와 전자를 지지하는 독일과 재생에너지 단체, 환경보호단체 간에 정책 논쟁이 벌어졌다. 결국 정식의 지침안에서는 지원정책의 공통화는 보류되고 그에 관한 조항은 포함되지 않았다.

이렇게 해서 성립된 지침안에 대해, 유럽의회와 유럽이사회에서 토의가 이루어졌다. 유럽의회에 의한 2000년 11월의 수정안을 받아서 유럽위원회는 동년 12월에 수정안을 제출, 이것이 유럽이사회와 유럽의회에 송부되었다. 유럽이사회는 수정안을 포함한 공통 견해를 2001년 3월에 채택, 이를 받은 유럽위원회는 그 달에 수정안을 다시 제출하였다. 이 수정안은 유럽의회에 되돌아가 제2독회에 회부되었다. 논의 끝에 동년 7월에 동 수정안에 몇 가지의 수정이 들어간 제안이 유럽의회에서 채택되었다. 유럽위원회는 유럽의회에 의한 수정을 수용하였다.[253] 이 재수정을 포함한 지침안은 유럽이사회에 의해 동년 9월에 승인돼, 동 지침은 10월 발효하였다.

2) 재생가능 전력지침의 주요 내용

(1) 목표의 값과 성질

재생가능 전력지침의 특징의 하나는 각 가맹국에 대해 〈표 9-1〉에 제시된 도입 목표를 구체적으로 책정한 점이다. 종래의 에너지 정책에 있어서, 에

253) Commission of the European Communities, 2001.

〈표 9-1〉 재생가능 전력지침에 있어서 도입 목표

	1997년		2010년의 목표 (국내총발전량이 차지하는 비율)
	재생가능 전력량 (TWh)	재생가능 전력이 국내 총발전량에서 차지하는 비율	
벨기에	0.86	1.10%	6.00%
덴마크	3.21	8.70%	29.00%
독일	24.91	4.50%	12.50%
그리스	3.94	8.60%	20.10%
스페인	37.15	19.90%	29.40%
프랑스	66	15.00%	21.00%
아일랜드	0.84	3.60%	13.20%
이탈리아	46.46	16.00%	25.00%
룩셈부르크	0.14	2.10%	5.70%
네덜란드	3.45	3.50%	9.00%
호주	39.05	70.00%	78.10%
포르투갈	14.3	38.50%	39.00%
폴란드	19.03	24.70%	31.50%
스웨덴	72.03	49.10%	60.00%
영국	7.04	1.70%	10.00%
합계	338.41	13.90%	22.00%

자료: European Parliament and the Council of the European Union(2001).

너지 공급의 모습은 각 가맹국에 맡겨졌으나, 재생가능 전력에 한정한다손 치더라도, 여기에서 처음으로 에너지원의 구성 일부가 EU 규모에서 방향을 잡게 됐다.

EU 전체의 도입 목표는 화이트페이퍼를 답습해 2010년 시점에 역내의 소비전력 총량의 22.1%를 재생가능 전력에 의해 조달한다고 하는 것인데, 이것은 역내 에너지 소비량의 12%에 상당한다. 각 가맹국의 도입 목표를 보면, 그 대부분이 두 배 이상으로 비율을 증대할 것을 포함하고 있어, 야심적 내용이었다.

이처럼 높은 도입 목표는 EU가 기후변동문제의 대책으로서 재생에너지의 역할을 대단히 높게 보고 있다는 현상이기도 하다. 지침 전문에는 "재생에너지원으로부터 발전된 전력의 이용을 증대시키는 일은 교토의정서를 준수하기 위해 필요한 방안들의 중요한 부분을 구성한다.", "국가별 지시적(指示的) 목표는 기후변동에 관한 약속의 부분으로서 만들어진 국가별 약속과 정합성을 가져야 한다."라고 말하고 있다.

목표와 관련해 또 한 가지 중요한 점은 목표의 성질이다. 재생가능 전력지침에 있어서는 수치목표는 의무적이 아니라 지시적이라 했다. 의무적 목표라면, 도입 목표를 달성하지 못했을 때, 법적 조치가 취해진다. 한편, 구속력을 가지지 않은 노력 목표적인 것이라면, 그것은 각 가맹국에 대한 가이드라인으로서의 의미만 가질 뿐이다.

지침이 작성된 경위에 관해 말하자면, 원래 지침안에 있어서 유럽위원회는 "적절한 방법으로 설정되면, 그러한 (의무적) 목표는 화이트페이퍼에 제기된 12%의 달성 목표를 촉진할 수 있으며, 재생에너지가 교토의정서에 있어서 EU의 약속 달성을 향해 중대한 공헌을 하게 되는 것은 확실할 것이다."[254]라고 했다. 그러나 다른 한편, 각국에 유연성을 준다. 즉 의무적 목표로 하지 않는 것은 각국이 취하는 선택의 폭을 넓히므로 기후변동에 관한 약속을 달성하는 데 가장 좋은 전략을 취하는 것이 가능하다고까지 언급하고, 목표를 구속력이 없는 것으로 하는 것이 바람직하다는 입장도 가지고 있었다.[255]

이 같은 상반되는 입장을 반영하고, 유럽위원회가 최종적으로 제시한 지침안(2000년 5월)의 목표에 관한 규정은 타협적인 것이 됐다. 이에 대해 유럽의회는 유럽위원회의 지침안(2000년 5월)의 제3조 제2항의 목표에 관한 기술과 관련, 「구속력 있는 최저한의 국가 목표(binding national minimum targets)」라고 하는 수정안을 제출하고 있다.[256]

또 유럽위원회의 지침안(2000년 5월 및 동년 12월)에서는 정당화할 수 있는 이유 없이 또는 신규의 과학적 증거 없이 각 가맹국별 목표가 EU 전

254) Commission of the European Communities, 2000d, p.3.
255) Commission of the European Communities, 2000d, p.4.
256) European Parliament, 2000, p.21.

체의 목표와 모순하는 것이라고 유럽위원회가 평가했을 때, 유럽위원회는 각국의 개별의 의무적 국가별 목표를 포함하는 안을 유럽의회와 유럽이사회에 제출한다고 돼 있었다.[257]

이와 같이 지침안에 각 가맹국의 목표가 EU 전체의 목표와 부합하지 않을 경우, 한층 더 강한 목표로 바꾼다는 내용도 포함돼 있었다. 이 점과 관련해서 유럽의회의 지지가 있었으나 유럽이사회는 지지하지 않았다.[258] 오히려 유럽이사회는 유럽위원회의 지침안(2000년 12월) 제3조 제4항을 삭제, 즉 각 가맹국의 목표가 EU 전체의 목표와 모순될 때, 의무적 목표를 포함하는 제안을 한다고 하는 문구를 삭제할 것을 요구하는 공통 견해(2001년 3월)를 채택해 목표가 의무적이 되는 것에 대해 반대 입장을 취했다.

이러한 공통 견해에 대해, 유럽의회는 도입 목표를 의무적인 것으로 해야 한다는 입장을 취하고, 2001년 6월의 제2독회에서의 결정에서 유럽이사회가 삭제한 항목을 부활시켜, 제3조 제4항에 아래의 문장을 부가해야 한다고 제안했다.[259]

"국가별 지시적 목표가 EU 전체의 목표와 일관성이 없는 가능성이 높다고 제2 패러그래프에 언급되고 있는 리포트가 결론을 내린 경우, … (유럽위원회가 제출하는 새로운) 제안은 잠재적 의무 목표를 포함하는 국가별 목표를 적절한 형식으로 제시하지 않으면 안 된다."

이 규정은 계속되는 유럽위원회와 유럽이사회에서 승인되어, 지침에 포함하게 되었다. 이에 따라 지시적 목표였더라도 EU 전체의 목표와 정합성을 가지게 되며, 그렇지 않으면 의무적 목표로 바뀌는 가능성을 포함하게 됐다.

이상과 같은 경위를 거쳐, 도입 목표는 최종적으로 지시적인 것이 됐다. 지시적 목표는 확실히 의무적 목표보다는 정책적 구속력이 없고, 각 가

---

257) Commission of the European Communities, 2000b; 2000c.

258) Meyer, 2003, p.666.

259) Committee on Industry, External Trade, Research and Energy, 2001.

맹국에 대해 강력한 구속력을 가지지 않는 측면이 있다. 하지만 한편으로, 지금까지의 논의를 밟아 EU 전체의 목표를 달성하지 못하는 가능성이 높은 경우는 유럽위원회가 제안하는 의무적 목표의 내용이 들어 있는 문구도 지시 속에 포함되게 됐다. 이로써 각 가맹국에 대해 유연성을 갖게 하면서 EU 전체의 목표를 달성하도록 방향을 잡는 적극적 의미도 지니게 됐다.

(2) 재생가능 전력지원에 관한 EU 공통정책

재생가능 전력지침에 관한 논의가 한창이던 시기는 EU에서는 전력정책에 대해 급격한 전환, 즉 규제완화 · 전력 자유화가 진행되고 있었다. 이 변화는 당연히 재생가능 전력 정책에도 커다란 영향을 주었다. 특히 중요한 논점은 EU 전역에 공통하는 재생가능 전력 지원정책을 구축하느냐의 여부이다. 왜냐하면, 재생가능 전력 지원정책은 기본적으로 재생가능 전력에 대해 보조를 해주는 것이고, 이것이 각 가맹국에서 상이하면 역내 전력 자유화를 지체시킬 가능성이 생기기 때문이다. 이런 일도 있고 해서, 재생가능 전력 정책에 있어서도 전력 자유화와 부합하는 정책을 구축하는 움직임이 강화돼 나갔다.[260)]

유럽위원회는 EU 역내의 전력의 자유 거래와 부합시킬 목적에서 당초부터 재생가능 전력 정책의 공통화에 강한 관심을 가지고 있었다. 이는 1996년의 그린페이퍼에 다음과 같이 기재돼 있는 것에서 알 수 있다. 즉, "재생에너지는 … 시장을 기초로 한 적절한 수단이 도입되면 더욱더 개발되고", "에너지 시장에서의 경쟁이 증대함에 따라 국제적 수법은 서서히 폐지되고 더한층 시장적 방법에 있어서 바꿀 필요가 있지만, 재정적 수법으로써는 단기적 중기적으로 EU의 2010년까지의 재생에너지에 의한 공헌을 확실하게 증대시킬 것 같지 않다." 그래서 '〈재생에너지 크레디트〉의 시스템을 통한 거래가능한 의무량' 이 재생에너지를 지원할 뿐 아니라

260) Midttun and Koefoed, 2003, p.677.

시장의 왜곡을 회피할 수 있게 했다.[261)]

이 유럽위원회의 생각은 화이트페이퍼에서도 답습됐다.[262)] 그런데 이 표현, 즉 '시장적 방법' 은 TGC를 수반하는 고정체제의 도입을 의미하는 것이었으므로 독일 등 고정가격제를 도입하고 있는 국가들의 강력한 반대를 받게 됐다.

이 같은 강한 반대에도 불구하고 유럽위원회의 입장은 일관해서 고정체제를 지지하는 시장 메커니즘의 입장을 취했다. 이 배경엔 유럽에서 진행하는 전력 자유화의 움직임이 있었고, 이에 적합한 제도를 지원정책으로서 채용하고 싶다는 생각이 있었다고 생각된다.[263)] 이 시점에 유럽위원회는 TGC를 도입하면 전력 자유화와 재생가능 전력 지원정책을 양립시키는 것이 가능하다고 생각하고 있었다.

유럽위원회의 이 입장은 고정가격제와 고정체제가 동시에 존재하고, 게다가 고정가격제에 의한 보급실적이 있는 유럽에서는 정치적으로 지지를 받지 못하고 있는 점이 서서히 분명해졌다. 유럽의회는 EU 공동정책을 만드는 일에 대해서는 찬성했지만,[264)] 유럽위원회가 제시하는 시장에 바탕을 두는 수단보다 고정가격제 쪽을 지지하는 입장을 표명했다.[265)]

유럽이사회는 각 가맹국의 의사 차이를 반영하면서 재생가능 전력지침에 공통정책을 창설한다는 입장을 취하지 않았다.[266)] 공통정책의 내용에 대해 환경보호에 관한 국가보조금의 가이드라인을 고려해야 한다는 입장을 취했다.[267)]

261) Commission of the European Communities, 1996, pp.34-35.

262) Commission of the European Communities, 1997, p.15.

263) 2006년 1월에 실시한 잘츠부르크 대학교 폴크마 · 라우버 교수에 대한 필자의 청취조사에 의거. 또 Lauber(2003)을 참조.

264) European Parliament, 1998, para. F.

265) European Parliament, 1998, para. R.1.

266) Council of the European Union, 2001, p.13.

267) Council of the European Union, 2001, p.6.

결국 지침안(2000년 5월)에서는 구체적으로 어느 제도를 EU 공통정책으로 하느냐에 대한 리포트를 지침 책정 후 5년 이내에 제출한다는 기술에 머물고, 지침책정단계에서는 공통정책 수립 여부에 대해서는 판단하지 않는다는 입장이 제시됐다. 지침안에서는 5년 이내에 제출되는 리포트에 장래의 재생가능 전력 정책의 바람직한 모습을 규정하는 제도에 대한 판단이 명시된다고 나와 있고, 이것이 결정된 지침에도 인계됐다.

또 당초의 지침안에서는 공통정책을 유럽위원회가 장차 제출할 때에는 '충분한 이행 조치' 를 포함하는 것으로 한다고 돼 있다. 이는 유럽이사회의 공통 견해에 따라 '최저 7년간의 이행 기간' 이 포함되는 것으로 한다고 수정됐고, 이 내용은 지침에도 인계됐다.

이상의 경위로 EU 공통의 지원정책의 틀은 재생가능 전력지침에서는 만들어지지 않았다. 또 가령, 금후 EU 공통정책을 만드는 제안이 있는 경우가 있더라도, 최저 7년간, 가맹국은 독자적으로 실시하고 있던 기존 정책을 계속 채택한다고 하는 이행 기간도 설정됐다. 위의 EU 공통정책에 관한 리포트는, 지침에서 2005년에 제출되도록 돼 있었기 때문에, 아무리 빠르더라도 2012년까지는 EU 공통정책이 실시되지 않는다는 것이기도 했다. 이는 재생가능 전력지침상의 2010년의 도입 목표를 달성하기 위한 정책으로서는 기존의 나라별 정책을 그대로 운용하는 걸 의미했다.

(3) 재생가능 전력지침의 과제

재생가능 전력지침에 있어서는 도입 목표는 높게 설정돼 있지만, 그 성격은 의무적인 것은 아니었다. 그러므로 도입 목표의 달성은 담보돼 있지 않다. 게다가 재생에너지를 보급하기 위한 EU 공통의 틀은 만들지 못했다. 이것은 전력이 어떠한 에너지원으로부터 만들어지는지를 나타내는 '기원보증(GO: Guarantees of Origin)' 을 EU 공통의 TGC로서 도입할 것을 유럽위원회가 고집했기 때문이다. 그러나 EU 공통의 틀은 TGC 거래 이외에도 가능했다.

재생가능 전력지침은 이러한 한계를 가지는 것이었으나, 본격적으로 기후변동대책을 추진하기 위해서 재생에너지의 도입 목표에 대해서도 구속력을 갖게 하는 것이 필요하다. 전력 자유화라는 관점에서 재생에너지의 보급 정책이 역내에서 통일돼 있는 것이 역내에서의 경쟁조건을 대등하게 하는 데는 바람직하다. 재생가능 전력지침 정책 이후는 이 두 논점을 둘러싸고 논의가 전개돼 갔다.

3. EU 공통의 재생에너지 정책을 향한 시도

1) 유럽 공통 에너지 정책에 관한 그린페이퍼

재생가능 전력지침 이후, 에너지 정책과 기후변동 정책은 밀접하게 연계하면서 통합을 향한 움직임을 가속시켜, 그 가운데서 재생에너지 정책은 중핵적 역할을 가지게 됐다.

먼저, 2005년 10월 유럽정상회의에서 유럽 에너지 정책에 관한 틀을 만들게 하는 요청이 있어, 이에 응하는 형태로 유럽공통 에너지 정책에 관한 그린페이퍼가 유럽위원회에 의해 작성됐다.[268)]

이 그린페이퍼는 EU가 처음으로 공통 에너지 정책을 수립하는 것을 겨냥한 정책 문서다. 여기에 제시된 목적은 에너지 시장에서의 경쟁성, 에너지 공급의 안정성, 환경 영향의 저감이었다. 이를 위한 구체적 정책으로 거론된 것이 러시아 · OPEC 등과의 관계 강화에 의한 공급 안정성의 확보, 재생에너지 보급, 에너지 효율 향상, 탄소 회수 · 저류(Carbon Capture and Storage: CCS) 기술, 저탄소 기술 개발이다.

---

268) Commission of the European Communities, 2006a, p.2.

그린페이퍼에서 에너지원의 사용에 관한 주권을 각 가맹국은 보유하지만, 그 선택은 타국의 에너지 안전보장, 경쟁성, 환경에 영향을 미치기 때문에, '전략적 EU 에너지 리뷰(Strategic EU Energy Review)' 를 실시할 것을 명시했다. 이 리뷰에서 "에너지 구성에 관한 국가별 결정을 위한 유럽의 틀을 제공한다."라고 밝히고 있다.[269)]

이에 따라 EU에 공통되는 과제는 EU 전체에서 정책적 틀을 만드는 방향성이 더욱 강하게 굳혀졌다.

또 이 같은 에너지 정책의 공통화 속에서 재생에너지는 기후변동 대책을 위한 통합된 접근방법의 일환으로서 다른 에너지원에 비해 특히 높은 위상이 주어졌다. 재생에너지에 관해서 아래와 같이 논의되고 있다.[270)]

첫째, 기존의 재생가능 전력지침상의 지시적 목표에 대해서, 달성이 가능한 나라도 있지만, 달성 못하는 나라도 많아서, EU 전체로서는 목표를 하회한다. 기후변동을 방지하고, 에너지의 안정공급을 확보하기 위해 이를 극복할 필요가 있다.

둘째, 재생에너지의 모든 가능성은 재생에너지를 개발해 설치한다고 하는 장기적인 약속을 통해서만 실현이 가능하다. 이 인식을 바탕으로 전략적 에너지 리뷰에 덧붙여 유럽위원회에 의해 '재생에너지 · 로드맵' 이 제시된다.

이상과 같이, 재생에너지는 유럽 공통 에너지 정책의 중요한 항목으로 자리 잡고, EU로서 재생에너지의 보급 촉진을 겨냥한 틀을 강화하게 됐다.

이 그린페이퍼에 대해서는 각 가맹국, 유럽의회, 관계 기관으로부터 조언을 받고 있다. 유럽의회에서 EU가 장기적이고 안정된 정책의 틀을 설정하고, 명확한 가이드라인을 투자가에게 제공하도록 제안되었다. 또 2020년까지 적어도 20%의 에너지 효율개선을 이룩하기 위한 EU 공통의

269) Commission of the European Communities, 2006b, p.9.
270) Commission of the European Communities, 2006b, p.12.

목표를 포함해야 한다고 했다. 또 재생에너지와 관련해 2020년까지 1차 에너지에서 차지하는 재생에너지의 비율을 25%로 하기 위한 구속력 있는 부문별 목표, 2040년까지 50%로 하기 위한 지시적 목표가 정책의 틀 속에 포함돼야 한다고 돼 있었다.[271)]

그린페이퍼에 대해서 가맹국은 재생에너지 보급을 지지했고 재생에너지 · 로드맵 작성을 환영했다. 그러나 재생가능 전력지침을 초과하는 제도와 관련해서 재생에너지 도입 목표를 법적으로 구속력 있는 것으로 하느냐의 문제는 이 시점에서는 견해가 나뉘어 있었다.[272)]

2) 전략적 에너지 · 리뷰와 재생에너지 · 로드맵

재생에너지 · 로드맵 책정까지의 시기에 있어서 최대 논점은 도입 목표가 구속력이 있는 것인가, 그렇지 않은가 하는 목표의 성격과 관련한 것이었다. 2006년 12월에 비공식적으로 유럽위원회에 의해 제시된 초안에는, 각 가맹국은 도입 목표를 "나라마다의 다른 사정을 고려해 의무적 국가 목표"로 바꾸도록 권고하거나 또는 강제화하고 있으므로 도입 목표는 의무적인 것 혹은 지시적인 것, 어느 쪽으로도 해석이 가능했다. 이처럼 2006년 12월 시점에서는 유럽위원회의 입장이 불명확했다. 또 기존의 재생가능 전력지침에 제시된 도입 목표가 포함 안 될 가능성마저 있었다.[273)]

이에 대해 유럽의회는 보고서를 마련해 견해를 내고, 재생에너지 보급을 서두르도록 유럽위원회에 요청했다. 2006년 12월의 결의는 이 로드맵 속에서 2020년까지 1차 에너지에서 차지하는 재생에너지 비율을 25%로 한다는 것, 이 목표는 법적 구속력이 있는 것으로 한다는 것, 또 전체의 목표뿐 아니라 전력과 열 이용, 바이오 연료 등 부문별 목표를 제안하는 것

271) Commission of the European Communities, 2006a, p.19.
272) Commission of the European Communities, 2006a, p.17.
273) ENDS Environment Daily, 2006.

을 요구하고 있다.[274)]

이 같은 논의 끝에 2007년 1월 10일 유럽위원회에 의해 전략적 에너지 · 리뷰와 일련의 정책 관련 문서가 패키지로서 제시됐다.

이로써 EU에 공통되는 과제로 삼게 된 것은 에너지공급의 안정성, 경쟁성, 기후변동에의 대응이다. 여기에는 재생에너지 · 로드맵이 포함돼 있었다.

재생에너지 · 로드맵에서 유럽위원회가 제시한 원칙은 아래와 같았다. 첫째, 법적 구속력을 가진 장기 도입 목표의 설정과 정책적 틀의 안정성을 확보하는 일, 둘째, 부문 간 목표 설정에 있어서 유연성을 갖게 하는 일, 셋째, 열 이용을 포함한 포괄적인 것으로 하는 일, 넷째, 재생에너지 이용의 장해를 제거하는 일, 다섯째, 환경적 사회적 측면을 고려하는 일, 여섯째, 비용 효과적 정책을 취하는 일, 일곱째, 역내 에너지 시장에 적합한 정책을 취하는 일이다.[275)]

구체적으로 수입 연료에의 의존도를 낮추는 정책의 일환으로서 2020년까지 에너지 전체에서 재생에너지가 차지하는 비율을 현재의 7% 내에서 20%로 올리기 위해 법적 구속력이 있는 도입 목표를 설정하는 것이 제안되었다. 이 시점에서 유럽위원회의 입장은 재생가능 전력지침 책정 시에 비해 더한층 적극적인 것으로 바뀌어 있었다.

법적 구속력을 가진 도입 목표를 설정한다고 하는 유럽위원회의 방침은 유럽재생에너지평의회(European Renewable Energy Council: EREC), 유럽풍력에너지협회(European Wind Energy Association: EWEA), 유럽재생에너지연맹(European Renewable Energy Federation: EREF), 유럽태양열이용산업연맹(European Solar Thermal Industry Federation: ESTIF) 등의 관련 단체로부터 환영받았다. 하지만 EU 가맹국 가운데, 핀란드나

274) European Parliament, 2006, p.11.

275) Commission of the European Communities, 2006c, p.7.

헝가리 등은 법적 구속력을 가진 도입 목표의 선정에 대해 극히 소극적이었다. 이들 나라는 도입 목표를 설정하는 데 있어서 각국의 에너지원의 구성 차이를 포함한 국내 사정의 차이를 고려할 필요가 있다고 주장하고 있었다.

3) 재생에너지 지침안의 성립

재생에너지 · 로드맵을 받아, 2007년 3월의 유럽정상회의에서 재생에너지 도입 목표 20%가 법적 구속력 있는 것으로 합의됐다.[276] 이에 따라 2020년까지의 재생에너지의 도입 목표의 성격에 대해 결론이 지어졌다.

이후, 지침안을 유럽위원회가 책정해 나가는 데 중요한 논점이 된 것은 지원 정책의 형태와 내용이었다. 이 점에 대한 유럽위원회의 입장은 당초는 명확하지 않았고, 내부에서도 견해가 나뉘어 있다고 보였다.

예컨대, 2007년 10월, 에너지 담당위원은 재생에너지 촉진을 위한 새로운 법적 틀의 일부로서 TGC 거래시스템을 창설할 생각이라고 시사했다. 하지만 동시에 고정가격제가 재생에너지 보급에 있어서 지금까지는 최량이었음을 인정하고, 유럽위원회 내에서의 견해차도 언급하고 있었다. 즉 2007년 9월의 시점에서 유럽위원회 내부조차 TGC 거래를 EU 공통의 정책으로서 도입할 것인지, 확고한 방침이 없었다고 할 수 있다.[277]

공식 지침안이 실제로 제시된 2008년 1월 이전에 2007년 11월, 12월, 2008년 1월의 3회에 걸쳐 지침 초안의 내용이 밝혀졌다. 이 일련의 지침 초안의 내용을 검토해 보면, 이 시기에 구체화가 진행된 것은 재생가능 전력지침에 있어서 규정된 GO를 TGC로서의 역할을 가지게 하는 것으로 바꾸는 점에 관련됐다.

---

276) Reuters News Service, 2007.

277) ENDS Environment Daily, 2007.

2008년 1월의 최종 초안에서 TGC 거래의 구체적 규정이 포함돼 있다. 이에 따르면 지침이 발표된 후에 설치된 재생에너지 발전설비에서 유래하는 GO라면, GO는 EU 내에서 자유롭게 거래가 가능하다. 한편, 가맹국은 '국가별 지원 방안의 실행 가능성' 을 확보하기 위해 국경을 넘는 거래에 관한 '조건과 제한' 을 부과할 수 있다. 유럽위원회는 본래 GO 거래의 유무는 각국이 선택하지 못하는 의무적인 체제로 하려고 하였으나, 독일, 스페인 등의 가맹국과 관련 산업단체 등의 반대에 직면해, 이를 선택적인 것으로 하려고 했던 것이다.

그러나 이들 제한을 TGC의 모든 거래 대상에까지 할 수 있는지 어떤지는 명확한 규정이 없었다. 거기에다 정부가 2020년까지의 재생에너지 목표를 달성하는 데 실패한 경우는, 국내의 오퍼레이터에 의한 GO의 구입을 가맹국은 제한하지 못하게 돼 있었다.[278)]

이러한 유럽위원회의 생각에 대해, 독일과 스페인은 유럽위원회에 보낸 공동의 공개서한에서 GO 거래는 의무적인 것이든 자주적인 것이든 고정가격제를 채용하고 있는 국가들에게 커다란 부담이 되고, 성공하고 있는 고정가격제를 위기에 빠뜨리고, 재생에너지 보급과 기후변동 대책상의 목표 달성을 저해하므로 수용할 수 없다고 했다.[279)]

GO 이외에도 재생에너지 지침안의 내용은 직전까지 확정되지 않았다. 특히 각국의 도입 목표가 결정되어 있지 않다는 점은 가장 근본적 문제였다.[280)] 이것으로 알 수 있듯이 재생에너지 지침안의 책정에 있어서는 특히 GO의 취급을 중심으로 파란이 일어났다. 결국, 논의가 정리되지 않은 채 지침안의 지시가 이루어졌다.

---

278) Commission of the European Communities, 2008; ENDS Environment Daily, 2008.

279) Matheu and Gabriel, 2008; EurActiv, 2008a.

280) ENDS Environment Daily, 2008.

4. 재생에너지 지침의 내용과 향후 전망

1) 지침안의 개요와 논점

「재생가능자원으로부터의 에너지 이용의 촉진에 관한 EU 지침안」(Proposal for a Directive of the European Parliament and the Council on the Promotion of the use of energy from renewable sources, COM [2008] 19final, 이하 재생에너지 지침안)은 2008년 1월 23일에 유럽위원회가 제시했다. 이 지침안엔 기존의 재생에너지에 관련한 지침이 재생가능 전력과 바이오 연료로 나뉘어 있는 데 대해, 열 이용 등도 포함해 하나로 통합돼 있다. 또 책정까지의 논의를 받아들여, 아래와 같은 내용이 포함돼 있었다.

첫째, 재생에너지의 최종 에너지 소비에서 차지하는 비율에 대한 국가별 목표가 결정돼 있다. 2001년의 지침이 재생가능 전력만을 대상으로 하고 있는 데 대해 모든 재생에너지를 포함하고 있는 것이 특징이다.

둘째, 재생에너지 도입 목표는 법적 구속력이 있는 것으로 하고, 나라별로 설정되어 있다. 도입 목표는 매우 높고, 모든 가맹국이 재생에너지를 대폭 증대하는 것을 의미했다. 특히 재생에너지 이용이 진전되지 않고 있거나, 자원이 부족한 나라가 현실적으로 이 목표를 달성하기 위해서 EU 규모의 협력 체제가 필요하다.

셋째, 바이오 연료와 관련, EU는 통일된 목표를 채택하고 있다. 즉 전체의 목표가 설정된 후에 바이오 연료와 관련해서만이, 부문별 목표치가 들어 있다. 구체적으로는 2020년까지 운수부문의 바이오 연료 이용률을 10%로 한다고 하는 것이다. 이는 2003년의 바이오 연료 지침의 목표 5.75%[281]의 약 2배 증대를 겨냥하는 것이다.

281) European Parliament and the Council of the European Union, 2003b.

넷째, 부문마다의 목표를 포함하는 국가별 행동계획의 작성이 포함돼 있다. 가맹국은 이 계획을 2010년 3월까지 작성하지 않으면 안 되게 됐다. 또 별도로 정하는 재생에너지 보급의 진행 기준을 표시하는 '지시적 궤도(indicative trajectory)' 보다 하회했을 때는 그 다음 해의 6월 말까지 새 행동계획을 작성해 유럽위원회에 제출하지 않으면 안 되게 됐다. 이에 따라 각 가맹국은 목표 준수를 촉진하고 있다.

다섯째, 재생가능 전력지침에 규정돼 있던 GO 시스템을 더한층 발전시켜, TGC로서 본격적으로 이용할 것을 포함하고 있다. 이것은 다음 절에서 상술하는 것처럼, 가맹국마다 다른 지원정책을 채택하고 있는 상황에서는 파란이 예상되는 내용이었다.

여섯째, 바이오 연료에 관한 지속가능성 기준이 포함돼 있다. 이것은 바이오 연료를 이용할 때, 확실히 온실가스 배출 삭감에 기여하고, 환경적 사회적 지속가능성을 달성하는 데 필요한 것이다.

이상의 내용을 가진 지침안은 재생에너지를 널리 커버하고, 도입 목표도 야심적이었다. 또 바이오 연료에 관해서는 지속가능성의 기준을 설정하려고 하고 있으며, 환경에 대해 고려도 했다. 이 점으로써 EU 규모의 재생에너지 정책에 관련한 공통적 바탕을 형성하려고 한 것은 큰 의의가 있는 일이었다.

하지만 GO 시스템이 불분명한 채로 규정돼 있었기 때문에, 이로 인한 논란을 초래하리라는 예상은 제안 시점에 이미 확실했다. 이 점은 EU의 재생에너지 정책이 어떠한 방향으로 진전하는가를 결정하는 큰 논점이 됐다.

2) GO 시스템의 내용과 문제점

유럽위원회의 GO 관련 제안(지침안 제8~10조)의 개요는 아래와 같았다. 즉 고정가격제와 면세, 프리미엄 가격의 지급 등을 채택하고 있는 나라에서의 GO는 나라가 지정하는 관리기관에 제출되고, 나라의 목표 달성을 위해 사용된다. 고정체제를 채택하는 국가에서는 고정체제 아래서 부과되는 의무를 이행하고 있음을 표시하기 위해 관리기관에 GO를 제출하고, 이것이 국가의 목표 달성을 위해 사용된다. GO는 가맹국 간에 이전할 수 있으며, 개인 간의 GO 거래를 위한 시스템도 만들 수 있다. 또 GO는 가맹국에 할당된 목표가 달성되고 있는지를 확인하기 위해서도 사용된다.

바꾸어 말하면, 유럽위원회는 이 규정에 따라 목표를 준수하고 있음을 나타내기 위해 GO를 썼고, 거기에다 이를 가맹국 간에 거래를 가능케 함으로써 목표 달성에 유연성을 띠게 했다. 하지만 이 GO 거래는 유럽의회, 유럽이사회 양쪽이 문제시했다. 이것은 결국 국가별 지원정책의 효과를 저해할 가능성이 있다고 하는 것이 주된 이유였다.

이를테면 독일은 GO 거래를 가맹국이 제한하려고 하더라도 사업자로부터 제소당할 가능성이 있고, 재판 끝에 GO 거래가 개시돼 버리면 고정가격제 아래서 지원되고 있는 재생에너지가 타국의 목표 달성에 사용돼 버린다는 염려를 표명했다.[282] 유럽위원회의 제안대로라면, 실제로 그런 가능성은 충분히 있었고, 그렇게 되면 각국이 독자로 하는 고정가격제를 유지하지 못하게 되는 것은 분명했다.

유럽의회에서는 유연성을 확보하고, 국가별 지원 방안을 유지하기 위해 유럽위원회의 제안에 있는 GO와 그 거래 시스템은 서로 다른 견해로 다루어졌다. 그 내용을 간단하게 요약하면, 아래와 같다.

즉 GO의 기능과 관련해서, 재생가능 전력지침에 있는 것과 마찬가지로 정보 제시의 목적에 한정한다. 목표 달성을 위한 유연성 메커니즘으로서는 GO가 아닌, 재생에너지의 통계에 의거한 이전(移転)을 이용한다. 또 각국의 지원 방안을 저해해서는 안 된다는 원칙을 갖게 한다.[283] 다른 한

282) EurActiv, 2008b.

283) European Parliament, 2008a.

편, 유럽이사회에서도 유연성 메커니즘에 관련해, 유럽의회의 논의와 거의 같은 내용을 지닌 대체안이 독일, 폴란드, 영국에서 공통으로 제시됐다.[284)]

이와 같이 유럽의회와 유럽이사회에서는 반대가 거세고, GO 거래에 관한 항목을 삭제하게 됐다. 즉 유럽위원회가 재생가능 전력지침 책정 시부터 의도하고 있던 EU 규모의 TGC 거래제도의 도입은 재생에너지지침에서도 보류하게 됐다.

이 합의가 있고난 후 큰 논점이 된 것은, 바이오 연료의 지속가능성 기준이었다. 이 점과 관련해서 특히 바이오 연료를 이용한 경우의 '온실가스 배출 절감(greenhouse gas emission saving)' 효과를 어느 수준까지 가질 필요가 있는가 하는 점으로 논쟁이 전개됐다.

이에 더해, 중요한 제도로서 유럽의회가 2008년 9월의 시점에 제출한 수정안에서 요구한 것은 지침의 '직접적 벌금 메커니즘(direct penalty mechanism)' 이다. 여기서 말하는 직접적 벌금이란, 가맹국이 2020년의 도입 목표와 중간적 도입 목표를 준수하지 못했을 때, 벌금을 부과하는 권한을 유럽위원회에 부여한다는 것이었다. 구체적으로는 준수하지 못한 가맹국에 대해 준수하지 못한 분량에 따라 벌금을 매긴다는 것이다. 이 때 벌금 수준은 재생에너지 투자를 촉진하는 데 충분한 수준으로 설정해야 한다고 돼 있었다.[285)]

확실히 의무적 목표가 현실적으로 달성되게 하기 위해서 정책적 담보가 일정한 형태로 필요하며, 유럽위원회에 의한 제안으로써는 이 점이 불충분했다. 가령, 유럽의회의 제안이 수용돼 있었다면 이 점에 있어선 획기적 지침이 돼 있었다고 생각한다.

그렇지만 2008년 9월 이후의 유럽의회와 유럽위원회 그리고 유럽이사

284) Germany, Poland and United Kingdom, 2008.

285) European Parliament, 2008b, p. 91.

회의 담당자 간의 비공식 협의 결과, 최종적으로 유럽의회가 합의한 지침의 내용에서는 이 '직접적 벌금' 규정이 삭제됐다. 즉 비준수의 경우일지라도 벌금을 포함한 강제 수단이 가맹국에 대해 취하는 일은 없어졌다.

3) 합의된 재생에너지 지침 내용

유럽의회, 유럽위원회 그리고 유럽이사회 간의 비공식 협의와 유럽의회 내의 정책 토의의 결과, 2008년 12월에 유럽의회가 합의한 재생에너지 지침의 주요 내용은 아래와 같이 정리할 수 있다.

첫째, 가맹국의 국가별 목표와 관련해서 재생에너지 전체에 걸쳐 최종에너지 총 소비에서 차지하는 비율에 따른 의무적 목표가 국가별로 설정됐다(〈표 9-2〉 참조). 이것은 기후 · 에너지 정책 패키지에 있어서 재생에너지의 도입 목표, 즉 2020년까지 최종 에너지 소비에서 차지하는 재생에너지의 비율을 20%로 한다고 하는 목표와 정합성을 가지고 있다.

또 운송부문과 관련해선 이 부문의 총에너지 소비의 10%가 재생에너지로 한다는 것이 의무화됐다. 이 10%라는 비율은 EU 가맹국 모두에 공통돼 있지만, 가맹국이 각각 달성해야 한다.

둘째, 2020년 목표를 향해, 중간 목표로서의 위상을 가지는 '지시적 궤도'가 설정됐다. 이것은 최종 목표 연도에 이르기까지의 중간 도입 목표다. 이 궤도는 의무적이 아니고, 어디까지나 지시적인 것에 지나지 않는다.

구체적으로는 재생에너지 목표의 2020년 목표치와 2005년 목표치의 차이의 일정 비율을 2011 · 12년, 2013 · 14년, 2015 · 16년, 2017 · 18년의 4기에 달성하지 않으면 안 되는 것인데, 각각 20%, 30%, 45%, 65%가 설정돼 있다. 지시적 궤도 미만일 때는 뒤에 말하는 재생에너지 행동 계획을 수정해 유럽위원회에 제출하지 않으면 안 된다고 돼 있었다.

셋째, 의무 이행을 위한 수단으로서는 가맹국에 대해 2010년 6월까지 국가별 재생에너지 행동 계획(RAP: Renewable Action Plan)을 유럽위원회에 제출하도록 의무가 주어져, 지시적 궤도의 설정과 지시적 궤도를 하회할 땐 수정계획의 제출 의무가 부과됐다(제4조, 부속서6). 이에 추가해, 2011년 말 이후, 격년마다 가맹국에 대해 유럽위원회에 보고서를 제출하도록 의무가 주어지고, 유럽위원회에 의해 모니터링을 실시하게 됐다(제22조, 제23조). 유럽의회가 2008년 9월의 시점에 요구하고 있던 직접적 벌

〈표 9-2〉 재생에너지 지침에 따른 국가별 목표

	2005년 현재의 최종에너지 총소비에서 차지하는 비율	2020년 목표
벨기에	2.2%	13%
불가리아	9.4%	16%
체코	6.1%	13%
덴마크	17.0%	30%
독일	5.8%	18%
에스토니아	18.0%	25%
아일랜드	3.1%	16%
그리스	6.9%	18%
스페인	8.7%	20%
프랑스	10.3%	23%
이탈리아	5.2%	17%
키프로스	2.9%	13%
라트비아	32.6%	40%
리투아니아	15.0%	23%
룩셈부르크	0.9%	11%
헝가리	4.3%	13%
몰타	0.0%	10%
네덜란드	2.4%	14%
오스트리아	23.3%	34%
폴란드	7.2%	15%
포르투갈	20.5%	31%
루마니아	17.8%	24%
슬로베니아	16.0%	25%
슬로바키아	6.7%	14%
핀란드	28.5%	38%
스웨덴	39.8%	49%
영국	1.3%	15%

자료: European Parliament (2008c).

금과 같은 강제 수단의 규정은 없고, 이 점에서는 이행 확보에 문제가 남는다.

넷째, 도입 목표 달성을 위한 가맹국 간의 협력의 틀로서 '통계적 이전(statistical transfer)' 이라는 제도가 도입됐다(제6조). 이는 재생에너지 도입 목표나 지시적 궤도를 상회하고 있는 나라로부터 이를 하회하고 있는 나라에 재생에너지의 일정량을 이전할 수 있는 제도다. 그러나 통계적 이전의 송출국이 지시적 궤도나 재생에너지 목표를 하회하고 있을 때는 이전을 할 수 없다.

또 가맹국의 자발성에 의거하는 가맹국 간의 지원 방안에 있어서의 협력도 가능해졌다(제11조). 이에 따른 재생에너지는 국가별 도입을 준수하는 데 쓸 수 있다. 지원 방안과 관련해서 유럽위원회가 제출하는 장래의 틀의 제안에 있어서도 각국의 의사로써 실시할 수 있도록 돼 있다. 유럽위원회는 재생가능 전력지침 책정 시부터 EU 공통의 지원 방안으로서 GO 거래의 도입을 겨냥했으나, 지침의 규정에 의해 불가능해졌다.

덧붙여 말하면, 가맹국 또는 제3국 간의 '공통사업(joint project)' 에 관련해서도 규정이 있다(제7조~제10조). 가맹국 간엔 재생에너지 관련 사업의 전체가 일정 조건하에 인정받아, 이 사업으로 얻는 재생에너지를 도입 목표의 준수를 위해 쓸 수 있다. 제3국과 관련해선 재생가능 전력 사업에만 이 사업을 할 수 있다는 점이 다르다.

다섯째, GO와 관련해서는 최종 소비자에 대한 정보 제공을 목적으로 발행되고, 이전도 되지만 가맹국의 국가별 도입 목표의 준수를 위한 수단으로서는 쓸 수 없게 됐다(제15조). 지원 방안과 관련한 협조가 가능해져 나라 간에 하는 GO 거래는 가능은 하나, 어디까지나 지침상의 도입 목표 달성과는 관련 없는 것이 돼 있다. 그런 의미에서 유럽위원회가 당초 예정하고 있던 GO 거래 시스템과는 전혀 다르다.

여섯째, 바이오 연료와 바이오 액체 연료의 지속가능성 기준에 대해, '온실가스 배출 절감(greenhouse gas emission saving)' 이 달성돼야 하는 필요가 명기돼 있고, 그 기준도 수치로 제시됐다(제17조 제2항, 부속서5). 구체적으로 말하면, 지침 발효 단계에서는 35%, 2017년부터는 50%로 정해졌다. 또 2016년 이후에 생산 개시되는 설비로부터 만들어지는 것에 대해서는 60%로 되어, 점차로 강화되는 내용이 돼 있다.

이상의 내용을 가진 재생에너지 지침은 2008년 12월에 유럽의회에서 합의되고 책정되게 됐다. 이미 본 대로, 의무적 도입 목표는 대단히 높고, 2020년까지 온실가스 배출 삭감 20%를 달성하는 것을 겨냥한 기후 · 에너지 정책 패키지의 필요 불가결한 요소로서 재생에너지의 보급이 힘차게 추진된 모양새가 됐다.

유럽의회가 당초 요구하고 있던 직접적 벌금의 규정이 삭제되고, 이행 확보라는 점에서는 약한 측면은 남아 있으나, 도입 목표가 높은 만큼 이 지침에 규정된 제도를 통해 EU 역내에서는 앞으로 다양한 협력의 틀, 재생에너지 사업이 대규모로 실시되리라고 예상된다.

5. 요약 및 정리–기후정책과 에너지정책의 통합을 겨냥해서

EU의 정책 형성사를 살펴보면, EU의 재생에너지 정책의 특징은 아래와 같이 정리할 수 있다.

첫째, 정책의 자리매김에서 볼 때, EU는 재생에너지와 관련해선 당초부터 기후변동 대책으로서의 역할을 가지고 있었다. 기후변동 문제에 중기적으로 대처하기 위한 EU의 틀인 기후 · 에너지 정책 패키지 가운데에서는 불가결한 요소가 돼 있다.

둘째, 도입 목표와 관련, 개별 부문에서 산발적으로 결정돼 온 목표가 통합되고, 재생에너지 전반에 대한 법적 구속력이 있게 됐다. 그런 의미로

EU에서는 높은 도입 목표를 공통으로 가진다는 틀이 형성돼 있다.

셋째, 지원 정책의 EU 규모에 있어서 공통화는 실시하지 않게 됐다. 이에 따라 효과를 내고 있는 고정가격제는 그대로 지속됐다. 이에 따라 재생에너지에 대해 눈앞의 효율성을 추구하는 TGC 거래는 EU 규모에서는 실시되지 않게 되고, 재생에너지의 폭발적인 보급에 장해를 미칠 가능성은 없어졌다.

게다가 넷째로, 가맹국의 연결에 있어선 재생에너지 지침 아래서 협력의 틀을 구축하는 토대가 형성됐다. 도입 목표의 수준을 염두에 두면, 향후 유럽 역내에서 재생에너지의 이용 확대를 위한 대규모 사업과 협력이 이루어질 가능성이 높다. 그렇게 되면, 각국이 개별적으로 해오던 재생에너지 보급의 구체적 대응이 EU 규모로 확대해 나가게 된다. 독일, 스페인, 덴마크 등에 한정돼 있던 재생에너지의 폭발적 확대의 조류는 EU 규모로까지 확대할 것이다.

이상과 같이 일련의 정책 형성 프로세스를 거쳐 EU에서는 재생에너지 보급을 위한 중기적 정책의 틀이 이미 형성됐다. EU에 있어서 재생에너지 정책은 앞으로 더한층 강화될 것은 틀림없다. 가맹국이 취하고 있는 재생에너지 지원 정책 이외에, EU가 구축한 틀은 세계에서 가장 선진적이라고 해도 좋다. EU에 있어서 재생에너지 보급 정책의 진전은 향후 세계의 기후・에너지 정책에 큰 영향을 줄 것이다.

10 2050년의 에너지 정책의 녹색개혁

— 지속가능한 저탄소사회를 목표로 —

일본의 에너지 정책은 원자력 중심이고, 재생에너지에는 낮은 위상만 주어져 있다. 하지만 에너지원 가운데서 가장 가능성이 높고 세계적으로 전망이 높은 것은 재생에너지이다.

특히 중국의 풍력발전의 신장은 굉장하다. 중국은 2009년에 풍력발전의 규모를 일거에 두 배로 늘리고 있다. 수년 전엔 중국은 일본보다 설비용량이 적었으나 지금은 일본의 12배 규모이고, 세계 제2위인 독일을 추월하려고 하고 있다. 한편, 일본은 에너지 정책의 추세를 파악하지 못하고 세계 속에서 완전히 낙오돼 있다. 이것은 결코 자연현상은 아니고, 정책의 실패에서 기인된 것이다.

도대체 우리는 에너지 정책의 어떤 점을 어떻게 바꿔야 좋을까. 이 장에서는 이 책 전체를 되돌아보면서 일본의 에너지 정책의 그린개혁을 전망해 보고자 한다.

1. 종래의 에너지 정책으로부터 재생에너지의 폭발적 확대로

1990년대 이후, 기후 변동 문제를 축으로 에너지 정책은 환경 정책으로서의 역할을 가지게 되고, 사실상 하나로서 다루어지게 됐다. 그렇지만 일본에서는 제1장에서 본 대로 원자력 중심의 에너지 정책이 구태의연하게 계속되고 있고, 그것이 본격적인 온난화 방지 정책의 실시를 저지해 왔다.

재래의 에너지 정책의 목적은 값싼 에너지를 대량 확보하는 것이었다. 원자력 발전은 석유를 대신했으며, 이 목적을 달성하기 위한 것으로서 추진돼 왔다. 하지만 원자력도 또한 우라늄이라고 하는 고갈성 자원을 이용하는 점에서는 석유와 같고, 에너지 안전 보장을 확보한다는 점에서는 충분하지 않다. 이런 한계를 돌파하는 것으로서, 사용완료 연료를 재처리, 플루토늄을 추출해 다시 이용한다고 하는 핵연료 사이클 정책이 추진돼 온 것이다.

그렇지만 핵연료 사이클 시설의 본격적 조업은 계획 이래 수십 년이 지나도 실현에는 이르지 못했다. 그 때문에 당초 기대한 역할을 원자력은 수행하지 못했고, 에너지 안정 보장의 확보라는 점에서는 한정적 의미밖에 가지지 못한다는 것이 점차 분명해졌다.

원자력 개발 추진론의 또 하나의 근거는 원자력 발전의 경제성이었다. 그 근거로서 원자력 발전 비용이 화력발전, 수력발전에 비해 싼 값이라는 자료가 정부의 심의회를 통과해 제시됐다. 하지만 제3장에서 언급한 것처럼, 현실의 발전 실적을 본다면 원자력은 싼 값이라고 도저히 말할 수 없는 전원이다. 또 국가 재정으로부터의 자금 투입을 포함해 전체를 생각하면 원자력은 가장 고가의 에너지원이다. 원자력 발전을 에너지 정책의 근간으로 인식할 만한 경제적 합리성은 없다.

더욱이 사용완료 연료의 재처리를 중심으로 하는 핵연료 사이클은 원자력 발전의 경제성을 악화한다. 사용완료 연료의 재처리를 행한다는 정책을 취하는 경우, 재처리를 위한 비용을 어떠한 방법으로 회수하느냐가 큰 과제가 된다. 일본에서는 이 과제를 해결하기 위해 전기요금을 통해 재처리 비용을 징수하는 제도가 2005년에 마련되었다.

이 제도를 마련하는 데 있어서 재처리 비용의 총액이 정부의 심의회에 의해 제시됐다. 이에 따르면, 원자력 발전의 후처리비용은 총액 18조 8,000억 엔, 그 중에 사용완료 연료의 절반의 재처리 비용은 11조 엔이다. 이 계산은 재처리 시설의 가동률을 100%로 믿는 등, 매우 낙관적인 추정에 근거하고 있다. 실제는 그런 조업은 불가능하기 때문에 그 비용만큼 불어난다. 또 사용완료 연료의 전량을 재처리하고자 하는 정부의 방침을 지속한다고 하면, 6개소의 재처리공장을 대신하는 제2 재처리공장의 건설이 필요하다. 그러므로 재처리 비용은 다시 불어난다. 즉, 재처리 정책은 기술 완성의 불확실성과 위험성을 도외시했다고 하더라도 대단히 값비싼 정책이다. 전기요금을 통한 전력 소비자의 부담액은 현재의 몇 배로 팽창할 가능성이 매우 높다.

이 같은 현실의 원자력 개발 상황을 생각한다면, 재래형 에너지 정책을 추진해 부(負)의 유산을 떠맡는 것보다, 원자력으로부터 조기에 철수하여 차세대형의 재생에너지에 기반 투자를 해 나가는 것이 좋다.

제5장에서 본 것처럼, 이미 세계는 각종의 재생에너지 정책을 본격적으로 실시하고 있다. 대표적인 것은 제6장부터 8장에서 각국의 사례와 함께 상술한 고정틀체제, 경쟁입찰제, 고정가격제이다.

이 가운데 미국 텍사스 주에서는 고정틀체제 아래 풍력발전의 확대가 있었는데, 그것은 목표를 높게 설정해 목표가 달성되지 않았을 때는 엄하게 다루는 벌칙이 설정되었기 때문이다. 영국에서는 경쟁입찰제가 마련되었지만, 과다 경쟁을 초래해 사실상 실패하였다. 독일에서는 고정가격제가 채택돼, 재생에너지 보급이 다른 어느 나라보다 성공하였다. 그것은 높은 목표에다 고정가격제와 우선 접속의 원칙을 끼워 넣었기 때문이다. 또 EU에서는 EU 전체로서 재생에너지의 대폭적 보급을 향한 틀이 형성되고,

이것이 주요한 온난화 방지 정책의 하나가 됐다.

에너지 공급 시스템은 일단 이루어지면, 수십 년이라는 장기간에 걸쳐 계속 사용된다. 재생에너지냐, 원자력이냐, 현 세대인 우리의 선택에 미래 사회가 걸려 있다.

2. 2050년을 향해 요구되는 비전
– 재생에너지로부터 100% 에너지를 공급

온난화 방지 정책의 책정에 있어서 원자력은 온실가스가 거의 배출 안 되는 에너지라는 점을 강조하게 돼 있다. 이것이 원자력 개발 추진론의 최후 근거가 돼 있다. 그건 사실일까.

이 점과 관련해서 Sovacool(2008)은 우라늄 채굴로부터 농축, 발전, 폐로에 이르는 사이클 전체로부터의 CO_2 배출을 계산한 연구에 심혈을 기울여, 그 결과를 정리했다. 그에 따르면 근거가 명확하고 방법론이 확실한 과거 10년간 연구의 계산치를 평균하면, 라이프사이클로 본 경우, 원전에서는 kWh당 66그램의 CO_2가 배출되고 있는 것을 알았다. 즉, 원자력은 CO_2 배출이 없는 전원이 아니다.

다음에 물어야 할 점은 화석연료(석유, 석탄, 천연가스)를 제외한 차세대의 에너지원이라고 하는 것들 중에 원자력이 우위에 있느냐 하는 문제다.

Jacobson(2008)은 재생에너지와 원자력 등의 화석연료를 대신하는 에너지원들 간의 포괄적 비교를 했다. 그 가운데, 이용가능량, 온실가스 배출량 부분을 발췌한 것이 〈표 10-1〉이다. 이 표의 '지연에 의한 기회 배출'이란 계획으로부터 운전 개시까지의 기간이 긴 전력일수록 기존의 화

〈표 10-1〉 에너지의 이용 가능량과 단위당 CO_2 배출량

	이용가능량		CO_2 배출량(그램/kWh)			
	이론적 이용 가능량 (조kWh/년)	기술적 이용 가능량 (조kWh/년)	라이프 사이클	자연에 의한 기회 배출	전쟁 · 테러 (원자력),탄소 누설(CCS)에 의한 배출	총 배출량
태양광 발전	14900	〈3000	19~59	0	0	19~59
태양열 발전	9250~11800	1.05~7.8	8.5~11.3	0	0	8.5~11.3
풍력	630	410	2.8~7.4	0	0	2.8~7.4
지열	1390	0.57~1.21	15.1~55	1~6	0	16.1~61
수력	16.5	〈16.5	17~22	31~49	0	48~71
파(波)력	23.6	4.4	21.7	20~41	0	41.7~62.7
조력	7	0.18	14	20~41	0	34~55
원자력	4.1~122 (90~300년)	〈4.1~122 (90~300년)	9~70	59~106	0~4.1	68~180.1
석탄-CCS	11(200년)	〈11(200년)	255~442	51~87	1.8~42	307.8~571

자료: Jacobson (2008). pp.153-154를 참조하여 작성.

석연료로부터의 배출이 지속하므로 그 기간의 배출을 해당 에너지원의 배출로서 계산한 것이다. 또 전쟁 · 테러에 의한 배출이란 원자력 발전에 대한 공격을 고려한 경우의 배출을 말한다. 한편 탄소 누설에 의한 배출이란 탄소 회수 · 저류(貯留, CCS) 기술을 사용한 경우의 탄소 누설에 의한 배출이 계산된 것이다.

이 표에 분명히 나타나 있듯이, 원자력은 재생에너지에 비해 뒤떨어진다. 예컨대, 라이프사이클만으로 보았을 때, 차세대 에너지 가운데 가장 CO_2 배출량이 적은 것은 풍력(2.8~7.4그램/kWh)이다. 앞의 Jacobson(2008)의 평가에 있어서 라이프사이클로부터의 배출 추계의 평균치가 66그램/kWh라고 돼 있는 점을 고려한다면, 원자력은 태양광발전, 태양열발전, 지열, 수력, 조력이라고 하는 다른 재생에너지에 비해 더 많은 온

실가스를 배출한다고 생각하는 것은 타당하다. 게다가 원자력 발전에 특유한 '지연에 의한 기회 배출'과 '전쟁 · 테러, 탄소 누설에 의한 배출'을 고려하면, 재생에너지의 우위성은 더욱 명백해진다. 따라서 원자력이 온실가스 배출의 관점에서, 차세대형 청정에너지라고 인식하는 것은 옳지 않다.

이용가능량이라는 점을 보더라도 재생에너지가 우위다. 현 시점의 이용량은 적지만 재생에너지의 이론적, 기술적 이용가능량은 압도적으로 많다. 〈표 10-1〉의 이론적 이용가능량이란 비용을 도외시하고, 육상 모든 곳에 설치한 경우의 발전량, 기술적 이용가능량이란 비용과 토지이용 등도 고려한 이용가능한 발전량을 의미한다.

〈표 10-1〉에 뚜렷한 것처럼, 기술적 이용가능량이 가장 큰 것은 태양광발전인데, 단독으로 연간 3,000조kWh의 전력을 공급할 수 있다. 2006년의 세계 총 전력 공급량은 19조kWh이므로, 태양광발전만으로 그 158배의 전력을 공급할 수 있게 된다. 또 1차 에너지 소비 전체를 보더라도 2006년의 그것은 123조kWh에 상당하는 양이기 때문에, 그 24배가 태양광발전만으로써 공급 가능하다. 더구나 화석연료와 우라늄 자원과는 다르고 연료가 떨어지는 일이 없으므로 인류사 전체에 걸쳐서 이용 가능하다.

다음에 이용가능량이 많은 것은 풍력발전이다. 여기에 평가돼 있는 것은 육상풍력뿐이지만, 그렇더라도 풍력만으로써 410조kWh의 전력 공급이 가능하다. 즉, 2006년의 총 전력 공급의 22배, 1차 에너지 공급의 3배가 풍력 전력으로써 공급된다.

이러한 재생에너지와 대조적으로 원자력은 상대적으로 빈약한 에너지다. 이용가능량은 4.1~12.2조kWh였고, 2006년의 전력 소비량 19조kWh를 충족하지 못했다. 더욱이 원자력에는 고갈성 자원인 우라늄을 쓰고 있으므로 90~300년간이라는 유한 기간밖에 이용되지 않는다.

이상으로써 말하면, 온실가스 배출이라는 점을 보아도, 그리고 이용가능량이라는 점을 보아도 재생에너지 우위다. 따라서 장기적으로는 재생에너지에 의해 에너지를 100% 공급하는 것을 목표로 하는 것이 기대된다. 역으로 원자력은 마이너의 위치밖에 차지하지 못한다. 중대한 사고의 위험성이라든가 방사성 폐기물의 처리 · 처분 문제를 염두에 둔다면, 기껏해야 재생에너지로의 '연결의 에너지' 로서의 역할밖에 가지지 못한다.

물론 재생에너지의 이용을 증대하기 위해선 재생에너지 관련 시설의 설치가 필요하므로 단기적으로 이것을 이행하는 것은 곤란하다. 하지만 이는 장기적으로 보아 달성 불가능한 목표는 아니다. 재생에너지에 의해 에너지를 100% 공급한다고 하는 장기적 비전을 가지고, 재생에너지를 전면적으로 보급하는 정책을 일각이라도 빠르게 취하는 일이 필요하다.

3. 일본형 고정가격제(2009년)의 평가

일본에 있어서 재생에너지의 보급은 진전하지 않았다. 그것은 오랫동안 재생에너지 보급 정책이 불충분했기 때문이지만, 간신히 2009년 11월부터 고정가격제가 시행하게 됐다. 여기선 이 제도를 '일본형 고정가격제' 라고 부르겠으나, 이것은 재생에너지의 대폭적인 확대를 가능하게 할 수 있을까.

일본형 고정가격제의 내용을 검토해 보자. 이것은 「에너지 공급 사업자에 의한 비화석 에너지원의 이용 및 화석 에너지원료의 유효한 이용의 촉진에 관한 법률」(에너지공급구조고도화법)에 바탕을 두고, 경제산업장관이 정하는 기본 방침(「에너지 공급 사업자에 의한 비화석 에너지원의 이용 및 에너지 원료의 유효한 이용의 촉진에 관한 기본 방침」, 경제산업부 고시 제277호)에 고시되어 있다. 경제산업부 고시엔 아래의 6개 항으로 된 기본적 생각이 제시되어 있다.

첫째, 전기 사업자에 대해 태양광발전에 의한 전기를 적절한 가격으로 매입해야 하는 의무를 부여하는 일이다. 둘째, 매입가격은 태양광발전 설비 설치자의 부담 수준, 투자회수년, 국가와 지자체에 의한 재정지원 수준, 전력 수요자의 부담 수준을 감안하고, 태양광발전의 보급 촉진을 가능케 하는 가격으로 설정해, 동시에 가격을 인하하는 일이다. 셋째, 적절한 기간에 투자를 회수할 수 있도록 하는 일이다. 넷째, 대상이 되는 전기는 태양광발전 설비의 설치자 스스로가 소비하는 양을 공제한 잉여의 양(잉여전력)이다. 다섯째, 일반 가정, 공장, 사업소, 공적 시설 등의 태양광발전의 전기를 대상으로 한다. 여섯째, 매입 비용은 전력 소비자 전체가 부담하게 되어 있다.

구체적 매입가격과 설비요건은 「태양광발전에 의한 전기 조달에 관한 전기 사업자의 판단 기준」(경제산업성 고시 제278호)으로 정해져 있다. 이에 따르면 매입가격의 단가와 요건은 〈표 10-2〉와 같다.

여기서 자가발전 설비가 설치돼 있는 경우 매입가격이 다른 까닭은 해당 설비가 놓여 있는 시설내의 전력 소비량이 그 정도 줄고, 역으로 잉여전력이 늘어나기 때문이다. 태양광발전 설비 설치자가 과잉 이익을 얻지 못하도록 규정돼 있다.

〈표 10-2〉 일본형 고정가격제의 매입가격

종류	설비 용량	매입단가	매입기간
주택비용	10kW 미만	48엔/kWh	10년
	자가발전설비가 설치돼 있는 경우	39엔/kWh	
	10kW 이상 500kW 미만	24엔/kWh	
	자가발전설비가 설치돼 있는 경우	20엔/kWh	
비주택용	500kW 미만	24엔/kWh	
	자가발전설비가 설치돼 있는 경우	20엔/kWh	

자료: 경제산업성 고시 제278호를 참조하여 작성.

이 제도에 필요한 비용은 매입 비용액에서 회피비용(전기 사업자가 매입한 태양광 발전으로부터의 전력에 상당하는 양의 전력을 얻기 위해 필요한 비용)을 공제하고, 그것을 차년도의 추정 총수요 전력량으로 나눈 액을 전력 수요자에게 전가하는 단가로 해서 전력 수요자 모두에게서 징수하도록 돼 있다.

이상과 같은 일본형 고정가격제는 일본에서 처음으로 도입된 고정가격제라는 점에서는 획기적 의미가 있고 국제적으로도 주목받고 있다. 독일의 고정가격제도 그 계기는 정치적 우연에 지나지 않았다는 점을 상기한다면, 일본형 고정가격제도 독일과 같은 전면적 고정가격제의 길을 넓힐지 모른다.

하지만 반면에, 이 제도는 고정가격제로서는 그 효력이 한정적으로만 나타날 가능성이 높다. 그건 아래와 같은 점에서 매우 신중하게 또는 교묘하게 설계돼 있기 때문이다.

첫째, 적격시설을 발전을 목적으로 하지 않는 태양광발전 설비에 한정하고, 그리고 매입 대상을 잉여전력에 한정하고 있는 점이다. 재생에너지를 기반으로 하는 에너지 공급 구조를 만든다는 관점을 세우면, 적격 설비를 발전 목적이 아닌 것에 한정할 필요는 없다. 또 잉여전력에 한정할 근거도 없고, 오히려 이렇게 함으로써 제도가 복잡해지고 만다. 독일처럼 모든 재생에너지를 적격으로 하는 것이 필요하다.

둘째, 계통에의 우선 접속의 원칙이 제시돼 있지 않다. 이것은 일본의 제도가 어디까지나 잉여전력만을 대상으로 하고, 발전 목적의 설비를 대상으로 하고 있지 않는 데서 기인하기도 한다. 독일의 사례에 의하면, 우선 접속의 원칙은 재생에너지의 보급에 결정적 역할을 하고 있다. 앞에서 말한 대상의 한정을 없앤 후에 우선 접속의 원칙을 동시에 규정할 필요가 있다.

셋째, 고정체제와 병설돼 있으며, 재생에너지 보급 정책의 전반적 개혁까지는 이르지 못했다. 고정틀체제 아래선 여전히 재생에너지의 목표량이 낮은 수준에 머물고 있다. 2009년에 새로 고시된 '2007년도 이후의 8년간의 전기 사업자에 의한 신에너지 등 전기 이용의 목표' 에 따르면, 2014년도의 목표는 173.3억kWh에 머문다. 이는 2006년도의 전력 수요의 1.5%에 불과하여 목표라고 하기에는 너무 낮게 돼 있다. 고정체제를 유지한 상태에서는 재생에너지의 폭발적 보급은 기대할 수 없다.

넷째, 일본형 고정가격제는 경제산업성의 고시에 의거하고 있으며, 경제산업성 내에서 언제든지 개정이나 폐지가 가능하다. 제도가 존속할지 어떨지 모르는 리스크가 있는 가운데선 재생에너지 사업자가 장기적으로 사업을 확대할 수 없다. 재생에너지를 폭발적으로 보급시킨다고 하는 국가적 목표를 정하고, 이를 국민적 논의를 거쳐 법률로서 정할 필요가 있을 것이다.

이상과 같은 문제를 지닌 이 제도는 잉여전력 구입 메뉴의 연장으로서 조급하게 도입된 것이다. 재생에너지에 대한 국민적 논의 아래 제정됐다고 도저히 말하기 어렵다. 재생에너지의 폭발적 보급을 겨냥한다면, 더 광범한 에너지원을 대상으로 하는 본격적인 보급 정책이 필요할 것이다.

4. 2050년을 향한 그린개혁

2050년에 재생에너지에 의해 100% 에너지를 공급한다는 장기적 비전을 가지게 되면, 먼저 전력 공급에서 차지하는 재생에너지의 비율을 비약적으로 높일 필요가 있다. 과학적 식견에 의거하면 파국적 기후 변동을 회피하기 위해 남겨진 시간은 한정돼 있다. 에너지 관련 설비는 장기에 걸쳐 계속적으로 이용되는 만큼, 현재의 우리 선택은 장기에 걸친 사회의 상태, 환경의 상태를 크게 규정한다. 지금까지 논의한 바를 종합해 보면, 온난화

방지 정책을 추진하려면 우선 아래의 네 가지가 조속히 실시되지 않으면 안 된다.

첫째, 에너지 정책과 에너지 재정의 상태를 근본적으로 바꾸는 일이다. 지금까지의 에너지 정책은 원자력 정책을 중심으로 구성되고, 재생에너지는 방치돼 왔다. 그건 국가 재정의 상태를 보면 일목요연하다. 이미 말한 것처럼 전원개발촉진세는 원자력을 위한 자금 조달 수단이 돼 있다. 이것은 목적만 바꾸면 그대로 재생에너지의 보급으로 전용이 가능하다.

둘째, 전력요금제도와 관련해서 사용완료 연료 재처리 비용을 자동적으로 조달할 수 있는 방법을 근본적으로 고치는 일이 필요하다. 현재의 제도는 재처리 비용이 상승하더라도 자동적으로 조달할 수 있도록 돼 있다. 전량 재처리방침을 고치고, 이 제도를 폐지할 필요가 있다.

셋째, 독일의 경험으로는 재생에너지 보급에 따라 계통 설비의 증강, 계통 운영시스템의 개선이 필요하게 된다. 독일은 고정가격제의 약 20년 경험 속에서 수많은 과제를 극복하고, 폭발적 보급이 진행되는 가운데 새로운 난관에서도 타개책을 찾고 있다. 일본은 독일에 비해 20년 뒤처진 상황이지만, 본격적 재생에너지 보급을 위해서는 고정가격제의 도입에 더해, 재생에너지에 관련한 사회자본의 계획적 정비를 추진할 필요가 있다.

넷째, 더한층 근본적으로는 온난화 방지정책을 좁은 의미의 환경정책의 틀 안에 머물게 하지 않고 산업정책으로서 받아들여야 한다. 온실가스의 중기적 삭감 목표를 둘러싼 정책 논쟁을 보면, 그것은 경제적 부담으로서 나타나지만, 온난화 대책으로부터 얻는 효과는 환경적 효과뿐만이 아니라 경제적 파급 효과도 있다. 실제, 유럽 각국, 특히 독일은 재생에너지를 중심으로 하는 산업을 전략적으로 육성하는 입장을 취하고 있다. 이에 대해 일본은 완전히 뒤처져 있다. '미래 산업을 만들 수 있을까' 는 일본경제의 미래를 좌우하는 중요한 논점이다.

이상이 재생에너지의 폭발적 보급을 향한 일본의 정치 · 경제적 과제다. IPCC가 위기적 미래를 제시하고 있음에도 불구하고, 인류가 배출하는 온실가스는 증가하고 있다. 이대로라면, 금세기 말의 환경은 최악의 상황이 되지 않을 수 없다. 인류사회는 기후 변동의 위기를 극복할 수 있을까. 기술적으로는 충분히 가능한 것이 명백하지만, 일본에 있어서 온난화 방지정책을 본격적으로 추진하려면 정치 · 경제학적 구조 개혁이 필요하다.

재생에너지를 중심으로 하는 지속가능한 저탄소사회를 형성하는 데 있어서 일본의 역할은 지극히 크다. 일본은 아시아 국가들에 앞장 서서 지속가능한 저탄소사회를 구축할 수 있다면, 중국, 인도 등의 아시아 국가들의 탈탄소화를 선도할 수도 있다. 많든 적든 일본의 에너지 정책이 어떠하냐 하는 것은 아시아 국가들에게 영향을 준다. 일본이 재래형인 원자력 발전을 중심으로 한 에너지 정책을 유지하느냐, 역으로 재생에너지를 중심으로 한 혁신적 시스템으로 전환을 꾀하느냐 하는 것은 아시아 국가들에게 결정적 영향을 미칠 것이다. 그런 뜻에서 일본의 에너지 정책을 어떻게 재구축하느냐는 세계적 과제이기도 하다.

참고문헌

일본어문헌

秋元健治 (2006)『核燃料サイクルの闇――イギリス・セラフィールドからの報告』現代書館.

朝野賢司 (2005)「再生可能エネルギー政策に関する制度と費用負担の変遷――デンマークの事例から」『環境情報科学論文集』19号, pp.509-514.

朝日新聞青森総局 (2005)『核燃マネー――青森からの報告』岩波書店.

安成弘 (1982)『高速増殖炉 (新原子力シリーズ6)』同文書院.

飯田哲也 (2004a)「自然エネルギーの動向と展望――新エネ利用特措法の検証をふまえて」『環境研究』133号, pp.46-54.

――― (2004b)「『劣化』するエネルギー政策」『財政と公共政策』26巻2号, pp.115-125.

――― (2004c)「風力発電をめぐる近況と展望」『資源環境対策』40巻7号, pp.66-74.

――― (2005)「日本のエネルギー政策は世界の非常識――新エネ普及にブレーキをかけた特措法」『理戦』79号, pp.38-47.

―――・ヘルマン=シェーア (2005)「自然エネルギーは確かな未来を拓きつつある」『世界』2月号, pp.94-100.

イェニッケ, マルティン/ヘルムート・ヴァイトナー編 (1998)『成功した環境政策――エコロジー的成長の条件』長尾伸一・長岡延孝監訳, 有斐閣.

市原あかね (1991)「カップ社会的費用論の問題領域」『金沢大学経済論集』28号, pp.71-87.

一方井誠治 (2008)『低炭素化時代の日本の選択――環境経済政策と企業経営』岩波書店.

上園昌武 (2005a)「京都議定書発効後の地球温暖化防止政策の課題」『経営研究』56巻1号, pp.53-69.

――― (2005b)「京都議定書後の気候政策の日欧比較」日本科学者会議公害環境問題研究委員会「環境展望」編集委員会編『環境展望vol.4』実教出版, pp.185-207.

植田和弘 (1991)「社会的費用・社会的損失・社会的評価」植田和弘・落合仁司・北畠佳房・寺西俊一『環境経済学』有斐閣, pp.85-102.

――― (1995a)「土壌・地下水汚染浄化と費用負担」日本地質学会環境地質研究委員会編『地質汚染の責任 (地質環境と地球環境シリーズ②)』東海大学出版会, pp.147-

158.
――――(1995b)「ストック公害と費用負担原理」『財政学研究』20号，pp.27-32.
――――(1996)「環境保全と費用負担」『環境情報科学』25巻3号，pp.18-22.
歌川学(2003)「地球温暖化問題(気候変動問題)に対する取り組み――世界と日本」日本科学者会議公害環境問題研究委員会「環境展望」編集委員会編『環境展望vol.3』実教出版，pp.203-237.
――――・大島堅一(2005)「エネルギー動向」高村ゆかり・亀山康子編『地球温暖化交渉の行方』大学図書，pp.61-71.
大蔵省(のち財務省)(各年度版)「特別会計決算参照書」.
大島堅一(2005)「持続可能な社会と財政の役割」金澤史男編『財政学』有斐閣，pp.327-345.
――――(2006)「EUにおける再生可能電力指令策定の経緯と意義」『立命館国際研究』19巻1号，pp.1-19.
――――(2008a)「日本の温暖化防止政策の評価と展望」『環境と公害』37巻4号，pp.53-60.
――――(2008b)「欧州における再生可能エネルギー政策の展開」『公共政策研究』8号，pp.51-62.
――――(2010)「欧州の環境・エネルギー政策――共通の枠組みに向けた政策統合の現状」新澤秀則編『温暖化防止のガバナンス』ミネルヴァ書房，pp.70-97.
小野賢治・伊藤武・弘津祐子(1999)「米国原子力発電の運転保守コスト分析手法の開発」電力中央研究所.
温室効果ガスインベントリオフィス(2008)「日本国温室効果ガスインベントリ報告書」.
戒能一成(2003)「電源構成試算モデルと発電コストの比較について」.
柏崎刈羽原発の閉鎖を訴える科学者・技術者の会(2007)「声明――東京電力柏崎刈羽原子力発電所の閉鎖を訴える」.
木村啓二(2005)「日本の再生可能エネルギー・ポートフォリオ基準制度の制度的課題――2005年度末までの市場動向を踏まえて」『環境と公害』36巻3号，pp.57-63.
國武紀文(1998)「わが国における原子力発電のコスト構造分析――電力九社の財務諸表に基づく経済評価」電力中央研究所.
熊本一規(1985)『過剰社会を超えて――環境・開発と住民の論理』八月書館.
経済産業省(2003)「平成15年度以降の8年間についての電気事業者による新エネルギー等電気の利用の目標」1月27日(経済産業省告示第15号).
――――(2007)「平成19年度以降の8年間についての電気事業者による新エネルギー等電気の利用の目標」3月30日(経済産業省告示第106号).
経済産業省資源エネルギー庁(2003)「電気事業者による新エネルギー等の利用に関する特別措置法に基づく核電気事業者の義務量の推計値について」1月27日.
――――(2004)「電気事業者による新エネルギー等の利用に関する特別措置法の平成15年度の施行状況について」7月23日.
――――(2005)「電気事業者による新エネルギー等の利用に関する特別措置法の平成

16年度の施行状況について」11月16日.
———— (2006a)「電気事業者による新エネルギー等の利用に関する特別措置法の平成17年度の施行状況について」7月7日.
———— (2006b)「バックエンド及び初期投資・廃炉負担の軽減・平準化のための手当について」10月.
———— (2007)「電気事業者による新エネルギー等の利用に関する特別措置法の平成18年度の施行状況について」7月9日.
———— (2008)「電気事業者による新エネルギー等の利用に関する特別措置法の平成19年度の施行状況について」7月10日.
———— (各年版)「総合エネルギー統計」.
————編 (2006)『原子力立国計画　日本の選択』日本電気協会新聞部.
経済産業省資源エネルギー庁電力・ガス事業部編 (2007)『電源開発の概要 (平成18年度)』奥村印刷.
————編 (各年度版)『電源開発の概要』奥村印刷.
原子力委員会 (1966)「動力炉開発の基本方針について」.
———— (1967)「原子力開発利用長期計画」.
———— (1978a)『原子力白書　昭和53年版』大蔵省印刷局.
———— (1978b)「原子力の研究, 開発及び利用に関する長期計画」.
———— (2000)「原子力の研究, 開発及び利用に関する長期計画」.
———— (2003)「我が国におけるプルトニウム利用の基本的考え方について」.
———— (2005)「原子力政策大綱」.
———— (2008)『原子力白書　平成19年版』佐伯印刷.
原子力委員会原子力バックエンド対策専門部会 (2000)「ウラン廃棄物処理処分の基本的考え方について」.
原子力委員会新計画策定会議 (2005)「高速増殖炉サイクルの実現性について (改訂版)」.
原子力環境整備促進・資金管理センター (2006)「原環センター30年の歩み」.
原子力資料情報室編 (2004)『原子力市民年鑑2004』七つ森書館.
小林健一 (2002)『アメリカの電力自由化——クリーン・エネルギーの将来』日本経済評論社.
財政調査会 (各年度版)『國の予算』はせ書房 (2005年度より大蔵財務協会).
酒井正治 (2006)「企業における環境の取り組み」立命館大学国際関係学部での報告資料, 12月11日.
阪本将英 (2002)「社会的費用論と制度について」『経済科学通信』98号, pp.54-60.
参議院 (1997a)「経済・産業委員会議録第9号」.
———— (1997b)「科学技術委員会議録第11号」.
清水修二 (1991a)「電源立地促進財政制度の成立——原子力開発と財政の展開 (1)」『商学論集』59巻4号, pp.139-160.
———— (1991b)「電源開発促進対策特別会計の展開——原子力開発と財政の展開 (2)」『商学論集』59巻6号, pp.153-170.

――――（2002）「電源開発特別会計と電力自由化」『財政学研究』30号，pp.26-33.
――――・舘野淳・野口邦和編（1998）『動燃核燃2000年』リベルタ出版.
総合エネルギー調査会需給部会（1998）「総合エネルギー調査会需給部会中間報告」.
総合資源エネルギー調査会需給部会（2005）「2030年の需給展望」.
――――（2008）「長期エネルギー需給見通し」.
総合資源エネルギー調査会総合部会／需給部会（2001）「今後のエネルギー政策について」.
総合資源エネルギー調査会電気事業分科会（2003）「今後の望ましい電気事業制度の骨格について」.
――――（2004）「バックエンド事業に対する制度・措置の在り方について」.
――――（2005）「バックエンド事業に対する制度・措置について」.
総合資源エネルギー調査会電気事業分科会原子力発電投資環境整備小委員会（2007）「報告書（案）」.
総合資源エネルギー調査会電気事業分科会コスト等検討小委員会（2004）「バックエンド事業全般にわたるコスト構造，原子力発電全体の収益性等の分析・評価」.
ソーラーシステム振興協会（2008）「2008ソーラーシステム・データブック」.
高木仁三郎／マイケル・シュナイダー／フランク・バーナビー／保木本一郎／細川弘明／上澤千尋／西尾漠／アレキサンダー・ロスナーゲル，ミヒャエル・ザイラー（1998）『MOX総合評価――IMA（国際MOX燃料評価）プロジェクト最終報告』七つ森書館.
高橋均（2006）「多結晶Si材料の不足はまだまだ続く」『日経エレクトロニクス』9月25日号，pp.195-203.
地球温暖化対策推進本部（1998）「地球温暖化対策推進大綱」.
――――（2002）「地球温暖化対策推進大綱」.
――――（2005）「京都議定書目標達成計画」.
――――（2008）「京都議定書目標達成計画」.
中部電力（2008）「浜岡原子力発電所リプレース計画等について」.
通商産業省資源エネルギー庁編（1993）『エネルギー政策の歩みと展望』通商産業調査会.
寺西俊一（1978）「カップの『社会的費用』論をめぐって」『経済評論』27巻1号，pp.134-140.
――――（1981）「カップの社会的費用論に関する覚書」『一橋論叢』86巻5号，pp.139-146.
――――（1992）『地球環境問題の政治経済学』東洋経済新報社.
――――（1997）「〈環境コスト〉と費用負担問題」『環境と公害』26巻4号，pp.2-9.
――――（2002）「環境問題への社会的費用論アプローチ」佐和隆光・植田和弘編『環境の経済理論（岩波講座環境経済・政策学　第1巻）』岩波書店，pp.65-94.
――――（2003）「サステイナブル・エコノミーをどう実現するか」寺西俊一編『新しい環境経済政策』東洋経済新報社，pp.1-15.
電気事業講座編集委員会編（2007）『電源設備（電気事業講座　第8巻）』エネルギーフォーラム.

――――編（2008）『電気事業の経理（電気事業講座　第5巻）』エネルギーフォーラム．
電気事業連合会（2003a）「再処理施設の操業費用について」．
――――（2003b）「高レベル放射性廃棄物の輸送・処分費用について」．
――――（2003c）「MOX燃料加工事業費用について」．
――――（2004）「モデル試算による各電源の発電コスト比較」．
――――（2007a）「原子力発電施設廃止措置費用の過不足について」．
――――（2007b）「原子力発電施設廃止措置費用の過不足について（補足資料）」．
――――（2008）「電気事業における環境行動計画」．
電気事業連合会統計委員会編（2008）『電気事業便覧　平成20年版』オーム社．
電気料金研究会編（1999）『（新版）市民の電気料金――制度改革とその仕組み』電力新報社．
外川健一（1993）「カップの社会的費用論に関するノート」『経済論究』86号，pp.95-114．
内閣（2003）「エネルギー基本計画」．
永井進（1975）「社会的費用と公害」尾上久雄・新野幸次郎編『経済政策論――目的と手段の現代的選択』有斐閣，pp.324-332．
中島恵理（2005）「EU諸国における再生可能エネルギー推進政策」『ジュリスト』1296号，pp.56-61．
日本エネルギー経済研究所計量分析部編（2001）『図解 エネルギー・経済データの読み方入門』省エネルギーセンター．
日本エネルギー経済研究所計量分析ユニット編（2009）『エネルギー・経済統計要覧』省エネルギーセンター．
日本経済団体連合会（2008）「環境自主行動計画〈温暖化対策編〉――2008年度フォローアップ結果概要版〈2007年度実績〉」．
日本原子力研究開発機構（2006）「高速実験炉『常陽』」．
日本原子力産業会議（1960）「大型原子炉の事故の理論的可能性及び公衆損害額に関する試算」．
――――編（2003）『原子力ポケットブック　2003年版』．
日本電気協会新聞部編（2006）『原子力ポケットブック　2006年版』．
日本電気協会新聞部編（2009）『原子力ポケットブック　2009年版』．
朴勝俊（2003）「原子力発電所事故の被害額を試算する」『技術と人間』32巻8号，pp.83-95．
――――（2005）「原子力発電所の過酷事故に伴う被害額の試算」『國民經濟雜誌』191巻3号，pp.1-15．
――――（2006）「ドイツの環境・エネルギー政策（下）」『資源環境対策』42巻40号，pp.90-94．
松井賢一（2000）『エネルギー経済・政策論』嵯峨野書院．
松本茂・横山彰（2008）「環境対策における差別的対応」横山彰・財務省財務総合政策研究所編『温暖化対策と経済成長の制度設計』勁草書房，pp.207-229．
水谷洋一（1997）「自動車交通の社会的費用と自動車メーカー」淡路剛久・寺西俊一編『公

害環境法理論の新たな展開』日本評論社，pp.228-240.
————編著（2000）『2010年地球温暖化防止シナリオ』実教出版.
————（2003）「自動車交通の社会的費用とその負担のあり方——自動車メーカーの機能と役割を中心に」『静岡大学経済研究』7巻3・4号，pp.369-380.
————・酒井正治・大島堅一編（2007）『地域発！　ストップ温暖化ハンドブック——戦略的政策形成のすすめ』昭和堂.
宮本憲一（1981）『現代資本主義と国家』岩波書店.
————（2007）『（新版）環境経済学』岩波書店.
室田武（1991）「日本の電力独占料金制度の歴史と現況——1970～89年度の9電力会社の電源別発電単価の推計を含めて」『経済学研究』32号，pp.75-159.
————（1993）『電力自由化の経済学』宝島社.
諸富徹（2002）「環境保全と費用負担原理」寺西俊一・石弘光編『環境保全と公共政策（岩波講座環境経済・政策学　第4巻）』岩波書店，pp.123-150.
除本理史（2005）「『環境被害ストック』に関する責任と費用負担——環境再生のための政治経済学的一考察」一橋大学大学院経済学研究科博士論文.
————（2007）『環境被害の責任と費用負担』有斐閣.
吉岡斉（1999）『原子力の社会史——その日本的展開』朝日新聞社.
————（2000）「日本のプルトニウム政策のわかりにくさ」『科学』70巻6号，pp.531-536.
————（2004）「日本の原子力発電政策」『環境と公害』34巻1号，pp.9-15.
————（2007a）「原子力介護政策に根拠はあるか」『現代思想』35巻12号，pp.194-209.
————（2007b）「原子力政策の現在を検証する」『科学』77巻11号，pp.1168-1175.
————（2008a）「日本の地球温暖化防止政策，最近の動き（上）」『反戦情報』284号，pp.17-19.
————（2008b）「日本の地球温暖化防止政策，最近の動き（中）」『反戦情報』285号，pp.15-18.
————（2008c）「日本の地球温暖化防止政策，最近の動き（下）」『反戦情報』288号，pp.18-20.
吉田文和（1998）『廃棄物と汚染の政治経済学』岩波書店.
和田武（2003a）「ドイツの温暖化防止計画と再生可能エネルギー普及対策」『人間と環境』29巻1号，pp.12-21.
————（2003b）「自然エネルギーの普及を促進する電力買取補償制度」日本科学者会議公害環境問題研究委員会「環境展望」編集委員会編『環境展望 vol.3』実教出版，pp.43-68.
————（2008）『飛躍するドイツの再生可能エネルギー——地球温暖化防止と持続可能社会構築をめざして』世界思想社.
————・田浦健朗編著（2007）『市民・地域が進める地球温暖化防止』学芸出版社.
渡邉斉志（2005）「ドイツの再生可能エネルギー法」『外国の立法』225号，pp.61-68.

외국어문헌

Almon, Brian (2005) Personal Communication, 11 October.

American Wind Energy Association (2005) Wind Power: U. S. Installed Capacity.

——— (2008) U. S. Wind Energy Projects: Texas (As of 11/19/2008).

AREVA (2008) Reference Document 2007.

Berry, Trent and Mark Jaccard (2001) "The Renewable Portfolio Standard: Design Considerations and an Implementation Survey," *Energy Policy*, Vol.29, No. 4, pp. 263-277.

Bolinger, Mark, Ryan Wiser and Garrett Fitzgerald (2004) The Impact of State Clean Energy Fund Support for Utility-Scale Renewable Energy Projects.

Brunekreeft, G. and D. Bauknecht (2006) Energy Policy and Investment in German Power Market," in F. P. Sioshansi and W. Phaffenberger eds., *Electricity Market Reform: An International Perspective*, Elsevier, pp.235-263.

Bundesministerium für Umwelt, Naturschutz und Reaktorisicherheit (2008a) Erneuerbare Energien in Zahlen: Nationale und Internationale Entwicklung.

——— (2008b) 2009 EEG Payment Provisions.

CDU, CSU und SPD (2005) Koalitionsvertrag von CDU, CSU und SPD: Gemeinsam für Deutschland, Mit Mut und Menschlichkeit.

Chabot, Bernard and Bernard Saulnier (2002) Defining Advanced Wind Energy Tariffs Systems to Specific Locations and Applications.

Commission of the European Communities (1996) Energy for the Future: Renewable Sources of Energy (Green Paper), COM (96) 576.

——— (1997) Energy for the Future: Renewable Sources of Energy (White Paper), COM (97) 599 Final.

——— (1999) Working Paper of the European Commission: Electricity from Renewable Energy Sources and the Internal Electricity Market.

——— (2000a) Proposal for a Directive of the European Parliament and of the Council on the Promotion of Electricity from Renewable Energy Sources in the Internal Electricity Market, COM (2000) 279 final, 2000/0116 (COD).

——— (2000b) Proposal for a Directive of the European Parliament and of the Council on the Promotion of Electricity from Renewable Energy Sources in the Internal Electricity Market, COM (2000) 279 final-2000/0116 (COD), OJ C 311E, 31.10.2000, pp.320-327.

——— (2000c) Amended proposal for a Directive of the European Parliament and of the Council on the Promotion of Electricity from Renewable Energy Sources in the Internal Electricity Market, COM (2000) 884 final, 2000/0116 (COD).

——— (2001) Commission Opinion in Accordance with Point (c) of the Third Subparagraph of Article 251 (2) of the EC Treaty on the European Parliament's Amendments to the Common Position of the Council on the Proposal for a Directive of the European Parliament and of the Council on the Promotion of Electricity from Renewable Energy Sources in the Internal Electricity Market, COM (2001) 445 final, 2000/0116 (COD).

——— (2006a) Commission Staff Working Document: Summary Report on the Analysis of the Debate on the Green Paper "A European Strategy for Sustainable, Competitive and Secure Energy," SEC (2006) 1500.

——— (2006b) Green Paper: A European Strategy for Sustainable, Competitive and Secure Energy, COM (2006) 105 final.

——— (2006c) Communication from the Commission to the Council and the European Parliament, Renewable Energy Road Map, Renewable Energies in the 21st Century: Building a More Sustainable Future, COM (2006) 848 final.

——— (2008) Proposal for a Directive of the European Parliament and of the Council on the Promotion of the Use of Energy from Renewable Sources.

Committee on Industry, External Trade, Research and Energy (2001) Recommendation for Second Reading on the Council Common Position for Adopting a European Parliament and Council Directive on the Promotion of Electricity Produced from Renewable Energy Sources in the Internal Market, 5583/1/2001-C5-0133/201-2000/0166 (COD).

Connor, Peter M. (2003) "UK Renewable Energy Policy: A Review," *Renewable & Sustainable Energy Reviews*, Vol.7, No.1, pp. 65-82.

——— (2005) Personal Communication, 20 December.

Council of the European Union (2001) Common Position No.18/2001 Adopted by the Council on 23 March 2001 with a View to Adopting Directive 2001/…/EC of the European Parliament and of the Council of … on the Promotion of Electricity Produced from Renewable Energy Sources in the Internal Electricity Market, 2001/C 142/02, OJ C/2001/142/5-15.

Department of Energy (1988) Renewable Energy in the UK, HMSO.

——— (2005) Database: Texas Wind Resources, Department of Energy.

Department of Environment (1990) This Common Inheritance: Britain's Environmental Strategy, HMSO.

Department of Trade and Industry (1993) The Prospects for Coal Conclusions of the Governments Coal Review, HMSO.

——— (1994) New and Renewable Energy: Future Prospects in the UK, HMSO.

——— (2006) Digest of United Kingdom Energy Statistics 2006.

Database of State Incentive for Renewable Energy (2008) Renewable Portfolio Standards.

Electric Reliability Council of Texas (2003) ERCOT's 2002 Annual Report on the Texas Renewable Energy Credit Trading Program.

——— (2004) ERCOT's 2003 Annual Report on the Texas Renewable Energy Credit Trading Program.

——— (2005) ERCOT's 2004 Annual Report on the Texas Renewable Energy Credit Trading Program.

——— (2006) ERCOT's 2005 Annual Report on the Texas Renewable Energy Credit Trading Program.

——— (2007) ERCOT's 2006 Annual Report on the Texas Renewable Energy Credit Trading Program.

——— (2008) ERCOT's 2007 Annual Report on the Texas Renewable Energy Credit Trading

Program.

Elliott, David (1989) "Renewable Energy R&D in the UK: A Strategic Overview," *Technology Analysis & Strategic Management,* Vol.1, No.2, pp.223-237.

ENDS Environment Daily (1998) "EU to Harmonise Renewable Support Schemes," *ENDS Environment Daily*, 18 March.

——— (1999a) "Plan for EU Renewable Energy Law Shelved," *ENDS Environment Daily*, 9 February.

——— (1999b) "EU Commission Attacked over Renewables Law," *ENDS Environment Daily*, 22 October.

——— (1999c) "Outline of EU Renewables Directive Emerges," *ENDS Environment Daily*, 3 November.

——— (1999d) "Debate Hots up over EU Renewable Energy Law," *ENDS Environment Daily*, 1 December.

——— (1999e) "Commission Bids to Salvage Renewables Directive," *ENDS Environment Daily*, 3 December.

——— (2000) "EU Renewable Energy Support Directive Proposed," *ENDS Environment Daily*, 10 May.

——— (2006) "EU Set to Shift Its Sights on Clean Energy," *ENDS Environment Daily*, 11 December.

——— (2007) "Piebalgs Reveals Support for Renewables Trading," *ENDS Environment Daily*, 12 October.

——— (2008) "Commission Firms up Renewables Trading Plan," *ENDS Environment Daily*, 8 January.

Energy Information Administration (2002) Impacts of a 10-percent Renewable Portfolio Standard.

——— (2003) Analysis of a 10-percent Renewable Portfolio Standard.

——— (2005) Electric Power Annual 2005.

——— (2008) Monthly Energy Review, September.

Espey, Simone (2001) "Renewables Portfolio Standard: A Means for Trade with Electricity from Renewable Energy Sources?" *Energy Policy*, Vol.29, No.7, pp.557-566.

ETSU (1997) New Review.

ETSU (1998a) NFFO Fact Sheet 3: The 1990 NFFO Renewable Order - NFFO-1.

ETSU (1998b) NFFO Fact Sheet 4: The 1991 NFFO Renewable Order - NFFO-2.

ETSU (1998c) NFFO Fact Sheet 5: The 1994 NFFO Renewable Order - NFFO-3.

ETSU (1998d) NFFO Fact Sheet 6: The 1994 NFFO Renewable Order - NFFO-4.

ETSU (1998e) NFFO Fact Sheet 12: The 1998 NFFO Renewable Order - NFFO-5.

ETSU (1999) NFFO Fact Sheet 2: The NFFO Mechanism.

EurActiv (2008a) "Industry, Governments Criticise Renewables Trading Plan," *EurActiv*, 16 January.

——— (2008b) "Traders and Governments at Odds over Renewables Trading," *EurActiv*, 16

January.

European Environment Agency (2004) Energy subsidies in the European Union.

European Parliament (1998) Resolution on the Commission Communication: Energy for the Future: Renewable Sources of Energy - White Paper for a Community Strategy (COM (97) 0599 C4-0047/98), A4-0207/98, OJ C 210, 06/07/1998, p.215-219.

——— (2000) Report on the Proposal for a European Parliament and Council Directive on the Promotion of Electricity from Renewable Energy Sources in the Internal Electricity Market (COM (2000) 279-C5-0281/2000-2000/0116(COD)), Committee on Industry External Trade, Research and Energy, A5-0320/2000, 30 October.

——— (2006) Report on a European Strategy for Sustainable, Competitive and Secure Energy - Green paper (2006/2113 (INI)), A6-0426/2006.

——— (2008a) Draft Report on the Proposal for the European Parliament and Council Directive on the Promotion of the Use of Energy from Renewable Sources (COM (2008) 0019-C6-0046/2008-2008/0116 (COD)), Committee on Industry External Trade, Research and Energy, 2008/016 (COD).

——— (2008b) Report on the Proposal for a Directive of the European Parliament and of the Council on the Promotion of the Use of Energy from Renewable Sources (COM (2008) 0019) - C6-0046/2008 - 2008/0016 (COD)), A6-0369/2008.

——— (2008c) European Parliament Legislative Resolution of 17 December 2008 on the Proposal for a Directive of the European Parliament and of the Council on the Promotion of the Use of Energy from Renewable Sources (COM (2008) 0019 - C6-0046/2008 - 2008/0016 (COD)).

——— and the Council of the European Union (1996) Directive 96/92/EC of The European Parliament and of the Council of 19 December 1996 Concerning Common Rules for the Internal Market in Electricity, 96/92EC.

——— and ——— (2001) Directive 2001/77/EC of the European Parliament and of the Council of 27 September 2001 on the Promotion of Electricity Produced from Renewable Energy Sources in the Internal Electricity Market, OJ L283 33-40.

——— and ——— (2003a) Directive 2003/54/EC of the European Parliament and of the Council of 26 June 2003 Concerning Common Rules for the Internal Market in Electricity and Repealing Directive 96/92/EC, 2003/54/EC.

——— and ——— (2003b) Directive 2003/30/EC of the European Parliament and of the Council of 8 May 2003 on the Promotion of the Use of Biofuels or Other Renewable Fuels for Transport, OJ L123, 17.5.2003 42-46.

Federal Ministry for the Environment, Nature Conservation and Nuclear Safety (2004) Amending the Renewable Energy Sources Act (EEG): Key Provisons for New EEG as Amended on 21 July 2004.

——— (2007a) Renewable Energy Sources Act (EEG) Progress Report 2007.

——— (2007b) Background Information on the EEG Progress Report 2007.

Germany, Poland and United Kingdom (2008) Joint Proposal by Germany, Poland and the

United Kingdom on an Alternative Renewable Flexibility Mechanism.

Giovinietto, A. (2002) Renewable Energy: A World for Opportunity, Evolution Markets.

Haas, Reinhard ed. (2001) Review Report on Promotion Strategies for Electricity from Renewable Energy Sources in EU Countries, Institute of Energy Economics, Vienna University of Technology.

HM Treasury (2005) Gross Domestic Product (GDP) Deflators.

House of Commons (1992) Energy Committee Fourth Report: Renewable Energy Volume I, HMSO Publications Centre.

House of Lords, Science and Technology Committee (2004) Renewable Energy: Practicalities Volume II: Evidence, The Authority of the House of Lords.

Huber, Claus, Reinhard Haas, Thomas Faber, Gustav Resch, John Green, John Twindell, Walter Ruijgrok and Thomas Erge (2001) Action Plan for a Green European Electricity Market, Energy Economics Group (EEG), Institute of Power Systems and Energy Economics, Vienna University of Technology.

Huber, Claus, Thomas Faber, Reinhard Haas, Gustav Resch, John Green, Samanta Ölz, Sara White, Hans Cleijne, Walter Ruijgrok, Poul Eric Morthorst, Klaus Skztte, Miguel Gual, Pablo del Rio, Felix Hernandey, Andres Tacsir, Mario Ragwity, Joachim Schleich, Wolfgang Orasch, Marcus Bokemann and Christine Lins (2004) Deriving Optimal Promotion Strategies for Increasing the Share of RES-E in a Dynamic European Electricity Market, Energy Economics Group (EEG), Institute of Power Systems and Energy Economics, Vienna University of Technology.

International Energy Agency (1998) *Benign Energy? The Environmental Implications of Renewables.*

——— (2004) *Renewable Energy: Market & Policy Trends in IEA Countries.*

——— (2008) *Renewable Information 2008.*

IPCC (2007a) *Climate Change 2007: Mitigation of Climate Change*, Cambridge University Press.

——— (2007b) *Climate Change 2007: The Physical Science Basis*, Cambridge University Press.

Jacobs, Advocate General (2000) Opinion of Advocate General Jacobs Delivered on 26 October 2000 Case C-379/98 PreussenElektra AG v Shleswag AG in Presence of Windpark Reussenköge III GmbH and Land Schleswig-Holstein.

Jacobson, Mark Z. (2009) "Review of Solutions to Global Warming, Air Pollution, and Energy Security," *Energy and Environmental Science*, No.2, pp.148-173.

Jacobsson, Staffan and Volkmar Lauber (2006) "The Politics and Policy of Energy System Transformation: Explaining the German Diffusion of Renewable Energy Technology," *Energy Policy*, Vol.34, No.3, pp.256-276.

Jacoby, Henry D. and A. Denny Ellerman (2004) "The Safety Valve and Climate Policy," *Energy Policy*, Vol.32, No.4, pp.481-491.

Klein, Arne (2008) *Feed-in Tariff Designs*, VDM Verlag Dr. Müller Aktiengesellschaft & Co. KG and Licensors.

———, Anne Held, Mario Ragwitz, Gustav Resch and Thomas Faber (2006) Evaluation of Different Feed-in Tariff Design Options: Best Practice Paper for the International Feed-in Cooperation, Fraunhofer Institute Systems and Innovation Research and Energy Economics Group.

Krewitt, Wolfram and Joachim Nitsch (2003) "The German Renewable Energy Sources Act: An Investment into the Future Pays off Already Today," *Renewable Energy*, Vol.28, No.4, pp.533-542.

Langniß, Ole (2003) *Governance Structure for Promoting Renewable Energy Sources*, Lund University.

——— (2005) Personal Communication, 16 November.

Langniss, Ole and Ryan Wiser (2003) "The Renewables Portfolio Standard in Texas: An Early Assessment," *Energy Policy*, Vol.31, No.6, pp.527-535.

——— and ——— (2005) "The Design and Impacts of the Texas Renewables Portfolio Standard," in V. Lauber ed., *Switch to Renewable Power: A Framework for the 21st Century*, Earthscan, pp.187-202.

Lauber, Volkmar (2003) The EU Directive on Electricity from Renewable Energy Sources (Directive 2001/77/EC).

——— (2004a) "REFIT and RPS: Options for a Harmonised Community Framework," *Energy Policy*, Vol.32, No.12, pp.1405-1414.

——— (2004b) "Three Decades of Renewable Electricity Policies in Germany," *Energy and Environment*, Vol.15, No.4, pp.599-623.

——— (2005a) "The Promise of Renewable Power," in V. Lauber ed., *Switch to Renewable Power: A Framework for the 21st Century*, Earthscan, pp.1-18.

——— (2005b) "European Union Policy towards Renewable Power," in V. Lauber ed., *Switch to Renewable Power: A Framework for the 21st Century*, Earthscan,

——— (2008) Personal Communication, 19 September.

Lehr, R. L., W. Guild, D. Thomas and B. Swezey (2003) Listening to Customers: How Deliberative Polling Helped Build 1,000 MW of New Renewable Energy Projects in Texas, National Renewable Energy Laboratory.

Matheu, Joan Clos i and Sigmar Gabriel (2008) Open Letter to Commissioner.

Meier, Paul J. (2002) Life-Cycle Assessment of Electricity Generation Systems and Applications for Climate Change Policy Analysis, Fusion Technology Institute, University of Wisconsin.

Menanteau, Philippe, Dominique Finon and Marie-Laure Lamy (2003) "Prices Versus Quantities: Choosing Policies for Promoting the Development of Renewable Energy," *Energy Policy*,Vol.31, No.8, pp.799-812.

Meyer, Niels I. (2003) "European Schemes for Promoting Renewables in Liberalised Markets," *Energy Policy*, Vol.31, No.7, pp.665-676.

——— and Anne Louise Koefoed (2003) "Danish Energy Reform: Policy Implications for Renewables," *Energy Policy*, Vol.31, No.7, pp.597-607.

Midttun, Atle and Anne Louise Koefoed (2003) "Greening of Electricity in Europe: Challenges and Developments," *Energy Policy*, Vol.31, No.7, pp.677-687.

Mitchell, Catherine (1995) "The Renewables NFFO: A Review," *Energy Policy*, Vol.23, No.12, pp.1077-1091.

——— (2000) "The England and Wales Non-fossil Fuel Obligation: History and Lessons," *Annual Review of Energy And The Environment*, No.25, pp.285-312.

——— (2008) *The Political Economy of Sustainable Energy*, Palgrave Macmillan.

———, Dierk Bauknecht and Peter M. Connor (2006) "Effectiveness through Risk Reduction: A Comparison of the Renewable Obligation in England and Wales and the Feed-in System in Germany," *Energy Policy*, Vol.34, No.3, pp.297-305.

Neuhoff, Karsten (2004) Large Scale Deployment of Renewables for Electricity Generation, Cambridge Working Papers in Economics CWPE 0460.

OECD (1996) *Subsidies and Environment: Exploring the Linkages.*

——— (1998) *Improving the Environment through Reducing Subsidies.*

——— (2003) *Environmentally Harmful Subsidies.*

PIU (2001) The Technical and Economic Potential of Renewable Energy Generating Technologies: Potentials and Cost Reduction to 2020.

Public Utility Commission of Texas (2003a) ERCOT Protocols Section 14: Renewable Energy Credit Trading Program.

——— (2003b) Public Utility Regulatory Act (PURA).

——— (2004) Substantive Rules: Chapter 25 Applicable to Electric Service Providers Section 25.173 Goal for Renewable Energy.

——— (2005) Public Utility Regulatory Act (PURA).

——— (2006) Report to the 80th Texas Legislature: Need for Transmission and Generation Capacity in Texas: Renewable Energy Implementation and Costs.

——— (2007) Substantive Rules: Chapter 25 Applicable to Electric Service Providers Section 25.173 Goal for Renewable Energy.

Quashning, Volker (2005) *Understanding Renewable Energy Systems*, Earthscan.

Ragwitz, Mario and Claus Huber (2005) Feed-in Systems in Germany and Spain, and a Comparison, Frauenhofer Institute for Systems and Innovation Research.

Renewable Energy Policy Network for the 21st Century (2008) Global Status Report 2007.

——— (2009) Renewables Gloval Status Report: 2009 Update.

Reuters News Service (2007) "EU to Propose Renewable Energy Goal Based on GDP," *Reuters News Service*, 23 November.

Rowlands, Ian H. (2005) "The European Directive on Renewable Electricity: Conflicts and Compromises," *Energy Policy*, Vol.33, No.8, pp.965-974.

Scheer, Herman (2002) *The Solar Economy*, Earthscan.

SEED Coalition and Public Citizen's Texas office (2002) Renewable Resources: The New Texas Energy Powerhouse.

Serchuk, Adam (2000) The Environmental Imperative for Renewable Energy: An Update, REPP Special Earthday Report.

Sijm, J. P. M. (2002) The Performance of Feed-in Tariffs to Promote Renewable Electricity in European Countries, Energy Research Centre of the Netherlands.

Sovacool, Benjamin K. (2008) "Valuing the Greenhouse Gas Emissions from Nuclear Power: A Critical Survey," *Energy Policy*, Vol.36, No.8, pp.2950-2963.

Staiß, Frthjob (2000) *Jahrbuch Erneuerbare Energien 2000*, Stiftung Energieforshung Baden-Württemberg.

——— (2003) *Jahrbuch Erneuerbare Energien 02/03*, Stiftung Energieforshung Baden-Württemberg.

Stern, Nicolas (2006) *The Economics of Climate Change: The Stern Review*, Cambridge University Press.

Toke, David (2005) "Are Green Electricity Certificates the Way forward for Renewable Energy? An Evaluation of the United Kingdom's Renewables Obligation in the Context of International Comparisons," *Environment And Planning C: Government and Policy*, Vol.23, No.3, pp.361-374.

——— and Kenichi Oshima (2007) "Comparing Market Based Renewable Energy Regimes: The Cases of the UK and Japan," *International Journal of Green Energy*, Vol.4, No.4, pp.409-425.

——— and Volkmar Lauber (2007) "Anglo-Saxon and German Approaches to Neoliberalism and Environmental Policy: The Case of Financing Renewable Energy," *Geoforum*, Vol.38, No.4, pp.677-687.

UNDP (2004) World Energy Assessment Overview: 2004 update.

UNEP and IEA (2002) *Reforming Energy Subsidies*.

Union of Concerned Scientist (2005) Renewable Energy Tax Credit Saved Once Again, but Boom-Bust Cycle in Wind Industry Continues.

van Beers, Cees and Jeroen C. J. M van den Bergh (2001) "Perseverance of Perverse Subsidies and Their Impact on Trade and Environment," *Ecological Economics*, Vol.36, No.3, pp.475-486.

———, ———, Andre de Moor and Frans Oosterhuis (2004) Determining the Environmental Effects of Indirect Subsidies, Tinbergen Institute.

van der Linden, N. H., M. A. Uyterlinde, C. Vrolijk, L. J. Nilsson, J. Khan, K. Åstrand, K. Ericsson and R. Wiser (2005) Review of International Experience with Renewable Energy Obligation Support Mechanism, Energy Research Centre of the Netherlands.

van Est, Rinie (1999) *Winds of Change*, Utrecht International Books.

Volpi, Giulio (2000) "Taking the Road to Renewables? Strength and Weaknesses of the Draft European Renewable Directives," *Renewable Energy World*, Vol.3, No.6.

Windpower Monthly (2008) "Lack of Transmission Warps Purchase Prices," *Windpower Monthly*, Vol.24, No.11, pp.68-70.

Wiser, Ryan (2007) Wind Power and the Production Tax Credit: An Overview of Research Results, Lawrence Berkeley National Laboratory.

———, K. Porter and R. Grace (2004) *Evaluating Experience with Renewables Portfolio Standards in the United States*, Lawrence Berkeley National Laboratory.

——— and Mark Bolinger (2008) Annual Report on U.S. Wind Power Installation, Cost, and Performance Trends: 2007, U. S. Department of Energy.

후기

이 책은 일본의 에너지정책을 비판적으로 분석한 후에 각 선진국의 재생에너지 정책의 현실을 나타낸 것이다. 이 책의 의도는 지속가능한 저탄소사회를 조속하게 실현하기 위해 무엇을 하면 되는지를 정치경제학적으로 분석한 것에 있다. 최근 이 분야에서의 정책전개가 매우 빠르며 이 책의 원고를 작성하는 가운데 새로운 정책이 채택되는 경우도 있었다. 이로 인해 일부의 정책에 대해 전후(前後)되어 있거나 중요한 부분이 빠져 있을 수도 있는데 이 점에 대해서는 선처 있기를 빌겠다.

이 책의 출판에 있어 많은 분의 지도와 지원을 받았다.

우선 테라니시 슌이치(寺西俊一)・히토츠바시(一橋)대학교수에게는 학부학생 때부터 지도를 받은 것에 대해 진심으로 감사를 드린다. 테라니시교수에게는 환경문제에 임하는 자세와 연구방법을 철저하게 교육을 받음과 동시에 이 책의 출판 시에도 원고를 정독하여 귀중한 조언을 받았다. 향후에도 정진을 계속함에 있어 테라니시교수의 학은(學恩)에 보답하고자 한다.

쿠보니와 마사아키(久保庭 眞彰)・히토츠바시(一橋)대학교수에게는 대학원생 시절에 신세를 짐과 동시에 박사논문의 심사를 하였다. 나가이 스스무(永井進)・호우세이(法政)대학교수, 야마시타 히데토시(山下英俊)・히토츠바시(一橋)대학교수에게는 박사논문의 심사에 있어 유익한 조언과 지도를 받았다. 여기에 감사의 말씀을 올린다.

또한 공해연구위원회의 제위, 특히 츠루 시게토(都留 重人)・히토츠바시(一橋)대학명예교수(고인(故人)), 미야모토 켄이치(宮本憲一)・오오사카(大阪)시립대학명예교수, 하라다 마사즈미(原田正純)・쿠마모토가구엔

(熊本學園)대학교수에게는 환경문제의 현실을 가장 중시하는 자세, 환경과학을 구축하는 학문적 방법론, 현지조사에서의 집요한 자세에는 감명을 받음과 동시에 위원회에서의 논의, 다수의 저작을 배독하여 얻게 된 것은 매우 귀중한 재산으로 되었다. 무로타 타케시(室田武)·도우시사(同志社)대학교수의 저작에는 학부 때부터 커다란 영향을 받았다. 여기에 깊이 감사의 말을 올린다.

그리고 모든 분들을 열거할 수 없지만, 이 책의 출판과 매일의 연구활동에서 특히 신세를 진 분으로서 다음의 성함을 열거하고자 한다. 우에다 카즈히로(植田和弘)·교토(京都)대학교수, 타카무라 유카리(高村ゆかり)·류코쿠(龍谷)대학교수, 마츠모토 야스코(松本泰子)·교토(京都)대학 준교수, 요케모토 마사후미(除元理史)·오오사카(大阪)시립대학교수, 우에조노 마사타케(上園昌武)·시마네(島根)대학교수, 미즈타니 요우이치(水谷洋一)·시즈오카(静岡)대학교수, 라우버 폴쿠머·찰츠부르크대학교수, 타카기 진자부로(高木仁三郎)·원자력자료정보실(고인(故人)), 하야카와 미츠토시(早川光俊)·지구환경과 대기오염을 생각하는 전국시민회의, 우타가와 마나부(歌川学)·산업기술종합연구소, 사쿠라이 케이이치로(櫻井啓一郎)·산업기술종합연구소, 이이다 테츠야(飯田哲也)·환경에너지정책연구소, 야마시타 노리아키(山下紀明)·환경에너지정책연구소, 키무라 케이지(木村啓二)·일출과 에코라이프연구소, 오우미 마도카(近江まどか)·독일환경저널 등이다.

이 책은 필자가 2007년에 히토츠바시대학에서 박사학위를 수여받은 박사논문인 '에너지정책의 그린개혁을 위한 과제와 전망' 을 출판한 것이다. 출판에 있어 일반 독자도 고려하여 가필과 수정을 하고 있다. 제1장, 제4장, 제5장, 제10장은 전면적으로 새로 기술하였다. 또한 제3장, 제6장, 제7장, 제8장, 제9장의 최초의 내용은 각주에 열거한 것과 같다.[287)]

287) 제3장, "有価証券報告書総覧に基づく発電単価の推計"「高崎経済大学論集」第43巻 第1号, 2000.9, pp.45-78; "エネルギー政策ー温暖化防止と脱原子力をめざ

제3장에 대해서는 원형이 남아 있지 않을 정도로 가필과 수정을 하였다. 또한 제6장에 대해서는 일출과 에코라이프연구소의 키무라 케이지에게 공저논문의 게재에 대해 허락을 받았다. 여기에 감사의 말씀을 전달한다. 다만 이 책에의 게재에 있어 전면적인 개정과 재고를 하고 있다. 전적으로 모든 잘못은 필자의 책임에 있다.

박사논문의 집필에 있어서는 직장인 리츠메이칸대학에서 리츠메이칸대학 학위취득제도의 지원을 받음과 동시에 이 책의 출판에 있어 리츠메이칸대학 학위취득제도 출판조성금의 지원을 받았다. 학위취득 지원제도 이용에 있어서 여러 동료들의 이해와 협력에 감사함과 동시에 리츠메이칸대학에는 박사학위논문의 출판 기회를 제고해 준 것에 대해 감사의 말을 드린다. 또한 동양경제신보사 편집국의 사토우 타카시(佐藤敬)는 원고단계에서 유익한 조언을 줌과 동시에 끈질지게 편집작업에 도움을 주었다. 진심으로 감사를 드린다.

마지막으로 사적인 것으로 학생 때부터 물심양면에서 지속적으로 지지해 준 처 아사코에게는 이 지면을 빌어 감사를 드린다. 또한 박사논문을 정리하고 있던 당시에 태어난 아들 고(悟)는 살아야 하는 의미를 항상 가르쳐 주고 있는 느낌이 든다. 이 책을 정리하게 된 것은 처와 아들의 덕분이라 생각한다.

して", 寺西俊一編「新しい環境経済政策」, 東洋経済新報社, 2003, pp.17-45. 제6장, "アメリカ・テキサス州のRPS制度の実際"(木村啓二と共著)「環境と公害」, 第34巻第号, 2004.7, pp.47-53. 제7장, "再生可能エネルギー普及に関するイギリスの経験ー競争入札制の仕組みと実際"「立命館地域研究」, 第25号, 2007.3, pp.1-18. 제8장, "再生可能エネルギー普及に関するドイツの経験ー電力買い取り補償制の枠組みと実際"「立命館大学人文科学研究所紀要」, 第89号, 2007.3, pp.71-97. 제9장, "欧州における再生可能エネルギー政策の展開"「公共政策研究」, 第8号, 2008, pp.51-62.

찾아보기

기타

저자 약력

오오시마 켄이치(大島堅一)

経済学博士(一橋大学)
高崎경제대학 경제학부 조교수
현) 立命館大學 국제관계학부 교수
자원에너지청 総合資源에너지 調査会基本問題委員会 委員,
内閣官房国家戦略室 에너지環境会議코스트등 검증위원회 위원

저서: 原発의 코스트-에너지 전환으로의 출발점(岩波書店)
환경의 정치경제학(共著, 미네르바書房)
지구환경보전으로의 길-아시아로부터의 메세지(共著, 有斐閣)
아시아環境白書2006/2007(共編著, 東洋経済新報社)
地域発! 스톱 温暖化 핸드북(共編, 昭和堂)

역자 약력 성균관대학교 SSK사업팀(SSK 저탄소 녹색무역 인프라 구축)

박명섭
- University of Liverpool(Ph.D)
- 일본 고베대학, 후쿠오카대학, 나카무라 가쿠엔대학 방문교수
- 현) 성균관대학교 경영전문대학원 교수

한낙현
- 일본 와세다대학(상학박사)
- 일본 와세다대학 산업경영연구소 연구원
- 현) 경남대학교 경제무역학부 교수

김은주
- 부경대학교(경제학박사)
- University of North Texas, School of Merchandising & Hospitality Management 방문교수
- 오사카시립대학 방문연구원
- (주) 교통물류연구원 연구위원 역임
- 현) 성균관대학교 무역연구소 선임연구원

우정욱
- 일본 메이지대학(상학박사)
- 인하대학교 정석물류통상연구원 연구교수 역임
- 현) 국립한국교통대학교 철도경영물류학과 교수

조성우
- 성균관대학교(경영학박사)
- University of Liverpool, MSc, SCM 전공
- 현) 국립군산대학교 물류학과 교수

재생에너지의 정치경제학

에너지정책의 녹색개혁

발행일 | 2013년 7월 24일 초판 발행
저 자 | 오오시마 켄이치
역 자 | 박명섭, 한낙현, 김은주, 우정욱, 조성우
발행인 | 홍진기
발행처 | 아카데미프레스
주 소 | 413-756 경기도 파주시 문발동 출판정보산업단지 507-9
전 화 | 031-947-7389
팩 스 | 031-947-7698
웹사이트 | www.academypress.co.kr
이메일 | info@academypress.co.kr
등록일 | 2003. 6. 18. 제406-2011-000131호
ISBN | 978-89-97544-35-6 93320

값 18,000원